북한사회와 굴절된 근대

서울대학교통일학연구총서 20

북한사회와 굴절된 근대

인구, 국가, 주민의 삶

펴낸곳 서울대학교출판문화원
펴낸이 성낙인
지은이 박경숙

초판 1쇄 발행 2013년 4월 30일
초판 2쇄 발행 2014년 9월 15일
출판등록 제15-3호

주소 151-742 서울 관악구 관악로 1
대표전화 02-880-5252 **팩스** 02-888-4148
마케팅팀(주문상담) 02-889-4424, 02-880-7995
이메일 snubook@snu.ac.kr
홈페이지 www.snupress.com
영문홈페이지 eng.snupress.com

ISBN 978-89-521-1370-2 94330
978-89-521-1029-9 (세트)

2014 대한민국학술원 우수학술도서

서울대학교통일학연구총서 20

북한사회와 굴절된 근대

인구, 국가, 주민의 삶

박경숙

서울대학교출판문화원

North Korean Society and its Refracted Modernity

Population, State, and the Lives of the People

Keong-suk Park

Seoul National University Press

서울대학교통일학연구총서를 내면서

냉전체제가 와해되고 남북교류가 증대하면서 21세기 한반도의 창조적 미래 구상이 절실히 요청되고 있다. 우리의 희망과는 달리 남북관계는 여전히 불안정하고 국제정세 또한 유동적이지만, 상호적대적인 분단체제는 더 이상 유지되기 어려운 상황임이 분명하다. 민주화와 경제발전을 성공적으로 이룩한 우리 사회의 역량을 바탕으로 이제 통일한국의 미래를 기획하고 추진하는 일이 핵심적인 시대적 과제로 부각되고 있다.

어떤 형태의 통일이 바람직할 것인가에 대해 완전한 합의를 얻기는 쉽지 않다. 통일이 이루어질 시기를 예측하기도 어려우며, 통일과정이 반드시 점진적이거나 평화적일 것이란 보장도 없다. 우리가 원치 않는 방식으로 통일문제에 맞부딪치게 될 가능성도 얼마든지 있다. 그럼에도 불구하고, 아니 그렇기 때문에 통일에 대한 연구는 더욱 총체적인 시야에서 체계적으로 이루어져야 한다. 실제로 통일과정에 돌입했을 때 그 전 과정을 적절히 관리할 역량이 갖추어지지 못하면 오히려 심각한 갈등과 후유증을 겪을 우려가 크기 때문이다.

통일논의가 구체화되고 정책적 실현가능성이 높아질수록 그에 적합한 전문성과 책임성을 갖추기 위해 노심초사해야 하는 것이 한국 지식인의 책무일 것이다. 반세기 이상 남북한 주민들이 경험해온 상이한 제도와 관행을 적절히 통합하고 전쟁의 상처와 오랜 대립에서 비롯되는 적대감과 이질성을 극복하기 위해서는 고도의 전문성과 기획력이 무엇보다도 필요하다. 한반도 통일을 바람직한 동북아지역 질서와 연계시키고 보다 나은 공동체를 구현하는 일도 지식인들의 높은 식견과 섬세한 대응역량이 없이는 불가능하다.

서울대학교는 2003년부터 통일학연구 지원사업을 시작하였고, 우리 사회의 지적 대응능력을 키우는 데 진력하고 있다. 서울대학교의 통일연구 사업은 북한에 대한 지역연구 차원을 넘어서 통일과정 전반에서 고려되어야 할 쟁점들을 학제적으로 분석하는 데 목적을 둔다. 따라서 정치, 경제, 사회, 역사, 문화, 환경의 영역은 물론이고 농학과 의학, 과학기술과 예술 및 체육에 이르기까지 광범위한 영역을 포괄한다. 이 일을 총괄하는 서울대학교 통일평화연구원은 국내외의 연구기관 및 연구자들과 교류하면서 종합학문으로서의 통일학을 정립하고자 애쓰고 있다.

서울대학교통일학연구총서는 이러한 학문적 노력의 결실이다. 이 총서가 우리 시대 최대의 과제인 분단극복과 통일한국을 향한 역사적 장정에 긴요한 지적 자산이 되기를 기대한다. 또한 소모적인 이념 논란을 지양하고 창조적인 대안과 정책적 지혜를 탐색하는 이성적 도구로 활용되기를 바란다. 끝으로 통일연구의 시대사적 중요성을 인식하고 서울대학교 통일연구 사업의 제도적 바탕을 마련해주신 정운찬 전 총장님과 변함없이 이 연구 사업을 지원, 격려해주신 이장무 전 총장님, 그리고 종전의 통일평화연구소를 통일평화연구원으로 승격하여 새로운 도약과 발전의 기틀을 마련해주신 오연천 총장님께 깊은 감사를 표한다.

2011년 9월

서울대학교 통일평화연구원

머리말

1990년대 말 한국사회도 외환위기와 구조조정의 여파로 불안해하고 있을 때 북한에서 대기근이 발생하였다는 소식이 해외 통신과 뉴스를 통해 전해 왔다. 한편에서는 북한의 인권 문제, 세습정권, 물리적 위협을 통렬하게 비판하면서, 심각한 경제난으로 북한체제가 곧 붕괴될 것이라는 예측도 있었다. 북한정권은 그런 예측을 북한사회를 무너뜨리려는 정치적 음모라고 몰아치면서 더욱 강성 대응으로 맞불을 놓았다. 식량난 이후 북한주민의 월경이 지속되고, 탈북이주자들을 매개하여 남북 사이에 다양한 교류가 이루어지고 있다.

북한의 인구를 연구하기 시작할 무렵이었던 2007년 여름, 그리고 원고가 다 정리될 무렵이었던 2012년 여름 연변과 심양 부근을 돌아본 적이 있다. 짧은 여정이었고 그 지역에 대한 특별한 지식도 갖고 있지 않았지만 어떤 기운을 강하게 느꼈다. 다른 곳에서는 만나기 힘든 사람들이 은밀하게 만나고 교류하고 공존하고 있는 공간이라는 느낌이었다.

이 연구는 좀처럼 명확하게 파악되지 않는 북한사회 변화의 실체에 대한 궁금증에서 출발하였다. 과연 1990년대 말 식량난 당시 300만 명 아사자가 발생하였는가, 이후 인구변동은 어떻게 이루어졌는가, 식량난은 어떻게 전개되었는가, 북한주민의 삶의 방식은 어떻게 변화되었는가를 분석하고자 하였다.

이 연구는 인구동태의 사회성을 밝히려는 문제의식을 강하게 가졌다. 통치자의 시선으로 인구가 인식되고 관리된 것은 오랜 역사를 갖지만, 근대의 근원적인 질서를 만드는 과정과 인구통치는 긴밀히 연관되어 있다. 근대의 근원적 질서에 인구통치가 자리하고 있는 것은 북한의 인구동태를 통해서도 충분히 살펴볼 수 있었다. 한편으로 북한의 인구는 국가의 통치 목적에서 통제되고 관리되었다. 그러나 북한의 인구동태에는 주민들의 자구적인 삶의 전략도 깊이 배어 있었다. 식량난 당시 발생한 사망, 출생 감소, 이주는 사회적 위험에 적응하는 인구조정 메커니즘이었고 그 메커니즘은 생존의 힘에서 작용하였다. 그리고 식량난 이후 전개된 인구동태는 북한사회의 조직원리를 변화시키고 있었다.

북한사회는 어떤 사회인가? 그리고 어떻게 변하고 있는가? 연구기간 동안 늘 따라 붙어 다닌 질문이었다. 북한은 분단의 역사와 지배를 볼 수 있는 곳이고 한반도와 아시아의 미래를 볼 수 있는 곳이다. 북한주민들의 생활 면면에는 분단, 국가권력과 그로 인한 상처가 있지만 북한주민은 중국, 일본, 미국, 유럽 등 보이지 않게 지구화된 연계망을 만들면서 분단체제를 융해시키고 있기도 하다. 북한사회는 오랜 역사를 통해 많은 민족들이 흥기하였던 지역이었고, 근대의 정치 역학 속에서 분단의 장벽이 단단하게 세워졌던 지역이었고 이제는 그 장벽들이 융해되는 기류가 만들어지고 있는 공간이다.

북한의 인구동태와 그 안에 새겨진 국가권력과 주민들의 생존방식의 흔적을 찾아보면서 북한사회의 변화과정을 상상할 수 있었다. 강고한 국가공동체로 건설된 북한사회의 긴장은 다름 아닌 그 통치 원리 안에서 잉태되었다. 그리고 밑으로부터의 변화에 의해 서서히 국가공동체가 융해되고 있다. 주민들이 가지고 있었던 변화의 힘은, 체제에 대한 의식적인 저항에서보다는 생존을 위한 실천에서 비롯하였다. 생존하기 위해 생계 방식을 구하고 국경을 넘으면서 국가권력에 포섭된 사회와 가족이 점차 자율성을 가지면서 불통과 단절의 국경들이 교류의 공간으로 변화되고 있다. 폐쇄적인 민족, 국가, 시민권 경계에 의해 고통을 받은 주민들이 그 경계를 넘어 미래를 열어주고 있다.

북한인구를 연구한 시간은 지금까지의 학문적 태도나 세계관에 있어 큰 전환이 되었던 시간이었다. 그리고 이 전환의 여정에 너무나 많은 은혜가 함께 있었다. 은사님이신 권태환 선생님은 북한연구를 시작하는 인연을 만들어주셨다. 서울대학교에 갓 부임해 왔던 필자에게 북한인구 연구를 적극적으로 권하신 것은 후임 교수에게 당신의 학문의 열정과 방향을 전해주고 싶다는 뜻의 권유였다고 감히 헤아린다. 미력하지만 선생님의 뜻을 받들어 북한인구를 연구하기로 마음을 잡고 연구계획서를 작성하였다. 그리고 통일평화연구원의 지원으로 연구를 시작할 수 있었다. 당시 2년 기획과제로 선정해주신 박명규 원장님과 통일연구원의 여러 선생님께 감사드린다. 계획 당시의 연구 주제는 북한의 경제난 및 기근과 인구변동의 관계에 대한 것이었다. 본고의 7장에 해당되는 내용이다. 부족한 자료를 보완하는 데 고민하고 있을 때 탈북이주자를 대상으로 설문조사와 인터뷰를 협조해주신 모 시민 단체 관련 선생님께 감사드린다. 탈북이주자의 신변 보호를 위해 기관의 실명을 밝히지 못하여 송구스럽다. 북한주민을 돕고 있는 많은 보이지 않은 손길 중에 시민단체의 역할이 참 크다는 것을 알았다. 미래 한반도의 푸른 기운을 만드는 분들께 깊은 감사를 드린다. 그리고 인터뷰에 응해주셨던 여러 분께 감사의 말씀을 드린다. 삶의 의미가 크게 손상당한 상처를 갖고 계신 한 분 한 분의 말씀을 들으면서 욕망, 과시, 자기 생각에 사로잡혀 있고 차별과 억압의 힘들에 무감각한 자신이 부끄러웠다. 가보지도 못한 북한사회를 왜곡하여 보고 있는 것은 아닌지 걱정하면서 2008년 북한에서 두 번째로 실시된 센서스 보고서를 언제나 볼 수 있을까 고대하고 있을 때 자료를 흔쾌히 제공해주신 우리민족서로돕기운동본부의 여러 선생님께 감사드린다.

대책 없이 확장된 고민과 문제의식 때문에 방황하고 있을 때 좋은 토론 상대가 되어주신 제위에게 감사드린다. 그냥 지나칠 수 있고 모호했던 생각들이 토론을 통해 분명해지고 소중하게 정리된 때가 정말로 많았다. 타인에 대한 공감은 자기를 내려놓는 마음에서 가능함을 거듭 깨우쳐주신 여러 분들에게 감사드린다. 일본에서 소중한 연구년을 보내게 배려해주신 서울대학교 사회학과 동료 선생님 여러분께 감사드린다. 한 편 한 편 논문들에 대해 세심한 조언을 해주신 제위에게 감사드린다. 연구 초기 자료를 수집하고 정리해준 박우 님께 감사드린다. 이렇게 소중한 돌봄과 은혜 속에서 만들어진 졸고가 한 권의 책으로 태어날 수 있게 지원해주신 서울대학교출판문화원 여러분들에게 감사드린다.

2013년 2월

박경숙

차례

제5장 국가, 가부장제, 여성의 관계에 대한 시론

제6장 경제위기 전후 사망률 동태의 특성과 변화

제7장 식량난 및 기근과 인구변동

제8장 식량난의 정치경제

표차례

그림차례

사진차례

제1장

북한인구 변동의 퍼즐

1. 북한인구에 대해 제기하는 세 가지 질문

남북한이 서로 위협적으로 대치하고 있는 상황에서 정치・외교적 이슈들이 신문에 빈번히 오르내리지만 분단이 우리의 사회와 삶에 미치는 영향에 대해서는 터놓고 이야기하기가 어려운 것이 사실이었다. 북한의 연구는 주로 북한사회와 북한주민에 대한 연구이지, 북한의 체제와 북한주민의 삶이 다른 한편으로 남한사회를 이해하는 거울로서, 다시 말하여 분단체제의 영향을 이해하는 측면에서 거의 논의되지 않았다. 남한사회에서 분단체제를 학문적 대상으로 거리두기를 하기에는 연구자들 스스로도 분단체제가 강화한 냉전이데올로기의 영향에서 자유롭지 못했고 분단된 삶과 사회를 비교할 수 있는 객관적인 자료에 접근하기도 어려웠다. 그럼에도 불구하고 북한사회에 대한 관심과 연구가 제한되지만 끊이지 않고 있어 왔다. 동구권 사회주의 붕괴 이후 북한사회도 조금씩 모습을 드러내었다. 특히 1990년대 후반 북한의 경제난 이후 국제적 수준의 다각적인 정치・경제적 연계가 모색되고 있다. 그리고 탈북이주자들의 증언과 북한주민을 돕고 있는 비정부 기구들의 활동들도 북한에서 일어나고 있는 변화를 조망할 수 있는 중요한 근거가 되고 있다. 북한에 대한 연구를 하겠다고 생각할 수 있었던 데에는 이와 같이 한반도를 중요하게 구조화하고 있는 그러나 별로 알려진 바가 없는, 그럼에도 불구하고 빠르게 다가오고 있는 북한사회에 대한, 내면으로부터의 결단이 필요했던 관심 갖기가 동인이 되었다.

그리고 북한사회를 이해하는 주제로 인구를 잡았다. 북한의 인구를 통해 밝히고 싶었던 주제들은 연구를 시작하면서 가졌던 질문들과 처음에는 생각하지 못하였지만 연구를 진행하면서 새롭게 제기된 질문들을 포함하였다. 다양한 측면에서 새롭게 주목하게 된 인구동태와 사회현상들이 어떻게 관련될까를 질문하게 되고 그 질문에 대한 답을 찾아가면서 또 다른 질문을 접하고 답을 구하는 과정을 반복하다 보니 인구와 사회의 두텁고도 깊은 관계에 대한 탐구가 되었다.

이 연구는 느리게 진행되었다. 이 연구 자체가 북한사회를 알아가는 과정이었기 때문이다. 연구는 아무런 표시도 길도 없는 상태에서 시작되었다. 처음에는 무엇을 고민해야 하는지를 알지 못하였다. 인구, 경제, 정치, 사회 관련 자료들을 빠르게 훑어나갔지만 대부분의 지식은 흩어져 떠다닐 뿐이었다. 정체가 묘연했던 인구동태의 실체를 인구학자의 시선에서 객관적으로 발견하기 위해 여러 자료들을 수집하고 추정방법들을 만들어갔다. 물론 자료의 편의가 많고 참고할 수 있는 자료들을 확보하는 것도 어렵고, 어떤 자료가 의미 있는지 선별하기도 어려웠기 때문에 정확한 인구동태를 파악하는 일도 매우 힘들었다. 더욱이 북한사회와 북한주민의 삶에 대한 이해 없이 어렵게 발견한 인구동태의 성격을 설명하기도 어려웠다. 출산 · 사망 · 이주 인구동태의 퍼즐의 답을 찾는 과정에서 절실하게 깨달은 것은 그 답은 북한주민들이 살아가는 삶의 양식 안에 있다는 것이었다. 인구동태의 퍼즐을 푸는 과제는 북한주민의 삶과 북한사회를 알아가는 과제와 분리될 수 없었다. 결국 모든 것을 포함하고도 남음이 있는 인구와 사회라는 개념의 깊이를 어떻게 채워나갈 수 있을지 막막하였다. 단순한 지식으로 조율되었던 객관적인 시선은 인구와 사회의 다양한 측면에 대한 고민을 종합할 수 있는 해석의 틀로 전환되어야 했다.

그렇게 북한의 인구와 사회, 그리고 주민의 삶을 이해하기 위해 고민하면서 연구가 진행되었다. 많은 질문들에 대한 답을 구하면서 인구와 사회의 복잡한 상호 침투 현상을 탐구하였지만, 그 질문들에 관통하는 세 가지 문제의식이 이 연구의 중요한 주제를 구성하고 있다.

1) 인구의 사회성

인구변천의 메커니즘을 이해하는 것은 사회를 이해하는 방법이 될 수 있다. 역으로 인구동태를 이해하기 위해서도 사회의 제반 현상들을 이해하는 것이 중요하다. 인구현상은 사회적으로 구성되기 때문이다. 인구동태는 사회의 바깥에서 독립된 법칙으로 전개되는 것이 아니라 사회를 구성하는 핵심이고 그 자체 제도와 삶 속에서 구성된다. 다시 말하여 인구현상에는 사회성이 침투되어 있다. 그리고 인구현상의 사회성은 일별하기가 쉽지 않을 정도로 제도, 조직, 삶의 양식들의 영향이 여러 결들로 중층화되고 서로 연결되어 있다.

인구동태는 근대를 구분한 중요한 사회변동이다. 인구동태는 자원이 생산되고 분배되는 방식과 밀접히 연관되어 구조화된다. 근대의 벽두에 이르기까지 인류의 오랜 시기 동안 인구가 증가하지 않았던 것은 생산 수준이 정체된 영향을 간과하기 어렵다. 사회마다 제한된 생산양식과 자원에 대응하여 고유한 방식으로 인구를 관리하고 조정하는 메커니즘이 생활양식의 일부로 발전되어 왔다. 한편 근대의 문이 열리고 기술과 생산혁명이 일어나면서 인구는 크게 성장하였다. 그러나 산업 혁명이 먼저 전개되었던 영국에서 인구증가는 전 국가 수준에서가 아니라 지역적 수준에서 부분적으로 이루어졌다고 한다 (Wrigley, 1969: 154-156). 오히려 산업화가 늦게 전개된 사회에서 산업화와 고용구조의 변화에 따라 인구가 크게 증가하였다고 한다. 19세기 중후반에 산업화가 이루어진 후발자본주의 사회와 19세기와 20세기 초반에 걸쳐 선진자본주의체제에 예속되고 2차 세계대전 이후 독립한 신생국가들에서 인구는 크게 증가하였다. 또한 산업화 이후 인구동태가 지역에 따라 다양하게 전개된 것은 인구의 질을 관리하는 욕구와 행위가 다양하게 구성되었기 때문이기도 하다. 소가족 문화가 일반화되고, 보다 풍요로운 생활을 유지하기 위해서 노동력을 관리하고, 삶에 대한 주체의식이 강화되고, 가족부양의식이 강화되고, 그리고 이와 같은 일련의 생활방식이 생산력 발전에 원동력이 된다고 믿었던 사회인식과 국가정책이 어떤 사회에서는 점진적으로, 어떤 사회에서는 압축적으로 빠르게 전개되었다.

출산력 변천은 복잡한 사회변동의 구성물이다. 생식을 우생학적으로 통제하는 생활양식과 태도가 개입되어 출산율은 변천되어 왔다. 생식을 관리할 수 있는 기술의 발명과 전파는 출산력이 획기적으로 변천한 계기가 되었다. 또한 출산력이 변천한 방식이나 정도는 지역적 차이를 가진다. 산업화가 일찍 전개된 사회에서는 저출산으로 이행하기까지 출산통제의식이나 생활양식에서의 변화가 오랜 시간을 통해 이루어졌고, 산업화가 늦게 그렇지만 급속하게 전개된 사회에서는 출산을 통제하는 의식과 행위가 훨씬 압축적으로 정착되었다.

인구동태의 중요한 요소인 사망력은 영양 및 건강 수준 그리고 생활습관과 연관된다. 그리고 영양 및 건강 수준과 관련된 생활양식은 자원이 생산되고 분배되는 경제, 정치 구조와 밀접히 연관된다. 또한 질병을 통치하고 관리하는 제도적 노력들이 오랫동안 있어 왔다. 무수히 많은 질병의 종류를 분류하고 질병이 발생하는 생물학적 · 사회적 기전을 파악하여 통제하고, 위생방법과 약품을 개발하는 과정에서 사망률은 변천하였다. 사망력의 변천은 국가, 의료조직, 기술, 생산, 경제, 계층, 생활양식의 변화 속에서 이루어졌다.

이주의 양상도 근대를 이전 시기와 구분할 만큼 근대에 크게 변화되었다. 자원이 제한된 시기 한 곳에 정착하여 삶을 꾸려나가는 것은 많은 어려움이 있을 수 있다. 자원과 인구의 불균형과 그에 따른 인구유출의 압력은 항상 존재하였을 수 있다. 그러나 이동할 수 있는 방법이나 새로운 공간을 찾을 수 있는 자원은 근대 이전 사회에서 제약이 컸을 수 있다. 한편 산업화가 일어나고 교통수단이 발전되고 시장이 확장되면서 인구의 유동도 크게 증가하였다. 농촌에서 도시로의 이주가 크게 이루어졌고, 식민지와 지배국 사이 인구의 유동이 활발하였고, 2차 세계대전 이후에는 여러 국가의 경제개발과 성원권 통제 속에서 국제이주가 이루어졌다. 많은 지역들이 연결되고 사람들이 자원과 기회를 찾아 이동하고, 이를 조직적으로 통제하는 권력 구조들이 결합되어 이주가 전개되고 있다.

이렇게 출산, 사망, 이주의 인구동태는 거시적인 경제, 정치, 기술, 조직 환경과 미시 수준의 삶의 방식과 태도와 연결되어 구성되었다. 자원이 생산되고 분배되는 방식에서, 노동하고 재생산하는 방식에서, 그리고 사람들이 일상적으로 살아가는 삶의 양식 안에서, 출산, 사망, 이주의 인구동태가 이루어졌다. 특히 인구동태는 근대와 이전 시대를 구분할 수 있을 만큼 근대 시기에 크게 변화되었다는 점에서, 근대적 사회구성의 중심된 특성을 반영하고 있다.

2) 북한의 식량난과 인구동태

이처럼 인구동태에 배어 있는 사회성, 특히 근대적 사회구성의 특성을 탐구하는 것은 오랜 시간을 통해 탐구해야 하는 커다란 연구 주제이며, 북한사회의 인구동태를 연구하게 된 문제의식에도 이어졌다. 그런데 북한의 인구동태에 주목한 데에는 좀 더 특별하고 좀 더 시대적인 조건에서 고민하였던 문제의식이 존재한다. 북한인구를 연구하고자 마음먹었을 당시 한국, 중국, 일본, 미국, 그리고 더 넓은 국제 지형에서 북한사회의 경제난에 대한 관심이 컸었다. 1990년대 후반 북한에서 발생한 심각한 식량난 상황과 북한주민의 기아, 김일성 주체사상을 체계화하는 데 기여하였다고 알려진 황장엽 씨의 망명과 북한체제 위기에 대한 증언, 그리고 많은 탈북이주자의 발생 등 식량난과 인구교란의 징후들이 관심을 끌었다. 특히 북한주민의 기아와 북한이탈은 식량난의 심각성을 가리키는 시그널로서 주목되었고, 대규모의 아사자가 발생했다는 주장과 그에 상치되는 주장들이 혼돈스럽게 제기되고 있었다.

북한의 인구동태는 오랫동안 베일에 싸여 있었다. 1960년대부터 1980년대 초반까지 북한의 인구동태에 관한 정보는 외부에 거의 전해지지 않았다. 제한되어 발표된 자료들도 체계적인 왜곡의 논란에 있었다. 북한인구에 대한 정보가 외부세계에 부분적으로 알려지게 된 것은 1980년대 후반부터이다. 북한인구에 대한 종합적이고 체계적인 연구는 에버스테트와 베니스터(Eberstadt and Banister, 1992)가 1980년대 후반에 북한에서 수집한 자료에 기초하여 인구의 변화를 분석한 것이 아마도 유일하다고 평가할 수 있다. 그리고 북한에서 실시된 첫 번째 인구총조사로 알려진 1993년 인구조사 결과가 대외에 알려지면서 이 자료에 기초하여 북한인구를 추정한 연구들이 국내에도 다수 있다(김두섭, 2001; 노용환·연하청, 1997; 이삼식·조남훈·백화종·유수종, 1999; 정기원·이상헌, 1992). 1990년대 식량난이 일어나고 국제기구와 북한 당국이 협조하여 여성과 어린이 건강 실태에 대한 조사를 하였고, 탈북이주자를 대상으로 여러 표본조사가 이루어졌고 2008년에는 북한에서 두 번째 인구총조사가 실시되었다. 이들 새로운 자료에 기초하여 경제난 이후의 북한인구 동태를 추정한 연구들도 존재한다.

북한의 인구는 1990년대 중후반 이후 크게 진동하였다. 사망률이 크게 증가하였고, 안정적인 출산 패턴에도 변화가 일어났다. 그리고 국경을 넘는 사람이나 왕래하는 사람들의 수가 상당수에 이르렀다고 알려져 있다. 그리고 출산, 사망, 이동의 동학이 서로 영향을 미쳤을 것으로 판단된다. 또한 경제난 이후 인구구조의 변화는 단순히 식량난의 재앙으로만 해석될 수 없는 새로운 삶의 방식에서 구조화되었다고 추정된다. 그러나 1990년대 후반 이후 2008년 북한 센서스가 발표되기까지 북한사회의 인구동태가 구체적으로 어떻게 일어났는가를 명확히 드러내주는 연구들은 제한되었다. 상이한 추정 결과와 증거들이 경쟁적으로 제시되고 있지만 식량난 시기 북한인구 동태의 실체와 사회적 맥락을 둘러싼 여러 퍼즐들이 여전히 맞추어지지 않은 채 놓여 있다. 식량난 시기 인구동태는 구체적으로 어떻게 이루어졌는지, 인구의 교란을 북한체제의 위기로 판단할 수 있는지가 명확하게 밝혀지지 않았다. 또한 체계적 왜곡의 논란이 되었던 북한자료가 어떤 방식으로 구성되었는지, 경제난 이전의 인구동태는 어떻게 이루어졌는지에 대한 궁금증도 풀리지 않은 채 남아 있다.

이 연구는 이렇게 대내외적으로 북한을 위기로 규정하는 인식들이 활발하게 만들어지고, 북한의 경제난 시기 인구변동에 대한 상충된 진단들이 존재하지만, 명확히 드러나지 않고 있는 북한인구변동의 실체를 파악하고자 하였다. 북한의 인구변천은 어떻게 이루어졌는지, 경제난 시기 인구변동은 어떻게 이루어졌는지, 과연 300만 명 아사자가 발생하였는지, 이런 인구변동이 북한주민의 삶의 방식과는 어떻게 연관되는지를 정확히 분석하고자 하였다.

3) 인구를 통한 북한사회의 발견

북한의 인구동태에 주목한 또 다른 중요한 이유는 북한사회를 이해하기 위해서이다. 같은 역사를 갖고 긴밀한 정치관계에 있지만 북한을 이해하는 남한 지식인의 관점은 바로 긴밀한 관계사 때문에 편향된 경향이 있다. 아무리 객관적인 시선을 가지려고 하더라도, 분단 체제의 시선에서 혹은 남한의 국가 입장에서 북한을 진단하거나, 반대로 사회주의 이념과 북한 당국이 선전하는 이념을 좇아 북한사회를 진단하는 편향이 있다. 이 연구는 가급적이면 이념적 편향을 벗어나 북한주민들은 어떻게 살고 있고 어떻게 인식하고 있는가를 살펴보고자 하였다. 인구를 통해 북한사회의 특성을 발견하고 북한사회를 설명한 기존의 개념과 해석들을 새롭게 조명하고 보완하고자 하였다.

북한사회를 질문하는 개념으로서 근대, 국가, 가부장제, 주체에 주목하였다. 제한된 관찰이나 편향된 시선 때문일 수도 있겠지만, 북한사회는 국가권력에 의해 완전하게 포섭된 사회이거나, 근대에 지체된 봉건제 사회이거나, 남한의 대형 개신교회와 흡사한 공동체 사회로 묘사된다. 좀 더 우호적인 시선에서는 탈북이주자들의 진술하고 남을 배려하고 평등하고 친밀하게 대하는 태도가 매사에 손익을 계산하는 남한 사람들보다 인간적이라고 보기도 한다. '이상함'과 '이중성'은 남한사람들이나 다른 외부자들이 북한사회에 대해 갖는 대표적인 인상인 것 같다. 어떻게 혁명적 주체를 강조하면서 전통적일 수 있는가? 자기이해를 좇는 것이 인간의 본성이라고 한다면 국가를 열렬하게 사랑하고 환호하는 듯이 보이는 행위는 어떻게 이해할 수 있는가? 외부자를 혼돈스럽게 하는 것은 물리적인 국가권력의 영향이라고 단정 짓기에는 주민들의 국가 의식이 너무나 진지하게 보이는 것이다. 그래서 북한사회를 설명하기 위해서는 물리적인 권력이나 제도적 성격보다 관념과 연출의 영향을 이해하는 것이 더 중요하다고 강조하는 입장도 존재한다. 또한 주민들이 표현하는 국가에 대한 사랑이 거짓된 연출이 아니라면, 어떻게 국가에 포섭되지 않은 또 하나의 사회가 확장되었는가도 쉽게 풀리지 않는 질문이다.

이렇게 익숙하지 않으며 다중적인 현상들의 공존은, 북한의 근대화과정이 갖는 역사적인 특성을 이해할 때 설명될 수 있다. 비록 상이한 체제이념에 기초하였지만 남북한의 근대화과정은 복잡하고 경계가 분명하지 않은 방식으로 전통과 개화의 힘이, 토착과 외부의 힘이 결합되고 변형되고 굴절된 과정으로 전개되었다. 근대가 구성되는 과정에서 전통만 복원되고 창조된 것이 아니라 근대의 개념과 실천도 새롭게 창조되었다. 이렇게 형성된 북한의 근대화과정의 특성이 무엇인지 그리고 인구동태가 어떻게 연관되었는가를 살펴보고자 하였다.

2. 연구내용

이와 같이 인구동태에 작용하고 있는 근대적 사회성, 1990년대 후반 북한에서 불거진 경제위기와 인구동태의 관계, 그리고 북한사회에 대한 질문을 중심으로 북한사회의 성립, 발전, 위기의 과정에서 전개된 인구동태의 사회적 특성을 분석하였다.

우선 2장과 3장에서는 인구자료와 북한인구 변동의 사회적 맥락을 총괄적으로 검토하고 있다. 2장에서는 북한인구 자료가 얼마나 정확한지, 그리고 그 자료는 어떤 목적으로 어떻게 만들어졌는가에 대한 질문에서 찾았던 답들이 제시되고 있다. 북한의 인구자료는 주민등록에 기초한 정태 및 동태 자료와

1993년과 2008년에 실시된 인구총조사, 그리고 북한과 대외 국제기구에서 실시한 표본조사 등이 존재한다. 그런데 이들 자료는 체계적인 왜곡이나 오류 논란이 제기되었다. 2장에서는 북한인구 자료들의 정확성을 체계적으로 검토하고 있다. 우선 1993년 인구총조사의 연령별 인구집계에서 청년 남성인구가 누락된 양상을 확인하고 그 원인을 진단하고 있다. 에버스테트와 베니스터(Eberstadt and Banister, 1992)는 청년 남성인구가 누락된 것은 군 규모를 노출하지 않기 위해서라고 주장하였지만, 누락인구 모두가 군대 인구라고 단정하기 어려우며, 누락인구만이 군대인구라고 단정하기도 어렵다고 여겨진다. 또한 군과 관련된 정보 보호는 규모보다는 지역적 분포가 더 중요할 수 있다고 판단된다. 청년 남성인구가 누락된 것은, 군의 지역적 분포를 외부에 노출시킬 수 있는 흔적을 지우려는 이해가 컸다고 판단된다. 청년 남성 누락 이외 주민등록에 기초한 연령별 인구집계는 정확하지 않으며 사망률 추정에도 편의가 크다고 판단되는 근거들을 밝히고 있다. 마지막으로 자료의 오류를 검토하고 보정한 방법을 제시하고 있다.

3장에서는 북한의 인구변동을 해방직후부터 2008년 시점까지 장기적으로 살펴보고, 인구변천의 사회적 특성을 총괄적으로 검토하고 있다. 북한의 인구변동은 1953년 종전 이후부터 2008년 관측 시점까지 크게 세 시기로 구분된다. 종전 이후 1970년대 초반까지 연평균 3%로 인구가 크게 성장하였던 시기, 1970년대 중반 이후부터 1990년대 초반까지 연평균 1.5-2% 수준에서 인구가 완만하게 성장하였던 시기, 그리고 1990년대 후반 이후 2008년 관측시점까지 인구성장이 매우 낮은 시기로 구분된다. 그런데 세 시기는 북한의 공식적인 생산과 복지 수준에서도 차이가 분명하게 구분된다. 종전 이후 1970년대 초반까지 인구가 크게 성장하였던 시기는 도시화와 공업화가 급속하게 이루어지고 생산력이 크게 발전하였다. 또한 주민들의 기초적 생활보장을 위한 사회보장과 무상의료 및 교육 제도가 확장되었다. 건국 초기에 이루어진 이와 같은 혁신은 주민들의 생활 조건을 개선하고 사기를 진작시키는 데 중요한 역할을 하였을 수 있다.

한편 1970년대 중반 이후부터 1990년대 초반까지 북한의 인구동태는 사망률이 별로 개선되지 않고 유배우 출산율은 크게 감소한 특징을 나타내고 있다. 그런데 이 시기 생산・복지 수준과 주민들의 생활도 점차적으로 정체되었다고 여겨진다. 도시화율은 1970년대 중반 이후에는 크게 증가하지 않았다. 1980년대를 통하여 일반 주민들의 기초생활품 지원 상태는 부족하였고 국가의 사회보장의 질도 약화되었다. 이는 북한주민들의 건강 및 영양상태가 크게 개선되지 못한 주요 배경이 된다. 공식적 생산 및 분배체제가 정체되면서 주민들의 소경지 경작과 소규모 교환활동과 같은 비공식적인 경제활동이 부분적으로 허용되기도 하였다. 그리고 생산과 복지 수준이 정체된 시기, 지나친 인구성장을 우려하는 시각이 중앙당 차원에서 형성되었고 출산통제를 장려하는 정책으로서 여성의 피임을 돕는 의료시술이 확대되었다.

북한의 인구동태는 1990년대 경제난을 겪으면서 또다시 크게 변화되었다. 동유럽 사회주의체제의 붕괴에 따른 대외 경제 교류 지원체계의 손실, 생산력의 정체와 분배 체계의 마비, 그리고 잦은 자연 재해 등의 악재들이 복합적으로 작용하여 심각한 식량난에 처하게 되었다고 알려져 있다. 식량난이 인구동태에 미친 영향은 단기적이기보다는 사망, 출산, 이동 동태에 걸쳐 장기적으로 이루어졌다. 1993년과 2008년 사이 인구동태를 분석해보면 이 시기 동안 약 88만 명의 인구가 사망률 증가, 출산율 감소, 그리고 탈북으로 추가적으로 손실되었다고 추정된다. 국가사회보장제도가 붕괴되면서 주민들은 자구적인 경제활동들로 버텨 내고 있지만, 주민들의 삶에는 만성적인 궁핍과 불평등이 노정되어 있고, 그 결과가 인구동태에도 반영되어 있다.

이렇게 북한의 인구동태는 북한의 생산・복지체제의 성쇠과정과 맞물려 높은 성장, 안정, 저성장으로 변화되었다. 생산과 복지 수준이 좋을 때 인구가 성장하고, 경제 수준이 정체될 때 인구도 정체되고, 경제난 상황에서 인구교란이 컸다고 정리할 수 있다. 그런데 이처럼 인구동태가 국가 생산・복지 수준에 조응하는 것은 국가가 생산, 분배, 그리고 정치적 권력을 독점하고 주민의 생활수준에 직접적으로 개입하여 인구를 통제한 영향을 반영한다.

북한의 인구구조의 또 다른 중요한 특성으로서 정주성(定住性)에 주목한다. 1970년대 초반까지는 직업구조가 다원화되고, 계획경제에 따른 인구유동이 활발하게 이루어졌다고 여겨진다. 그러나 이후 도시화와 생산발전이 정체되면서 인구구조가 지역적으로 변하지 않게 되었다. 인구구조의 정주성은 주민등록조사에 따른 인구의 통제 목적 및 그 결과와도 밀접히 연관되어 있다. 북한에서 센서스가 실시되기 전에도 상대적으로 정확하고 포괄적인 인구집계가 가능하였다고 판단되는데 이는 계획경제와 주민통제를 위해 실시한 주민등록제도와 이동이 엄격히 통제되었던 정주시스템 때문이다. 북한이 발표한 인구자료에서 나타나는 정확성과 오류 체계는 주민등록조사에 기초한 인구집계의 특성과 연관되어 이해될 수 있다. 현대적 의미의 센서스와 실태조사가 최근까지 실행되지 않고서도 북한주민 한명 한명의 동태를 상당히 정확하게 파악할 수 있었던 것은 철저한 주민등록 조사 때문에 가능하였다고 여겨진다. 주민등록조사는 개개인의 출생, 사망, 결혼과 같은 동태는 물론 개인과 가족의 경제활동, 정치사상, 출신배경에 이르는 전면적인 신원조사의 성격을 갖고 있다.

4장과 5장에서는 출산율 변천의 추이와 사회적 맥락을 종합적으로 분석하고 있다. 출산율 변천은 성관계, 피임, 모의 건강처럼 생식과정과 직접적으로 연관된 신체 상태와 가족, 젠더구조, 생산·복지 체제와 같은 사회제도 특성, 그리고 출산통제에 대한 인식과 정책에 영향을 받는다. 북한에서 출산율은 1970년대 초까지는 서서히 감소하였고 출산율 감소의 원인도 결혼연령의 상승에 따른 영향이 크다고 판단된다. 1970년 이후 1990년대 초반 시기에는 출산율이 다소 큰 폭으로 감소하였는데 이 시기 혼인건수가 증가하고 결혼연령이 안정화되었던 점을 고려하면 출산율 감소는 주로 유배우 출산율 감소의 영향에 따른다고 판단된다.

북한여성의 출산율 변천은 여러 점에서 독특한 특성을 가지고 있다. 우선, 출산율이 떨어지게 된 시점이 도시화, 공업화, 교육 수준의 향상, 여성의 경제활동 참여 증가와 같은 일련의 사회적 혁신이 이루어졌던 시기에 비해 늦었다는 점에서 독특하다. 이에 대해서는 남한과는 달리 인구과잉 압력이 적었고,

종전 후 고도성장을 추진하면서 노동수요가 커져 인구가 오히려 부족하였다는 설명이 북한 당국의 공식적인 입장이라고 여겨진다. 그러나 도시화, 공업화, 여성의 경제활동 참여, 교육 수준의 증가 등이 출산율을 낮추는 영향은 자본주의 사회뿐만 아니라 사회주의 사회에서도 공통적으로 나타났다는 점에서, 북한의 예외성은 충분히 설명되지 않는다. 다시 말하여 북한에서 출산율이 감소한 것은 여성 지위 향상이나 경제발전의 영향으로 잘 설명되지 않는다.

북한 출산력 변천의 예외성을 설명할 수 있는 중요한 요인으로서 노동과 재생산에 있어서 여성의 불평등한 지위에 주목한다. 북한여성들은 가족 역할뿐만 아니라 생계를 위한 활동에 종사하는 게 일반적이었다. 많은 북한 여성들이 경제활동에 종사하였지만 경제활동 참여가 여성의 발언권이나 사회적 지위의 향상을 반영하는 것은 아니었다. 생산활동과 가족역할을 동시적으로 수행해야 하는 이중적 부담은 여성들이 출산을 통제하고 싶은 동기를 조성하였지만 여성들이 출산을 자율적으로 통제할 수 있는 방법은 제한되었다. 여성들이 보다 쉽게 피임수단에 접근할 수 있었던 것은 1980년대 경제적 궁핍화와 생산력 침체 상황에서 국가가 출산통제를 고려하게 되었고 피임방법을 보급한 상황이 주요한 배경이 된다.

북한에서 여성의 지위가 취약한 것은, 국가권력과 가부장제의 관계에 대해서 고민하게 한다. 왜 젠더 불평등한 관계가 구조화되었을까? 젠더 불평등한 관계는 국가권력과는 어떤 친화성을 갖는가? 자본주의 사회에서 성불평등한 관계가 지속되는 것은 여성이 생산 체제 외부에서 부불노동으로 구조화되어 남성에게 경제적으로 종속되고 자본제적 생산체제에 기능하기 때문이라고 논의되었다. 그렇다면 자본과 임노동관계가 사라지고 사회화된 생산관계에서 어떤 기제에 의해서 젠더 불평등한 관계가 재구조화되었는가? 강한 가부장제의 전통이 혁신에 저항하였기 때문인가? 가부장제 원리가 국가 사회주의의 통치권력을 위해 재구성된 것인가?

자본주의 사회이건 사회주의 사회이건 남녀 불평등한 관계가 근대에서 지속되고 재구조화된 것은 젠더 불평등한 관계의 물질적·이념적 토대가 역사성을 가지고 있음을 가리킨다. 특히 이념적으로 여성의 해방을 강조한 사회주의체제에서, 더욱이 일련이 혁신이 이루어졌음에도 불구하고 여성의 사회적 지위가 낮았던 것은, 가부장제의 역사적 특성을 질문하게 한다. 북한에서는 여느 사회주의체제에서 확인되는 것보다 젠더 관계가 훨씬 불평등하게 구조화되었다고 여겨진다. 다른 사회주의 사회에서도 보수적인 가족정책이 실시되고 일과 가족역할에 대한 여성들의 이중 부담이 컸다고 논의되지만 북한에서는 훨씬 더 남녀 차별적인 방식으로 젠더 관계가 구조화되었다. 이것은 오랜 전통의 영향도 배제하기 힘들지만, 강력한 국가주의에 의해 노동과 가족 구조가 가부장적 질서로 재편된 영향이 크다. 다시 말하여 북한사회가 성불평등하게 조직된 것은 사적 가부장제의 잔재나 국가권력과 사적 가부장제의 권력이 타협한 결과라기보다는 국가가 물질적 자원을 전유하고 주민을 그 통치 하에 포섭한 국가 가부장제에 기초한다. 국가권력은 스스로 사회 전체의 가부장이었고, 여성은 노동과 가족 역할의 이중 부담을 국가를 위한 혁명의 일환으로 받아들였다. 또한 국가의 인구통제 목적에 따라 여성이 출산을 자율적으로 통제할 수 있는 여지도 제한되었다.

6장에서는 북한사회에서 사망률 변화가 정확히 어떻게 전개되었는가에 초점을 맞추고 있다. 연구 주제는 크게 두 가지로 구성되었다. 첫째, 북한이 발표한 사망률 관련 자료들의 정확성을 분석한다. 북한이 발표한 자료에 따르면 사망률이 매우 빠르게 개선된 것으로 나타난다. 북한의 공식적 사망통계에 대해 체제 선전을 위해 자료가 의도적으로 왜곡되었다는 진단에서부터 사회주의체제의 실질적인 효과를 반영한 현상이라는 진단에 이르기까지 논쟁적이다. 경제난 이전 사망률 관련 통계치들의 내적 일관성과 다른 사회주의 사망률 추이를 종합해서 분석한 결과 사망률이 과소 추정된 정황들이 증명되었다. 북한의 공식 사망통계가 과소추정된 것은, 체제우월성을 선전하기 위한 정치적 의도도 있었겠지만 기본적으로 정주인구등록에 기초한 인구집계에서 인구동태가 정확하게 파악되기 어려웠던 요인이 컸다. 이렇게 사망률 자료의 편의를 파악하고 조정하여 사망률이 실제로 사회주의 건설 초기에서 2008년 시점까지 어떻게 변하였는가를 분석하였다.

둘째, 북한의 사망률 동태가 북한의 공식적 생산·복지체제의 성쇠과정과 밀접히 연관되어 변화된 방식을 구체적으로 밝히고 있다. 북한의 사망률 변천은 북한의 생산과 복지제도의 변화를 파악하는 중요한 단서가 된다. 북한주민의 사망률은 1970년대 초반까지 크게 개선되었고 이후 정체되다가 1990년대 중후반 식량난 시기 크게 증가하였다. 북한주민의 생활은 1970년대를 기점으로 성쇠의 국면으로 갈렸던 것으로 판단된다. 사회주의 건설 초기 혁신적인 생산증진과 사회제도의 개선이 이루어졌지만 1970년대 중반 이후 생산과 복지 수준은 점차적으로 정체되었고 사회주의권이 무너지면서 급속도로 악화되었고, 1990년대 중후반 이후 심각한 경제난에서 공식적 생산과 복지는 거의 마비되기에 이르렀다. 또한 북한 사망률의 중요한 특성으로 청년기 이후 남성의 높은 사망률에 주목하였다. 북한남성의 높은 사망률은 오랜 시기 군에 복무하고 재해위험이 큰 노동에 종사하는 생활환경과 밀접히 연관된다고 여겨진다.

1990년대 중후반 발생한 심각한 식량난 상황에서 많은 인구가 사망하였고, 또 출생률 감소와 탈북으로 인구가 추가적으로 손실되었다. 그러나 대외에서 주장한 수준만큼 사망자가 크게 발생하지는 않았다. 이는 식량난 이후 자구적인 생존활동과 비공식적 시장활동이 확대되면서 경제난의 성격이 변하고 주민들의 생존양식이 변화된 때문이다. 주민들의 자구적인 생존능력이 중요해지면서 변화에 적응한 사람과 그렇지 못한 사람 사이 식량 및 건강 자원에 접근할 수 있는 차이가 커졌고 사망률이 지역과 계층에 따라 차이가 커지는 현상도 확인되었다.

7장과 8장에서는 1990년대 중후반 이후 경제난이 심화되면서 인구동태에 구체적으로 어떤 변화가 일어났고, 경제난과 인구동태는 어떤 관계가 있는가를 분석하고 있다. 식량난이 조정된 방식은 적극적인 인구조정을 통해서 그리고 대안의 식량획득방식이 확대되는 양상으로 전개되었다. 우선 7장에서는 1990년대 초중반 이후 심화된 식량난과 기근이 출산, 사망, 이동, 그리고 인구크기에 어떤 영향을 미쳤는가를 추정하였다. 1993년과 2008년 두 센서스 기간 동안 발생하였던 출산율, 사망률, 이동 추이를 추정하고, 식량난에 따라 추가적으로 손실된 인구의 손실과 손실요인을 분석하였다.

결과에 따르면 경제난에 따른 인구의 손실은 1993년에서 2008년에 걸쳐 88만여 명에 이르는 것으로 추정하였다. 사망자는 식량난이 최고로 심각했던 1993년과 1998년 사이에 가장 크게 증가하였지만 그 이후에도 크게 줄어들지 않아, 총 50만여 명의 사망자가 추가적으로 발생하였다고 추정된다. 출산율 감소는 1998년 이후 출산 대체 수준(replacement level) 이하로 감소하였고 이에 따라 추가적으로 28만 명의 인구가 감소하였다고 추정된다. 그리고 약 10만 명의 손실이 이주와 그에 수반된 출산율 감소의 효과로 추정되었다.

경제난에 따른 인구손실은 독특한 성, 연령 구조를 나타냈다. 1993년과 2008년 사이 발생한 인구손실은 두 센서스 시점에 출생하였던 유소년 인구, 경제난 시기 군대와 노동에 동원되었던 젊은 남성과 주된 가임기에 속했던 젊은 여성, 그리고 노년 집단에서 크게 발생하였다. 그리고 이들 성, 연령집단별 인구손실에 차이가 큰 것은 출산, 사망, 이동 효과의 독특한 영향 때문에 이루어졌다. 두 센서스 시점 사이에 출생한 인구의 크기가 감소한 것은 영아사망률의 증가, 출산율 감소, 가임여성의 이주효과가 복합적으로 작용하였다. 주된 가임기에 있던 여성인구의 손실은 식량을 찾기 위해 혹은 결혼 알선을 통해 이루어진 탈북이 주된 요인이다. 한편 젊은 남성과 노년 인구의 손실은 주로 사망률의 증가에 따른다. 결국 식량난은 단기적인 대규모의 충격이 아니라 장기화된 만성적인 궁핍과 불평등이 심해지는 특성을 가졌다. 만성화된 궁핍과 불평등구조에서 인구구조는 출산, 사망, 이주 요인에서 복합적으로, 그리고 성/연령, 계층별 특수성을 띠면서 교란되었다.

결론적으로 식량난이 인구에 미친 영향은 적어도 2008년 시점까지 지속되고 있었다. 북한의 경제난은 단기간에 걸치거나, 갑작스런 충격이었기보다는, 장기적이고 만성적인 궁핍화로서, 많은 사람들이 생명을 잃고, 생식을 중단하고, 생존을 위해 이탈하는 과정으로 이루어졌다. 비록 식량난에 따른 인구손실은 몇몇 연구자와 탈북이주자가 증언한 것처럼 수백만 명의 아사자에 이르지는 않았지만, 경제난이 인구동태에 미친 영향은 1990년대와 2000년대를 걸쳐 지속되었다.

8장에서는 식량난의 원인과 인구동태의 관계에 대해 조명하고 있다. 1990년대 후반 발생한 식량난이 대규모의 기아 상황으로 이행하지 않았던 이유는 식량난에 대한 대응방식이 그 누구도 예측하지 못했던 과정으로 전개되었기 때문일 수 있다. 대기근은 전반적인 집단 생산체제의 붕괴와 국가 사회보장의 마비에서 충분히 예측될 수 있었다. 그럼에도 불구하고 대기근이 발생하지 않은 것은, 기근을 피하기 위한 주민들의 자구적인 생활방식이 형성되었기 때문이다. 북한에서 식량난이 발생한 것은 이상하지 않다. 오히려 다른 사회주의체제가 붕괴하거나 개혁 개방의 길을 가고 있는 상황에서도, 그리고 대외 긴장과 경제압박이 지속되고 계획생산체제의 문제들이 노정되고 있음에도 불구하고 고립된 계획경제 체제를 장기간 유지해 온 것이 오히려 더 이상하다. 다시 말하여 식량난이 왜 일어났는가만큼이나 왜 식량난이 늦게 일어났는가가 중요한 질문으로 제기된다.

식량난이 지체되고 식량난 속에서도 통치 권력이 유지된 데에는 국가의 강한 통치권력만큼이나 중요한 요인이 존재한다. 오랜 시간을 통해 주체가 되고픈 열망을 강하게 가지고 있었고, 해방 이후 급진적인 민주주의 개혁으로 중심계급이 되었고, 민족과 자주 국가 건설에 헌신하는 데 일체감을 가지면서 한편으로 국가를 위해서 다른 한편으로 생존을 위해서 강한 정신력으로 살아왔던 북한주민이다. 식량난 이후 자생적으로 확장된 비공식 경제는 고통에서 벗어나려는 주민들의 삶 속에서 생성되었다. 이는 한편으로 국가권력의 묵인과 감시, 처벌 속에서 주민들이 스스로 만들어간 삶의 방식이었다. 그리고 이 자구적인 생존전략 때문에 그렇지 않으면 발생하였을 수 있는 엄청난 인구압력을 완충하였다. 한편으로 주민들의 자구적인 생존전략은 체제 위기를 완화하였지만 다른 한편으로 사회변화의 가능성을 만들고 있다. 경제부문에서는 국가가 주민을 장악하는 영향력은 크게 약화되고 있다. 자구적인 생산활동과 시장활동을 하면서 점차 커져가는 시장 경제에 대한 인식, 당 관료에 대한 비판, 계층에 대한 새로운 인식은 새로운 주체가 해석되고 상상되고 생성될 수 있는 중요한 경험이 되고 있다. 통치 권력과 주민의 관계는 변화되고 있다.

9장에서는 탈북이주자의 생애사에 착종된 집단적 상흔과 그 구조적 맥락에 대해 분석한다. 인구이동을 엄격히 통제하는 정주사회에서 식량을 구하기 위해 대규모의 탈북이주자가 이루어졌다는 것은 한편으로 식량난이 얼마나 심각한 상황이었던가를 말해준다. 그런데 탈북을 하게 된 경위들에 대한 증언에서, 그들이 경험했던 아사의 위험이 단순히 갑작스런 생산, 분배체계의 마비에 따른 것이 아님이 드러난다.

경제난민으로서 탈북이주자가 경험한 고통은 북한 통치체제의 위기와 관련된다고 인식되었다. 경제난민은 국민의 안녕을 돌보지 않는 독재적 군국주의와 계획경제의 실패 때문에 발생하였다고 여겨졌다. 물론 경제 궁핍이 발생한 북한의 정치, 경제체제의 영향을 무시할 수 없지만, 탈북이주자의 상처는 훨씬 더 깊고 복합적인 것이었다. 9장에서는 탈북이주민이 경험한 고통은 북한 생산체제의 위기나 비인권적인 통치권력 때문만이 아님을 밝히고 있다. 탈북이주자의 집단적 상흔은 한인의 디아스포라를 지속시키는 분단권력에서 기인한 상흔과 깊이 관련되었다. 북한은 종래 경제・정치적 지배권력을 혁명적으로 축출하였지만 북한체제를 유지하기 위해 당헌신과 성분에 따른 새로운 계급질서를 구축하였다. 탈북이주자들의 삶에는 분단체제가 가한 상처가 깊이 패여 있다. 가족의 출신성분, 당성, 군역은 개인의 운명을 결정짓는 사회적 지위였고 이 지위 체계에서 남북에 걸쳐 연결되어 있는 주민들은 정치・사회적으로 배제되었다. 식량난의 위험은 이들 정치・사회적으로 배제된 계층에서 더 극적으로 일어났다.

또한 탈북이주자의 상당수가 여성이었던 점은 북한사회에서 많은 여성들이 지위가 취약했던 상황과 밀접히 연관되어 있다. 남성을 중심으로 조직된 사회에서 주변적인 지위에 있던 여성들은 식량난 시기 남성에 비해 상대적으로 더 자유롭게 조직 통제에서 벗어나 이동할 수 있었다. 또한 북한여성들은 가족의 생계를 위해 비공식 생산이나 교류활동을 중심적으로 수행하였다. 그리고 남성의 높은 사망률 때문에 혼인 가능 인구의 성비는 불균형한 구조를 띠었다. 이와 같이 북한 내부에서 여성을 주변화한 요인들이 우연히 아시아 지역에 확장되고 있는 결혼시장의 유인요인과 결합되어 많은 북한주민 여성들이 국경을 넘었다고 여겨진다. 또한 한국 정착 뒤의 탈북이주자의 운명도 희망적이지만은 않다. 같은 민족이고 국민이 되었지만 일등시민과 구분된 이등시민이 되고, 자신의 정체성이 의심되고, 한국체제에 일방적으로 동화되기를 강요당하면서 소외를 경험하고 있다.

결론적으로, 탈북이주민이 경험한 고통은 북한 생산체제의 위기나 비인권적인 통치권력뿐만이 아니라, 한인의 디아스포라를 지속시키는 분단의 권력, 여성을 중심으로 새롭게 재편되고 있는 국제이주 현상에 작용하고 있는 가부장제 지배, 그리고 외국인 이주자와 해외동포 이주자들이 배제되는 위계적인 시민권의 권력구조에서 형성되었음을 밝히고 있다.

10장은 결론이면서 인구를 통해서 발견한 북한사회의 특성을 정리하고 있다. 각 장을 통해서 살펴본 인구동태와 그 안에 배어 있는 사회적 성격들을 종합하면서 북한사회의 특성을 조망하고 있다. 북한의 인구동태는 북한의 공식적인 생산・복지 수준의 변화과정과 밀접하게 연관되어 변화되었다. 얼마나 생산 수준이 높은가, 어떻게 자원이 분배되는가에 따라 인구의 동태가 영향을 받는 게 일반적인 현상일 수 있지만, 북한의 인구동태는 여느 사회에서 살펴볼 수 있는 수준보다 더 강하게 국가적 생산과 복지 수준과 밀접히 연관되어 변화되었다고 판단된다. 이것은 북한의 인구동태에 작용하고 있는 국가권력을 반영하고 있다. 북한에서 국가는 생산수단을 소유하고, 자원을 분배하는 권력을 가지고 있고 일당, 수령 중심의 독점적인 정치권력을 가지고 있다. 이처럼 생산, 분배, 그리고 정치적 권력을 독점한 국가는 주민의 생활에 직접적으로 영향을 미쳤다. 공식적 생산・복지 수준에 따라 인구변천의 양상이 뚜렷이 구분되는 것은 자원 분배 구조에 맞추어 인구를 조정할 수 있는 국가의 영향력을 반영한다.

이처럼 국가권력이 생산과 재생산, 공적 영역과 사적 영역에 걸쳐 그 영향력을 관철시키고 있지만 국가권력에 의해 과잉사회화된 대상으로 북한주민을 파악하는 것이 적절하지 않을 수 있다. 북한의 인구동태에는 국가권력의 영향뿐만 아니라 주민들의 자구적인 생존 전략의 흔적도 강하게 반영되어 있다.

북한사회는 굴절된 근대사회의 한 특성을 보여준다. 북한의 강력한 국가 체제의 첫출발은 어느 사회가 근대로 이행할 때 그랬던 것처럼 정치・경제적으로 자율적인 주체에 기반한 발전된 사회를 건설하려는 방향성을 가졌었다. 봉건적 지배질서를 뿌리 뽑고 식민지배의 모순을 청산하고 계급모순을 극복하는 방향성을 가졌다. 그런데 정치・경제 권력의 독점과 여러 공동체 이데올로기 장치들을 통해 국가는 살아 있는 인격체로 전환되었다. 국가에 의해 경제, 정치, 물리적 권력이 전유되고, 가부장제와 왕권통치와 같은 전통적 통치논리가 복원되고, 가상의 적으로부터의 위협을 항상 환기하면서 내적인 갈등을 통제하면서 북한사회는 국가공동체로 완성되었고 공적 정체성이 과잉화되었다.

그러나 국가권력이 사방에서 지배하고 공동체 정체성이 강제되더라도 바로 그 때문에 삶의 고통이 노정되었으며 고통에서 벗어나려는 삶의 움직임은 계속되고 있다. 이미 경제부분에서는 국가가 주민들의 삶을 장악할 수 있는 영향력이 크게 약화되었다. 국가 생산과 복지가 취약해지면서 자구적인 삶의 전략이 발전되었고 이는 국가통치의 물질, 이념적 기반을 약화시키고 있다. 국가의 묵인과 감시, 처벌이 반복되면서 주민들의 시장활동과 비공식관계가 확장되고 있다. 또한 국가권력을 강화하고 재생산하기 위해 희생과 헌신으로 규정되었던 여성의 삶은 비공식부문의 성장과 가족의 상대적 자율성을 추인하였다. 여성은 국가의 통치력과 가부장적 젠더 관계의 실질적 토대를 약화시킨 밑으로부터의 변화를 조성한 힘이었다. 국가, 민족, 당, 인민이 하나라는 공동체의 기초는 점차 융해되고 있다.

제2장

인구자료의 정확성과 보정

1. 북한인구 자료의 문제점

북한 내부의 사회, 경제적 변화나 인구구조의 변동은 외부인의 입장에서 분석하기가 매우 힘든 주제이다. 접근할 수 있는 자료가 제한되고, 또 접근할 수 있는 자료의 신뢰도를 확인할 수 없기에 북한을 이해하는 데 커다란 걸림돌이 놓여 있다. 북한의 인구에 대한 연구도 이와 같은 자료 장벽에 부딪치게 된다. 국제기구나 국내 통계청에서 생산하는 자료에는 북한의 인구정보가 포함된다. 문제는 대부분의 정보들이 인구변동에 대한 특정한 가정에 근거한 '추정치'들이라는 점이다. 아무리 관찰에 정확성을 기하더라도 실체에 대한 접근은 추정일 수밖에 없다. 문제는 그 추정이 얼마나 타당한가이다. 그러나 이곳저곳에서 인구통계치들이 유통되고 있지만 그 구체적 통계치들이 어떤 근거에서 생산되었는가에 주의하는 시선은 쉽게 발견되지 않는다. 오히려 인구자료가 대부분 추정치라는 것을 인식하지 못하는 게 다반사다. 이런 중에 여러 통계치들이 현실로 전환되고 사실화되는 경향이 있다. 그리고 북한의 인구는 얼마이고, 평양의 인구는 얼마이고 하는 용감한 주장들이 곳곳에서 들린다. 또한 인구학자도 이미 만들어진 인구통계치들을 무비판적으로 이용하는 소비자이기도 하였다.

분단 이후 북한의 인구에 대한 정보가 공개된 것은 1980년대 후반부터이다. 『조선중앙년감』에 북한의 전체 인구가 처음 기록된 시점은 1989년인데, 이때 1987년 집계된 인구를 발표하고 있다. 『김일성선집』에서 인구통계를 체계적으로 수집할 필요를 언급한 내용이 여러 번 제시되는 것으로 보아, 자료의 정확성을 논외로 하더라도 인구통계를 지속해서 수집하고 정리해왔던 것으로 여겨진다.[1] 북한에서 인구가 집계되는 데 중요한 토대가 되는 주민등록체계에 대해서는 다음 장에서 살펴보고 여기에서는 북한 발표자료의 정확성을 검토하고자 한다. 북한이 발표한 자료를 통해 인구동학을 대략적으로 가늠해볼 수 있지만 인구자료의 정확성에 대해서는 여러 가지 의문이 제기된다. 결론적으로 북한이 발표한 자료는 체계적인 누락이나 왜곡문제도 있고, 비의도적인 집계의 오류문제도 있다고 판단된다.

2. 주요 인구 관련 자료

북한의 전체 인구 크기와 성별, 연령별 인구구성을 살펴볼 수 있는 자료는 1944년 조사된 인구총조사 자료 중 북한지역에 해당되는 인구분포, 1946년 이후 재편된 주민등록자료와, 1993년과 2008년에 실시된 총조사가 있다. 1944년 인구총조사는 일제가 군사동원의 목적으로 임시적으로 실시하였기 때문에 일제강점기에 실시된 조사자료 중 정확성이 다소 떨어진다고 평가되고 있다(Kwon, 1977: 3–6). 1944년 인구총조사에는 현 남한과 북한에 속하는 지역별 인구의 성, 연령 분포가 제시되어 있다. 한편 분단이 되면서 이남 황

1 북한은 사회주의 경제관리와 주민의 통제를 위해 정확한 통계작성을 강조하였고 중앙통계국을 독자적인 기구로 설립하고 지방 도와 하위 행정단위에 통계기관을 두어 체계적인 통계집계와 관리업무를 강조하였다. 인구통계의 기본이 되는 자료는 크게 공민등록체계와 건강등록체계에 기초한다. 그러나 기본 자료에서 허위신고와 누락 등의 문제가 있고, 통계를 담당하는 지방 기초단위의 인력이 취약하며, 통계 조작문제도 크다고 논의되고 있다(정기원 · 이상헌. 1992: 6–19).

해지역은 경기지역으로, 이북의 경기지역은 황해도로, 강원도는 남북으로 갈라졌는데 이런 행정 경계 변경을 고려하여 남북의 인구구조를 산출할 수 있다.

북한의 총조사(센서스)는 1993년 최초로 실시되었다고 알려져 있다. 일제강점기 때 총 5회 인구총조사(국세조사)가 이루어졌고 남한에서는 1949년 임시 총조사가 이루어졌지만 전쟁으로 거의 소실되고 1966년 총조사를 제외하면 1955년부터 5년마다 총조사가 이루어졌다. 북한에서 인구총조사가 최근까지 이루어지지 않았던 것은 경제적인 이유도 있겠지만 정주인구체계와 주민등록 조사에 기초하여 인구를 꽤 정확하게 집계할 수 있다는 확신이 있었기 때문이라고 추측된다. 북한이 외부에 인구자료를 공개한 것은 1980년대 중후반 이후이지만 그 이전에도 주민등록제도를 통해 인구가 집계되고 관리되었다. 북한의 주민등록제도는 거주민의 일반 인구특성을 기록하고 관리하기 위해 1946년 공민제로 시작하였다가 1964년 이후에는 개인의 성분과 가족, 정치, 사회생활을 총체적으로 검열하고 조사하는 제도로 재편되었다(현인애, 2008: 10–15). 주민들의 동태가 상시적으로 조사되고 정확하고 빠짐없이 신고하도록 되어 있어, 주민등록자료를 통해 상대적으로 정확하게 인구를 집계할 수 있었다고 여겨진다. 그러나 기본적으로 정주인구에 기초한 인구집계이므로 출생 신고나 사망 집계의 오류 가능성을 배제하기 어렵다.

1993년 센서스는 북한이 UNFPA의 도움을 받아 실시된 최초의 인구총조사로 알려져 있다(노용환・연하청, 1997).[2] 센서스 시점은 1993년 12월 31일 자정이고 조사는 1994년 1월 3일에서 15일 기간에 이루어졌다고 보고되었다. 조사 대상은 북한 국적의 모든 거주민으로서 기숙사와 노인수용시설 같은 집단생활시설 단위에 거주하는 사람도 포함한다고 보고하고 있다. 한편 실제 총조사가 실시되었는가에 대해 회의적인 입장도 존재한다(김두섭, 2001:

2 북한의 1993년 총조사 보고서를 확보하지는 못하였지만, 노용환과 연하청은 1993년 총조사 결과를 분석하였고 총조사 보고서 결과를 부록으로 제시하고 있다(노용환・연하청. 1997.『북한 인구센서스의 정책적 함의: 인구구조와 특성』. 한국보건사회연구원).

120). 왜냐하면 북한이 발표한 보고서에는 일반적으로 인구센서스가 제시하고 있는 분류항목이 제시되지 않고, 명확한 정의도 이루어지지 않았다. 조사시점은 1994년 1월 3일부터였다고 하는데, 지역에 따라 조사시점에 차이가 있고, 1994년 7월 김일성 사망 등의 커다란 사건으로 인해 자료가 완전하게 조사되지 않았거나, 충분한 사후 정리가 이루어지지 못하였다고 추정된다.

1993년 센서스 자료의 정확성이 크게 논란이 된 것은 15-30세 남성인구의 집단적인 누락이 발견된 데 있다. 남성인구의 집단적인 누락은 이전 북한 발표 자료에서도 나타나고 있는데 누락의 원인에 대한 북한 당국의 설명이 부족하였다. 이에 군대 인구규모를 밝히지 않기 위한 고의적 삭제와 자료 누락이었다고 의심되었다(Eberstadt and Banister, 1992: 86-92). 남성인구의 누락 이외에도 1993년 자료는 북한이 발표한 이전 자료들과 비교해서 일관성이 떨어지는 부분도 발견된다. 예를 들어 1987년 북한이 발표한 인구구조와 1993년 인구구조를 통해 계산된 생존율의 분포가 내적으로 일관되지 않고, 영유아 사망분포와 전체 주민의 사망률 수준이 다른 여러 사회에서 일반적으로 나타나는 분포와 크게 차이가 난다.

그리고 2008년 두 번째 총조사가 실시되었다. 1993년 이후 식량난과 경제난을 겪으면서 인구동태가 어떻게 변하였는가를 파악하기 위해 북한이 국제기구와 협력하여 실시하였다고 알려져 있다(DPRK, 2009). 1993년 총조사 때와는 달리 정확한 인구집계를 위해 국제기구를 통해 통계기술 지원이 이루어졌고, 2007년 평양시를 포함하여 10개도에서 전체 5만 가구를 대상으로 사전조사를 실시하였다. 또한 1993년 센서스 결과 발표 때와는 달리 조사대상과 분류기준을 명확히 제시하였고, 집계로부터 전산화에 이르기까지 정확성을 제고하는 여러 방법들을 활용하였다고 밝히고 있다(DPRK, 2009: 1-8). 센서스 시점은 2008년 10월 1일 0시로 정하였고 이 시점에 북한에 살고 있는 모든 사람을 집계하였다고 한다. 조사대상은 북한에 거주하는 모든 시민과 조사시점 국적을 취득한 외국인을 포함하며, 리, 구, 동에 위치한 모든 가구와 시설단위와 그 단위에 거주하는 사람을 포함하였다고 밝히고 있다. 여기서 시설거주는 기숙사, 요양소, 군대, 수용소 등을 포함하였다. 자료수집은 2008년 10월 1일부터 15일간 방문조사로 이루어졌고 주민등록 거주지를 기초로 한 상주(de jure)인구를 집계하였다고 밝히고 있다. 2009년 발표된 보고서에는 인구(성, 연령구조, 출생, 사망, 국내이주), 교육, 경제활동, 건강, 주택 및 주거구조와 관련된 총 53개의 집계표가 제시되어 있다. 1993년 센서스와 2008년 센서스를 비교해볼 때 두 센서스의 인구구조는 전반적으로 일관성이 높다고 판단된다.

2008년 센서스 보고서는 무엇보다 여러 부문에 걸쳐 다양한 정보를 제공하고 있고, 집계표마다 집계대상을 명확히 제시하고 있어서, 인구자료로 활용하는 데 크게 도움이 되었다. 그러나 1993년 센서스 결과에서 제기되었던 영아사망자 과소집계의 오류가 2008년 센서스에서 보완되기보다는 사후 일괄적으로 표준화된 것이 아닌가 하고 의심된다. 또한 1993년과 2008년의 연령구조에 기초하여 15년간의 생존율을 구해본 결과 2008년 15세 이상 사망률이 과다 측정되었을 개연성이 크다고 추정된다.[3]

북한이 발표한 자료 중에는 두 센서스 조사 이외에도 1993년 이후 북한이 국제기구와 협력하여 조사한 여러 자료들이 존재한다. 1998년 영양조사(Nutrition Survey of the Democratic People's Republic of Korea, 1998, DPRK), 2002년 재생산 건강조사(Reproduction Health Survey, 2002, DPRK), 2004년 영양평가보고서(Nutrition Assessment Report of Survey Results, 2004, DPRK), 2006년 아동과 여성 건강 실태 분석(Analysis of the Situation of Children and Women in the Democratic People's Republic of Korea) 등이 그 예이다. 이 밖에 북한에서 직접 만들어진 자료는 아니지만 탈북이주민을 대상으로 실시된 표본조사들이 다수 존재한다.

3 자세한 내용은 6장에 기술되어 있다.

3. 청년 남성인구의 누락

북한이 발표한 자료는 여러 면에서 체계적인 오류가 의심된다. 우선 1970년대 중후반 이후의 총인구집계에서 성장률 변화가 일관되지 않고 성비가 비정상적으로 낮다. 북한이 발표한 자료에 따르면 1946년 북한인구는 925만 7,000명이었다(표 2-1). 그런데 1950-1953년 전쟁기간 동안 많은 인구가 손실되었다. 남녀별 인구크기에서도 볼 수 있듯이 이 기간 남성인구는 크게 감소하였다. 1953년 성비는 88.3으로 1949년에 비해 무려 10%나 낮았다. 한편 전쟁이 끝난 이후 1965년까지 남성인구는 여성인구보다 더 빠르게 성장하였다. 이 시기 남성인구가 매우 빠르게 성장한 것은 베이비붐 영향이 크다. 또한 인구증가에 순유입인구의 영향도 부분적으로 존재한다. 북한정부는 전후 인구를 늘리는 방법의 하나로 해외 한인의 북송정책을 실시하였다. 북송의 규모를 정확히 파악할 수는 없지만 그 수가 크지 않다고 지적된다. 재일조선인에 대한 북송정책으로 1959년 12월부터 1961년까지 7만 4,779명이 북송되었고 1986년까지 총 9만 3,340명의 재일동포가 북송되었다고 추산된다(Morris-Suzuki, 2007: 11). 탈북이주자들의 증언에 따르면, 1950년대에서 1970년대까지 만주에 체류하는 동포들에 대한 북송정책도 이루어졌지만, 역시 이주자는 제한되었다고 여겨진다. 이처럼 부분적으로는 북송인구의 영향과 더 중요하게는 1970년대 초까지 지속된 베이비붐의 영향으로 북한인구는 1970년까지 연평균 3%의 높은 성장률로 증가하였고 성비도 빠르게 개선되었다고 판단된다.

그런데 1970년 이후 인구성장률을 보면, 남성의 인구성장률이 여성인구에 비하여 크게 떨어진다. 1970-1975년 사이 연평균 성장률이 남성인구는 0.84%로 계산되는 데 반해 여성인구는 2.65%로 차이가 크다. 1982년과 1985년, 그리고 1986년 집계에서도 남성의 인구성장률이 여성의 성장률을 크게 미치지 못하고 있다. 전쟁이나 국제이동과 같은 특수한 상황을 예외로 하면 한 국가 내의 남녀 인구성장률은 비슷한 규모로 변하는 것이 자연스럽다. 이 점에서

표 2-1 북한의 전체 인구의 변화

연도	인구	성장률	남	성장률	여	성장률	성비	연도	인구	성장률
1946	9,257		4,629		4,628		100	1991	20,960	
		1.29		1.08		1.49				0.60
1949	9,622		4,782		4,840		98.8	1993	21,213	
		-3.13		-4.58		-1.77				1.41
1953	8,491		3,982		4,509		88.3	1994	21,514	
		3.24		3.88		2.67				1.38
1956	9,359		4,474		4,885		91.6	1996	22,114	
		3.55		3.86		3.27				1.08
1960	10,789		5,222		5,567		93.8	1997	22,355	
		2.80		3.00		2.60				0.89
1965	12,408		6,067		6,341		95.7	1998	22,554	
		3.28		3.22		3.34				0.88
1970	14,619		7,127		7,492		95.1	1999	22,754	
		1.79		0.84		2.65				0.91
1975	15,986		7,433		8,553		86.9	2000	22,963	
		1.58		1.49		1.65				0.81
1980	17,298		8,009		9,289		86.2	2001	23,149	
		1.36		1.14		1.54				0.66
1982	17,774		8,194		9,580		85.5	2004	23,612	
		1.86		1.64		2.04				0.46
1985	18,792		8,607		10,185		84.5	2008	24,051	
		1.42		1.19		1.61				
1986	19,060		8,710		10,350		84.2			
		1.49		1.49		1.49				
1987	19,346		8,841		10,505		84.2			
		2.00								
1991	20,960									

자료: 1946년에서 1987년까지는 에버스테트와 베니스터(Eberstadt and Banister, 1992)에서, 1991년에서 2004년까지 인구는 『조선중앙년감』 각년도에서, 2008년은 2008년 센서스 집계 결과에서 인용함.

주: 인구단위는 1,000명. 성장률은 백분율로 표시됨. 성비는 여성 100에 대한 남성수임.

1975년 전후로 인구구조의 성비 변화가 발생한 이유가 다를 수 있다. 다시 말하여 1975년 이전 성비의 개선은 전쟁 이후 상대적으로 장기 지속된 베이비붐과 북송인구 효과와 같이 실질적인 인구성장요인에 기인하였다면, 1975년 이후 확대된 성 차이는 주로 자료의 왜곡 요인(남성의 누락)이 크다고 추정된다.

1975년 이후의 인구집계에서 남녀인구가 크게 차이 나는 것이 남성인구의 누락에 기인하였을 가능성은 선행연구에서도 제기되었다. 에버스테트와 베니스터는 북한이 1989년 대외에 발표한 자료들을 세밀히 대조하면서 청년층 남성인구가 집계에서 대량 누락되었을 가능성을 처음으로 주장하였다(Eberstadt and Banister, 1992: 40). 에버스테트와 베니스터는 1986년 16세 인구와 1970년 출생자수를 비교한 결과 남성의 생존비가 크게 떨어지는 것을 확인하였다. 그리고 고등학교를 졸업한 남성들은 대부분 군대에 가는 것을 고려하여, 누락된 인구 대부분이 군대에 있는 청년층 남성이라고 판단하고 1970년의 성비를 적용하여 누락된 남성 군대 규모를 120만 명 정도로 추정하였다(Eberstadt and Banister, 1992: 119-123).

체계적인 누락이 있다는, 특히 청년 남성인구가 집계에서 누락되었을 가능성이 크다는 주장을 뒷받침할 수 있는 또 다른 증거는 1993년과 2008년 센서스에서도 확인할 수 있다. <표 2-1>에서 제시하고 있듯이 『조선중앙년감』에는 1993년 인구크기를 2,121만 3,000명으로 발표하고 있다. 그런데 이 수치는 기존 주민등록조사 방식과는 달리 센서스 결과를 집계한 수치로 판단된다. 물론 센서스의 인구집계도 주민등록을 기준으로 이루어졌지만 센서스에서는 일반주민 외에 군대와 시설에 거주하는 인구도 집계에 포함하였다고 전해진다. 그런데 1993년 센서스에서 집계된 총인구는 두 수치가 존재하였다. 하나는 2,121만 3,378명이고 다른 하나는 연령별로 집계된 2,032만 9,699명이다. 두 집계치의 차이는 69만 1,027명이다. 그리고 남성인구의 차이는 65만 2,036명이고 여성인구의 차이는 3만 8,901명으로 대부분의 누락이 남성인구에서 발생하였다. 1993년 센서스 보고서에는 집계표의 대상이 정의되어 있지 않아 두 수치에 차이가 나는 이유를 명확히 알 수 없지만, 보고서에 제시된 지역별

그림 2-1 북한이 발표한 1993년 연령별 성비(sex ratio)

자료: 북한 센서스 1993.

각 연령분포를 산술적으로 합하면 전국 수준의 연령분포에서 집계된 총인구와 합이 같았다. 결국 전국 수준의 연령별 인구집계는 각 지역에서의 연령별 인구집계로부터 합산된 값이고 누락은 지역별 연령집계에서부터 비롯하였다고 판단된다. 그런데 연령별 성비분포를 보면 15세에서 30세에 이르는 연령구간에 깊은 계곡이 만들어지고 있다(그림 2-1). 15세 인구의 성비는 105인데 16세에는 94.2, 17세에는 80.6, 18-19세는 77.9, 20세는 59.5로 매우 낮은 수치를 나타낸다. 20세에서 바닥을 치고 31세까지 올라가고 있는 분포를 보인다. 그리고 모든 지역에서 편차가 있지만 이 연령대에서의 계곡현상이 보인다(그림 2-2).

이처럼 집계된 인구의 성비가 15세에서 30세까지 크게 낮아지는 점에 비추어볼 때 누락인구는 15세에서 30세 연령대의 남성일 가능성이 크다. 또한 이런 판단은 2008년 센서스 집계 결과에서 명확히 뒷받침된다. 2008년 센서스에서도 지역별 연령분포에서는 15-30세 남성인구가 누락되었다. 그런데 전국

그림 2-2 북한이 발표한 지역별 연령별 성비(sex ratio), 1993

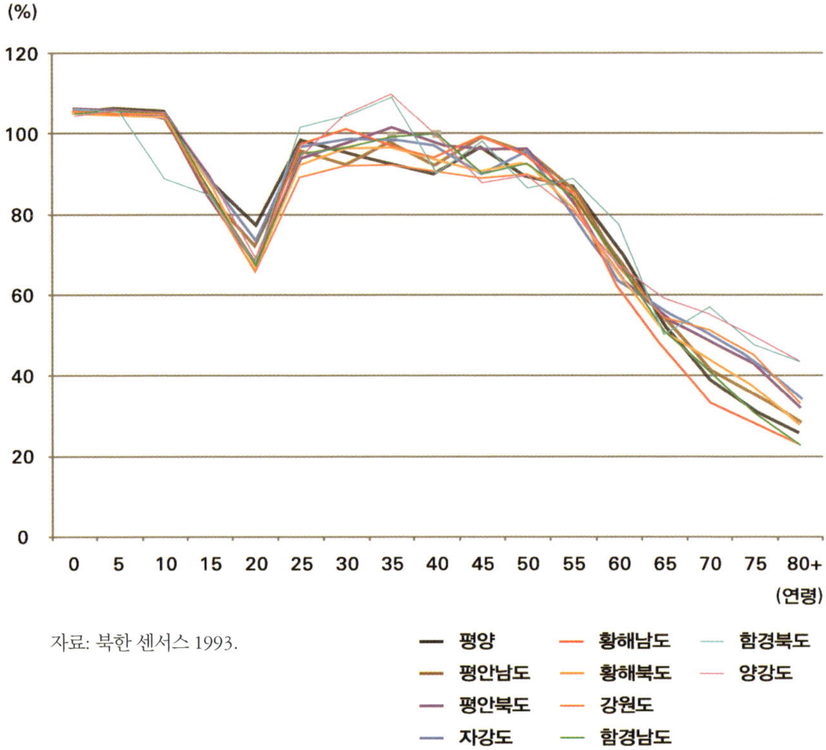

자료: 북한 센서스 1993.

수준에서의 연령별 집계에서는 남성이 체계적으로 누락된 경향이 보이지 않는다. 이것은 지역 수준의 집계에서 누락된 인구를 사후적으로 추가하여 집계하였기 때문일 수 있다. 2008년 지역별 집계에서 누락된 인구는 전체 70만 2,372명이고 남성은 66만 2,349명, 여성은 4만 23명으로 집계되었다. 그리고 2008년 센서스에서 지역 수준과 전국 수준에서 집계된 인구의 차이를 연령별로 살펴보면 여성인구의 누락은 20-24세, 15-19세 구간에서 주로 발생하였고, 남성은 20-24세(50.1%), 25-29세(25.1%), 15-19세(13.0%)에서 대부분 발생하였다.

그림 2-3 2008년 센서스 결과에서 집계된 연령별 성비(sex ratio)

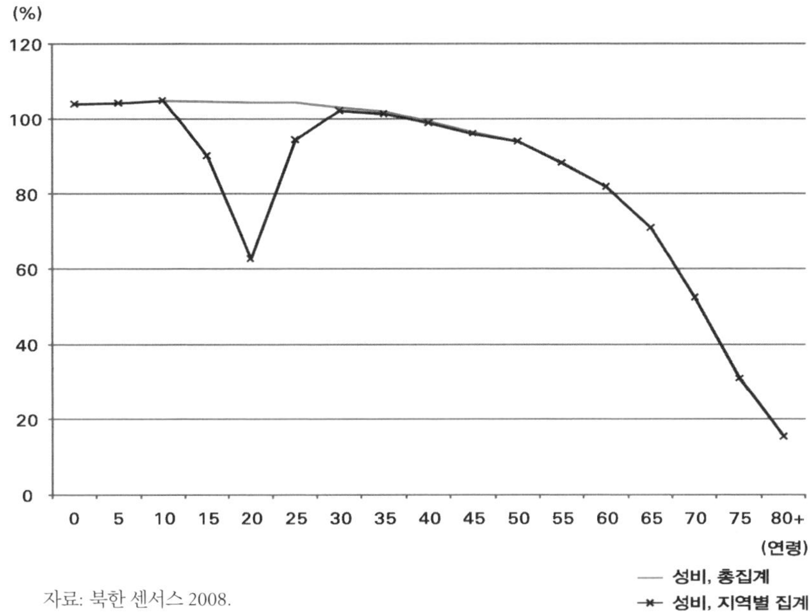

자료: 북한 센서스 2008.

그림 2-4 2008년 센서스 결과에서 누락된 인구의 연령분포

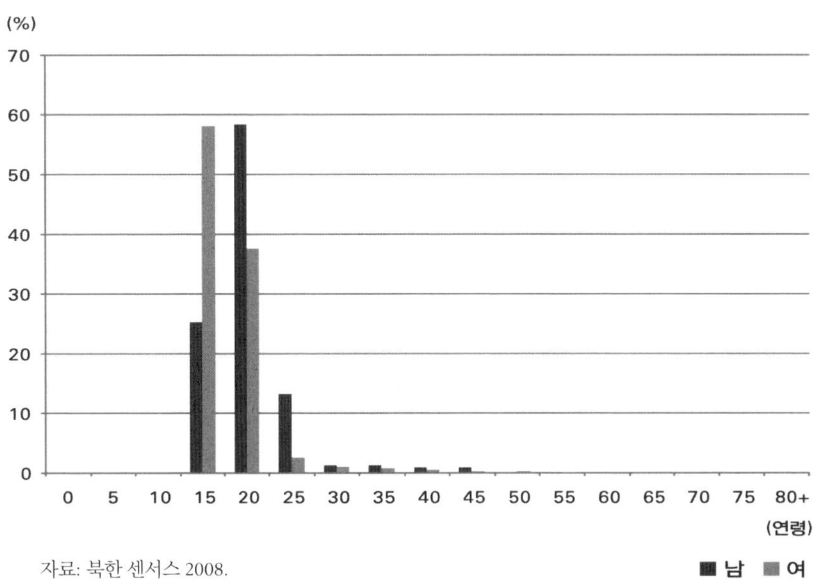

자료: 북한 센서스 2008.

그렇다면 왜 지역별 집계에서 청년남성인구가 누락되었고 또 2008년 전체 집계에서는 어떻게 이 인구가 삽입되었을까. 에버스테트와 베니스터는 1986년 자료에서 청년층, 특히 남성청년이 약 120만 명 정도가 '의도적'으로 누락하였다고 추정하였다. 북한에서는 16세에서 20대에 이르는 남성인구 대부분이 군대에 가는데 북한이 군인 규모를 외부에 공개하지 않기 위해서 군에 있는 인구를 누락시켰다는 논리이다. 의도적 군인 누락 가설은 남한 연구자들 사이에도 공유되었다(김두섭, 2001: 120; 노용환·연하청, 1997: 23-32).

그런데 군 인구를 누락시키는 것은 정확한 군대규모를 외부에 노출시키는 행위이다. 군 규모는 최고의 기밀일 수 있지만 이 인구를 누락시킨 흔적을 남김으로써 비밀을 오히려 드러내는 결과를 가질 수 있는 것이다. 과연 북한 당국이나 통계관리자들이 자료만 교차해보면 어렵지 않게 누락의 출처와 규모를 파악할 수 있다는 것을 인지하지 못하였을까? 또한 누락규모가 군대규모라면 시기별로 누락규모가 크게 변화된 이유가 쉽게 설명이 되지 않는다. 요컨대 에버스테트와 베니스터는 1970년 성비를 1986년 여성인구에 적용하여 누락된 군대 인구를 120만 명으로 추정하였는데, 같은 방식을 따르면 1993년의 군대인구는 69만 명으로 추정된다. 이는 군대인구가 거의 반으로 감소하였다는 결과로 해석될 수 있다. 그런데 16세에서 20대에 해당되는 인구의 절대크기는 1986년과 1993년 기간 사이 증가하였다. 북한남성들에게 군생활이 의무화되어 있으므로 1986년에서 1993년 사이에는 오히려 군 규모가 증가하는 것이 논리에 더 맞는다. 결국 1986년 자료에서 추정된 누락인구 전체를 군대인구로 파악할 수 없다는 판단에 이르게 된다.

'군 규모의 의도적 누락' 가정이 맞지 않을 수 있다는 의심은 에버스테트와 베니스터가 북한 당국 고위관리로부터 체계적인 누락의 원인에 대하여 들은 이야기를 통해서도 제기된다. 그들은 이 진술을 대부분 거짓이라고 주장하였지만 관료의 진술은 체계적인 누락의 원인을 파악할 수 있는 중요한 열쇠를 제공한다. 그 관료의 진술을 다시 여기에 인용한다.

"Your estimates of our military population show increases that are too great …. Up to 1970, the population registers included everyone within the boundaries of the nation, as well as everyone in diplomatic offices and our citizens abroad in the USSR. From 1975, those mobilized for construction of the state and people overseas were omitted. Prisoners and the long term hospitalized population are also omitted from the statistics. Those omitted are for the most part young people, men, but also a few women. During the 1970s, many volunteered for socialist construction. They were omitted from the registers because they were removed from the place of registration and assigned to mobile units. Because our registration system is stationary, it was impossible to count them. As you know, we have been doing tremendous construction lately. In Pyongyang, you have seen the Kim Il Sung Stadium, the Grand People's Study House, the hospitals, zoo, ice rink, May 1 Sports Complex, and the districts undergoing renovation; outside of Pyungyang there has been the 300,000 Chongbo[hectare] land reclamation effort, the Nampo Barrage project, northern rail construction, the building of all shorts of bridges and gates, the construction of our Vinalion plants, and more. These projects took enormous mobilization of young manpower. If we had taken time to count all these people, we could have had complete statistics, but it is impossible at this time. I do not know the percent of women excluded from the registration system, but basically there are very few. Overseas, only a few wives, internally, 8–10 percent women. Many hundreds of thousands of people have been mobilized. The work on the Kwangbok Street project in Pyungyang took 250,000 people alone. If our level of machine use were higher, we would not have to mobilize so many people. (Eberstadt and Banister, 1992, 90)."

관료는 북한의 인구등록체계가 1975년 이후부터 바뀌었는데 그전에는 국가 경계 안에 있는 모든 북한주민과 해외에 나가 있는 북한주민을 모두 집계하였지만, 이후에는 외국에 나가 있는 인구, 국내에 있는 인구 중 일부, 특히 유동 인구가 빠졌다고 말한다. 1975년 이후 북한에는 사회주의 건설이 집중적으로 진행되었고 여기에 청년들 특히 남성들이 동원되었다고 한다. 또한 수용소와 병원 등 장기적인 집합주거에 있는 인구가 집계에 빠졌고 유동 인구를 정확하게 파악하기 힘든 것은 정주인구 등록체계에 기초하여 인구가 집계되기 때문이라고 지적하고 있다.

이와 같은 설명에 대해 에버스테트와 베니스터는 장기 수용소나 병원과 같이 집합시설에 거주하는 사람들도 의료기관이나 수용소 관리체계에서 기록되며 일반 주민등록에서 연령, 성, 직업구조에 대한 집계가 가능한 것처럼 집합주거에 있는 인구도 정확하게 집계될 수 있다고 반박한다. 또한 유동인구가 임시적으로 주거등록에서 빠지더라도 왜 보고되지 않는가가 충분히 설명되지 않는다고 반문하면서, 군대인구를 외부에 숨길 이유는 있지만, 유동인구를 외부에 숨길 이유가 없다는 논리를 편다(Eberstadt and Banister, 1992: 91).

그러나 인구통계의 정확성은 자료를 수집하고 관리할 수 있는 인프라에 따라 차이가 날 수 있다. 중앙에서 체계적으로 자료를 수집하고, 정리하고, 분석하는 통계 시스템이 부족한 상태에서도 북한정부는 인구통계를 상대적으로 정확하게 파악할 수 있었다고 판단되는데, 무엇보다 행정 말단 단위로부터 인구 감시와 관리가 상시화되었기 때문이다. 북한주민은 결혼과 함께 직장과 주거지가 배정되면서 정치적 추방과 같은 경우를 제외한다면 한 곳에 정주하는 것이 일반적이다. 그리고 일반주민들의 경제생활과 사회생활을 조직하고 관리하기 위해 최소 행정단위 동이나 리에서 그리고 일반 기업소, 작업반, 인민반 수준에서 일상적으로 인구가 관리되고 조사되었다. 이렇게 인구이동이 계획되고 엄격하게 통제되었기 때문에 정주인구 등록 시스템이 작동할 수 있다. 한편 수용소 인구도 엄중한 관리가 이루어지겠지만, 주민등록보다 덜 체계적이고 의도적이거나 비의도적인 누락 가능성이 클 수 있다.

또한 1986년 집계에서 누락된 인구는 군대나 수용소에 거주하는 인구뿐만 아니라 이동 거주형태에 거주하고 있는 미혼의 청년층이 다수가 되었을 수 있다. 그리고 이 인구는 국가 차원의 건설동원 규모의 변화에 따라 시기적으로 차이가 있을 수 있다. 1986년과 1993년 연령구조에서 추계된 남성의 누락규모가 차이가 나는 것도 돌격대나 건설 동원 등에 참여한 임시 인구의 시기적 변화와 연관될 수 있다. 그리고 건설동원이나 농촌 지원활동에 동원되는 인구는 대부분 미혼이다. 청년기 남녀는 군대를 가거나 학교생활을 하면서 다양한 건설, 농촌 지원, 생산활동에 동원된다. 미혼 남성과 여성들의 신변정보는 대체로 부모의 거주지에서 관리되지만 장기간 건설 사업에 동원되거나 군대생활을 하게 될 때 개인 주민대장은 편철되어 임시 주민대장이 집합단위가 위치한 지역에 통보되고 그곳에서 관리하게 된다. 이렇게 부모의 거주지를 떠난 미혼 인구는 지역 내 집합단위에서 관리되지만, 일반 정주인구에서처럼 연령, 지역별 세세한 집계가 이루어지기 힘들 수도 있다. 결국 1986년 그리고 그 이전 집계에서 누락된 인구는 상당수 군인 남성이고 군 규모를 은폐하기 위한 의도적인 누락의 이유도 있을 수 있지만, 많은 임시 유동인구가 집계에서 빠지고, 정주조사체계의 불완전한 이유도 크다고 판단된다. 결국 1986년 집계에서 누락된 인구 중에는 군대인구 외에도 임시적으로 혹은 장기적으로 정주생활에서 제외된 인구의 '의도되지 않은' 결측요인도 클 수 있다.

1993년이나 2008년 집계에서 나타나고 있는 누락도 인구조사체계의 특징과 연관된다고 여겨진다. 북한의 인구통계는 크게 일반주민을 대상으로 한 주민등록담당기관과, 군인을 관리하는 군기관에서, 그리고 수용소나 장기 시설에 입소한 사람들을 관리하는 기관에서 별도로 집계된다고 전해진다. 2008년 센서스 보고서에서는 지역별 연령집계에서 군인구가 빠져 있음을 분명하게 밝히고 있다. 따라서 1993년 지역별 연령집계에서 인구가 누락된 것은 지역별 인구집계가 일반 거주민들을 대상으로 하였기 때문이라고 추정된다. 한편 2008년 총인구집계에서는 누락인구가 삽입되었는데 이는 사후적으로 군대 인구자료가 통합되었기 때문이라고 추측된다. 물론 지역별 집계에서도 군 인구가 통합될 수 있지만 통합하지 않은 것은 보안의 이유가 클 수 있다. 그리고 지역별 집계에서 군 인구를 포함하지 않은 것은 군의 규모를 노출하지 않기 위해서라기보다 군의 지역분포를 추정할 수 있는 통계적 흔적을 없애기 위한 이유가 더 컸을 수 있다. 군 규모를 노출시키는 것을 감수하면서도 지역별 군의 분포를 외부에 노출시킬 수 있는 흔적을 지우려는 이유가 컸을 수 있다. 다시 말하여 청년 남성인구를 의도적으로 누락한 것은 군 규모가 아니라 군의 위치를 파악할 수 있는 집계 흔적을 지우기 위해서였다고 판단된다.

4. 연령집계의 오류

청년 남성인구의 의도적 누락 이외에도 북한이 발표한 연령집계는 적어도 1986년 자료까지 오류가 크다고 의심된다. 오류에 대한 의심은 1986년 연령집계와 1993년 센서스 연령집계를 이용하여 구한 생존율 패턴에서 제기된다. 폐쇄인구를 가정하였을 때 두 인접기간에 상응하는 연령집단의 생존율은 인접기간 사이의 사망률을 추정하는 데 활용될 수도 있고 연령별 생존율의 일관성을 체크하면서 연령집계의 정확성을 판단하는 데 활용될 수도 있다. 1986년과 1993년 인구는 모두 연말에 집계되었고 이 기간 사이 해외 이주규모는 크지 않았다고 전제되므로 두 인접 기간의 인구분포는 폐쇄인구의 생존율 수준이나 아니면 연령집계의 오류 정도를 반영할 수 있다.

그런데 <표 2-2>에서 살펴볼 수 있듯이 생존율의 분포가 일관적이지 않다. 이는 1986년과 1993년 인구자료에서 연령집계에 오류가 클 수 있음을 시사한다. 1986년 0세 인구와 1993년 7세 인구의 비는 0.97 정도로 추정된다. 해당 비를 남한여성이 0세 인구가 7세까지 생존할 확률과 비교해보면 남한의 1975년 생명표의 생존율과 유사하게 나타난다. 1975년 남한여성의 0세 기대수명은 64.9세로 추정된다. 이는 북한이 발표한 1986년 기대수명(74.3세)이나 1993년 기대수명(72.4세)에 크게 미치지 못하고 있다.

그런데 1986년 북한인구 1-3세와 1993년 8-11세 인구의 비는 앞의 비보다 더 떨어지고 있다. 일반적으로 0세 사망률이 크고 이후에는 크게 줄어들어

표 2-2 1986-1993년 북한인구의 생존율과 남한인구의 생존율

구분	북한 1986-1993			남한여성의 생명표					
생존율 $_7S_{x+3.5}$	남	여	계	1965 (50.7)	1971 (60.7)	1975 (64.9)	1980 (69.8)	1985 (72.7)	1990 (74.8)
N_7^{1993}/N_0^{1986}	0.971	0.968	0.970	0.879	0.956	0.967	0.980	0.989	0.994
$_3N_8^{1993}/_3N_1^{1876}$	0.911	0.902	0.906	0.942	0.981	0.986	0.991	0.995	0.998
$_2N_{11}^{1993}/_2N_4^{1986}$	0.778	0.769	0.773	0.939	0.970	0.978	0.986	0.992	0.996
$_{10}N_{13}^{1993}/_{10}N_6^{1986}$	0.670	0.834	0.751	0.973	0.983	0.987	0.992	0.995	0.997
$N_{23}^{1993}/N_{16}^{1986}$	0.619	0.811	0.718	0.975	0.985	0.988	0.992	0.995	0.997
$_{38}N_{24}^{1993}/_{38}N_{17}^{1986}$	1.150	0.964	1.046	0.939	0.948	0.959	0.970	0.976	0.981
$_5N_{62}^{1993}/_5N_{55}^{1986}$	1.072	1.096	1.087	0.819	0.856	0.881	0.904	0.911	0.916
$_{30}N_{67}^{1993}/_{30}N_{60}^{1986}$	0.650	0.827	0.766						
$_{\infty}N_{97}^{1993}/_{\infty}N_{90}^{1986}$	0.007	0.042	0.033						

주: 북한, 1986년 연령별 인구는 Eberstadt and Banister(1992)를 원용함. 1993년 인구는 북한 센서스에 기초함. 남한의 여성 생존율은 권태환・김태헌(1990) 생명표를 이용하여 구함. 괄호 안의 수치는 기대수명을 가리킴.

10-14세에서 사망률이 가장 낮게 나타나는 현상과는 대조된다. 결국 1-3세 아이의 7년간의 생존율이 낮은 것은 이 비의 분자가 되는 1993년의 인구가 과소집계되거나 분모가 되는 1986년의 인구가 과다집계된 결과로 이해할 수 있다.

또한 1986년 4세에서 16세의 인구와 1993년 11세에서 23세의 인구의 비도 매우 낮은 수치를 나타낸다. 남성의 낮은 비는 1993년 해당 연령에서의 군 인구 누락효과가 클 수 있지만 여성인구의 비도 매우 낮다. 결국 남녀 모두에서 1986년 4-16세 인구가 과다집계되거나 1993년 11-23세 인구가 과소집계되었을 가능성을 말해준다. 17세에서 60세 인구는 생산활동인구로 파악되는데 이 인구의 비는 1을 넘었다. 1986년 인구가 과소집계되거나 1993년 인구가 과다집계되었을 수 있다.

그림 2-5 북한 1993-2008년 생존율 ($N_{n+15}^{2008}/N_{n}^{1993}$)

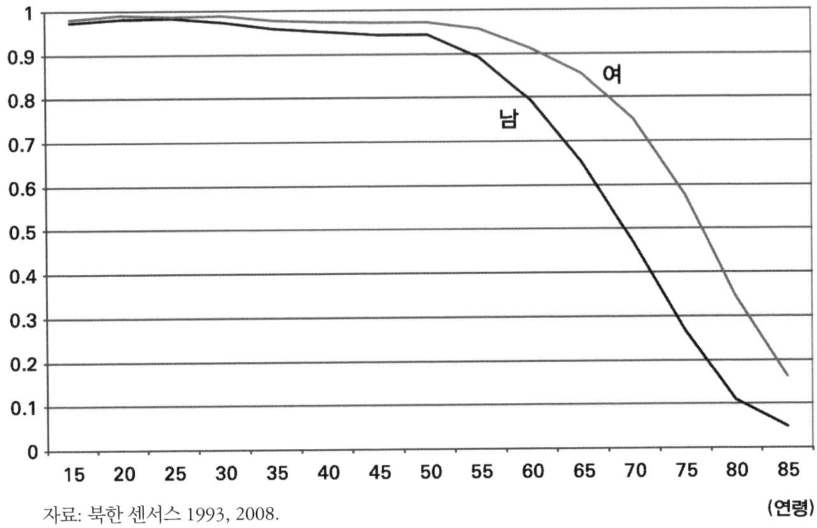

자료: 북한 센서스 1993, 2008.

따라서 1986년과 1993년 연령집계는 두 기간, 적어도 어느 한 기간의 인구 기록에 오류가 크다고 판단된다. 그런데 1993년 남성누락인구를 보정하여 2008년 연령집계와 비교하여 구한 15년간의 생존율은 상당히 일관적이게 나타난다. 결국 1986-1993년 생존율의 혼잡한 분포는 1993년보다는 1986년에서 연령집계의 오류의 영향이 크다고 판단된다.

5. 사망동태자료의 오류

북한의 사망률 자료는 1980년대부터 주민등록자료와 1993년과 2008년 센서스에서 부분적으로 확인할 수 있다. 조사망률, 영아사망률, 유아사망률 등은 여러 시점의 자료가 발표되었으며 연령별 사망률 정보는 1993년과 2008년 센서스에 포함되어 있다. 그리고 영아의 건강 정도에 관한 표본조사들이 1998년 이후 다수 실시되었다. 사망률 추정치로서는 1990년까지는 에버스테트와 베

표 2-3 북한의 사망률 자료

연도	영아사망률(‰)				조사망률(‰)				기대수명(세)			
	북한발표	외부추계			북한발표	외부추계			북한발표	외부추계		
		a	b	c		a	b	c		a	b	c
1955	56.4	-		74.9	20.9	-		12.8	-			54.1
1960	37.0	95.0		65.7	10.5	16.8	11.5	11.5	58.3	50.0	56.7	56.7
1970	22.7	57.3		45.2	7.0	9.7	9.0	8.1	65.2	59.1	63.0	63.0
1980	14.2	39.5		35.2	4.5	5.9	7.0	7.0		66.0	61.0	66.4
1986	9.8	34.6		35.9	5.0	5.7		7.6	74.3	67.7		66.2
1990	-	31.3	42	40.6	5.9	5.6	8.0, 6.1	8.9		69.0	65.0	64.6
1993	14.0	28.6		40.6	5.5	5.5		8.9	72.4	69.8		64.6
1998	-	24.1		45.1	9.3	5.4		10.1		71.1		63.1
2000	-	22.2	42	45.7	8.8	5.4	5.4	10.7	67.1	71.7	63.0	63.0
2004	-	20.1	42	45.7		5.5	11.0	10.7		72.5	63.0	63.0
2008	19.8			41.2	9.3			10.7	69.3			64.5

주: 북한발표는 Eberstadt and Banister (1992)와 통일연구원의 통계 DB에서 인용함.
외부추계 a는 Eberstadt and Banister (1992)에서 인용함.
외부추계 b는 UNICEF 인구 DB와 UNESCAP(2004)에서 인용함.
외부추계 c는 UN 인구 DB에서 인용하였으며 5년 간격 평균치임.

니스터(Eberstadt and Banister, 1992)의 추정치가 많이 활용되고 있고 이후는 여러 국제기구에서 추정한 수치들이 활용된다. 그런데 <표 2-3>에서 보듯이 국제기구 안에서도 서로 다른 추정방법과 가정에 기초하여 사망률이 상이하게 추정되었다. 북한이 발표한 사망률과 외부기관에서 추정된 사망률에 차이가 큰 것은 북한의 사망률 자료가 왜곡이 크다고 판단하고 상이한 가정에 따라 사망률을 추정하였기 때문이다. 그러나 이들 추정치도 실질적 추세를 충분히 반영한다고 확신하기 어렵다.

북한이 발표한 사망률이 과소 보고되었다고 판단되는 또 다른 중요한 근거로서 0–4세 사망자 분포를 지적할 수 있다. 북한에서 발표한 1993년 연령별 사망자 자료에 따르면 1–4세 사망자에 대한 0세의 사망자비가 남아는 1.2, 여아는 1.0, 그리고 전체 1.1로 집계되는데 이런 사망률 분포는 사망률이 매우 높은 수준에서 발견된다.[4] 북한정부가 북한주민의 사망률이 낮은 수준이라고 선전한 것과는 모순되게 영유아사망률(0-4세 사망률)의 분포는 사망률이 높은 사회의 특성을 띤다. 이는 영아사망(0세 사망률)이 실제보다 적게 집계되었을 가능성을 시사한다. 북한도 영유아 사망집계의 오류를 인지하고 2008년 집계에서는 영아사망자의 크기를 1-4세 사망자의 2.6배로 일괄적으로 추정하였다고 판단된다.

이 연구에서 특히 주목하는 것은 1990년대 중후반 이후 발생한 대규모의 식량난 속에서 사망률이 어떻게 변하였는가이다. 1996-1998년 기간에는 대규모의 기아사태가 우려될 정도로 식량난이 심각한 수준에 이르렀다. 한편 경제난 속에서 북한사회의 인구가 어떻게 변하였는가를 파악할 수 있는 자료들로서는 국제기구와 NGO 단체들이 실시한 북한주민의 건강, 영양 관련 조사들과 탈북이주민에 대한 조사 자료들이 존재한다. 이들 자료는 대체로 모성과 영유아의 건강과 관련된 조사 자료로서 1996년 이후의 북한여성과 유아의 영양과 건강 상태를 파악하는 데 유용하지만 총량적인 사망률 변화를 추정할 수 있는 자료로서는 기본적인 제약이 있다.

또한 선행연구들에서는 식량난 시기 북한인구의 손실규모가 상당히 차이가 나게 추정되었다(표 2-4). 식량난이 최고조에 달하였고 식량난민과 아사자 발생에 대한 우려가 심각했던 1990년대 후반에 초점을 둔 연구들은 아무래도 대기근을 가정하였다. 에버스테트는 북한 최고인민회의 대의원 비율이 변하지 않았다고 가정하고 1987년 주민등록을 이용하여 추정한 1998년 인구와 1998년 대의원 수에 기초하여 추정한 인구 차이에서 약 300만 명의 인구가 손실되었다고 추정하였다(Eberstadt, 2000: 61). 우리민족서로돕기 불교운동본부는 탈북이주자를 대상으로 한 조사에 기초하여 식량난 동안 총사망자규모가 300만여 명에 이른다고 추정하였다(이금순, 2005: 321). 로빈슨 등은 1998년 중국 연변지역에 거주하는 탈북자를 설문조사하였는데 조사결과 함경북도 지역은 식량난

4 사망률 자료의 정확성과 보정방법에 대해서는 6장에서 자세하게 기술하고 있다.

표 2-4 경제난으로 인한 사망자 추정

구분	통계청(1999)	이석(2004a, 2004b)	Goodkind and Lorraine (2001)	좋은벗들(1998)
추정기간	1995-1998	1994-2000	1995-2000	1995-1998
추정자료	귀순자 증언 및 1993년 인구센서스	1993년센서스, 1998년, 2002년 북한어린이영양실태 조사	중국기근시 사망률 및 98년 북한어린이 실태조사자료	식량난민의 조사자료
사망크기	27만 명	25-69만 명, 63-112만 명	60-100만 명	300만 명

시기 사망률이 8배가량 증가하였다고 논하였다(Robinson, Lee, Hill and Burham, 1999: 291). 그러나 1990년대 후반에서 2000년대 초반까지 좀 더 장기간에 인구변동을 추정한 연구들은 식량난에 따른 인구손실이 대기근 가정처럼 크지 않다고 강조하고 있다. 굿카인드와 웨스트는 1959–1961년 중국 기근 시기의 사망률 변화패턴을 북한에 적용하여 1995년에서 2000년까지 기근으로 인해 60–100만 명이 사망하였다고 추정하였다(Goodkind and West, 2001: 129–233). 또한 북한의 공식통계와 여러 자료를 종합적으로 활용하여 분석한 이석은 1994–2000년 북한의 공식통계에 기초해서는 25만 명으로, 북한 어린이 영양조사를 통한 추계에서는 60–112만 명으로 다소 편차가 큰 추정치를 제시하고 있다(이석, 2004a: 67–76).

이처럼 식량난 시기 사망크기에 대하여 상이한 진단들이 제기되는 것은 북한 발표자료가 제한되고 다소 편의가 큰 표본조사자료들에 기초하여 인구동태를 추정할 수밖에 없었던 어려움의 이유도 크다. 탈북이주민의 북한 사회에서의 생활이나 지위, 그리고 탈북 이후 제3국가에서 겪은 경험 등은 북한주민 일반의 특성과는 차이가 클 수 있다. 그래서 탈북이주민을 대상으로 한 표본조사를 통해 북한주민 일반의 특성을 추정하는 데 주의가 필요하다. 또한 탈북이주자 표본조사와 비교하여 북한에서 이루어진 표본조사들은 대표성을 더 가질 수 있지만 결과에서 제시하는 추정치들이 공식 발표된 조비율과 차이가 크게 나며 그 이유가 충분히 밝혀지지 못하였다. 또한 중국 기근과 1990년대 북한의 식량위기의 발생, 전개, 대응과정은 차이가 크다. 그리고 식량난 시기 얼마 만큼의 인구손실이 있었는가에 대해서 식량난을 직접 경험한 주민도 북한 당국도 정확히 파악하고 있지 못한 게 확실하다.

6. 인구자료의 보정과 보완

여기서는 1993년과 2008년 북한 센서스 인구를 기준인구로 활용하였다. 이를 위해 먼저 1993년 센서스 인구에서 누락된 남성인구를 보정하였다. 앞에서 살펴보았듯이 1993년 북한인구는 청년 남성인구가 크게 누락되었다. 이에 청년층 남성의 누락분을 채워 넣으면서 연령구조와 성비를 보정하였다. 누락의 규모는 지역별 집계와 연령별 집계의 차이와 같다고 가정하였다. 물론 지역별 집계에도 누락이 발생하였을 수 있지만 그 수치는 미미하다고 가정하였다. 누락의 분포는 2008년 총연령집계와 지역별 연령집계에서 나타난 누락구조를 참조하였다(그림 2-4). 우선 그 규모가 작지만 여성의 총집계와 연령별 집계의 차이는 주로 15-24세 여성에서 발생하였다고 가정하고 여성인구를 보정하였다. 그리고 나서 15-34세 연령에서 추정한 성비조정함수를 이용하여 성비를 재조정하고 이를 여성인구에 곱하여 남성인구를 추정하였다(표 2-5). 성비조정함수는 여러 사회의 관측치로부터 추정된 문호일의 함수(문호일, 2000: 11)를 적용한 값과 북한 센서스 자료를 이용하여 구한 성비조정계수를 비교하였는데 문호일의 함수에서 구한 성비분포가 15세 전후의 성비분포와 더 근접하게 나타나 문호일의 함수에 기초하여 기준인구를 보정하였다.[5] 2008년 총연령구조에서 남성 누락의 증거는 확인되지 않았고 1993년과 2008년 기간의 생존비도 일관된 분포를 나타내었다.

---

5 성비조정함수 a = 1.089146−0.00296 × 연령 (문호일, 2000)
성비조정함수 b = 1.061305−0.002697 × 연령

표 2-5 1993년 연령별 성비(단위, %)

연령	1993년 발표치	1993년 추정치 1	1993년 추정치 2	2008년 발표치
15	105.0	105.0	103.7	104.8
16	94.2	104.7	103.4	105.0
17	80.6	104.4	103.2	104.6
18	77.9	104.1	102.9	104.6
19	77.9	103.8	102.6	104.8
20	59.5	103.5	102.3	104.0
21	68.7	103.2	102.1	104.0
22	71.0	102.9	101.8	105.0
23	72.2	102.6	101.5	104.6
24	75.7	102.3	101.2	105.0
25	91.2	102.0	101.0	104.0
26	96.9	101.7	100.7	104.5
27	96.7	101.4	100.4	104.8
28	96.5	101.1	100.2	104.4
29	97.3	100.8	99.9	104.6
30	97.9	100.5	99.6	103.4
31	99.2	100.2	99.3	102.3
32	96.1	99.9	99.1	104.1
33	95.8	99.6	98.8	104.0
34	94.8	99.3	98.5	102.0

주: 남성인구 15세에서 34세의 인구크기는 성비조정함수를 이용하여 추정하였다. 성비 추정치 1은 문호일(2000)이 여러 사회의 관측치로부터 구한 성비조정함수 a를 이용하여 추정한 값이고, 추정치 2는 북한 센서스의 성비구조로부터 구한 성비조정함수 b에 기초한 값이다.

그래서 2008년 연령집계에 오류는 적다고 판단되어 2008년 집계인구를 그대로 활용하였다. <표 2-6>은 1993년 센서스 인구와 누락인구를 보정한 인구를 제시하고 있다. 한편 1993년 센서스는 연말에 집계된 인구이고 2008년 센서스는 10월 1일 기준에서 집계된 인구이므로, 1993년 인구를 10월 1일 기준으로 재조정하여 기준인구로 활용하였다(표 2-7).

표 2-6 1993년 누락인구 보정(단위, 명)

연령	1993년 연말 인구 (보정 전)			1993 연말 인구 (보정 후)		
	남	여	계	남	여	계
0-4	1,071,954	1,016,554	2,088,508	1,071,954	1,016,554	2,088,508
5-9	957,583	909,000	1,866,583	957,583	909,000	1,866,583
10-14	904,764	862,348	1,767,112	904,764	862,348	1,767,112
15-19	708,790	819,508	1,528,298	879,427	839,783	1,719,210
20-24	765,479	1,097,510	1,862,989	1,160,585	1,116,226	2,276,811
25-29	987,095	1,032,430	2,019,525	1,052,222	1,032,430	2,084,652
30-34	791,117	816,812	1,607,929	811,417	816,812	1,628,229
35-39	682,990	703,464	1,386,454	683,367	703,464	1,386,831
40-44	482,309	508,478	990,787	482,563	508,478	991,041
45-49	603,230	639,847	1,243,077	603,385	639,847	1,243,232
50-54	582,990	625,812	1,208,802	583,039	625,812	1,208,851
55-59	487,276	576,381	1,063,657	487,299	576,381	1,063,680
60-64	301,764	446,830	748,594	301,770	446,830	748,600
65-69	174,925	331,136	506,061	174,926	331,136	506,062
70-74	102,975	236,558	339,533	102,975	236,558	339,533
75-80	49,324	137,936	187,260	49,324	137,936	187,260
80-84	19,005	62,327	81,332	19,005	62,327	81,332
85-89	3,565	17,270	20,835	3,565	17,270	20,835
90-94	485	3,615	4,100	485	3,615	4,100
95-99	40	778	818	40	778	818
100+	3	94	97	3	94	97
합계	9,677,663	10,844,688	20,522,351	10,329,699	10,883,679	21,213,378

표 2-7 기준인구, 1993년, 2008년 10월 1일 기준(단위, 명)

연령	1993. 10. 1			2008. 10. 1		
	남	여	계	남	여	계
0-4	1,077,231	1,021,244	2,098,475	872,173	837,866	1,710,039
5-9	957,932	909,126	1,867,057	943,048	903,737	1,846,785
10-14	901,866	859,510	1,761,465	1,035,282	986,068	2,021,350
15-19	875,721	836,255	1,711,976	1,050,113	1,002,229	2,052,342
20-24	1,166,395	1,121,951	2,288,346	941,017	900,383	1,841,400
25-29	1,056,494	1,037,232	2,094,726	887,573	849,612	1,737,185
30-34	810,446	816,571	1,627,017	853,276	826,996	1,680,272
35-39	675,399	696,068	1,371,467	1,118,391	1,096,538	2,214,929
40-44	474,205	500,233	974,438	1,005,140	1,010,374	2,015,514
45-49	599,966	636,577	1,236,543	766,054	793,473	1,559,527
50-54	581,795	624,634	1,206,429	637,737	677,364	1,315,101
55-59	488,927	578,919	1,067,846	423,625	479,251	902,876
60-64	298,502	444,036	742,538	476,727	581,536	1,058,263
65-69	171,731	327,392	499,123	379,456	533,848	913,304
70-74	101,042	233,160	334,202	228,286	434,341	662,627
75-80	48,771	135,917	184,688	79,231	256,236	335,467
80-84	19,008	61,447	80,455	18,884	113,265	132,149
85-89	3,538	16,951	20,488	4,930	37,830	42,760
90-94	479	3,549	4,028	809	7,825	8,634
95-99	39	765	805	86	1,557	1,643
100+	3	95	98	0	64	64
합계	10,309,488	10,861,720	2,1171,208	11,721,838	12,330,393	24,052,231

또한 기준인구와 사망률 관련 자료들을 비교하면서 사망률의 동태를 추정하였다. 1986년, 1993년, 2008년 연령구조에 기초하여 생존율과 연령집계의 정확성을 진단하고, 센서스에서 제시한 연령별 사망률에 기초하여 구성한 생존율 분포와 비교하고, 남한의 생명표 및 유럽의 생명표를 참조하면서 경험적으로, 이론적으로 타당하다고 생각되는 범위에서 연령별 사망률을 추정하여 북한 생명표를 구성하였다.

북한이 발표한 사망자 분포에서 영아사망자는 과소 집계되었다고 판단되어 영유아 사망자분포의 통계적 경향을 참조하여 영유아 사망률을 보정하였다. 1993년 0–4세 사망자 크기는 발표치와 동일하되 0세 남아 사망자를 1–4세 남아 사망자 크기의 3배, 0세 여아 사망자를 1–4세 사망자 크기의 2.7배로 증가시켜 영아사망률을 조정하였다. 또한 1993년에서 2008년 기간 사이의 사망률은 두 센서스 연령구조로부터 구한 생존율에 근접하면서, 두 센서스 기간 사이 식량난의 변화와 사망률 변화를 고려하고, 생존인구가 2008년 연령구조에 근접하도록 추정하였다.

또한 불완전한 북한인구 자료를 보완할 수 있는 자료로서 남한의 인구동태 자료를 활용하였다. 남북한은 1948년에 분단되었지만 오랜 역사를 통해 기본적인 생활양식과 가치관을 공유하고 있다. 남한의 인구변화는 특히 북한체제의 초기 인구구조를 추정하는 데 직접적으로 활용할 수 있다. 한국인의 사망률 기록은 1970년 이후 정확성이 크게 개선되었다고 평가된다(권태환 · 김태헌, 1990: 9–10). 한국의 통계청은 1971년 이후 주기적으로 한국인 생명표를 작성하여 발표하고 있다. 이처럼 남한의 사망력에 대해서는 최근까지 비교적 정확한 자료 확보가 가능하므로 이 자료를 북한 사망력 변천과정을 파악하는 데 활용할 수 있다. 또한 북한의 사망동태를 추정하는 데 사회주의 국가들의 사망동태 자료도 중요한 참조자료가 될 수 있다. 그래서 중국과 구소련 연방의 건강, 사망, 보건의료제도 등에 대한 자료들을 참조하여 북한사회의 사망률 변화를 비교하였다. 이 밖에 콜과 드메니(Coale and Demeny, 1983)와 국제연합(United Nations, 1982)이 만든 모델생명표도 북한의 사망률 추정에 활용하였다.

북한은 1980년대 이후부터 최근까지 조출생률을 발표하고 있고 1994년 이후 연령별 출산율, 합계출산율, 피임률, 유산율 등의 정보를 부분적으로 발표하고 있다. 결혼건수, 남녀 연령별 결혼 연령 등의 자료가 1999년 이후 발표되고 있고, 지역별 이혼율이 1999년 발표되었다. 또한 2002년 국제연합의 지원을 받아 재생산건강조사를 실시하였는데, 이 자료는 6,822명 여성에 대한 결혼과 출산 정보를 포함한다(DPRK, 2002; 송유진, 2006). 북한이 발표한 조출생률에 따르면 1975년 이후에 출산율이 크게 떨어졌다. 에버스테트와 베니스터도 1980년대부터 북한 가임여성의 합계출산율이 2.5명 수준으로 떨어졌다고 추정하고 있다(Eberstadt and Banister, 1992: 68). 2008년 센서스에서 집계된 북한여성의 합계출산율은 2.0명이고 조출생률은 인구 1,000명당 14.1명으로 1993년에 비해 크게 감소하였다. 북한이 발표한 출산율 및 출생률 통계가 정확히 어떤 과정을 통해 집계되었는가를 확인하기는 어렵다. 그러나 주민등록조사의 중요한 사업이 출생, 사망, 결혼, 이혼, 신분변경, 거주퇴거, 직업변동 등 각종 신분 변동을 빠짐없이 파악하는 것이라고 밝히듯이 출산동태도 사망, 이주 동태와 더불어 주민등록사업을 담당하는 기구에서 집계되었다고 추정된다. 주민들은 신분상의 변동을 신고해야 할 뿐만 아니라 각 분주소나 인민반의 주민등록담당자는 수시로 가구를 방문하여 인구동태를 조사하였다고 알려졌다(현인애, 2008: 22; 김상선・리성히, 1993: 15–16). 북한정부나 인구전문가는 주민의 신고 의무가 엄격하게 지켜지고 상시적으로 조사가 이루어지기 때문에 인구동태가 정확하게 이루어졌다고 주장하지만 정주등록체계에 기반한 동태 집계는 지연신고나 중복신고, 누락 등의 집계 오류가 클 수 있다. 특히 사망이나 이주가 발생한 장소와 시기를 정확하게 파악하기는 어려웠을 수 있다.

반면 혼외출산이 드물고 대부분의 출산은 가정이나 병원에서 이루어지므로 출산에 대한 신고나 조사는 상대적으로 정확하게 이루어졌을 수 있다. 국제기구에서 추정된 출산율도 북한의 발표 자료와 별로 차이가 크지 않다(표 2–8). 그래도 북한이 발표한 1960년 이전의 출산율은 패턴이 불규칙한데 이는 주민

표 2-8 북한의 출산율 자료

연도	조출생률(‰)				합계출산율(명)			
	북한발표	외부추계			북한발표	외부추계		
		a	b	c		a	b	c
1955	40.5	-		32.8	-	-		4.6
1960	38.5	39.1	32.3	32.3		5.4,	4.2	4.2
1970	44.7	45.2	33.0	29.4		6.9,	3.9	3.9
1980	21.8	24.0	20.6	20.9		3.0	2.8	2.8
1986	22.9	23.0		20.7		2.5		2.5
1990	22.0	24.1	21.6	21.0	-	2.5	2.3	2.3
1993	20.0	24.1		21.0	2.2	2.4		2.3
1998	18.2	21.6		18.9	-	2.3		2.1
2000	17.5	19.9	18.9	16.4	2.0	2.2	2.0	2.0
2004	16.0	16.9		16.4	2.0	2.1	2.0	2.0
2008	14.4			14.4	2.0			1.9

주: 북한발표는 Eberstadt and Banister (1992)와 통일연구원의 통계 DB에서 인용함.
외부추계 a는 Eberstadt and Banister (1992)에서 인용함.
외부추계 b는 UNICEF 인구 DB와 UNESCAP(2004)에서 인용함.
외부추계 c는 UN 인구 DB에서 인용하였으며 5년 간격 평균치임.

등록체계가 정비되지 못한 상황에서 집계 오류가 컸기 때문이라고 여겨진다. 그래서 1960년 이전의 출생률은 남한의 인구동태에 기초하여 재조정하였다.

그런데 출산동태를 분석하는 데 있어서는 자료의 정확성 문제보다 가용한 자료가 적다는 것이 더 큰 문제였다. 그래서 탈북이주자를 대상으로 2007년 10월에 <새터민 가족조사>를 실시하여 모의 출산력 변화를 추정하였다. <새터민 가족조사>는 탈북이주자 정착을 지원하는 한 NGO 조직(K)의 협조를 통해 실시하였다. 1월에 기관을 방문하여 조사의 취지를 밝히고 설문조사에의 협조를 얻을 수 있었다. 또한 설문문항을 개발하기 위해 2–3개월 동안 K 기관교육 프로그램에 참여하고 있는 탈북이주자에 대한 심층인터뷰를 실시하였다.

그림 2-6 심층인터뷰 참여자의 북한에서의 거주지

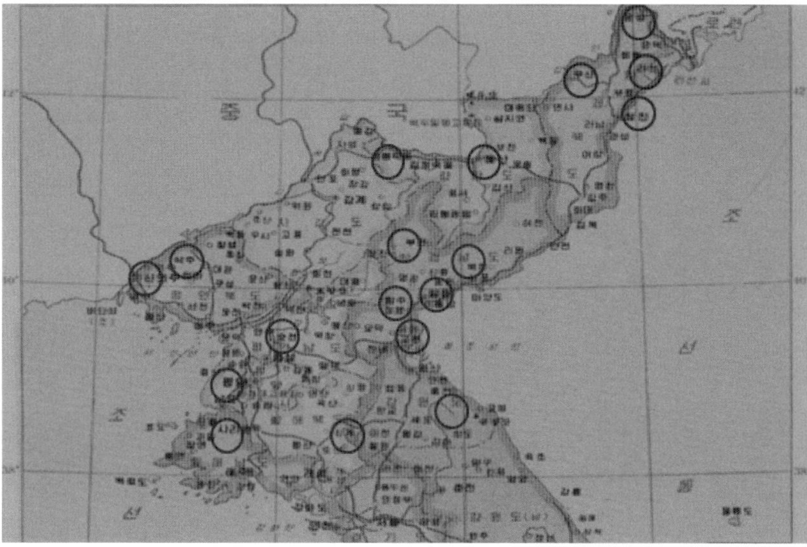

심층인터뷰 대상자는 북한에서의 거주지, 성, 연령 등을 고려하여 17명을 선정하였다(그림 2-6). 인터뷰를 통해, 북한에서의 가족관계, 북한에서 거주한 지역의 경제상황, 학교생활, 노동/직업/군대 생활, 결혼/출산력, 탈북과정과 남한에서의 사회관계, 건강, 사회적응 등에 대한 정보를 구할 수 있었다.

인터뷰 내용과 선행연구에 기초하여 설문문항을 개발하고 2007년 10월에 설문조사를 실시하였다. 조사는 K 기관 교육 프로그램에 참여하였던 탈북이주자 전체 350명(남성 127명, 여성 223명)을 대상으로 실시할 수 있었다. K 기관 교육 프로그램은 매년 2회 실시되는데 매회 참여 인원이 50명으로 정해졌다. 그래서 2004년부터 2007년 현재 시점까지 총 7회 350명이 프로그램에 참여하였다. 조사 내용은 본인과 배우자, 부모, 형제자매의 출생, 사망, 출산력과 경제난 당시 지역 상황을 포함하였다. 응답자의 기본 특성은 <표 2-9>에 요약되었다. 응답자의 63.7%가 여성이고, 20대 후반에서 30대가 주를 이룬다. 북한에서 함경도에 거주한 비율이 87.4%가 된다. 북한의 교육제도는 11년 의무교육제(유치원 1년, 인민학교 4년, 고등중학교 6년)이기 때문에 대부분의 응

답자가 고등중학 교육 수준을 가지고 있다. 북한에서 결혼한 응답자의 평균결혼연수는 남성은 약 28세, 여성은 24세로 측정되었다. 북한 거주시 직업이나 주된 활동은 생산직 33.3%, 사무직 13.9%, 학생 15.2%, 농민 9.4%, 무직 9.1%, 전문직 7.8%, 기타 11.3%로 분포되었다.

<새터민 가족조사> 응답자는 북한에서 대부분 함경북도에 거주하였고 1990년대 후반 이후 북한을 떠나 2000년 이후 한국으로 이주한 특성을 갖고 있다. 자료가 응답자와 배우자를 중심으로 직계 및 형제 관계에 있는 가족들이고, 북한 당시 거주지가 주로 함경북도지역이라는 점에서 분석결과를 북한주민의 특성으로 일반화하는 데 주의가 필요하다. 또한 국경을 넘기까지 북한사회에서 사회경제적으로 더 취약하였거나 정치적으로 차별받았을 수 있다. 또한 남한에 이주하기까지 중국을 비롯한 여러 국가에서 겪은 역경 역시 탈북이주자의 특수한 경험이 된다. 이런 조사대상의 특수성에 유의해야 하지만, 북한주민의 결혼, 출산, 사망 동태의 시기별 변화의 전체적인 추이를 가늠할 수 있는 중요한 비교자료가 될 수 있다고 판단하였다. 출산력 분석은 응답자와 배우자를 포함하여 그 직계와 인척관계를 포함한 모든 가족으로 확장하였다. 특히 될 수 있으면 이주의 효과를 제외한 상태에서 북한 거주 당시의 상황을 살펴보기 위하여 본인과 배우자의 부모와 북한에 거주하는 형제자매(배우자의 형제자매를 포함)의 사례를 중심으로 결혼과 출산력을 분석하였다. 본문에 인용한 인터뷰 참여자의 증언은 가명으로 제시하였다.

북한주민의 이동은 기본적으로 엄격히 통제되어 있다고 알려져 있다. 정확한 규모는 알 수 없지만 1960년대 이후 북한인구의 해외이주 규모는 그다지 많지 않다고 여겨진다. 전후 손실된 인구를 보충하고 산업 노동력을 확대하기 위해 북한정부는 해외동포에 대한 북송정책을 추진하였다. 그런데 그 효과는 크지 않다고 추정된다. 북한과 일본정부가 협력하여 1959년부터 실시한 재일동포 북송조치에 따라 1959년 12월부터 1961년까지 7만 4,779명의 재일동포가 북한으로 이주하였지만 그 후에는 크게 줄어들어 1986년 6월까지 북송 재일동포는 총 9만 3,340명에 이른다고 논의된다(Moris-Suzuki 2007: 11). 일본

표 2-9 〈새터민 조사〉 응답자의 기본 특성(단위, 명, %)

구분	내용			구분	내용		
성	남	127	36.29	탈북시기	1995년 이전	4	1.27
	여	223	63.71		1996	7	2.22
	계	350	100.00		1997	30	9.49
연령	15-19	8	2.29		1998	49	15.51
	20-24	29	8.29		1999	37	11.71
	25-29	67	19.14		2000	27	8.54
	30-34	92	26.29		2001	17	5.38
	35-39	86	24.57		2002	28	8.86
	40-44	30	8.57		2003	24	7.59
	45+	38	10.86		2004	30	9.49
	계	350	100.00		2005	33	10.44
북한에서 거주지역	강원	5	1.62		2006	28	8.86
	자강,양강	8	2.59		2007	2	0.63
	평안도	19	6.15		계	316	100.00
	함경도	270	87.38	입국시기	2000년 이전	2	0.60
	황해도	7	2.27		2000	10	3.00
	계	309	100.00		2001	12	3.55
교육	인민학교	14	3.99		2002	17	5.02
	고등중학교	268	76.52		2003	19	5.61
	전문대 이상	68	19.49		2004	36	10.65
	계	350	100.00		2005	104	30.76
평균결혼 연령(북한)	남	27.9 (세)	58 (N)		2006	108	31.94
	여	24.2 (세)	136 (N)		2007	30	8.87
	계	52.1(세)	194 (N)		계	338	100.00
북한 거주시 직업	생산직	106	33.33				
	사무직	44	13.91				
	전문직	25	7.77				
	농민	30	9.39				
	학생	49	15.21				
	무직	29	9.06				
	기타	36	11.33				
	계	319	100.00				

외에도 중국과 소련 등에 거주한 한인들 중에도 1960년대 이후 북한으로 이주한 사람이 있다고 하는데 정확한 수치는 파악하기 어렵다.

한편 1990년대 중후반 이후 식량난이 고조화된 시기에 북한주민의 대규모의 이탈이 발생하였다. 그리고 민간단체, 중국정부, 미국, 국제기구 단체들에 의해 재외탈북이주자 실태가 조사되었다. 그런데 탈북이주자 규모 추정에 상당한 편차가 있다. 예를 들어 1999년 사단법인 '좋은벗들'은 중국에 거주하는 탈북이주자 규모가 30만 명 이상이 된다고 추산하였고, '탈북난민보호유엔청원운동본부'는 1999년 중국내 탈북이주자 규모를 10-20만 명으로, 2003년 유엔난민고등판무관은 중국지역 북한이탈주민의 규모를 10만여 명으로 추정하였다. 또한 1996-1998년 이후 해외에 체류하는 탈북이주자 규모가 3-5만 정도로 줄어들었다는 조사결과도 있다(이금순, 2005: 39-41).

여기서는 1993년에서 2008년 사이 발생하였던 탈북이주자의 규모를 출산율과 사망률의 영향을 고려한 뒤 남는 잔차로서 추정하였다. 1993년 이후 출산, 사망 동태의 효과로 인해 발생한 인구변동과 2008년 센서스 인구의 차이를 이주의 크기로서 추정하였다.

제3장

인구변동과 생산·복지·정주체제

1. 인구변동의 세 단계

1944년 총조사에 따르면 조선인 총인구는 2,512만 170명이었다. 이 가운데 남성은 1,252만 1,173명이고 여성은 1,259만 9,001명이었다. 남과 북이 나누어지면서 3·8선 경계지역의 행정구역이 변경되었는데, 3·8선 이남 황해지역은 경기지역으로, 3·8선 이북의 경기지역은 황해도로, 강원은 남북으로 구분되었다. 이런 경계변경을 고려하여 남한과 북한의 인구를 구분하면 1944년 3·8선 이남지역의 인구는 1,595만 5,284명이고 북부지역 인구는 916만 4,890명으로 추산된다(표 3-1). 그리고 이남지역 인구의 성비는 여성 100명에 남성 97.7명이고, 북부지역 성비는 여성 100명에 남성 102.3명으로 남쪽은 여성이 더 많고 북쪽은 남성이 더 많았다.

1944년 북부지역의 성비가 남부지역에 비해 더 큰 이유는 남북한의 산업구조의 차이와 식민지 기간 동안 이루어졌던 이주의 특성과 관련이 깊다. 식민지 시기에는 국내이동과 해외이주가 활발하게 이루어졌다. 해외이주는 북한보다 남한에서 더 집중적으로 이루어졌으며, 청장년 남성 이동이 중심이 되었다. 국내이동은 인구밀도가 높았던 농업중심의 남부지역에서 상대적으로 인구밀도가 적고 중화학공업지가 설립된 북부지역으로 향한 흐름이 컸다. 전체적으로

표 3-1 1944년 남북한 연령별 인구수(단위, 명)

연령	남한			북한		
	총	남	여	총	남	여
0-4	2,743,993	1,386,153	1,357,840	1,534,625	772,993	761,632
5-9	2,277,719	1,163,942	1,113,777	1,284,812	651,327	633,485
10-14	1,924,341	993,702	930,639	1,084,406	552,091	532,315
15-19	1,478,614	730,413	748,201	871,811	444,358	427,453
20-24	1,125,949	512,565	613,384	743,377	376,772	366,605
25-29	1,010,627	474,054	536,573	660,949	338,862	322,087
30-34	974,355	463,782	510,573	593,105	304,473	288,632
35-39	852,447	416,853	435,594	504,316	258,274	246,042
40-44	734,242	367,323	366,919	404,618	208,115	196,503
45-49	702,847	358,665	344,182	383,199	195,476	187,723
50-54	604,506	302,932	301,574	298,128	148,574	149,554
55-59	494,494	244,000	250,494	249,481	122,961	126,520
60-64	396,528	191,216	205,312	210,936	101,906	109,030
65-69	272,075	127,447	144,628	153,983	73,518	80,465
70-74	196,042	87,530	108,512	106,007	49,410	56,597
75+	166,505	65,620	100,885	81,137	35,866	45,271
계	15,955,284	7,886,197	8,069,087	9,164,890	4,634,976	4,529,914

자료: 1944년 인구총조사와 권태환의 연령, 행정구역 조정에 따라 추계한 남북인구자료에 기초함(권태환, 1988: 312).

북부지역보다 남부지역에서 인구가 크게 유동하였다. 남부지역에서 인구이동이 컸던 것은 농업이 집중되어 있던 남한지역에서 농촌경제가 붕괴된 영향이 크다. 대부분의 농민이 소작농민으로 전락하고 고리대금으로 경작을 할 수 없어 유랑민이 되거나 새로운 경작지를 구해 만주로 가거나 일본의 저임금 노동자로 편입되었다. 한편 북부지역에서는 1930년대 일제의 병참기지화

그림 3-1 남북한 인구의 성, 연령 구조, 1944

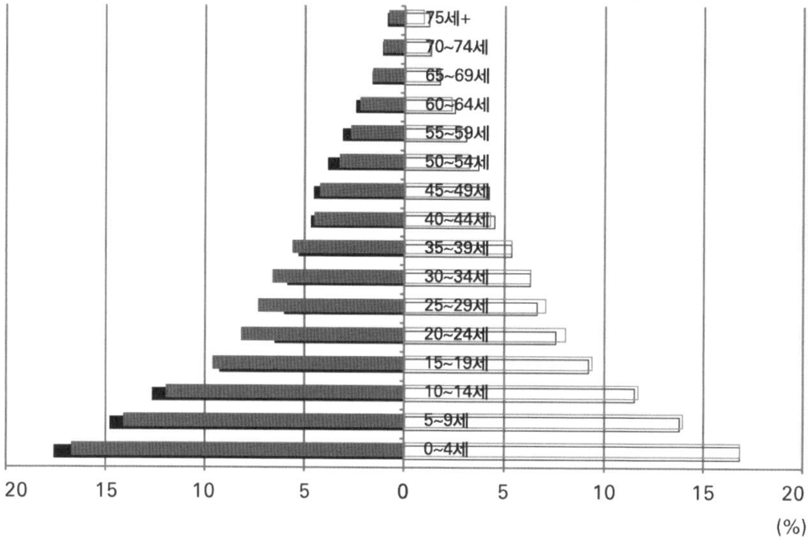

자료: 1944년 인구총조사, 권태환(1988)의 연령, 행정구역 조정에 따라 추계한 남북한 인구자료에 기초함.

정책에 따라 중화학산업이 설립되어 고용 기회가 만들어질 수 있었다. 정확히 지역별로 어느 정도의 이주가 이루어졌는가를 파악하기는 힘들지만, 1925년에서 1944년까지 총조사에서 집계된 지역별 인구분포를 통해 개략적인 이주 경향을 추론해볼 수 있다.

먼저 행정구역별 인구증가율과 성비변화가 유의한 차이를 나타낸다(표 3-2). 1925년에서 1930년 사이 전국 인구증가율은 14.38‰인데 전국 평균보다 낮은 성장률을 보이는 지역은 경기도(11.73‰), 충북(11.90‰), 경북(6.91‰), 경남(10.76‰), 황해도(7.71‰), 평남(13.18‰)이다. 자연증가율이 지역별 차이가 별로 크지 않았음을 고려하면 이들 지역에서 국내 혹은 국외로 순유출이 이루어졌을 개연성이 크다. 한편 함북(33.79‰), 함남(19.54‰), 평북(18.33‰), 전북(18.13‰), 강원도(21.71‰)는 평균보다 높은 인구증가율을 나타내 유출보다 유입인구가 많았다고 여겨진다.

표 3-2 지역별 인구성장률(단위, ‰)

지역	1925-1930년	1930-1935년	1935-1940년	1940-1944년
전국	14.38	16.61	11.71	16.16
경기도	11.73	25.63	31.62	19.68
강원도	21.71	15.21	18.31	13.10
충북	11.90	12.89	-3.20	9.32
충남	14.98	19.84	6.51	15.50
전북	18.13	13.51	-0.78	11.74
전남	14.96	14.66	10.34	10.62
경북	6.91	11.73	-7.20	13.34
경남	10.76	10.34	-0.56	19.10
황해도	7.71	19.17	15.73	26.42
평북	18.33	17.68	5.80	16.61
평남	13.18	19.65	24.50	23.63
함북	33.79	24.22	49.90	5.54
함남	19.54	19.63	19.44	16.98

자료: 인구총조사 1925, 1930, 1935, 1940, 1944(통계청 KOSIS) 자료.

1930년에서 1935년 사이 순유입 초과지역은 경기도와 충남을 제외하면 황해도, 평북, 평남, 함북, 함남 등 이북지역이 주를 이룬다. 1935년과 1940년 사이에는 충북(-3.20‰), 전북(-0.78‰), 경북(-7.20‰) 등 일부 남부지역에서는 인구가 감소하였는데 해외로의 유출이 크게 증가한 결과일 수 있다. 그러나 경기도(31.62‰), 강원도(18.31‰), 황해도(15.73‰), 평남(24.50‰), 함북(49.90‰), 함남(19.94‰) 등 이남 일부와 이북지역에서는 순유입률이 크게 나타난다. 이들 지역의 공업이나 상업구조가 노동력을 유입하였다고 추정된다. 1940년에서 1944년 사이에는 황해도와 평남의 성장률이 다른 지역에 비해 높게 나타난다.

표 3-3 지역별 성비(단위, %)

지역	1925년	1930년	1935년	1940년	1944년
전국	104.65	103.58	103.05	101.12	99.38
경기도	105.47	104.90	105.21	102.90	99.78
강원도	109.79	109.41	107.39	107.05	104.02
충북	106.65	105.84	104.76	102.24	99.05
충남	106.58	105.16	104.93	100.71	97.76
전북	107.31	106.67	105.04	99.60	96.33
전남	101.75	100.58	100.12	97.78	94.99
경북	104.18	101.82	102.18	97.37	96.78
경남	103.61	101.05	100.66	96.11	97.29
황해도	102.41	101.45	101.69	100.46	99.45
평북	104.01	102.75	101.76	100.11	100.38
평남	101.91	100.81	100.13	101.13	101.40
함북	104.25	106.11	105.42	113.29	108.11
함남	105.64	105.74	104.54	105.44	103.76

자료: 통계청 KOSIS, 인구총조사 1925, 1930, 1935, 1940, 1944.

지역별 성비구성의 변화를 통해서도 지역별 이주의 차이를 어느 정도 가늠할 수 있다. 전체적으로 성비는 1925년 104.7에서 계속 줄어들어 1944년에는 99.4로 감소하였다(표 3-3). 그리고 1925년에는 대부분의 남부지역이 북부지역에 비해 성비가 더 컸는데 이후 남부지역에서 성비가 크게 작아져 1944년에는 북부지역의 성비가 더 크게 되었다. 경기도, 충북, 충남, 전북, 전남, 경북, 경남 지역은 1935년에서 1944년 사이 성비가 크게 줄어들었다. 남부지역 대부분에서 남성의 구성비가 크게 줄어든 것은 식민지배기 남성노동력 중심의 이동이 활발하였던 상황을 반영한다. 만주로의 조선인 이주는 가족단위 농업이주의 성격이 강하여 성비왜곡이 그렇게 크지 않았지만, 일본으로의 이주는 단신 남성노동자를 중심으로 이루어졌다.[1] 또한 1944년 대부분의 지역에서 성비가 작은 것은 1939년부터 강제로 진행된 노동징용의 영향이 크다. 한편 함북지역은 1935년에서 1940년 사이 성비가 오히려 상승하였다. 중일전쟁 이후 함북지역은 일제의 동북아 방위에 주요 병참산업기지로 육성되었다. 그와 연관되어 1935-1940년 사이 함북지역에 많은 남성노동력이 유입되었다고 여겨진다.

1940년 센서스에서는 현 거주지별 본적을 조사하였다. 조사결과를 보면 1940년 당시 함경북도에 거주한 사람 중 다른 지역으로부터 전입한 비율이 가장 높게 나타난다. 원주지는 인근의 함경남도뿐만 아니라 강원도와 전라도, 경상도였던 비율도 높게 나타나고 있다(표 3-4).

이렇게 식민지배시기 해외로 이주한 인구도 많았지만 북부지역에서는 이남으로부터의 인구유입에 따라 일부지역에서는 인구가 크게 성장하고 남성의 구성비가 커졌다. 이에 반해 남부지역에서는 많은 인구가 해외와 북한으로 이주하여 인구성장이 둔화되었고 일부지역에서는 인구가 감소하고 남성 구성비도 작아졌다.

해방과 전쟁을 겪으면서 인구동태는 다시 크게 변하였다. 식민지배시기 진행된 인구유동의 흐름이 해방 이후 반대방향으로 돌아섰고 또한 남북한 체제가 분리되면서 많은 북한주민이 남으로 이주하였다(Kwon, 1977: 166). 해방 직전 만주와 일본에 체류하고 있던 조선인은 400만 명 정도로 추정된다(박경숙, 2009: 52). 이 가운데 250여만 명이 고국으로 돌아왔다고 추정된다. 권태환은 귀환인구 중 180여만 명이 남한으로 이주하였다고 추정하였다(Kwon, 1977: 177). 북한에서 남한으로 어느 정도의 인구가 이주하였는가를 정확히 파악하기는 어렵지만 외무부와 사회안전부 등의 등록 자료에서는 46만 명에서 65만 명 수준으로 추계하고 있다. 또한 1949년 남한의 총조사에 따르면 48만 명이 외국 국적으로 집계되었다. 한편 권태환은 1949년 인구총조사의

---

1 일본으로의 조선인 이민 형태도 시기적으로 변화되었다. 합병전후에는 노동자모집을 통한 집단이주에서, 1920년대는 남성노동 단신이주, 1930년대에는 가족이 합쳐지는 정착형태로 진행되었다고 논의된다(미즈노나오키(水野直樹), 1999: 255-274). 한편 1939년부터 시작된 강제동원으로 남성 노동 이주의 성격이 다시 강화된 측면도 있다.

표 3-4 현 거주지별 본적의 분포, 1940(단위, %)

현 거주지 / 본적	경기도	강원도	충청북도	충청남도	전라북도	전라남도	경상북도	경상남도	황해도	평안북도	평안남도	함경북도	함경남도
경기도	88.0	1.8	0.8	0.7	0.2	0.1	0.2	0.1	0.9	0.3	0.5	1.9	1.1
강원도	1.1	90.9	0.8	0.1	0.0	0.0	0.2	0.0	0.4	0.1	0.2	3.1	1.7
충청북도	1.9	1.6	94.4	1.2	0.2	0.0	0.5	0.2	0.2	0.1	0.1	0.9	0.3
충청남도	3.3	0.5	1.2	96.1	0.9	0.1	0.1	0.1	0.3	0.1	0.4	1.0	0.4
전라북도	1.1	0.3	0.3	1.0	97.0	0.9	0.1	0.3	0.4	0.1	0.5	1.4	0.7
전라남도	0.8	0.2	0.1	0.2	1.2	98.2	0.1	0.8	0.3	0.2	0.6	2.2	0.6
경상북도	1.0	2.4	2.0	0.4	0.2	0.2	97.6	2.4	0.2	0.2	0.3	2.2	0.7
경상남도	0.5	0.4	0.1	0.1	0.3	0.4	1.0	96.0	0.2	0.1	0.2	1.8	0.5
황해도	1.1	0.6	0.1	0.1	0.0	0.0	0.0	0.0	95.4	0.3	2.9	0.9	0.6
평안북도	0.3	0.3	0.1	0.0	0.0	0.0	0.0	0.0	0.2	96.3	2.6	0.4	0.5
평안남도	0.4	0.5	0.1	0.1	0.0	0.0	0.0	0.0	1.5	1.7	91.3	0.9	1.1
함경북도	0.1	0.1	0.0	0.0	0.0	0.0	0.0	0.0	0.0	0.0	0.0	74.5	0.6
함경남도	0.4	0.5	0.0	0.0	0.0	0.0	0.0	0.0	0.1	0.5	0.3	8.7	91.1
계	100.0	100.0	100.0	100.0	100.0	100.0	100.0	100.0	100.0	100.0	100.0	100.0	100.0

자료: 인구총조사 1940.

현재 거주지별 원주지 분포를 통해 북에서 이주한 인구가 74만 명 정도 된다고 추정하였다.

북한에서 남한으로 인구유출이 컸던 것은 한편으로 식민지 시기 남쪽에서 북쪽으로 이주하였던 인구 중 상당수가 해방이 되어 귀향하였기 때문이다. 또한 북부지역에서 단행된 일련의 경제, 정치적 개혁의 충격도 컸다. 1946년 신설된 북조선임시인민위원회는 1946년 봄과 여름에 걸쳐 토지개혁을 실시하고, 새로운 노동법령과 남녀평등법을 제정하고, 주요 산업을 국유화하는 일련의 사회주의 개혁을 실시하였다. 1946년부터 사회성분에 따른 꼼꼼한 범주화 작업을 하였고 빈농과 노동자와 여성을 정치적 지지의 주요 원천으로 삼는 개혁들을 급진적으로 실시하였다. 또한 정치적 헤게모니 투쟁이 격하게 진행되었고 기독교에 대한 관용이 줄어들다 1949년에는 교회를 폐쇄하였다. 이와 같은 일련의 급진적인 경제, 정치적 개혁에서 피해를 받았던 많은 사람들이 월남하였다고 알려졌다(Armstrong, 2002[2006]: 192)

남북한은 1950년에서 1953년 전쟁을 겪으면서 또다시 인구구조가 크게 변화되었다. 얼마나 많은 인구가 전쟁으로 손실되었는지 정확히 파악할 수는 없지만, 1953년 통계국의 발표에 따르면 남한의 인명 피해건수는 100만 명 가까이 이른다고 한다(공보처 통계국, 1953).[2] 한편 북한의 인명 피해는 남한보다 더 컸을 뿐만 아니라 대규모 인구가 월남하여서 인구가 크게 감소하였다고 알려져 있다. 북한이 발표한 자료에 따르면 북한의 인구는 1949년 962만 명에서 1953년 850만 명 정도로 감소하였다(표 3-5). 평상시 연평균 성장률을 2%로 가정해보면, 200만여 명이 사망하거나 이남으로 이주하였다고 추정된다.

북한의 인구는 1953년 이후 1970년까지 높은 성장률을 특징으로 한다. 북한이 발표한 이 시기 인구집계에 따르면 1953년에서 1970년까지는 연평균 3%가 넘는 성장률을 나타냈다. 남한도 전쟁 후 1960년대 초반까지는 연평균 3% 정도로 인구가 크게 성장하였지만 이후 성장률이 크게 감소하였다. 이에 반해 북한의 인구는 1970년대 초반까지 크게 성장하였던 것 같다.

종전 이후 1970년까지 인구가 크게 성장한 이유는 자연성장률의 영향이 크다. 1959년 말부터 시작된 북송인구가 전체 8만 명 정도라고 추정되는데, 전체 인구성장에 미친 영향은 별로 크지 않은 수준이다. 자연성장률의 상승은 높은 출산율과 사망률의 개선에 따른 결과이다. <표 3-5>에 제시된 1960년에서 1985년의 사망률은 에버스테트와 베니스터의 추정치를 원용하였다(Eberstadt and Banister, 1992: 104). 이 수치는 북한이 발표한 사망률 수준보다는 높고 남

2 공보처 통계국. 1953. 「6·25 사변 종합피해조사표」. 서울특별시사편찬위원회(2005). 633에서 인용.

표 3-5 북한의 인구성장률, 1946-2008

연도	인구(1,000명)	성장률(‰)	조출생률(‰)	조사망률(‰)	순이주율(‰)	비고
1946	9,257	8.1	43.1	26.0	-9.0	남한 인구동태에 기초하여 추정
1949	9,622	-3.3	38.0	41.3	0.0	
1953	8,491	32.0	49.0	17.0	0.0	
1956	9,359					
1960	10,789	32.7	45.0	16.8	4.5	EB의 사망률 추정치를 활용
1965	12,408	30.9	43.5	12.8	0.2	
1970	14,619	35.0	44.7	9.7	0.0	
1975	16,480	20.0	26.9	6.9	0.0	
1980	17,992	15.9	21.8	5.9	0.0	
1985	19,602	16.5	22.2	5.7	0.0	
1993	21,213	14.6	20.0	5.4	0.0	두 센서스에 기초하여 추정
1998	22,391	3.2	18.5	11.7	-3.6	
2003	23,442	7.1	15.8	8.3	-0.4	
2008	24,022	4.9	14.4	9.1	-0.4	

자료: 『조선중앙년감』 (조선중앙통신사, 각년도); Eberstadt and Banister, 1992 ; 북한 센서스 1993, 2008.
주: 1946-1956년까지의 인구동태는 북한의 인구성장률과 남한의 인구동태율을 참조하여 추정한 것임. 인구크기는 1970-1985년과 1998년을 제외하고는 북한이 발표한 수치임. 1970-1985년의 인구크기는 Eberstadt and Banister(1992)가 추정한 값이고, 1998년 인구는 이 연구에서 추정한 값임. 1960년 이후 비율은 해당시점에서 추정된 값임. 조출생률은 북한이 발표한 수치와 거의 유사함. 사망률은 1946-1960년은 잔차로 구했고, 1960-1985년은 Eberstadt and Banister(1992)의 추정치를 활용하였고 1993년 이후는 이 연구에서 추정한 것임.

한보다는 약간 낮은 수준을 나타낸다. 권태환은 이 시기에도 북한의 사망률이 남한의 사망률보다 높았을 것으로 추정하였다(권태환, 1988: 296). 그러나 실질적인 사망률 개선이 있었다고 여겨진다. 사회주의 건국 초기에 정비된 배급과 무상의료, 교육제도 등은 취약 주민들의 생활 조건을 개선하고 삶의 사기를 크게 진작시켰을 수 있다. 일련의 사회주의 제도개혁에 따라 주민들의 영양과 의료 서비스에 대한 접근성이 향상되어 사망률이 크게 낮아졌을 수 있다. 1950년대와 1960년대 구소련과 동유럽 그리고 아시아 사회주의 국가가 국제기구에 발표한 사망률 수준도 크게 낮은데 사망률을 낮게 보고하였다는 주장도 많지만 국가 생활보장제도의 실질적인 영향도 컸을 수 있다.

흥미로운 것은 사망률이 크게 개선되었음에도 불구하고 출생률이 여전히 높게 유지되었다는 점이다. 남한과 비교할 때 북한의 전후 베이비붐 시기는 길게 지속되었다. 남한에서는 1960년대 초반부터 출산율이 크게 감소하였지만 북한에서는 1970년까지 출산율이 높게 유지되었다. 베이비붐이 오래 유지되었던 것은 인구압력이 존재하지 않았다는 증거이기도 하다. 북한에서는 전쟁기간 많은 인구가 사망하였고 많은 인구가 남한으로 유출되어 인구가 크게 감소한 상황이었다. 또한 김일성 연설문을 보면 북한 당국은 전쟁 이후 생산력 증강에 박차를 가하면서 노동력을 확대하는 방법에 관심이 컸다.[3] 이렇게 전쟁으로 인한 인구손실과 경제개발에 따른 노동 수요를 보완하기 위해 출산이 장려되었다고 지적되기도 한다(리기성・정명필・오일선・홍명순, 1996: 53-55).

1970년대 중반 이후, 1990년대 초반까지 북한의 인구는 연평균 1.5%에서 2% 수준에서 완만하게 성장하였다. 인구성장률이 완만해진 것은 무엇보다 출산율의 하락에 따른다. 1970년만 해도 조출생률이 40‰을 넘었다고 추정되는데, 1975년에는 조출생률이 27‰으로 크게 떨어져 1993년까지 안정된 상태를 유지하였다. 한국처럼 강력한 인구통제정책이 없었다고 하지만, 1970년대 중반 이후 인구과잉에 대한 정책적 고려가 존재하였다고 여겨진다. 1980년대 초반부터는 의료기관에서 피임시술이 장려되었다고 전해진다(김두섭 외, 2011). 또한 가정일과 생계활동을 양립해야 했던 상황에서 북한여성들의 출산 제한의 욕구도 강했을 수 있다. 에버스테트와 베니스터는 북한여성의 합계출산율이 1975년 이후에 계속 떨어져 1985년에 2.5명 수준이었다고 추정하였다(Eberstadt and Banister, 1992: 68). 합계출산율이 떨어졌음에도 불구하고 조출생률은 1993년까지 크게 변하지 않았던 것은 1970년까지 지속된 베이비붐 출생코호트가 가임인구가 된 영향이 크다.

---

3 김일성. 「당, 국가, 경제기관, 대중단체 책임간부협의회 연설」. 1958. 9. 25.

그림 3-2 남북한 인구의 성, 연령구조, 1993

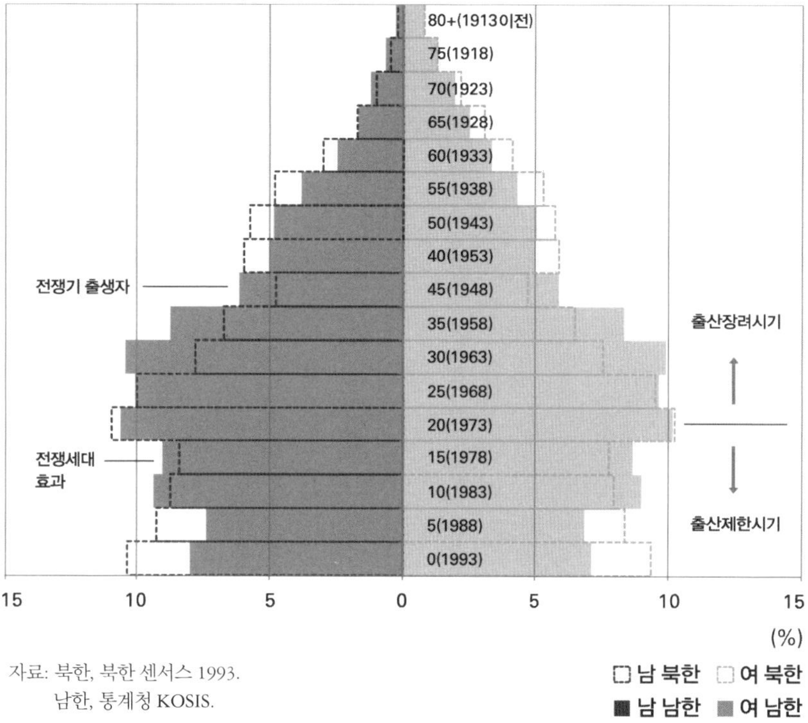

자료: 북한, 북한 센서스 1993.
남한, 통계청 KOSIS.

연령구조를 통해서도 출산율의 변화를 분명하게 확인할 수 있다(그림 3-2). 1993년 연령구조를 살펴보면, 40에서 44세 인구가 다른 연령대에 비해 훨씬 작은데 이는 전쟁 시기 동안에 태어난 코호트의 크기가 작았음을 가리킨다. 1953년 이후 출생코호트의 크기는 1973년까지 증가하였다. 그런데 1973년에서 1978년 사이에 태어난 코호트의 크기가 크게 작아졌는데 이 시기에 출산율이 크게 떨어졌을 뿐만 아니라 주된 가임인구가 전쟁 시기 태어난 코호트였기 때문이다. 그러나 1978년 이후에 태어난 코호트의 크기는 1993년 시점까지 조금씩 증가하였다. 1953년에서 1970년 사이 태어난 베이비붐 코호트가 가임인구가 되면서 총출생아가 늘어났기 때문이라고 여겨진다.

다시 <표 3-5>를 살펴보면, 1993년에서 2008년 사이 북한인구는 매우 낮은 성장률을 나타낸다. 이는 출생률 감소, 사망률 증가, 유출인구의 증가가 복합적으로 작용한 결과이다. 경제난 이후의 경제 사회적 불안이 인구동태에도 뚜렷하게 반영되어 있다. 조출생률은 1993년에서 인구 1,000명당 20명 출생 수준에서 1998년에는 18.5명, 2003년에는 15.8명, 2008년에는 14.4명으로 줄어들었다. 가임기간 동안 여성의 평균 자녀출산수도 1993년 2.2명에서 1998년 이후에는 두 명 이하로 떨어졌다고 추정된다. 이 시기 사망률은 크게 상승하였다. 식량난이 최고에 달하였던 1998년 시기 조사망률은 인구 1,000명당 11.7명으로 증가하였고, 1990년대 중후반 이후 약 10만 명의 순탈북이주자가 발생하였다고 추정된다. 그리고 북한이 발표한 1998년 인구집계는 약 20만 명이 과대 집계되었다고 추정된다.

1993년과 2008년 연령구조를 비교해보면 북한의 인구도 두 기간 사이 고령화가 진행되고 있다(그림 3-3). 1973년에서 1978년 사이 출생아가 크게 감소하였지만 베이비붐 코호트가 주 가임인구가 되면서 1993년까지 출생아의

그림 3-3 북한인구의 성, 연령구조, 1993, 2008

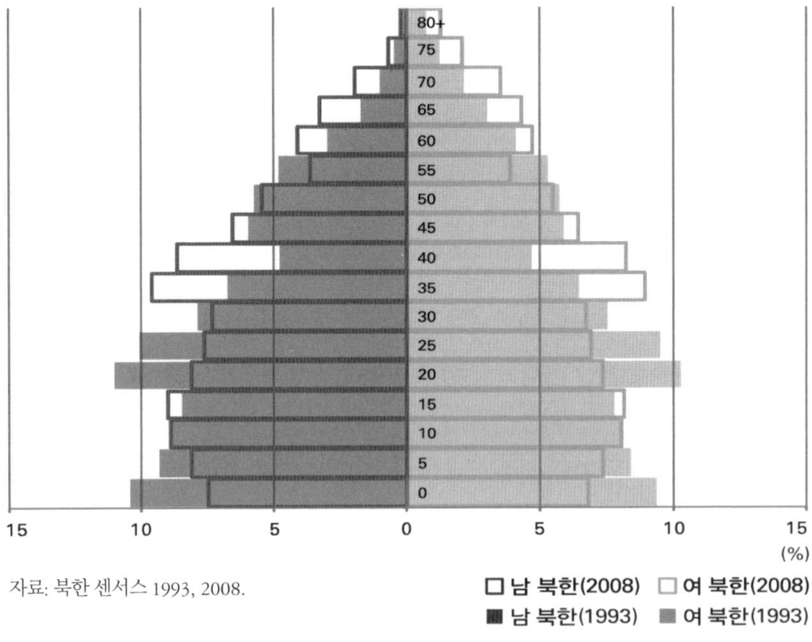

자료: 북한 센서스 1993, 2008.

비율은 증가하였다. 그러나 1993년 이후부터는 새로 태어난 인구가 전체 인구에서 차지하는 비율이 지속적으로 감소하였다. 1993년에서 2008년 사이에 태어난 0-14세 인구의 비율은 2008년 23.2%로서 1993년 0-14세 인구(27.1%)보다 줄어들었고, 60세 이상 인구의 비율은 2008년 18.1%로서 1993년 11.9%보다 늘었다.

2. 인구변동과 생산 · 복지체제

북한의 인구동태는 북한의 생산과 복지 체계의 특성과 밀접히 연관되어 변화되었다. 전쟁기간 동안 인구가 크게 손실된 이후 빠르게 인구가 복원된 것은 출생률이 높았을 뿐만 아니라 사망률이 감소한 결과이다. 그런데 북한의 인구가 크게 성장한 시기는 사회주의 개혁이 광범위하게 이루어지고 북한주민의 생활수준이 크게 향상된 시기이다.

해방 이후 북한에서는 빠르게 사회주의 개혁을 실시하면서 국가건설을 준비하였다. 1946년에 발족한 임시인민위원회는 토지개혁법을 통해 농민들에게 무상으로 토지를 분배하는 개혁을 실시하였다. 1946년 3월 제정된 토지개혁법령 1조에서는 토지개혁의 과제는 일본인의 토지소유와 조선인 지주의 토지소유 및 소작제를 폐지하는 것이며, 토지이용권은 경작하는 농민에게 있으며, 북한의 농업제도는 지주에 종속되지 않고 농민 개인 소유 농민경영에 근거하고 있다고 명시하고 있다. 또한 공업 생산수단을 국유화하고 노동자의 권리를 노동법으로 규정하였다.[4] 과거 노동은 천하게 여겨지고 타인에게 착취되었지만 사회주의사회에서 노동은 신성한 영예라고 강조되었다. 1946년 제정된 노동법에서는 노동자는 하루 8시간 노동하고(1조), 유해한 작업환경의 노동은 하루 7시간으로 제한하고 인민위원회 승인을 받고(2조), 14세 미만자의 노동

4 북조선 노동자. 「사무원에 대한 노동법령」. 1946. 6. 24.

을 금지하고(4조), 보수의 한도는 노동자의 직업, 지위, 기술에 따라 규정하고(5조), 동일노동 동일기술 노동자는 연령, 성에 관계없이 동일임금을 지급받고(7조), 여성노동자는 산전 35일 산후 42일 휴가를 받을 수 있고, 만 1세 미만 유아를 가진 근로부인은 1일 2회, 30분씩 유아시간을 가질 수 있고(16조), 일시 혹은 장기 노동 장애, 임신 출산에 따른 휴가, 부양자가 없는 유족자에 대하여 사회보험에 따른 지원(18조)을 규정하였다. 그리고 1947년 사회보험법에 따라 노동자는 무료치료의 적용을 받았고, 1953년부터는 전 주민에 대하여 무료치료제가 실시되었다.

조선시대 여성은 사회와 가정에서 차별을 받았고 결혼의 자유가 없이 물건처럼 팔리는 경우도 많았으며 식민지배기에도 교육을 받지 못하고 군수공장에 차출되어 노동에 대한 정당한 대우를 받지 못하였지만 북한은 남녀평등한 사회임을 강조하였다. 1946년 제정된 남녀평등권에 관한 법령에서는 여성은 남성과 같이 정치적 투표권, 노동권, 사회보험과 교육을 받을 수 있는 권리를 가지고(제3조), 자유롭게 결혼하고(제4조), 자기 의사에 따라 이혼할 수 있고 양육권을 보호받는다고(제5조) 규정하였다. 이렇게 봉건, 제국주의 지배에서 억압을 받았던 농민, 노동자, 여성들을 사회주의 국가 건설의 중요한 지지 기반으로 동원하면서 1948년 조선인민공화국 헌법을 제정하고 인민위원회를 구성하고 국가를 형성하였다.

전쟁이 끝난 뒤 북한은 적극적으로 경제발전을 추진하였다. 1954-1956년 3차년경제계획을 통해 전쟁기간 동안 파손된 산업구조를 가능한 빠르게 복구하기 위해 경제부흥정책을 적극적으로 시행하였다.[5] 북한의 중요 산업이었던 제철과 기계공업을 복구하고, 지하자원을 개발하여 원자재 투입과 수출을 증진하고, 인민생활을 위한 경공업의 부흥을 강조하였다. 그리고 개인 경영을 중심으로 이루어진 농업을 점차 협동조합으로 조직하는 방침을 결정하였다.[6] 산

5 김일성. 「조선노동당제3회대회 중앙위원회 활동보고」. 1956. 4. 23.
6 김일성. 「조선민주주의인민공화국 내각제30회 결의」. 1954. 8. 23.

표 3-6 인구변동과 생산·복지 수준, 1953-1970년대 초반

인구	생산 및 복지 수준
· 1953-1970년대 초반 · 높은 성장률 · 사망률의 큰 감소 · 고 출생률	· 1954-1956년 인민경제 3차년 경제계획 · 1957-1961년 인민경제 제1차 5개년계획 · 1961-1967년 인민경제 제1차 7개년계획 · 고속 성장 · 급속한 도시화, 1953년 17.7%, 1970년 54.2% · 출산장려정책 · 여성의 높은 경제활동 참여 · 보편적 복지제도 설립 · 무상배급제 실시 · 의무교육도입과 확장, 4년 의무(1956), 7년 의무(1958), 10년 의무(1970) · 보육 시설 확장

자료: 『조선중앙년감』(조선중앙통신사, 각년도); 『북한연감 2004』(연합뉴스, 2004).

업 제반에서의 생산력 향상을 위해 무엇보다 현장에서의 주체적인 개혁을 중요시하였다. 김일성은 공업, 운수, 통신, 농업, 임업 등 산업 현장을 순찰하면서 노동력의 낭비를 막고, 기술과 자본을 개발할 수 있도록 노동자와 조직지도자의 자기 쇄신을 강조하였다.[7] 노동력의 부족 문제는 합리적 활용을 통해 낭비를 제거하고, 불필요한 기구, 조직, 사무 등을 통합하여 비생산적 노동을 줄이고, 여성노동을 활용하여 남성노동을 산업 중심부문으로 재배치하고, 노동자의 생활안정을 보장하여 이동을 통제함으로써 해결될 수 있다고 강조하였다.[8] 또한 생산 지도자는 과학적이고 구체적인 계획을 가지고 노동자의 생활증진을 위해 노력을 기울여야 함을 강조하였다.

산업시스템은 거의 대부분 1950년대 중반 이후 사회주의 관리, 생산체제로 정비되었다. 1954년 공업구조는 사회주의적 국영경제가 90%였고, 반(半)사회

---

7 김일성. 「'사회주의 건설에 있어 소극성과 보수주의에 반대하며' 전국생산혁신대회연설」. 1958. 9. 16.

8 김일성. 「당, 국가, 경제기관, 대중단체 책임간부협의회 연설」. 1958. 9. 25.

주의적 협동경제가 7-8%였으며, 개인경제는 2-3%에 불과하였다고 전한다.[9] 1954년 당시 농업은 80% 이상이 개인경제로 이루어졌다. 한편 휴전 이후 북한인민위원회는 개인경영을 단계적으로 협동조합조직으로 전환하는 방침을 결정하였고 1956년 이후 농업경영은 협동조합으로 급속히 재조직되었다.[10] 또한 1954년 시장가격을 통제하고 노동자 식량을 안정적으로 공급하기 위해 곡물매입사업을 실시하였다.[11] 협동농장화와 곡물매입제가 정착되면서 1954-1956년 사이 폐지할 계획이었던 배급제는 노동자의 기본적인 복지제도로서 지속되었다(정광민, 2005: 35-39). 배급제는 식량난 문제를 해결하기 위해 1946년 임시로 실시되었지만 이후 북한주민의 기초적 생활보장제도이자 노동력을 동원하는 기본 제도로 지속되었다. 배급은 중노동자, 경노동자, 사무원, 부양가족에 차등을 두었고 중노동자의 배급조건은 일반노동자보다 좋았다고 한다. 노동자에게는 배급 이외 식품, 소비재, 주택, 의료서비스가 무상으로 이루어졌다. 농민은 국가가 저가로 수매한 식량을 제외한 나머지를 공동분배 받았다.

모든 생산 현장에서 펼쳐진 생산증진 운동 결과 3차년경제계획은 당초의 계획보다 초과 생산실적을 달성하였다고 전하고 있다. 김일성 연설문에 따르면 1956년 공업생산수준은 1953년의 2.6배를 달성하였고, 생산수단 생산은 1949년 수준에 비해 1.3배 증가하였고, 소비재 생산은 2배 증가하였고 국민들의 실질소득은 1949년에 비해 30% 이상, 1953년에 비해 75% 이상 향상되었다고 선전하고 있다.[12] 3차년경제계획에 이은 경제5개년 계획(1956-1961)에서는 기계, 제철, 제강 등 중공업을 중심으로 빠른 공업화와 생산력 향상을 도모하였다. 경제개발 계획은 대외의존을 줄이고 수입을 국내 생산으로 대체하는 민족경제노선을 견지하였다.

---

9 김일성. 「조선노동당중앙위원회 결의」. 1954. 11. 3.
10 김일성. 「조선노동당중앙위원회 결의」. 1953. 12. 8.
11 김일성. 「조선민주주의인민공화국내각 제30회 전원회의 결의」. 1954. 8. 23.
12 김일성. 「조선노동당제3회대회 중앙위원회 활동보고」. 1956. 4. 23.

그림 3-4 북한의 도시화율

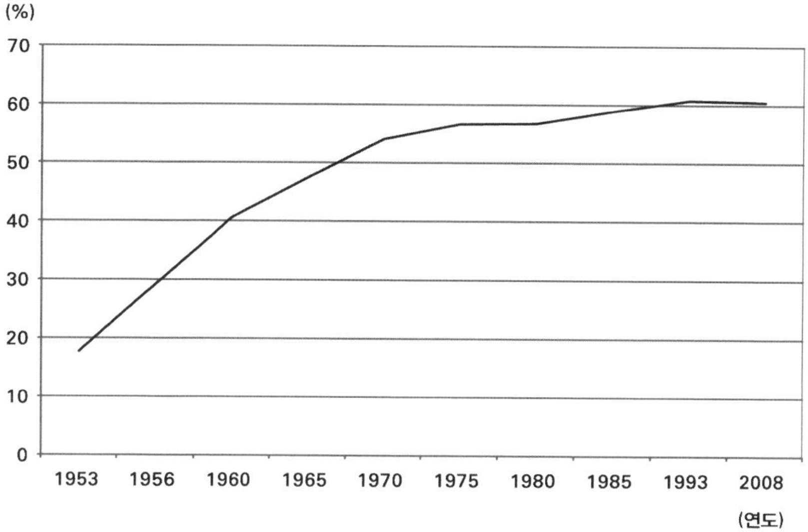

자료: Eberstadt and Banister, 1992; 북한 센서스 1993, 2008.

노동은 사회주의 건설의 영웅적인 과업으로 강조되었다. "하루에 천리씩 달리는 말처럼" 생산력이 증가할 수 있도록 생산에 임하자는 구호가 1958년 "천리마호" 트렉터 생산을 시작으로 전국적으로 확대하였다. 노동력 부족을 해소하기 위해 여성노동 참여를 적극적으로 강조하였다.[13] 북한은 1956년부터 초등 의무교육제(4년제 인민학교)를 시행하였고, 1958년부터는 3년제 중등교육, 1967년에는 9년제 기술의무교육, 1970년에는 10년제, 그리고 1972년부터는 11년제 의무교육(유치원 1년, 인민학교 4년, 중고등학교 6년)을 전반적으로 실시하였다(연합뉴스, 2004: 264–265). 이와 같은 의무교육 수준의 증가는 북한 주민 일반의 노동력을 향상시키는 데 크게 기여하였을 수 있다. 북한의 도시인구는 공업구조의 확장과 함께 1950년대 이후 1970년까지 매우 빠르게 진행되었다(그림 3-4). 도시화율은 1953년 17.7%에서 1960년에는 40.6%, 1970년에는 54.2%로 크게 증가하였다.

---

13 김일성. 「당, 국가, 경제기관, 대중단체 책임간부협의회 연설」. 1958. 9. 25.

일제 식민지배 시기 사망률이 점차 감소하였지만 각종 전염병이 창궐하기도 하였다(의료보험관리공단, 1989: 24). 1942년 한국 내 일본인도 적리, 장티푸스, 디프테리아, 성홍열, 파라티푸스, 발진티푸스 등의 전염병으로 인해 발병률과 사망률이 높았다고 한다. 물론 한국인들은 일본인처럼 병원을 쉽게 이용할 수 없었고, 병원이용자들 중에서도 일본인보다 치명률이 훨씬 높았다고 한다(신동원, 1986: 148-155). 해방이 되자 낙후된 위생 상태를 극복하고 각종 전염병을 예방하는 것이 중요한 과제로 제기되었다. 북한 공산당은 사회주의 건설 초기 시기부터 보건의료 개선을 강조하였다. 김일성 연설문 중에는 해방 당시 의료수준은 형편없었으며, 식민지 시기 배출된 의사진은 친일적인 입장과 출세지향적인 성향을 가지고 있고 생명을 경시하여 의료진의 사상을 개조해야 한다고 강조하였다.[14] 1946년 임시인민위원회는 사회보장법 실시와 주요산업의 국유화와 함께 보건의료를 국영단일체계로 전환하는 방침을 명확히 하였다. 그리고 1952년에는 전반적인 무상치료가 실시되었다. 또한 전염병을 퇴치하기 위해 위생방역사업도 강조되었다.[15] 이처럼 건국 초기부터 북한에서는 사회주의적 보건의료 제도화에 힘썼지만 전쟁 전까지 남북한 보건상태는 큰 차이가 없었을 것이라고도 평가된다(의료보험관리공단, 1989: 24). 한편 전쟁 이후 경제개발계획과 더불어 보건의료정책도 적극적으로 실시되었던 것 같다. 1957년부터 시작된 사회주의 건설을 위한 5개년 계획시기에 보건사업의 기본방향을 '모든 질병을 철저히 예방하고 농촌 리에까지 진료소를 설치하며, 의료시설과 의약품 생산을 늘려 사회주의 보건제도를 확고히 세우며, 근로자들의 일시적 노동능력 상실을 줄이고 주민들의 건강을 보호 증진할 것'으로 제시하였다(연하청, 2000: 56).

1960년 이후에는 전 지역의 무상치료제를 실시하였다. 또한 예방의학이 강조되면서 위생방역 사업이 적극적으로 전개되었다. 1957년에는 디스토마토착

---

14 김일성. 「전반적무료치료제실시 준비를 철저히 하기 위해 보건성책임간부에의지시」. 1952. 1. 20.

15 김일성. 「조선노동당중앙위원회 상무위원회 결의」. 1958. 5. 4.

지역 30개소에 예방소를 설치하고, 1968년에는 1975년까지 결핵을 완전히 박멸하기 위한 계획을 수립하였다. 이에 따라 1965년 결핵치료예방기관이 272개소에서 1970년에는 1,132개로 증가하였고 간염치료예방기관도 1965년 224개에서 1970년 1,075개로 증가하였다고 한다(의료보험관리공단, 1989: 26-29). 사망률의 변화와 관련하여 들었던 증언 중에는, 1968년 홍역예방주사를 전체 주민이 맞은 뒤 주변에서 홍역으로 죽는 사람을 보지 못하였다고도 한다. 또한 도시와 농촌 전 지역에 의사담당구역제를 실시하기 위해 의료 인력을 확충하고 의료 기술과 약품을 개발하는 데 노력을 기울였다고 한다. 의사담당구역제는 1964년 평양에서 시범사업으로 시작하여 1988년에는 전국 호단위에서 이루어졌다. 또한 북한 공산당은 북한주민의 건강생활을 증진하기 위하여 대중 참여와 교육을 강조하였다고 전해진다. 이처럼 북한은 사회주의 건국 초기부터 의료시설을 국영화하고, 의료 인력과 의료기술, 약품을 개발하고, 의료이용을 무상으로 보장하고, 예방의학에 대중 참여를 강화하는 등 보건 사업에 상당한 노력을 기울였다고 여겨진다. 보건의료제도와 환경개선은 생산력증진 및 생활수준의 향상과 맞물려 사망률을 단기간에 빠르게 낮추는 데 기여하였을 수 있다.

사회주의 건국 초기에 정비된 배급과 무상의료, 교육제도 그리고 생산력 향상은 궁핍 속에 있던 많은 주민의 생활 조건을 개선하고 사기를 진작시킨 중요한 제도적 조건이었다. 보편적인 경제, 의료적 안전이 보장되지 않을 상태일수록 사망률은 계층별 차이가 큰 경향이 있다. 국가적인 보건 복지 서비스의 정비는 전체 사망률을 낮추고 인구성장을 크게 한 중요한 제도적 요인일 수 있다.

그런데 이와 같은 일련의 혁신 중에서 출산율이 감소하지 않았다는 것은 주목되어야 할 현상이다. 남녀 모두가 노동에 총동원되었던 시기 출산율이 높게 유지된 선례는 많지 않다. 상대적으로 인구과잉이나 빈곤의 압박이 적었고, 오히려 인구가 부족하다고 생각될 정도로 노동수요가 컸고 주민의 생활수준이 향상되어 출산율이 높게 유지되었다는 평가도 있다(리기성 · 정명필 · 오일선 · 홍명순, 1996: 53). 그러나 출산행위는 단순히 식량의 문제에 따라 늘어나고 줄어드는 것이 아니라 생활양식과 가족문화 그리고 젠더 관계와 밀접히 연관되어 구성된다. 그런데 북한의 사회주의 건설 시기 추구한 개혁들이 이념적 선전에 그치는 것이 아니었다면 이는 삶의 방식과 사고를 혁신하는 커다란 변화였다. 생활방식과 의식에서 혁신이 강조된 시기 출산율이 높게 유지되었다는 것은 북한의 노동조직과 가족구조 그리고 젠더 관계가 실제 어떻게 구성되었는가 하는 질문을 남긴다. 다음 장에서 자세히 논하겠지만, 베이비붐이 오래 지속된 데에는 국가의 인구통제와 여성이슈가 중요하게 관련되어 있다.

1970년대 중반 이후 1990년대 초까지 인구변천은 미온적인 사망률 감소와 큰 폭의 출생률 감소 그리고 그에 따른 인구성장률의 감소로 특징된다. 그런데 이 시기 북한의 생산과 복지 체제 역시 정체된 특징을 가진다. 공업화와 함께 빠르게 이루어졌던 도시화는 1970년 이후 별로 진전되지 않았다(그림 3-4). 1970년 도시인구비율은 54.2%였지만 1990년 초 60.9%로 20년 사이 도시화 정도는 크게 증가하지 않았다. 북한은 산업구조의 과학화, 농업, 경공업, 중공업의 유기적 발전, 수출증진 등 산업구조를 보강하기 위한 경제계획들을 추진하였지만 큰 성과를 이루지 못하였다(북한연구학회 편, 2006). 군수와 중공업 중심으로 산업이 치중되었고 주민들의 일상적인 삶에 필요한 경공업생산이 늘 부족하였고 농업 생산력 발전이 부진하였다. 계획적인 인구배치와 자유로운 인구이동을 통제한 영향이기도 하겠지만, 생산수준의 정체 속에서 북한의 인구분포도 1980년에서 2008년에 걸쳐 거의 변하지 않았다. 1987년에서 2008년 사이 전체 주민의 지역별 분포를 보면 평양시 인구가 1987년 12%에서 1993년 13.4%로 증가한 이외 다른 지역의 분포는 별로 변하지 않았다(그림 3-5).

북한주민의 생활방식은 1980년대에 이르러 정체되었다고 보인다. 고등중학교를 졸업하고 대학을 진학하는 일부를 제외하면 남성은 모두 군대에 8-10년 복무하고 이후 직장을 배정받는다. 직장은 개인의 선호나 의지에 의해 선택하는 것이 아니고 시, 군의 인민위원회에서 시, 군내 기업소와 협동농장의 노

그림 3-5 북한의 지역별 인구분포

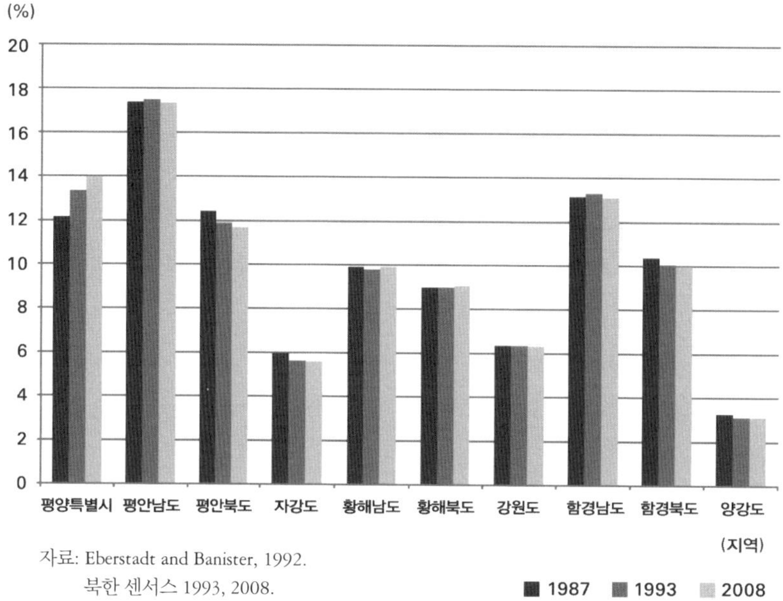

자료: Eberstadt and Banister, 1992.
북한 센서스 1993, 2008.

동수요에 따라 배치된다. 남성은 한 번 배치된 직장에서 거의 변동 없이 퇴직까지 복무하도록 되어 있다. 개인의 자율적인 선호와 창의력이 통제된 직업 배치는 생산력을 발전시키는 데 중요한 걸림돌로 작용하였을 수 있다. 노동을 사회주의 혁명이라고 강조하였지만, 물질적인 결핍이 정신적인 가치로서 완전히 메꿔지기는 어려웠을 수 있다. 그리고 상부에서 정한 생산 목표치를 달성하지 못한 추궁을 피하기 위해 거짓 보고가 상시화되었다고 전해진다.

노동자 일반의 생산력의 중요한 척도라고 볼 수 있는 교육 수준도 1970년 이후 크게 개선되지 않았다. 2008년 센서스에 기초하여 기혼남녀의 연령별 최종 교육 수준을 살펴보면 교육 수준의 응답이 과장되었을 개연성을 고려하더라도, 1930년대 이후 출생한 주민들이 대부분 중고등학교 이상의 교육 수준을 가지고 있었다. 그러나 이후 고등교육의 기회는 크게 확장되지 않았다고 여겨진다. 1950년대와 1960년대 출신 코호트의 교육 수준이 1970년대 출생코호트보다 더 높게 나타난다. 1970년대 코호트의 교육 수준이 그전 세대에 비해 더 낮은

표 3-7 기혼남녀의 연령별 교육 수준(단위, %)

연령	출생연도	남					여				
		초등	중고등학교	전문	대학	계	초등	중고등학교	전문	대학	계
20대	1988-1979	0.0	86.5	5.9	7.5	100.0	0.0	82.6	9.7	7.7	100.0
30대	1978-1969	0.0	74.1	11.0	14.8	100.0	0.0	80.1	10.3	9.6	100.0
40대	1968-1959	0.0	70.8	11.0	18.3	100.0	0.0	79.8	9.7	10.5	100.0
50대	1958-1949	0.1	68.5	13.5	17.9	100.0	0.2	71.4	13.1	15.3	100.0
60대	1948-1939	3.4	61.0	15.3	20.4	100.0	11.3	72.2	10.6	5.9	100.0
70대	1938-1929	16.7	55.2	8.2	19.8	100.0	35.1	58.8	2.9	3.2	100.0
80+	1928	37.1	45.1	4.7	13.0	100.0	52.5	45.6	1.1	0.8	100.0

자료: 북한 센서스 2008.

것은 1990년대의 경제난의 영향과도 연관된다고 여겨진다(표 3-7).

생산이 정체되면서 북한정부는 일반 노동자 가족에게 기초적 사회보장을 제공하는 데 어려움이 컸다. 증언에 따라서도 1980년대 일부 지역에서는 일시적으로 배급이 중단되는 상황도 있었고, 더 일반적으로는 배급의 질이 저하되었다고 밝히고 있다. 보건과 의료의 접근성도 시술체계의 정체, 기반시설의 손상과 퇴화, 약품의 부재, 건강재정투자의 제약 등으로 점차 어려워졌다고 한다. 국가 생활보장제도의 약화는 노동자를 동원하는 것을 더욱 어렵게 하였다. 농민들의 생활수준도 좋지 않았다. 국가가 선취하고 남은 작물로 허기를 채우지 못하는 것이 빈번하였다고 증언하고 있다.

생산력이 정체되고 국가 사회보장체계가 약화되면서 가족과 작업장 단위에서 비공식적인 생산과 교환활동이 강화되었다고 알려져 있다. 농민의 개인경영과 작업장에서의 개별적인 자원 교환 활동은 사회주의 건설 초기부터 존재하였다(정광민, 2005: 155-156). 그러나 공적인 생산조직이 크게 강화되었던 1960년대에서 1970년대 개별적 교환활동은 엄격히 통제되었다고 한다. 한편 기초 소비재 부족이 만성화되면서 비공식적 교환과 생산활동을 부분적으로 허용하고 장려하는 방향으로 당의 정책이 바뀌었다고 전해진다(남성욱·문성민, 2006: 423-437; 정광민, 2005: 155-156). 1984년에는 경공업 구조의 취약함을 보완하기 위해 각 기업소나 농장에서 자체적으로 필요한 소비재를 생산하라는 조치가 발표되었다(8·3조치). 또한 농민들의 개인적인 경작이 부분적으로 허용되고 농민시장이 상설화되었다. 개별 가구들은 공식적인 생산활동 이외 미개간지나 가구에 부속된 작은 텃밭을 경작하고 거기에서 생산한 것을 소유할 수 있게 되었다. 이렇게 공식적인 생산과 복지제도의 한계를 보완하기 위해 자구적인 책임을 강조하면서 비공식 활동으로 창출된 재산이 사적 소유로 부분적으로 인정되었다. 가족의 자구적인 생계전략은 1980년대 공식적인 생산성이 정체된 시기부터 강화되었고 1990년대 중후반 이후에는 중심된 생계기반이 되었다.

1970년대 이후 1990년대 초반까지 사망률 개선이 정체되고 출산율이 낮았던 것은 이와 같이 공식적인 생산, 복지제도가 정체되었던 상황과 밀접히 연관된다. 이 시기 출산통제행위가 정착되었던 것은 경제생활의 어려움과 더불어 국가의 인구통제정책도 중요하게 작용하였다고 판단된다. 생산수준이 정체되고 국가적 생활보장이 제약되는 상황에서 북한 당국도 인구통제정책을 고려하게 되었다. 북한의 인구통제정책은 남한에서처럼 소가족 의식 홍보, 피임 방법 보급, 출산통제 인센티브 제공 등의 방법으로 정부가 앞장서서 적극적으로 주도하지는 않았을 수 있지만, 국가의 인구통제에 대한 고려가 의료기관, 작업장, 가구에 반영될 수 있을 만큼 영향력을 가졌다. 또한 1950년대에서 1970년까지 출산율이 높게 유지되었던 데에는 전통적인 다자녀관의 영향도 컸지만 국가가 출산을 정책적으로 장려한 부분도 크다. 원치 않는 임신을 중단시키고 싶어도 의료기관에서 쉽게 시술하지 못하게 했다는 증언도 국가가 출산을 장려하였던 정황을 반영한다. 1980년대에는 주민들이 보다 수월하게 생식을 통제할 수 있는 제도적 기반이 조성되었다. 피임방법이 보급되고 임신중절이 법적으로 허용되었다. 또한 출산율이 감소한 것은 여성들 사이 출산을 통제하고 싶은 욕구가 강하게 존재하였기 때문이다. 공식 생산이 정체되면서 비

표 3-8 인구변동과 생산 · 복지 수준, 1970년대 중반-1990년대 초반

인구	생산·복지 수준
· 1970년대 중반-1990년대 초반 · 낮은 성장 · 큰 폭의 출산율 감소 · 미온적인 사망률 감소	· 1978-1984년 인민경제 제2차 7개년계획 · 1987-1993년 인민경제 제3차 7개년계획 · 생산, 복지제도의 정체 · 도시화 정체, 1970 54.2%, 1993 60.9% · 1980년대 소비재의 만성적 부족 · 1984년 생산단위 자체 소비재 생산 조치 (8•3 조치) · 1980년대 생산, 교역에서 개인 처리권 부분 허용 · 배급의 질과 양 악화 · 출산통제정책, 피임방법 보급, 낙태허용 (1983) · 여성의 노동과 가사노동의 이중부담 심화

자료: 『조선중앙년감』(조선 중앙통신사, 각년도): 『북한연감 2004』(연합뉴스, 2004).

공식 경제활동을 맡았던 여성들의 생계활동 부담도 더욱 강화되었다. 생계활동과 가사노동의 과중한 부담 속에서 여성들은 출산통제욕구를 강하게 가졌다고 여겨진다.

1990년대 후반에서 2008년 시점 인구성장률은 매우 낮았고, 사망률이 크게 증가하였고, 출산율이 감소하고, 인구가 유출되었다. 이 시기 공식적인 생산, 복지체제는 총체적인 위기 상황에 직면하였다. 북한의 공식 식량통계는 여느 자료와 마찬가지로 정확하지 않다고 평가되고 있지만, 식량수준이 1990년대 초반 이후 악화된 경향을 분명하게 보여주고 있다. 『조선중앙년감』에 따르면 1974년 농업생산량은 700만 톤 이상을 달성하였고, 1976년에는 800만 톤 이상, 1977년에는 850만 톤, 1985년에는 1,000만 톤을 달성하였다고 발표하고 있다. 그런데 1994년 곡물생산은 710만 톤이고 1995년 생산량은 1994년 기준의 절반 이하라고 발표하였다. 또한 『조선중앙년감』에서는 1997년 농업생산에 막대한 피해가 있었음을 명시하고 있다. 금야, 덕성, 허천, 북청, 고원, 단천시 등 황해남도, 평안남북도, 강원도, 황해북도, 함경남도 내 농촌피해가 컸다고 명시하였다. 양과 질에서 나빠지고 있던 주민들의 배급은 1990년대 중후반에 전국적으로 끊기는 상황에 이르렀다. 배급이 중단되면서 생산활동이

사진 3-1 중국 삼합지역에서 바라본 북한의 벌거숭이 산, 2007. 6. 25.

줄이어 중단되고 공식적 경제활동이 마비되는 상황에 이르렀다.

이렇게 총체적인 위기국면에서 북한의 붕괴를 예견하는 진단들이 해외언론을 통해 쏟아졌다. 그러나 심각한 경제난이 체제의 붕괴로 이어지지 않았다. 총체적인 위기국면은 분명히 존재하였다. 많은 사람이 기아로 사망하였고 기아를 면하기 위해 국경을 넘었다. 그러나 동시에 북한주민들의 생존을 위한 전략들이 다각적으로 동원되었다. 정부의 배급이 개시되지 않는 것이 확실해지면서, 주민들은 먹을 수 있는 것은 어떤 것이든지 찾았고, 존재하는 어떤 미개간지도 개간하였다. 2006년 금강산을 기행했을 때, 그리고 2007년 동북삼성의 접경지역을 돌아보았을 때 북한의 산이 왜 꼭대기까지 벌거숭이인가 의아했다. 기근의 위험에서 살아남기 위해 풀뿌리, 채소, 나무뿌리를 채취하고, 경작할 수 있는 땅을 모두 경작하였던 생존투쟁의 흔적이라는 것을 뒤에 알 수 있었다. 그리고 주민들의 장사와 시장활동이 확장해나갔다. 공적인 생산, 복지가 주민들의 생활을 보장할 수 없는 상황에서 북한 당국도 생산과 유통에 있어서 시장 기능을 부분적으로 도입하기에 이르렀다(2002년, 7 · 1조치).

표 3-9 인구변동과 생산 · 복지 수준, 1990년대 중반-2008

인구	생산·복지 수준
· 1993-2008 · 매우 낮은 인구성장률 · 사망률 증가 · 출산율 감소 · 북한이탈	· 1994-1996년 사회주의건설 완충기 · 1996-2000년 고난의 행군 · 2000- 강성대국 · 2002. 7. 1. 경제관리개선 조치 · 1990년대 중후반 공식적 생산, 복지체계의 마비 · 공식기록에서 성장기록 없어짐 · 식량생산, 1994년 710만 톤, 1995년 355만 톤 cf. 1974년 700만 톤, 1976년 800만 톤, 1985년 1,000만 톤 · 1990년대 중후반 대부분의 지역에서 배급제 중단 · 비공식 경제의 확장

자료: 『조선중앙년감』(조선중앙통신사, 각년도); 『북한연감 2004』(연합뉴스, 2004).

3. 인구통치기제로서 주민등록제

북한주민의 생활양식과 인구구조의 또 다른 중요한 특성은 폐쇄적인 정주성(定住性)에 있다. 북한주민의 이동은 엄격히 통제된다. 1970년대 초반까지 공업화와 도시화에 따라 계획적인 관리 속에서 인구의 지리적 이동도 컸고 생활양식도 크게 변화되었다고 보인다. 그러나 1980년 이후에는 지리적 이동도 상당히 제한되고 생활양식에도 거의 변화가 보이지 않는다. 미혼남녀는 집단건설이나 노동 지원을 하기 위해 고향을 떠나는 경우도 적지 않지만 결혼을 하게 되면 남성의 직장지역을 중심으로 정착하는 것이 일반적이다. 북한주민들의 교육, 직장, 거주지, 사회활동이 당에 의해 조직되는 것은 계획적인 생산과 국가 복지의 필요성 때문만이 아니라 개인의 삶을 깊이 감시하는 목적도 중요하였다. 이런 인구통치 목적에서 제도화된 것이 주민등록체계이다.

북한의 주민등록체계는 주민들의 거주생활을 파악하고 관리하고 성분/사상을 통제하는 기능이 강하다. 그런데 개인에 대한 전면적인 사전 작성이 가능할 수 있는 것은 사업장, 법제도, 가정, 집합활동 등을 통해 주민들이 조직화되어 있고, 각 조직에서 주민에 대한 평가와 관리가 상시화되어 있기 때문이다.

북한의 주민등록체계는 정주체계를 정착시키고 개별 주민들의 사상과 생활을 관리하기 위해 설립된 인구조사체계이다. 현인애는 북한의 주민등록체계를 공민등록제시기(1946.9-1963)와 주민등록제(1964-현재)로 구분하면서 주민등록제는 국가가 주민을 통제하는 중요한 통치 기제임을 강조하고 있다(현인애, 2008: 10-15). 북한은 일제강점기 때 재편된 호적제도를 폐지하고, 주민들의 성명, 생년월일, 출생지, 현거주지, 민족출신, 부양가족, 직장 등 거주 등록과 인구통계 업무를 관할할 공민제를 실시하였다. 그런데 전쟁 이후 정치 갈등을 엄격히 통제하기 위하여 주민들의 성분과 계층에 대한 철저한 조사가 이루어졌다. 이런 배경에서 일반 주민등록시스템이었던 공민제가 개인에 대한 전면적인 신원조사 성격이 강한 주민등록제로 재편되었다. 1964년 이후 재편된 주민등록제는 개인 및 그가 속한 가족과 친족의 계급적 성분과 정치사회활동을 종합적으로 조사하였다. 이후 1974년, 1984년, 1998년, 그리고 2005년에 공민증 교체가 이루어졌고, 2003년 12월부터는 주민신분 등록을 전산화하였다고 한다(현인애, 2008: 30). 주민등록사업은 중앙의 인민보안성 및 지방 도 보안국과 시보안서, 동리 분주소, 그리고 인민반에 걸쳐 중앙과 지방행정단위에 배치된 주민등록부서에서 주관하고 있다. 주된 사업은 주민 파악과 동태 등록, 주민대장 관리 등을 포함하고 있다. 또한 인민보안성과 별도로 국가안전보위부와 보위사령부에도 주민등록 업무를 담당하는 부서가 있고 인민무력부는 보위국에 소속된 인원의 주민조사와 등록업무를 맡고 있다.

그럼 출생신고나 사망신고는 어디서 하나요?

출생신고나 사망신고 같은 것은 안전부에서 합니다. 인민반장한테 가서 말하면 인민반장회의에서 말하고, 인민반장은 인민반장대로 이야기하고, 본인도 또 동사무소 가서 신고합니다.

인민반장은 마을마다 반장이 있는 건가요?

인민반은 32세대면 32세대 묶어서 있는데 … 인민반 5-6개가 모여서 지구반장이라는 게 있고 그 위에 당세포비서가 있습니다. (정이 씨)

주민등록사업의 구체적인 목적과 대상 그리고 방법에 대해서는 사회안정성에서 주민등록담당자들을 위해 1993년 발행된 『주민사업등록참고서』를 참조할 수 있다. 이 보고서에 따르면 주민등록의 목적은 개개인의 계급적 토대, 사회정치생활, 가정환경, 현재의 직업활동 등을 역사적으로, 전면적으로 깊이 있게 파악하는 데 있다고 밝히고 있다(김상선・리성히, 1993: 8).

조사대상 주민은 북한에 살고 있는 북한주민, 새로 출생하였거나 남한 혹은 다른 나라에서 새로 들어온 북한주민, 북한에 상시적으로 살고 있는 외국인으로 규정하고 있다. 주민등록에서 파악하지 않는 대상은 a) 당중앙위원회 비준대상 간부들 가운데서 당, 사회안전, 국가안전보위기관, 현역군인들과 그 한집안 가족, b) 당중앙위원회 본부에서 일하고 있는 부원이상 일군들과 그 한집안 가족, c) 록각에서 일하고 있는 일군들과 그 한집안 가족, d) 인민군대, 인민경비대에 복무하면서 가정살림을 하지 않는 군관, 초기복무사관, 체육선수, 배우, 악사, 정기복무사관, e) 국가안전보위부 아래 이주민관리소의 이주민으로 규정하고 있다(김상선・리성히, 1993: 10). 이들 주민등록조사에서 제외된 사람들은 국가안전보위부와 인민무력부에서 별도로 기록, 관리하고 있는 것으로 추정된다.

또한 주민을 빠짐없이 파악하기 위해서는 세대주를 정확히 파악하는 것을 강조한다. 세대주는 세대를 책임지는 사람으로 인식된다. 그런데 세대를 책임지는 사람을 정하는 기준에 남성 우선 원리가 작용하고 있다. 이는 다양한 가족구성에서 세대주 선택의 원리를 예시하는 가운데에서 확인할 수 있다.

a) 한 집안에서 아버지, 어머니, 아들, 딸이 살고 있을 때에는 아버지를 세대주로 하여야 한다.

b) 아버지가 연로보장 또는 사회보장을 받을 때에는 그의 아들을 세대주로 하여야 한다.

c) 아버지가 사망하고 어머니와 미성년인 아들, 딸이 한 집안에서 살고 있을 경우에는 어머니를 세대주로 하여야 한다.

d) 아버지, 어머니가 연로보장 또는 사회보장으로 딸의 부양을 받고 있을 경우에는 아버지를 세대주로 하여야 한다.

e) 아버지, 어머니가 사위의 부양을 받고 있으면 사위를 세대주로 하여야 한다.

f) 세대주로 있다가 본인만 다른 나라에 임시로 갔고 그의 한 집안 가족들이 남아 있을 때는 세대주는 그대로 두어야 한다. (김상선・리성히, 1993: 11)

세대주는 그 세대를 대표하여 책임질 수 있는 남성으로 규정하고 있다. 세대주는 일반적으로 현재 직업생활을 하고 있는 남성이 된다. 남한에서는 최근까지 호주가 법적으로 규정되었지만, 북한은 1946년 호적제도를 폐지하면서 호주의 지위가 사라졌다. 그러나 세대를 대표하여 책임질 수 있는 세대주가 가족 동태를 빠짐없이 신고하도록 정하고 있다.

호주라는 개념이 있나요?

없어요. 한국에서는 들었는데 북한에는 그런 개념이 없어요. (옥이 씨)

또한 주민등록에는 친척관계가 빠지지 않고 기재되어야 한다고 구술한다. 주민등록에서 파악하는 가족과 친척의 범위는 세대주를 기준으로 다음과 같이 규정하고 있다.

가족, 친척의 요해 범위

한 집안가족은 미성년까지 다 요해하여야 한다.

직계는 할아버지, 아버지, 어머니, 아들, 딸(사위), 손자, 형, 동생, 조카, 누이, 매부, 생질조카, 3촌, 4촌, 5촌, 6촌까지 요해하여야 한다.

> 처가는 가시아버지, 가시어머니, 처남까지 요해하여야 한다.
> 외가는 외3촌, 외4촌까지 요해하여야 한다.
> 기타 고모, 고모부, 이모, 이모부도 요해하여야 한다.
> 적대계급잔여분자에 속하는 계층에 대하여서는 촌수 범위에 관계없이 가족, 친척이 있는 데까지 전부 요해하여야 한다. (김상선・리성히, 1993: 25)

그런데 교육, 직장, 군 입대 등으로 임시적으로 따로 살고 있는 가족의 경우에는 본 거주지에서 편철해두었다가 독립적인 정주가 이루어지면 거주하는 시로 보내게 되어 있다. 이런 등록 규준에 비추어볼 때 고향을 떠나 군대나 임시 거주지에 있는 미혼자들은 주민등록 인구집계에 포함되지 않는 것이 합리적일 수 있다.

> **아드님이 만약 군대에 있으면 어디에서 조사하나요?**
> 그러니까 나한테 서류가 있잖아요, 그러면 나한테는 우리 아들이 이렇게 가고 있다 이렇게만 해놓고 구체적으로는 아들 거는 또 있고, 다 해놔요. 개인적으로 다 서류가 있고 그걸 하는 거죠 … 내가 결혼을 했잖아요, 그래서 다른 동네로 이사 가잖아요. 그러면 결혼한 사람은 완전히 떼가잖아요 … 우리 때는 8촌까지 가는데, 딸 서류는 없어요. 딸은 시집가면 끝이고 딸 서류는 없어요 … 내가 저쪽 동네로 결혼한다고 가면 퇴거를 떼요. 퇴거 용지가 우리 동네로 들어와요. 그럼 그 용지를 가지고 이쪽으로 가면 거주용지를 주거든요. 거주용지를 떼고 주민으로 됐잖아요, 그럼 그 거주용지가 주민등록에 들어가요. 주민등록을 일일이 왔다 갔다 하니까 … 중간에 미해명도 있고 이렇게 하겠죠. (정이 씨)

주민등록에서 조사하고 있는 내용은 '개인에 대한 사전'이라 불릴 수 있을 만큼 출신가정의 성분(직계6촌까지), 학력관계, 학교입학부터 직업생활에 이르는 사회정치생활, 자녀를 포함한 직계, 외가 친척들의 사회정치생활 등을 조사한다. <표 3-10>은 주민등록카드의 예를 보여준다. 주민등록은 세대별로 작성된 주민대장(군 주민대장)과 개인별로 만들어진 주민카드(주 주민대장)로 이중으로 작성된다. 세대별 주민대장은 세대주와 한 집안에 사는 가족과 따로 사는 가족에 대한 개인자료를 묶어 만든다. 주민대장은 지역별로 일련의 번호에 따라 배열한다. 표에서 살펴볼 수 있듯이 1면에는 주민의 이름, 성, 출생일, 민족, 출신성분, 사회성분, 계층, 외국연고, 가족 및 친척관계 등을 기재하게 되어 있다. 출신성분은 부모가 가지고 있던 직업 가운데 가장 오랜 직업에 따라 규정되고, 사회성분은 본인이 가진 직업 가운데 가장 오랜 직업 기준으로 결정된다. 가족 및 친척관계에서는 부모, 배우자, 자녀, 형제 외 친척의 이름과 주민번호를 기재하게 되어 있다. 2면에는 본인의 학력 및 경력관계를 빠짐없이 기재하도록 되어 있다. 3면에는 당원, 표창관계, 법적제제관계, 공민증 발급상태, 결혼관계가 기재되어 있다. 4면은 개인의 계급적 토대와 사회정치생활에 대한 평가가 기재된다. 부모의 성분이 어떠하였으며, 학교는 어디까지 나왔고, 정치생활에 과오가 없는지, 군에는 언제 입대하고 제대하여, 현재 어떤 계층인가를 평가하는 내용이 있다.

이렇게 개인과 가족, 친척에 대한 총체적인 조사를 위해, 당, 근로단체, 행정기관의 연계와 자료 교류가 체계화되는 것이 중요하다. 따라서 각종 등록 자료들의 교차대조와 군대, 학교, 근로조직, 행정기관, 인민반장, 핵심군중 등의 유기적인 협력이 중요하게 강조되고 있다.

주민은 거주 변동뿐만 아니라 개인 및 가족성원에 변동 사연이 생기면 신속히 신고하도록 되어 있다. 새롭게 파악되는 주민은 출생자, 귀국한 사람, 직장·직위 변동이 있는 사람, 새롭게 직장에 배치된 사람, 제대한 사람, 교화소나 교양소에서 출소된 사람 등이 포함된다. 또한 주민등록 관계 조사자는 매달 출생, 사망, 결혼, 이혼, 신분변경, 거주퇴거, 직업변동, 입국, 출국, 입적, 제적, 입소, 출소, 입대, 제대 등 신분상 변동을 빠짐없이 파악하도로 규정하고 있다.

표 3-10 북한주민등록카드의 예

(1면)

본인번호온천2194		주민등록카드		주민대장번호	대동28541			
이름	이충성	다른 이름		남녀별 남자	난날	1941.9.18	민족별	조선사람
난곳	평안남도 대동군 와우리				입당	1963.4.6		
출신성분	농민	사회성분 군인		계층별 제대군인	외국연고관계 중국			

불구관계 및 몸 특징

가족 및 친척관계

관계	이름	난날	번호	비고	관계	이름	난날	번호
아버지	이대원	1924.2.9	온천2192		동생	이은실	1947.12.9	온천2198
어머니	이매녀	1926.11.28	온천2193		5촌	이대혁	1928.3.9	평성12
안해	박춘애	1943.2.11	온천2195		5촌	이대엽	1926.12.9	순천291
맏아들	이충일	1960.9.18	온천2196					
둘째아들	이충혁	1967.6.9	대동12811					
동생	이은혁	1943.2.9						

(2면)

학력 및 경력 관계

부터	까지	기관, 기업소, 직위	사는 곳
1949.9.1	1954.8.30	대동군대동인민학교	평남도 동군음
1954.9.1	1957.4.30	대동군 대동 중학교	
1957.5.1	1963.7.6	조선인민군 724 군부대 분대장	
1963.7.7.		대동읍 형동농장원	

(3면)

당, 주관기관에 선거받은 관계

부터	까지	선거받은 지도기관
1982.10.1	1986.8.7	조선노동당 대동군당 위원회 후보위원

표창관계

년월일	공로내용	표창종류
1961.4.5.	전투공로	군공3개
1972.4.2.	사업공로	국기 3급 2개
1982.2.6.	사업공로	국기 2급

학위학직, 명예 칭호 받은 관계

년월일	학위학직, 명예칭호	변동사항

법적 제재 받은 관계

부터	까지	범죄명	어느 교화소에서

공민증 발급정형

년월일	번호	이유
1984.4.6.	대동21294	교환교부

사진

1984.4.6

결혼관계

년월일	남편(안해) 이름	변동사항
1963.10.2	박순애	

(4면) 계급적 토대 및 사회정치생활자료

이충성은 밭 2천평 논 1천평으로 소작농업하는 이대원의 맏아들로 출생하였으며
해방후 논 2천평, 밭 1천평을 분여 받아 농사를 짓고 전쟁시기에는 문제됨이 없으며
1955년 8월 협동조합에 가입하여 일하던 아버지의 부양으로 인민학교와 중학교를 졸업하였다

보증인 평남도 대동군 와우리 농장원 김형수 62살 남자 노동당
〃 〃 오길훈 59살 〃 〃
〃 〃 변일제 56살 〃 〃
〃 〃 조채일 59살 〃 〃
평남도 대동군 읍 농장원 이길송 59살

1991년 04월 25일

1957년 5월 1일 조선인민군대에 입대하여 제725군부대 분대장으로 복무하다가 1963년 7월 6일 제대되어
평남도 대동군 읍농장원으로 지금까지 일하고 있다

보증인 조선인민군 724군부대 정치부장 이길수 남자 51살 노동당
평남도 대동군 읍 협동농장 초급당비서 이문학 남자 52살 노동당

1991년 06월 27일

자료: 김상선 · 리성히, 1993: 36-37.

한국사회에서 주민등록은 거주이전이나 출생, 사망, 혼인/이혼과 같은 사건이 발생하였을 때 자진하여 신고하는 방식으로 이루어진다. 주민의 동태에 대한 정보는 주민들의 자발적인 신고에 기초하기 때문에 주민등록시스템이 정착되기까지 미신고나 지연신고의 문제가 있었다. 이에 비하면 북한에서의 주민등록은 자발적인 신고 차원을 넘어 조직적인 '검열'로 이루어져 상당히 정확하게 조사되고 있다고 판단된다. 주민은 신변 변화에 대해 지역에 있는 국가의 행정, 보안 조직기관에 신고해야 하고, 국가의 행정, 보안 조직 담당자는 수시로 주민들의 정보를 확인하고 관리하고 있다. 미해명의 경우는 끝까지 추적되고 밝혀지지 않은 경우에는 가족도 불리를 받고 조사담당자도 추궁을 듣는다고 한다.

주민등록증 사람 수를 헤아릴 때 미해명도 포함되는 건가요?

우리가 있을 때는 미해명이라는 명단 자체가 있는데, 미해명 명단이 많았어요. 그 사람이 확실히 죽었다고 하면 그 사람 가족들은 깨끗하게 되고 한국에 갔다거나 중국에 갔으면 미해명으로 해놓아요. 미해명은 계속 해당지역에 서류를 보내서 의뢰하는데, 내가 있을 때 미해명은 전쟁시기 월남가족들이었어요. 그 나이 사람들은 미해명이 많았어요. 미해명 가족과 그 친척들은 당원도 못 되고 안전원도 못 되고 출세를 못해요. (정이 씨)

북한에 계시는 동안 인구조사 경험하셨습니까?

그거는 인구조사라고 특별히 기억은 안나요. 근데 어떠냐면 인민반이 매일 조사한 걸 보고서에다 작성한 걸, 왜냐하면요 인민반장들 집에 전화가 있어요. 90년대 말 그때에는 전화를 다 놓고 있었어요. 아, 중반부터 있었겠네. 그래가지고 인민반장이 매일 호구방문해요 … 외지에 나가서 일하는 사람이 많잖아요, 그러면 집에 놀러왔었어도 그, 인민반장네 집에 두꺼운 책이 있었어요. 예를 들어서 제가 어디에 나가서 일하다가 집에 왔었다 그러면은 이름 쓰고 생년월일 쓰고 그 다음에 직장을 쓰고 어느 날 몇 일날에 하면에 도착해서 떠나는 날짜까지 써야 해요. 인민반장은 그걸 묶어서 또 분주소에 가서 도장 찍어 왔어요. 근데 그것이 발전해서 최근에는 전화 한 통화로 해요. 분주소하고 전화통화가 되는데 없어진 사람은 그날그날로 보고해야 돼요. 사망된 사람도 보고해야 되고 들어온 사람도 보고해야 되고. 그거는 북한에 그전부터 있던 거예요. (금이 씨)

인구조사는 '상시적'으로 이루어지는 외에도 선거를 위해 새로운 신분증 교부가 있을 때, 국가가 필요하다고 생각할 때, '불시적'으로 이루어지는 경우도 많다고 한다. 주민모임, 여맹, 지구 등의 조직을 동원하여 숙박검열, 행불자 관리, 적색분자 탐문, 불법장사 검사, 비신고 주민 확인 등이 불시에 이루어지는 것도 일반적이라고 말한다.

북한은 인구조사를 얼마나 자주 하나요?

특별히 인구조사를 1년에 한 번 정도였나, 잘 기억이 안 나네요. 그런데 선거 같은 것이 있으면 전국적으로 인구조사를 하게 됩니다. 저희 같은 경우는 혜산이 압록강변이니까 밤에 자다가도 숙박검열 왔다고 안전부나 보위부 사람들이 와서 자는 사람을 깨워서도 조사하고 그랬습니다. 그 집 식구 아닌 다른 사람 있으면 증명서 같은 거 검사하고 그랬습니다. (이화 씨)

그리고 개인 차원에서 자율적인 여행은 금지된다. 여행을 위해서는 공민증을 비롯한 여러 가지 증명서를 떼어야 한다. 교통수단을 이용할 때, 그리고 거주지역과 이동한 지역에서 본인의 신분을 증명할 수 있는 증빙서류가 있어야 한다. 이동하기 전에 이동 목적지와 시간을 신고해야 하고 증빙서류를 발급받아야 한다. 보통 이동 시간은 15일 이내로 되어 있다. 그리고 평양은 아무한테나 통행증이 발급되는 곳이 아니라고 한다. 또한 여맹 혹은 인민반에서 수시로 집을 검사한다.

평양이 제일 좋구요 … 자유롭게 드나들지는 못하죠 거기는. (인이 씨)

다른 지역으로 가려면 통행증이 있어야 하는데 다른 군의 언니가 동생네 집에서 자면 그걸 신고해야 하는데 … 12시 이후에 문을 두드려 집을 수색하는 방법으로 해요. (옥이 씨)

북한에서 다른 지방으로 못 가죠, 공민증이 있어야 되는데 옮기면 공민증에다 기록해요, 보통 정부에서 발령을 받았을 때 가라고 하면 가고 그런 건 허락이 나는데요. 개인적으로는 못가요. 개인적으로는 이동하는 건 없으니까. (승이 씨)

거주지 이동은 힘들어요. 그니깐 여기서 예를 들면 저기 관악 쪽에 움직인다 그러면은 우선 지역소, 회사에서 그쪽으로 이동된다는 거 그런 거 있어야 되고, 당원이면은 당이동증이 있어야 되고, 직맹이면 직맹이동, 인민반 이동, 또 거주 뗄려면 인민반 이동. 뭐 많아요. 농사꾼들은 이동 같은 거 생각도 못하고. (성이 씨).

이와 같이 북한의 주민등록은 기본적으로 주민들의 교육/가족/직업생활의 실태를 파악하고 국가 전체의 생산과 분배구조를 계획하고 군사력 차출을 도모하고 피선거인 구성을 파악하기 위해서뿐만 아니라 주민들의 사상과 행동을 검열하고 통제하는 목적이 강했다. 주민등록증 없이는 직장생활, 선거, 통행 모두가 어려웠다. 성분파악과 통제의 목적이 강한 주민등록제는 흡사 일제강점기에 재편된 호적제도와 비교된다. 최봉호가 지적하듯이, 1909년 3월 제정된 민적법은 거주지역에 따라 호구수를 파악하는 단순한 호구조사가 아니라 신원 공증문서의 성격이 강하였다. 식민지통치기구는 일본인과 조선인을 구분짓고 인구의 유동을 통제하고 치안을 관리하기 위해서 통감부시기부터 호적제도를 도입하고 호구조사를 실시하였다(최봉호, 1997: 11-12). 1909년 조선민적법을 제정하고 1923년 호적령을 시행하면서 호적을 영구불변한 조선인의 등록제로 만들었다. 그리고 경찰에 의한 호구조사로 노동력을 동원하고 반일성향이 있는 사람을 검열, 조사하였다. 이렇게 식민지 시기 인구조사가 광범위하게 이루어진 배경에는 시정 전반에 필요한 기본적인 인구파악을 위해서뿐만 아니라 자원 동원과 정치 사상적 검열과 통치의 이해도 중요하게 작용하였다(박명규・서호철, 2003: 68-73).

북한 당국은 일제강점기에 제국주의 통치를 위해 만들어진 호적제도를 폐지하였다고 하지만, 새롭게 고안된 주민등록제도도 개인의 출신가정의 계층적 성분과 정치활동의 공과를 기록하여 개인을 통제 감시하는 신원조사 성격을 강하게 가지고 있다. 주민등록과 주민대장은 단순히 인구의 동태를 기록한 장부가 아니라, 개인들의 성분을 기록한 영구적인 신원증명제도였다. 주민등록에 기록된 성분은 주민들의 삶을 직접적으로 영향을 미치는 표시였다. 식량난 시기 탈출한 북한이주민 중에는 부모나 가족의 성분 때문에 차별을 겪었던 경우가 다수 있었다. 1960년대부터 성분조사를 통해 정기적인 추방이 이루어졌다고 증언한다. 조부의 재산이 많은 것이 확인되었거나, 평양에서 권력투쟁에서 좌천되었거나, 가족 중에 한 사람이 잘못되면 가족 전체가 연줄로 산골이나 농촌으로 추방되었다고 구술한다.

> 80년대는 무조건 이주를 시켰죠. 국가에서 이동시키는 것은 계속 하는데, 내 마음대로는 이주를 못하는 거죠 … 내가 주민등록 서류를 봐요. 지도원 동지 조부가 해명이 없는데요. 그러면 그거 뽑으라 그래서 평양에 보내요. 그 사람 고향에, 그러면 그 조부 확인이 일주일 만에 오거든요. 그러면 그 할아버지가가 땅이 몇 평 정도냐에 따라 추방되더라고요 … (정이 씨)

> 우리 그전에는 90년대만 해도 한 사람이 죄를 지으면 온 가족을 다 추방시켰잖아요 … 이전에는 주민등록서류 꼭대기에다가 '보위부이주'라고 쓰면 그 사람들은 서류째로 없어져요. 그땐 그랬어요. 수용소로 가요. 그렇게 쓰면 그 사람은 이름째로 없어졌는데 다시 그 내막을 안 파고들었거든요 … (장이 씨)

> 1년에 한 번씩 가계표 조사를 하는데 친척 중 누가 승진이나 추방되었다고 하면 그 연줄로 해서 가족도 추방되고 해요. 매년 빨간 줄 치면서 내쫓고 합니다 …. 부

모가 기생이나 첩이였어도 추방사유가 됩니다. 부모가 안 좋은 일을 했다거나 그러면 그 영향으로 본인도 추방당하게 됩니다. (병이 씨)

평양에서 추방되어 온 혁명화 대상은 혜산에 떨어뜨려요. 완전추방은 산수갑산 아시죠. 산수갑산, 백암, 신파, 신파라는 게 김정숙군이거든요 …. 혁명화 대상으로 추방되어왔다가 중앙에서 생각해볼 때 이 사람 더 이상 필요 없다면 혜산에서 살게 나두죠. (춘이 씨)

어떻게 내려오는가 하면 출신성분이 나쁜 사람은 주로 시골에 가요. 풍산이라든가, 창진, 함경남도 창진 이런 시골에, 심심산골에 출신성분 나쁜 사람 많이 보내고요. 자녀교양사업에서 온 사람들은 시골에 보내지 않고 농촌 쪽으로 보내요. 북한에서 (추방은) 70년도에 평양에서 많이 하구요, 80년도 그때도 했어요. 주로 4년, 6년 간격으로 자주 해요. (인이 씨)

김일성은 주민의 직업을 정할 때 중요하게 고려해야 하는 기준으로서 얼마나 직업 능력이 맞는가 하는 점과 또한 얼마나 정치적으로 신뢰할 수 있는가가 중요하다고 강조하였다.[16] 그의 주장은 실제 당의 직업 배치의 중요한 기준이 되었다. 주민들은 좋은 출신성분일 때 고등교육 기회가 제공되고 연구소나 당의 간부직에 배치될 수 있다고 생각한다. 또한 좋은 출신성분은 솔선수범하여 돌격대를 지원하여 건설장과 같은 힘든 곳에서 노동하는 경우가 많다. 평양에 있는 대형 공장에서 일하는 사람들은 평양의 성분 좋은 가정의 자녀가 아니고 지방 출신들이 많다고 한다. 가족 출신이 나쁜 주민이 당원이 되는 것은 매우 어렵다고 한다.

16 김일성. 「조선인민군사최고사령관령제120호」. 1954. 2. 27.

북한에서 당원 되는 것 어렵나요?

90년대 그때까지만 해도 토대 가지고 그랬거든요. 입당 못된 사람들도 많았어요, 충실히 한다고 막 열성적으로 일해서 입당이 되긴 되요. 그렇게 해서 겨우겨우 되는 사람이 거기서 뭐 백 명 중에 한 명밖에 안 돼요. (정이 씨)

북한에서 당원은 어떻게 되나요?

어려워요. 군대 갔다 와서 나름대로 생활도 괜찮았고, 추천받았으면 당원 돼요. 사회에서도 일도 막 남보다 더 성실하고 그러면 된 것 같아요. 그런데 지금은 또 그런 것 같지는 않아요. 지금은 당원이 밥 먹여주냐고 그러면서 당원을 별로 신경 안 쓰는 것 같아요. 저랑 있을 때는 당원이 못 되서, 남자들은 당원이 못 되면 장가를 못 가는 거지요 (연이 씨)

성분이 확고해야 된다는 거는 어느 정도여야 한다는 건가요?

말하자면 6.25때라든가, 친일파에서 누구를 도와주지 않고 남한테 악한 일 안 해서 어쨌든 호적상 깨끗한 분들은 입당할 수 있는 분들이죠. (인이 씨)

그럼 그분들이 어느 정도 되나요? 신분이 확고한 분들?

그분들이 한 19프로? 예, 그 정도라고 봐야 합니다. 그렇게 하고 나라에서는 어느 한 방침에 의해 가지고 출신성분이 나쁘더라도 그 사람이 너무 말하자면 똑똑한 인재라든가 하면 혁명 과업 중에서 이렇게 되면 그 가문에서 한 명을 입당시키는 방법이 있어요. 그래서 출신 성분은 나쁜 집이라도 그 가문에는 하나씩이라도 할 수 있어요. 왜, 그러니까 한 명이라도 입당을 안 시키면 나라에서 우리 가정은 지켜주지 않는 가정이라고 실망하거나 자폭할까봐 한 명씩은 시켜 주는 그런 방침에 의해 가지고요, 그렇게 시키는 걸로 알고 있고요, 실제로도 그렇게 입당하고 있어요. (인이 씨)

부모가 김일성, 김정일 계통에서 일했으면 좋은 직장 들어가고 그렇지 못하면 탄광이나 광산, 농장, 일반적인 공장, 그렇지 못한 가족의 아이들은 무조건 군대나

> 건설장 나가야 해요. 평양시 삼석구역이라고 탄광도 있고 공장이나 다 있어요. 평양은 건설, 막노동자 집 아이들은 건설로 많이 들어가고 그 사람들은 우리처럼 항일투사들도 아니고 참전군사도 아니라서 배경이 좋지는 않지만 계속 거기서 원주민으로 산 사람들이에요. 원주민이지만 친일파나 그런 거 없고 김일성에 대해 나쁜 말 안하면 쫓아낼 필요 없으니까 계속 살게 하지만 자식들은 청소 같은 거 하거나 밑바닥 생활해야 해요 …. 방직이나 재석공장에서 일하는 여자들은 다 지방에서 올라와요. 평양은 부모들이 성분이 좋으니까 평양 여자들이 그런 힘든 노동을 안 해요 (병이 씨).

북한의 노동통제는 성분관리를 통한 충성과 낙인의 논리를 적극적으로 활용하였다. 힘든 노동생활로부터 제기될 수 있는 불만은 그런 불만이 체제에 대한 불경이라는 낙인으로 엄격히 통제되었다. 노동을 통해서 자신의 충성심을 인정받을 수 있기 위해 노동에 헌신하게 한다. 성분정치를 통해 당과 수령에 대한 충성심을 강화함으로써 힘든 노동을 감내하게 하고 높은 생산실적을 유도한다.

이렇게 성분정치는 개인의 충성심을 동인하는 중요한 통치기제였다. 성분이 좋지 않은 주민들도 출신에 관계없이 당에 충성하면 국가로부터 공을 인정받는다고 선전하고 주민들은 당의 인정을 얻기 위해 힘든 노역을 자발적으로 지원하게 하였다. 그러나 성분은 개인이 부정하기 힘든 인장이었다. 충성으로 얻을 수 있는 인정은 언제든지 취소될 수 있다는 불안감이 컸다고 전해진다. 그리고 성분은 가족관계에도 중요한 영향을 미쳤다. 당성이나 성분이 결혼의 중요한 조건이 되었다. 젊은 남녀가 자유롭게 연애하여 결혼하는 것은 흔하지 않았다.

주민등록체계는 한편으로 계획적으로 생산조직과 분배를 관리하고 주민들의 동태를 파악하기 위해 만들어진 인구조사 체계이다. 그뿐만 아니라 개인과 가족의 정치적 성향을 성분으로 기록하여 국가권력에 충성하도록 검열한 신원제도이기도 하다. 개인과 가족, 친척의 성분과 정치, 사회활동에 대한 총체적인 조사였던 주민등록조사는 냉전과 분단 체제의 주요 통치제도였다. 인구조사가 상당히 정확하게 이루어진 이면에는 이와 같은 국가에 의한 개인의 검열과 통치가 중요하게 자리 잡고 있었다.

제4장

출산력 변천과 사회적 요인[1]

1. 출산율 감소와 사회적 요인

북한의 출산율 변천에 대한 자료들과 연구들이 조금씩 축적되고 있다. 에버스테트와 베니스터의 연구에 따르면 북한여성의 출산율은 1970년대 초반에 4명 이하로 급격히 떨어졌고 1980년대 후반에는 2.5명 수준으로 추정되었다(Eberstadt and Banister, 1992: 68). 그리고 1993년 실시된 북한의 총조사에 따르면 북한여성의 합계출산율은 2.17명 수준으로 계측된다. 1990년대 중후반 식량난 이후 주민들의 생활과 인구동태가 어떻게 변하였는가를 살펴보기 위해 2008년 실시된 제2차 북한 총조사 결과에 따르면 북한주민 여성의 합계출산율은 2.0명으로 계측되었다. 이들 총량적인 자료에 비추어보면 북한에서는 1980년대 중후반 이후 두세 명의 소자녀 가족이 보편화되었다.

이 장에서는 북한에서 어떻게 저출산과 소자녀가족이 보편화되었는가를 파악하는 것을 목적으로 한다. 연구 주제는 크게 두 부분으로 구성된다. 첫째, 출산율 변천의 직접 요인(proximate factors)을 추정한다. 총량적인 출산율 변화

---

1 4장은 박경숙. 2013.「북한의 출산력 변천과 사회적 요인」.『한국인구학』36/1 논문으로 발표되었음.

에 대해서는 북한의 공식 자료들을 이용할 수 있지만 출산율 변천의 직접요인을 시계열적으로 분석할 수 있는 자료는 제한된다. 이에 탈북이주민의 가족력 조사자료를 보완하여 출산율이 구체적으로 어떻게 변하였고 유배우율과 유배우 출산율의 상대적 영향은 어떻게 변하였는가를 분석하였다.

둘째, 출산율 변천이 이루어진 사회구조적 맥락을 조명해본다. 출산력 변천은 생산과 재생산, 인간과 환경, 가족관계에 대한 패러다임적 인식 변화와 함께 이루어졌다. 발전주의는 근대를 조직한 중요한 논리에 속한다(Van de Kaa, 1996: 398-400). 발전 중심의 사회논리는 한편으로 개인의 자율성을 신장시켰지만 인간을 기능적 존재로 규율화한 의미도 크다. 근대를 성찰한 이론가들은 인구의 질을 우생학적으로 통제하려는 관심과 밀접히 연관되어 근대사회가 구성되었다고 강조하고 있다. 아리에스는 근대가족의 핵심적 특징은 돌봐지고 교육을 받는 존재로서 아동이 탄생한 것이라고 주장하였다(Aries, 1963 [2003]: 36-37; Lesthaeghe, 2010: 213). 푸코는 근대사회에서 인구의 질에 대한 통제와 관심이 다양하게 분화되고 강화된 것은 발전 중심 사회조직의 불가결한 요소라고 강조하였다(오경환, 2009: 135; 고원, 2010: 95-96). 발전 중심의 논리는 사람들의 삶과 의식에도 깊이 침투하여 생활수준을 향상시키려는 욕구를 발달시키고 소자녀관과 생식통제 행위를 조성하였다고 논의된다. 자유경쟁과 적자생존을 강조한 맬서스 인구론은 우생학적 인구 패러다임에 기초한 공공정책이 확대되고, 가족계획 사업에 중요한 공신이었던 근대적 피임기구가 발명되는 데 크게 기여하였다(이흥탁, 1985: 36; Malthus, 1798: 142-143).[2] 경제성장이 급속하게 이루어진 신흥발전국에서 출산율이 급격하게 감소한 것도 발전 중심의 사회조직 논리가 사람들의 의식과 생활에 깊숙이 자리 잡은 영향일 수 있다(Choe and Park, 2006; 김한곤, 1994; 이성용, 2006).[3] 자본제적

---

2 적자생존의 발전관을 가진 맬서스는 가족계획이나 피임 실천에 대해서 적극적인 입장을 표현하지는 않았지만 그의 인구통제 관점은 인구통제에 기술의 개입을 확장시키는 데 큰 영향을 미쳤다(이흥탁, 1985: 36).

3 최민자와 박경애는 한국의 인구변천은 급격한 경제발전과 사회변동, 강력한 가족계획정책과 함께 이루어졌다고 강조하고 있다(Choe and Park, 2006: 2-5). 김한곤은 1970-80년대

소유구조와 생산방식을 비판한 구사회주의체제도 자본주의 경제를 따라잡기 위해 고도의 발전전략을 추구하였고 양질의 인구를 재생산하기 위한 공리주의적 복지정책을 강조하였다(Berent, 1970; Sobotka, 2003).

북한에서도 건국 초기부터 1970년대 초반에 걸쳐 여느 사회주의 건설시기에 비교될 수 있을 만큼 급진적인 개혁과 생산력 증진 운동이 이루어졌다. 농민, 노동자, 여성 등 기존 소외계층의 사회참여가 강조되었고, 남녀가 모두 생산에 참여하고, 자유결혼이 합법화되고, 육아를 사회가 지원하고 교육의 보편적 의무가 강조되었다. 이는 출산율을 감소시킬 수 있는 구조적인 변화였다. 또한 북한에서는 국가가 생산과 재생산을 통제하고 관리하는 중요한 권력인 점도 주목할 필요가 있다. 과연 북한에서 생산조직과 사회정책은 출산율 변천에 어떤 영향을 미쳤는가? 북한여성들은 재생산과 관련하여 어느 정도의 자율권을 가졌는가? 국가권력은 어떻게 인구 재생산에 영향을 미쳤는가? 이런 문제의식을 갖고 출산율 변천의 사회적 맥락을 분석하고 있다.

2. 출산력 변천의 직접 요인

1) 조출생률 변천의 요인

먼저 북한의 조출생률(CBR)의 변화를 살펴본다. <그림 4-1>에서 제시하고 있듯이 당해 인구 1,000명당 출생아수를 가리키는 조출생률은 1953년 39‰에서 1955년 49‰로 크게 증가하였다. 1960년에서 1970년 사이에도 조출생률이

한국의 여성들의 경제활동 참여율은 낮았지만 가족계획과 자녀교육에 대한 의지, 산아제한에 대한 자기 결정권 등의 의식의 변화가 출산율 감소에 큰 영향을 미쳤다고 강조한다(김한곤, 1994: 39-40). 이성용은 1990년대 말 외환위기 이후 청년의 직업난과 남녀의 경제활동의 변화가 저출산에 중요한 영향을 미친 점을 분석하고 있는데, 주 결과에 따르면 여성의 직업안정은 출산율에 부정적인 영향을, 남편의 직업안정은 출산율에 긍정적인 영향을 미쳤다. 한국 출산력은 경기변동과 같은 거시요인과 기회비용과 같은 미시경제요인, 그리고 젠더 관계의 영향이 복합적으로 작용하였음을 시사한다(이성용, 2006: 127).

그림 4-1 남북한의 조출생률(CBR) 추이

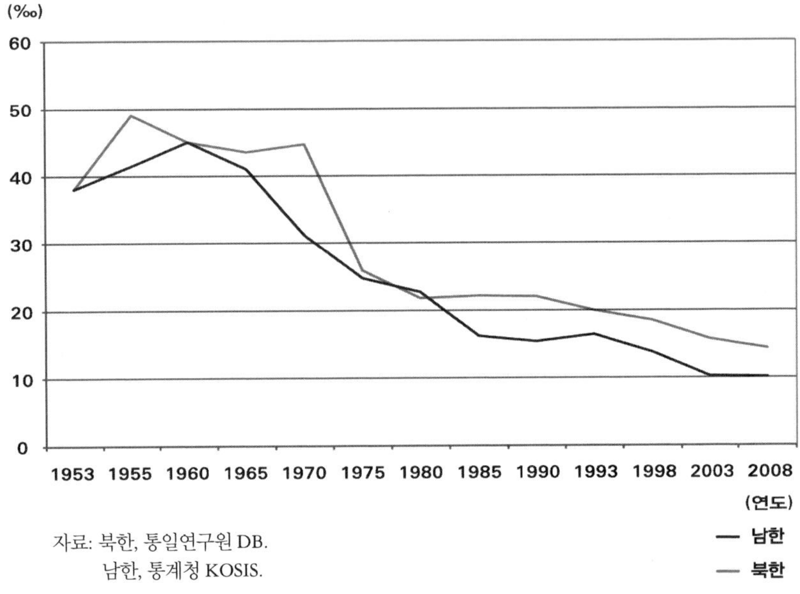

자료: 북한, 통일연구원 DB.
남한, 통계청 KOSIS.

44-45‰ 수준에서 높게 유지된 것으로 추정된다. 그러나 1970년에서 1975년 사이 조출생률이 급격히 떨어져 1975년에는 27‰ 수준으로 나타난다. 이후 조출생률은 1993년 센서스 시점까지 완만하게 감소하다가 경제난 이후 다소 감소한 것으로 추정된다. 다시 말해 북한의 조출생률은 1970년까지 매우 높은 수준을 유지하다가 1970년대 기간을 거쳐 급속히 감소하였고, 1980년대 중반 이후 1990년대 초반까지 완만히 감소하다가, 경제난 이후 다소 감소하였다고 정리할 수 있다. 북한 센서스에 따르면 1993년 조출생률은 20.0‰이고 2008년 조출생률은 14.4‰로 추정된다.

조출생률이 변화된 양상과 특징은 몇 단계로 구분하여 살펴볼 필요가 있다. 우선 남한과 비교할 때 북한에서 조출생률이 감소하기 시작한 시기가 늦은 데 주목할 수 있다. 남한에서는 조출생률이 1960년대 초반부터 크게 줄어들었다. 반면 북한에서는 종전 이후부터 1970년까지 출생률이 높은 베이비붐 현상이 지속되었다. 북한에서 베이비붐 기간이 길었던 것은 인구 전체의 성비 변화에서도 확인된다. 앞의 장에서도 살펴보았듯이 1953–1965년 기간 남한에서는 전체 성비가 100–101 수준에서 크게 변하지 않은 반면, 북한에서는 성비가 88에서 95수준으로 매우 빠른 속도로 상승하였다(표 2–1). 권태환은 이렇게 빠른 성비 상승은 무엇보다 높은 출산율이 장기간 유지된 영향이 크다고 설명하였다(권태환, 1988: 297). 일반적으로 출생시 성비가 높기 때문에 높은 출산율이 장기간 유지되면 젊은 인구가 많아지고 전체 성비도 높이는 역할을 할 수 있다.

한편 1970년에서 1975년 사이 북한의 조출생률이 크게 떨어지는 것도 주목할 필요가 있다. 이렇게 단기간에 출생률 감소폭이 매우 큰 것은 출생률이 감소한 여러 요인이 동시에 작용하였기 때문이다. 조출생률은 가임여성인구의 구성비와 가임여성인구의 출산율의 영향에 따라 변화될 수 있다.[4] 1970년에서 1975년 사이 북한의 조출생률이 크게 떨어진 것은 이 시기 여성의 평균 출산율이 크게 감소한 요인 이외에도 가임인구가 줄어든 영향이 작용한다. 1950년에서 1953년 전쟁 시기에 태어난 인구는 전쟁 전후 태어난 코호트에 비해 크기가 많이 작다. 그런데 전쟁시기에 태어난 코호트가 1970년대에 가임인구에 진입하면서 가임인구가 줄어들었다고 판단된다. 이는 가임여성의 상대적 크기를 시계열로 비교해볼 때 분명하게 나타난다. <그림 4–2>는 전체여성 중 15–49세 가임여성과 그중에서도 출산율이 가장 높은 20대와 30대의 여성의 비중을 시계열로 나타낸 것이다. 15–49세 여성의 비율은 1968년 관찰시점 이후 2008년까지 상승하는 경향을 보이지만 세분해서 보면 1973년과 1978년 사이는 다소 정체되고 1993년 이후에도 다소 정체된 모습이다. 다시 말하여 가임인구의 비중이 1970년대에는 별로 증가하지 않고 1980년 이후 1990년대 초반까지 증가하다가 이후 2008년 시점까지 거의 변하지 않았다. 그리고 출산율이 가장 높은 20대와 30대 여성의 비중은 1968년에 비해 1973년과

---

4 $\frac{B}{P}$ = 가임여성출산율 × 가임여성비율 × 여성비율

$$= \frac{B}{P_{15-49,w}} \times \frac{P_{15-49,w}}{P_w} \times \frac{P_w}{P}$$

그림 4-2 남북한 가임여성의 비중

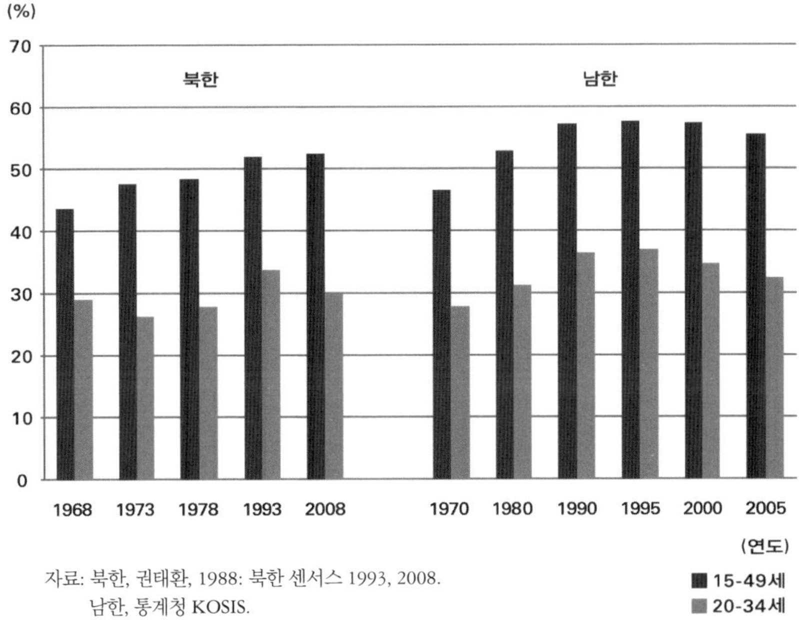

자료: 북한, 권태환, 1988: 북한 센서스 1993, 2008.
남한, 통계청 KOSIS.

그림 4-3 남북한 혼인건수 추이

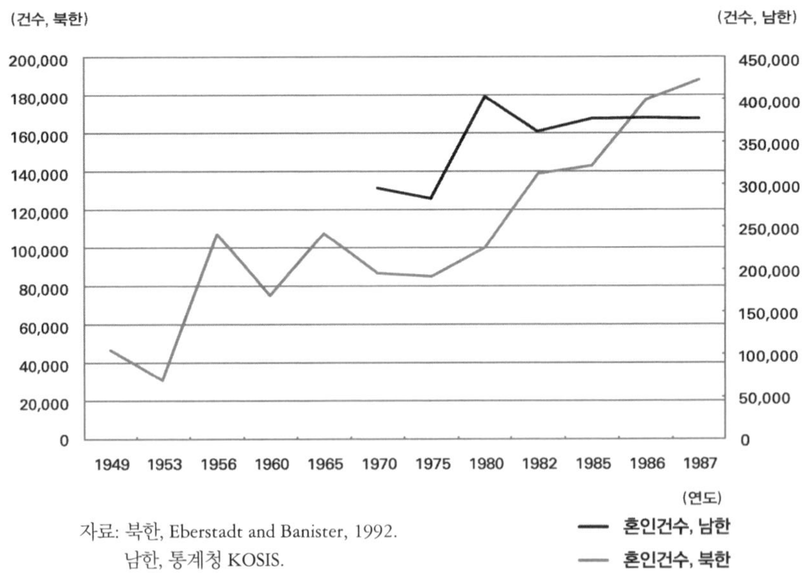

자료: 북한, Eberstadt and Banister, 1992.
남한, 통계청 KOSIS.

1978년에 더 작게 집계된다. 그런데 1970년대 초중반에 20대에 진입한 여성은 전쟁 시기에 태어난 코호트에 해당된다. 한편 1970년대 후반부터는 베이비붐 세대가 새롭게 가임인구에 진입하고 1980년대 이후에는 주된 가임연령기 인구가 되고 있다. 이와 같이 전쟁 세대의 작은 인구와 바로 이어서 베이비붐 세대가 순차적으로 가임인구에 진입한 결과 가임인구의 크기가 변화되어 조출생률이 크게 떨어지고 다시 완만해지는 변화가 나타났다고 여겨진다.

가임인구 크기의 변화는 혼인건수의 변화에서도 확인할 수 있다(그림 4-3). 불규칙한 패턴이 보이지만 혼인건수는 1956년과 1965년에 크게 증가하였다. 1956년에서 1965년 사이 혼인건수가 증가한 것은 전쟁 시기 동안 연기된 혼인이 한꺼번에 이루어진 때문일 수 있다. 이 시기 결혼 붐은 결혼연령의 상승을 상쇄할 정도로 컸다고 여겨진다. 그런데 1970년과 1975년 그리고 1980년에는 혼인건수가 1965년에 비해 적은 수준에 있다가 1980년 이후 크게 상승하였다. 이처럼 1970년대에 걸쳐 혼인건수가 절대적인 크기에서도 줄어든 것도 전쟁 시기 태어난 적은 인구가 1970년대에 혼인기 인구를 구성하였기 때문일 수 있다.

그런데 1970년대 혼인건수가 감소한 데 결혼연령의 효과는 크지 않다고 여겨진다. 북한여성의 초혼연령은 1970년대 초반까지 유의하게 증가하였지만 이후에는 크게 변하지 않고 안정화되었다(그림 4-4). <그림 4-4>는 2007년 <새터민 조사>와 2002년 한국여성정책연구원에서 실시한 <여성 취업력 조사> 자료에 기초하여 남북한 기혼여성의 시기별 초혼연령을 추계한 것이다. 그림에서 살펴볼 수 있듯이 남북한 주민의 결혼연령의 변화는 유의한 차이를 나타내고 있다. 1975년 이전까지는 북한여성의 초혼연령이 오히려 더 높게 나타나는데 1975년 이후부터는 북한여성의 초혼연령은 정체되지만 남한여성의 초혼연령은 계속 증가하여, 1980년 이후에는 남한여성의 초혼연령이 더 많을 뿐만 아니라 그 격차가 벌어지고 있다. 남한 기혼여성의 초혼연령이 꾸준히 증가한 것과 비교할 때 북한 기혼여성의 초혼연령은 1970년대 이후 1990년대 초반까지 크게 변하지 않았다.

그림 4-4 북한 거주 여성과 남한여성의 결혼시기별 결혼연령

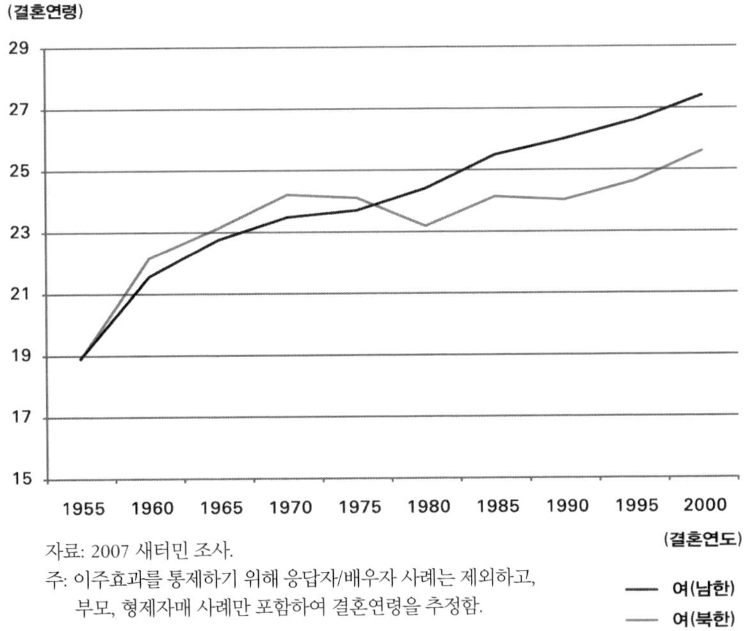

자료: 2007 새터민 조사.
주: 이주효과를 통제하기 위해 응답자/배우자 사례는 제외하고, 부모, 형제자매 사례만 포함하여 결혼연령을 추정함.

그림 4-5 북한 남녀 결혼연령

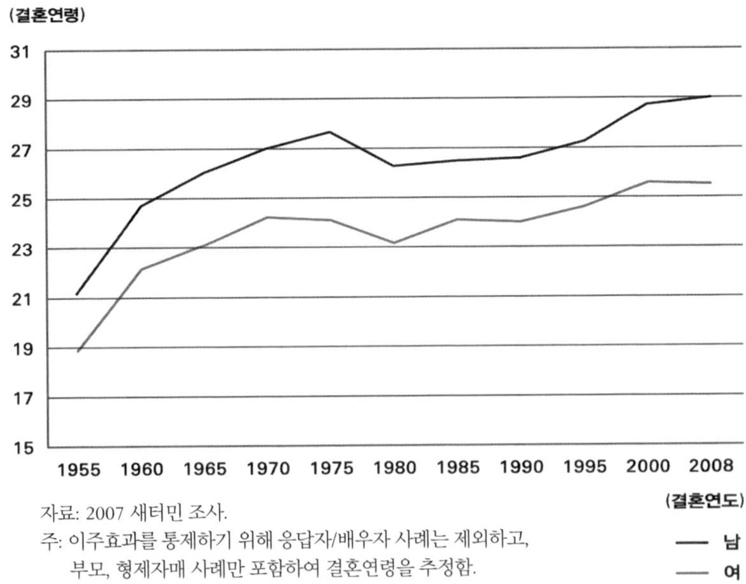

자료: 2007 새터민 조사.
주: 이주효과를 통제하기 위해 응답자/배우자 사례는 제외하고, 부모, 형제자매 사례만 포함하여 결혼연령을 추정함.

그림 4-6 북한 기혼주민의 출생연도별 결혼연령

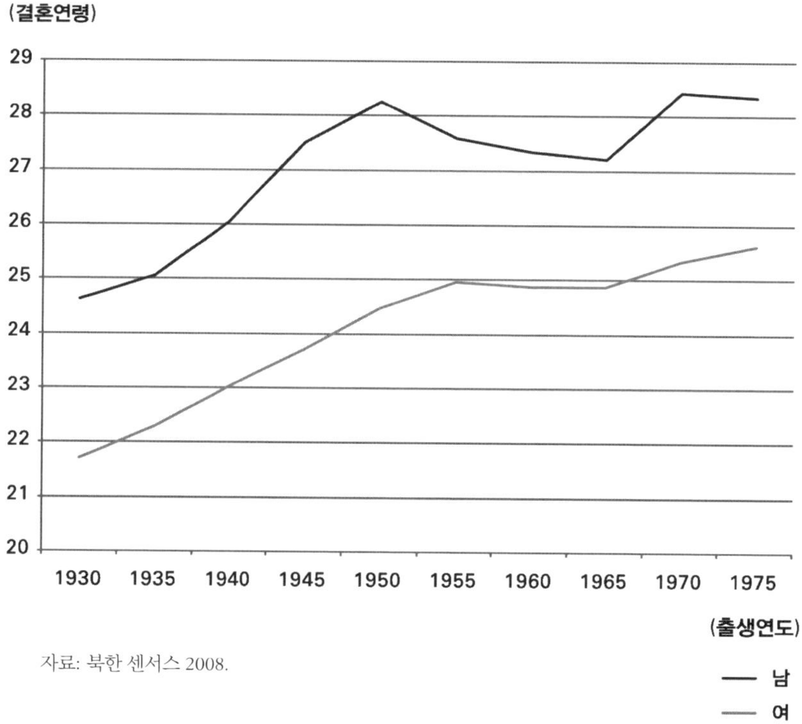

자료: 북한 센서스 2008.

북한남성의 초혼연령도 여성과 마찬가지로 1970년대 초반까지는 크게 늦어졌지만 이후에는 안정된 패턴이 나타나고 있다(그림 4-5). 구체적으로 1945년에서 1975년 사이 초혼연령이 남성에서는 약 20세에서 27세, 여성은 17세에서 24세 정도로 남녀 모두 7세 내외로 크게 연장되었다. 한편 1970년대 중반 이후 1990년대 초까지는 큰 변화가 없이 안정적인 상태를 보인다. 1990년대 중반 이후 결혼연령이 다소 상승하였는데 경제적 어려움 속에서 혼인연령이 다소 지연되었을 개연성을 시사한다. 이와 같은 북한주민의 결혼연령의 변화는 2008년 센서스에 집계된 기혼남녀의 출생연도별 초혼연령의 분포와도 일치하고 있다. 2008년 센서스를 통하여 기혼남녀의 출생연도별 결혼연령을 집계해본 결과 1950년대 이전 코호트에서는 최근 코호트일수록 결혼연령이

늘다가 1950년대부터 1960년대 후반 코호트에서는 안정세를 유지하다가 1970년대 코호트에서 다시 결혼연령이 증가하는 패턴을 확인할 수 있다(그림 4-6).

상당히 오랜 시간 북한 남녀의 혼인시기가 안정화되어 있었다는 것은 혼인 적령기에 대한 규범적인 태도가 정착되어 있음을 가리킨다. 아주 이른 시기에 결혼하지도 않고, 그렇다고 아주 늦게까지 결혼하지 않는 것도 바람직하지 않다는 생각이 지배적이다.

여성들은 몇 세에 결혼하나요?
저희 때는요. 스물다섯 살(만으로 스물네 살). 원래는 더 젊었을 때 일 많이 하고 결혼하라 해서 그래서. 그래가지고, 스물다섯 살 이 정도면 제가 결혼할 때 그 나이는 딱 결혼해야 할 나이였어요. 근데 그렇게 지키지 않고 다 스물세 살, 스물네 살 이때는 다 결혼하더라고요. 예, 북한 다 그래요. 지금 한국에 서른 살 넘어도 결혼 안 한 사람들 보면 이상하다, 이 정도예요.

남자는요?
남자는 군대 갔다 오면 스물일곱, 스물여덟 되잖아요. 그럼 그때는 결혼해야 되죠. 대학을 다녀도 결혼하고 대학 다니고. (이화 씨)

이처럼 북한주민의 혼인연령은 1970년대 중반 이후 안정화되었는데 혼인건수가 1970년대에 크게 감소한 것은 주로 젊은 인구크기의 변화에 따른다고 판단된다. 다시 <그림 4-3>을 살펴보면, 1980년 이후 혼인건수가 다시 크게 증가하고 있다. 이는 베이비붐 세대가 혼인기에 진입하면서 혼인 인구구성비가 증가한 때문이라고 판단된다. 이렇게 베이비붐 세대가 혼인기에 접어들면서 북한의 혼인건수가 1980년에서 1990년대 초반까지 꾸준히 증가하였다. 남한에서도 가임인구의 비중은 2000년대까지 지속해서 증가하였고 주된 가임연령기(20-30대) 여성의 비중도 1990년대 중반까지 증가하였지만, 혼인건수는

1980년 이후 떨어지는 패턴을 나타낸다. 이는 남한에서는 결혼연령이 계속해서 크게 상승하였기 때문이다.

결국 조출생률이 1970년에서 1975년 사이 급격히 감소한 것은 전쟁시기 태어난 코호트가 주된 가임인구를 구성하면서 가임인구 크기가 줄어든 효과, 초혼연령이 1970년대 초중반까지 크게 증가한 효과, 그리고 실질적인 유배우 출산율이 감소한 효과가 복합적으로 작용한 영향으로 이해된다. 한편 1985년 이후 1990년대 초까지 조출생률이 안정화된 것은 결혼연령의 안정화, 가임인구의 증가, 유배우 출산율의 감소 영향이 부분적으로 서로 상쇄되면서 나타났다고 보인다.

2) 모의 합계출산율 변천의 요인

다음에서는 북한여성의 합계출산율(TFR)이 시기적으로 구체적으로 어떻게 감소하였는가를 분석하고 있다. 여러 추계에 따르면 북한 가임여성의 출산율 수준은 1980년대 이후 2.5명 수준을 유지하였다고 추정된다. 에버스테트와 베니스터는 북한 가임여성의 합계출산율은 1970년대 초반에 3.8명으로 급격히 떨어졌고, 1987년에는 2.5명 수준이라고 추정하였다(Eberstadt and Banister, 1992: 68). 북한이 발표한 자료에 따르면 1987년 가구원수는 평균 4.7명인데, 이도 가족크기가 적었음을 가리킨다(Eberstadt and Banister, 1992: 19). 그리고 1993년과 2008년 센서스 결과에 따르면 가임여성의 합계출산율은 각각 2.17명, 2.0명 수준으로 추정된다.

이들 자료에 더하여 2007년 실시한 북한이주민(새터민) 조사 자료를 활용하여 모의 출산율 수준을 분석할 수 있었다. 모의 출산력 자료는 응답자가 답한 형제자매(배우자의 형제자매 포함)의 출생시기 정보를 조합하여 구성하였다. 응답자와 배우자의 어머니가 출생한 시기와 형제자매의 출생시기를 조합하여 모의 결혼시점에서 49세까지 이르는 시점까지 매 시기, 연령별 사망과 출산 여부를 교차하여 시기별 연령별 모의 기혼인연수(married person years)와 출생아

수를 측정하여, 그 비율로 유배우 출산율을 측정하였다.[5]

시기별 연령별 기혼인연수와 출생아수에 기초하여 기혼자의 출산율을 구한 뒤, 미혼율을 고려하여 총 가임여성의 합계출산율(TFR)을 추정하였다. 앞에서도 살펴보았지만 북한여성의 결혼연령은 1975년에서 1990년대 초반까지 24세 수준에서 안정화되어 있었다고 판단된다. 또한 남한과 비교해볼 때 1980년대 초반 이후부터 결혼연령에서 남한과 격차가 커지기 시작한다고 판단된다. 이런 추이를 고려하여 북한여성의 미혼율은 1980년 이전까지는 해당 시점 남한여성의 미혼율 분포를 적용하였고 1980년 이후의 미혼율은 1980년 남한여성의 미혼율 분포로 가정하였다. 그리고 1993년과 2008년의 합계출산율과 유배우율은 두 센서스 자료를 이용하여 추정하였다.

추정결과에 따르면 1960년대까지는 가임여성의 합계출산율(TFR)이 6명을 웃도는 크기를 보이는데 1970년대에는 4.3명 수준으로, 1980년대에는 2.6명 수준으로 크게 떨어진다(표 4-1). 또한 연령별 출산율 분포에서 흥미로운 것은 출산율이 감소하면서 출산율이 20대 후반에 집중되는 점이다(그림 4-7). 1970년대 이후부터 30대 이후에서의 출산율은 크게 감소하는 경향을 확인할 수 있다. 또한 북한여성의 연령별 출산율을 남한여성과 비교해보면 대부분의 연령에서 남한여성의 출산율보다 크지만, 20대 전반의 출산율은 오히려 더 적게 나타난다(그림 4-8). 20대 초반 북한여성의 낮은 출산율은 북한청년들의 노동동원과 조직생활에 따라 이른 결혼생활을 제한한 영향이 크다고 판단된다(박영자, 2006).[6] 이렇게 북한여성의 출산율은 1970년 이후 크게 감소하였지만 남한여성의 출산율이 감소한 수준보다는 크지 않다. 남한여성의 출산율은

---

5 출산연령이 결측된 사례는 분석에서 제외하여 기혼인연수가 과대추정되거나 출산아가 과소추정되는 상황들을 줄였다. 그렇지만 응답자의 부정확한 기억으로 모의 출산연령에 편의가 있을 수 있으며 응답자의 형제자매의 결측으로 모의 출생력이 과소측정되었을 수 있다.

6 북한 노동자, 사무원 중 여성의 비율은 1953년 26.1%에서 1976년 48%로 증가하였다(박영자, 2006: 137). 또한 1958년 결정된 「인민경제 각 부문에 녀성들을 더욱 광범히 인입한데 관하여」 선언문에서 기혼여성의 노동 증대와 함께 각종 양성기관에서 여성의 노동참여를 높이는 것을 강조하였다(박영자, 2006: 133-144).

표 4-1 남북한 합계출산율(단위, 명)

연도		남한	북한 (추정치)
1960년대	1960-1965	5.99	6.54
	1965-1970	4.64	
1970년대	1970-1975	3.96	4.28
	1975-1980	3.00	
1980년대	1980-1985	2.38	2.59
	1985-1990	1.62	
1993			2.17
1990-1995		1.64	
2000-2005		1.08	
2008		1.19	2.01

자료: 남한, 통계청 KOSIS.

그림 4-7 북한여성의 연령별 출산율

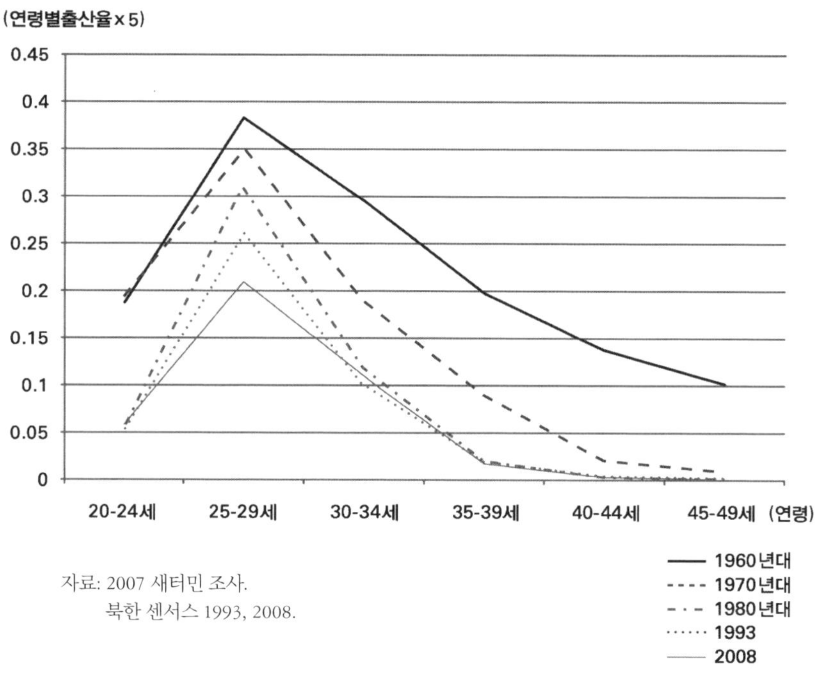

자료: 2007 새터민 조사.
북한 센서스 1993, 2008.

1960년대부터 급속하게 감소하기 시작하여 1980년대 초반에 대체 수준에 이르렀고, 1990년대 이후에도 출산율이 계속 낮아져 2008년에는 1.19명 수준의 매우 낮은 출산율을 나타내고 있다.

북한의 가임여성의 출산율 변화를 유배우율과 유배우 출산율의 효과로 분해해보면 <표 4-2>와 같이 요약된다. 1965년에서 1975년 사이에는 합계출산율이 약 2.3명 감소하였는데 이 가운데 결혼연령의 연장으로 0.8명 감소하였고 유배우 출산율 감소로 1.5명이 감소하였다고 추정된다. 한편 1975년에서 1985년 사이에는 합계출산율이 1.7명 감소하였는데 이는 주로 유배우 출산율 감소에 따른 결과로 추정된다. 1985년에서 1993년 사이 합계출산율은 유배우 출산율이 0.43명 줄어든 효과 이외에 결혼연령 변화에 따른 효과는 미미하다고 추정된다. 결국 1965년에서 1993년까지 가임여성의 합계출산율은 4.4명 감소하였는데 결혼연령의 연장에 따른 효과는 0.84명이고 유배우 출산율의 감소의 효과가 3.54명에 달한다고 추정된다.

북한의 조출생률과 북한여성의 합계출산율 추이를 정리하면 조출생률은 1950년대 중반부터 1970년까지 40‰을 훨씬 상회하다가 1970년에서 1975년 사이 크게 감소하여 1990년대 초반까지는 22-25‰ 수준에서 안정화되었다. 1970년 이후부터 1975년까지 조출생률이 크게 낮아진 것은 유배우 여성의 출산율이 크게 감소한 영향과 전쟁 시기에 태어난 코호트가 가임연령에 진입하면서 일시적으로 가임인구가 줄어들었고, 결혼연령이 1970년대 중반까지 상승했던 요인이 복합적으로 작용하였기 때문이라고 판단된다. 한편 1980년 이후 1990년대 초반까지 조출생률은 안정화되었는데 이는 베이비붐 코호트가 가임연령에 진입하면서 주된 가임인구 크기가 확장되었고 결혼연령이 안정화되면서 유배우 출산율의 감소 효과를 상쇄하였기 때문이다. 이렇게 조출생률은 1970년 이후 실질적인 여성의 출산율 감소와 가임인구 크기의 변화에 따라 크게 줄기도 하고 안정화되기도 하면서 변화되어 왔다.

한편 가임 여성의 평균 출산아수를 나타내는 합계출산율은 1970년 이후 계속 감소하였다고 판단된다. 1970년대 중반에서 1990년대 초반까지 가임여성

그림 4-8 남북한 여성의 연령별 출산율

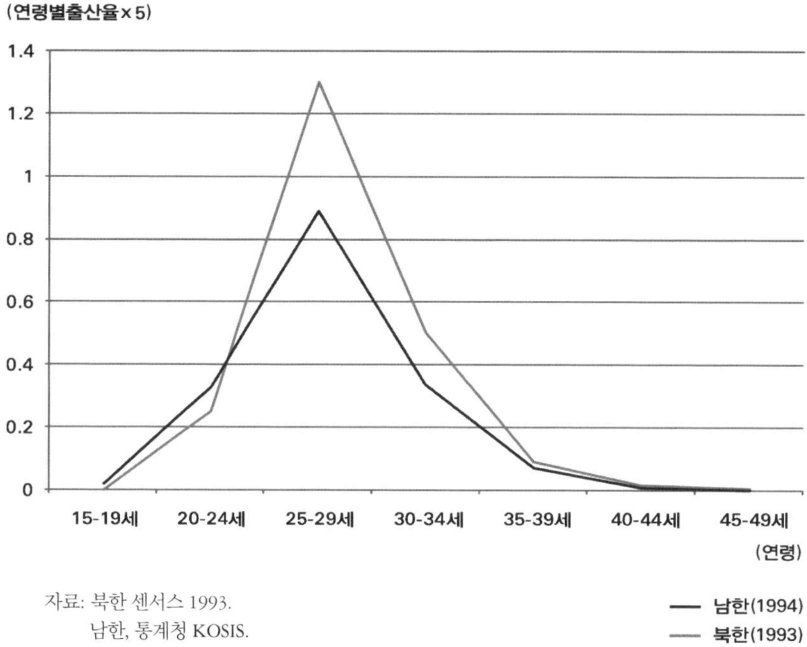

자료: 북한 센서스 1993.
남한, 통계청 KOSIS.

표 4-2 북한 가임여성 출산율 변화의 요인 분해 (추정치, 단위 명)

연도	총차이	유배우율효과	유배우출산율효과
1965–1975	2.26	0.78	1.48
1975–1985	1.69	0.05	1.64
1985–1993	0.43	0.00	0.43
1993–2008	0.16	0.03	0.13
1965–2008	4.53	0.87	3.67
1965–1993	4.38	0.84	3.54

의 출산율 감소는 이 기간 유배우율이 안정화되었음을 전제할 때 주로 유배우 출산율의 감소에 따른 결과였다고 판단된다. 유배우 출산율은 1970년에서 1993년까지 약 3.7명 감소하였는데 특히 1970년에서 1985년 사이 집중적으로 감소하였다고 판단된다.

경제난이 심각하였던 1990년대 이후 2008년 시점 사이 조출생률과 가임여성의 합계출산율은 모두 감소하였다. 1993년 조출생률은 20.0‰에서 1998년에는 18.5‰, 2003년에는 15.8‰, 2008년에는 14.4‰으로 감소하였다. 이렇게 조출생률이 감소한 것은 주된 가임인구구성이 줄어들고, 결혼연령이 증가하고, 유배우 출산율도 감소한 결과가 복합적으로 작용한 때문이다. 이 시기에도 15-49세 가임여성의 비중은 약간 증가하였지만 출산율이 가장 높은 20대와 30대의 여성인구의 비중은 1993년에는 전체여성인구의 33.8%에서 조금씩 줄어들어 2008년에는 29.8%에 이르고 있다. 결혼연령도 늦어져 2008년 센서스에 따르면 결혼연령(SMAM)은 남성은 29세, 여성은 25.5세로 집계된다. 가임여성의 합계출산율은 1993년 2.17명에서 2008년 두 명 수준으로 감소하였다. 이렇게 1990년대 초반 이후 북한의 주된 가임인구구성은 줄어들었고, 결혼연령은 증가하였고, 유배우 출산율도 감소하면서 출생크기가 다소 큰 폭으로 감소하였다.

그렇다면 어떻게 결혼연령은 1970년대 초반까지 크게 상승하다가 1970년대 중반 이후 안정화되었는지 그리고 유배우 출산율은 어떻게 1970년 이후 떨어지게 되었는지, 다음 절에서는 그 사회적 요인이 무엇이었던가를 살펴보고자 한다.

3. 출산력 변천의 사회적 맥락

1) 결혼과 출산력의 지역 · 계층별 차이

일반적으로 도시화, 직업, 소득수준, 교육 수준, 여성의 경제활동이나 지위에 따라 출산력에 차이가 있다고 여겨진다. 이들 요인이 출산력에 미치는 영향은 근대적 경제생활방식이나 근대가족 이데올로기의 영향과 연관되어 설명되었다(Becker, 1981; Mason, 1987; Morgan, 2003; Caldwell, 1976; 권태환 · 김태헌 ·

김두섭 · 전광희 · 은기수, 1997).[7] 북한에서도 건국 초기 도시화가 급속히 이루어졌고 주민들의 교육 수준이 크게 향상되었고 여성의 경제활동 참여도 증가하였다고 전해진다. 이들 요인이 장기적으로 출산율 변천에 미친 영향을 살펴볼 수 있는 자료는 제한되지만, 비교적 최근 시점의 자료를 통해 지역과 계층별 차이의 영향을 부분적으로 살펴볼 수 있다.

북한에서는 성인이 되면 결혼하는 것이 당연하다고 인식되고 있다. 북한청년 남녀의 결혼연령은 1970년대 초반까지는 크게 상승하고 이후에는 장기간에 걸쳐 크게 변하지 않았다. 결혼연령이 1960년대와 1970년대에 다소 크게 상승한 것은 이 시기 도시화와 공업화가 빠르게 이루어지면서 많은 청년층이 무리배치나 집단 노동으로 동원되었던 영향이 클 수 있다. 또한 교육 수준의 전반적인 향상도 결혼연령을 상승시킨 요인이라고 여겨진다.[8] 한편 북한주민의 결혼연령이 1970년대 중반 이후 상당히 오래 안정화되었다는 것은 미혼남녀의 결혼 시기에 영향을 미칠 수 있는 노동, 교육의 조건이 1970년대 중반 이후 크게 변하지 않았을 수 있음을 가리킨다. 1970년 도시 인구비율은 54.2%이었지만 1990년 초 60.9%로 20년 사이 도시화 정도는 크게 증가하지 않았다.

출생률이나 가족크기는 시도별로 차이가 나타난다(그림 4-9, 그림 4-10).

---

7 베커, 모건, 메이슨 등의 주장은 미시경제적 관점에서 출산행위를 설명하는 합리적 행위론으로 이해될 수 있다. 베커는 출산율 감소의 원인을 자녀의 가치가 양에서 질로 변하였기 때문이라고 파악한다(Becker, 1981: 136-137). 메이슨은 여성지위와 출산율의 관계에 주목하는데 출산율 감소는 자녀로부터 기대되는 보상과 경제활동 참여의 기회비용 사이의 합리적 선택으로 이루어진다고 강조한다(Mason, 1987: 723). 모건은 출산율이 높을 때에는 여성의 경제활동 참여율과 출산율 사이에 부의 관계가 보이지만 출산율이 낮을 때에는 사회마다의 일과 가족양립의 다양한 제도적 개입에 따라 여성의 경제활동과 출산 사이에 다양한 관계가 관찰된다고 주장한다(Morgan, 2003: 595-597). 콜드웰은 경제적 합리성에 대한 고려보다 서구사상과 근대가족 이데올로기의 확산 효과가 출산율 감소에 중요한 영향을 미쳤다고 강조한다(Caldwell, 1976: 321-367). 국내의 경우 전광희는 교육 수준은 1960년대 중반부터 진행된 한국의 출산력 변화를 설명하는 가장 중요한 변수였다고 강조한다(전광희, 1997: 70). 은기수는 1970년대에서 1990년대 초반에 걸쳐 지역, 교육 수준, 직업에 따라 출산율에 차이가 큼을 분석하였다(은기수, 1997: 120-125).

8 북한의 도시화율은 1953년 17%에서, 1960년에는 40%, 1970년에는 54.2%로 증가하였다고 전해진다(Eberstadt and Banister, 1992: 21). 북한주민의 교육 수준은 1956년 4년제 초등교육의무제에서, 1972년에는 11년제 의무교육으로 확대되었다(연합뉴스, 2004: 264-265).

에버스테트와 베니스터가 제시한 1987년 가족크기에 비해 1993년 센서스 결과에서 집계된 가족크기는 크게 줄어들었다(Eberstadt and Banister, 1992: 19). 자강도, 양강도, 황해남북도가 가족크기가 상대적으로 크고 함경남북도는 가족크기가 상대적으로 작게 나타난다. 그런데 지역별 가족크기의 차이는 최근으로 올수록 줄어드는 경향이 보인다. 조출생률의 지역별 차이를 살펴보면 1993년에는 황해도와 강원도에서 출생률이 다소 높고 함경도는 낮지만 역시 2008년에는 지역별 차이가 별로 크지 않다.

이와 같은 지역별 출생률 차이는 부분적으로 도시와 농촌의 차이를 반영할 수 있다. 2008년 센서스에 따르면 농촌지역이 약간 더 조출생률이 높게 나타난다(농촌 15.8‰, 도시 14.3‰). 가임여성의 합계출산율도 광위 시도 단위에서는 차이가 별로 보이지 않지만 도시/농촌별 차이는 모든 시도 안에서 일관되게 나타난다(표 4-3).

그림 4-9 북한 시도별 가족크기

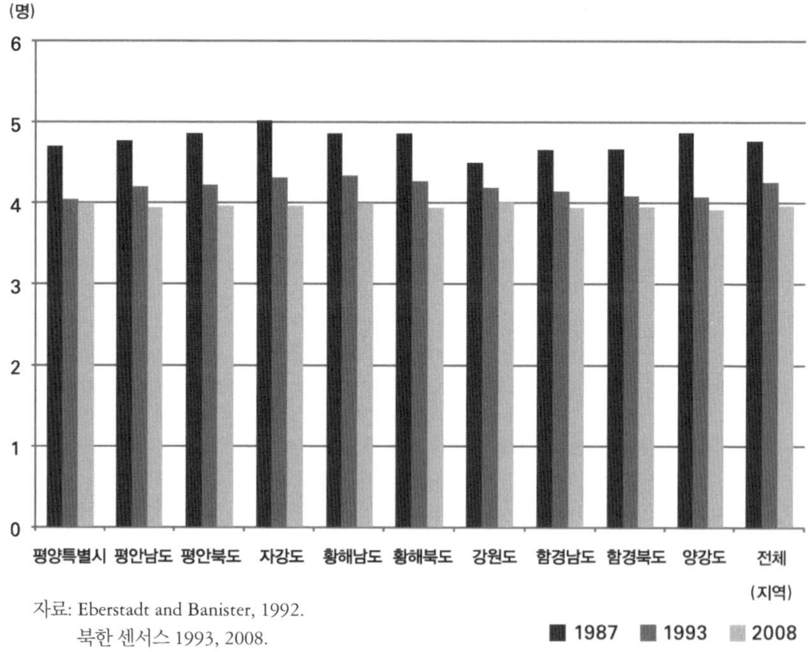

자료: Eberstadt and Banister, 1992.
북한 센서스 1993, 2008.

그림 4-10 북한 시도별 조출생률(CBR)

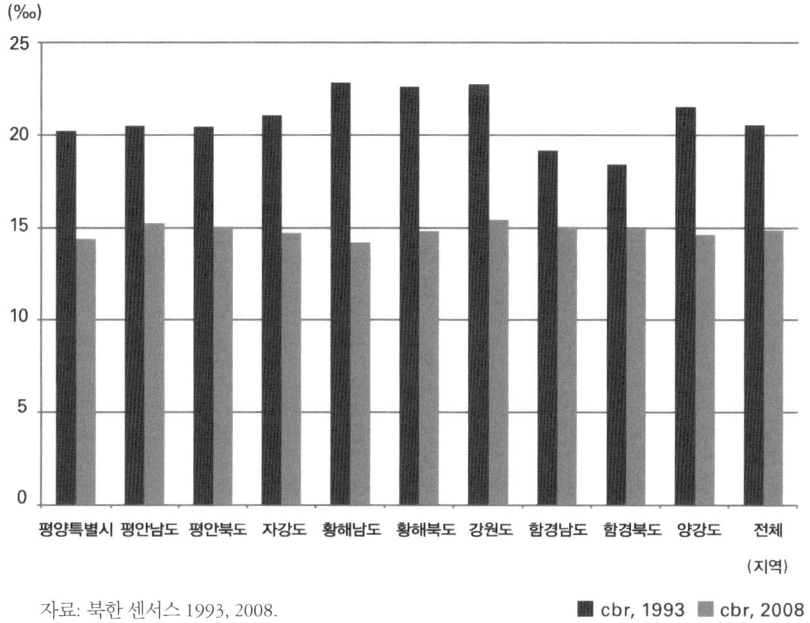

자료: 북한 센서스 1993, 2008.

표 4-3 북한 시도별, 도시·농촌별 합계출산율, 2008(단위, 명)

구분	전체	도시	농촌
평양특별시	1.92	1.86	2.32
평안남도	2.02	1.96	2.12
평안북도	2.06	1.93	2.20
자강도	2.04	1.92	2.27
황해남도	2.02	1.86	2.11
황해북도	1.98	1.82	2.12
강원도	2.03	1.73	2.30
함경남도	2.04	1.95	2.18
함경북도	2.00	1.88	2.31
양강도	1.98	1.87	2.20
전체	2.01	1.89	2.19

자료: 북한 센서스 2008.

표 4-4 북한 기혼여성의 노동계급별 합계출산율, 2008

구분	합계출산율(단위, 명)	15-49세 기혼여성의 계급구성(단위, %)
노동자	1.95	45.79
공무원	1.92	7.18
농민	2.16	26.50
기타(부양)	2.00	20.50

자료: 북한 센서스 2008.

농촌에서 출산율이 더 높은 것은 농촌지역에서 더 전통적인 가족관계가 유지되었기 때문일 수 있다. 인터뷰 참여자의 여러 증언에 따르면 직업과 거주지가 정해질 때 농촌 출신은 도시 출신에 비해 자기 고향에서 농업에 종사하는 경우가 많으며 부모, 형제, 자매들이 같은 지역이거나 이웃에 함께 정착하는 경향도 크다고 한다. 아무래도 확대가족관계가 유지될 때 출생률이 더 높게 유지될 수 있다. 또한 도시와 농촌에서 출산율이 차이가 나는 것은 직업구조의 차이와도 연관될 수 있다(표 4-4). 북한의 센서스 결과에서도 노동자나 국가공무원에 비해 농민의 출산율이 더 높게 나타나고 있다. 최근 시점에는 도시와 농촌별 차이가 크게 감소하였을 수 있는 점을 고려하면 도시화와 직업구조가 한창 크게 재편될 때 출산율은 크게 감소하였을 것이라고 판단된다. 북한의 도시화 비율은 1960년대와 1970년대 초중반을 거치면서 60% 수준에 근접할 정도로 급속하게 도시화가 이루어졌다.

북한여성의 합계출산율은 여성의 교육 수준에 따라서도 차이가 보인다(표 4-5). 대체로 교육 수준이 높을수록 출산율이 떨어지는 경향이 나타난다. 교육 수준이 증가하면서 결혼 및 출산시기가 연장되고 가족 및 노동에 대한 태도가 변화되었기 때문일 수 있다. 국가건설 시기 초반부터 주민들의 교육 수준은 크게 향상되었으므로, 교육 수준이 출산율 하락에 미친 영향도 크다고 여겨진다.

이렇게 최근 시점에서도 북한에서는 도시/농촌, 교육 수준, 직업 상태에 따라

표 4-5 북한 기혼여성의 교육 수준별 합계출산율, 2008

구분	합계출산율(단위, 명)	15-49세 기혼여성의 교육 수준 분포(단위, %)
초등	2.05	6.39
중고	2.03	77.14
전문대	1.95	8.77
종합대	1.93	7.70

자료: 북한 센서스 2008.

출산율에 차이가 확인된다. 도시에 거주하고, 교육 수준이 높고, 생산/사무직에 종사하는 여성이 농촌에 거주하고 교육 수준이 낮고, 농업에 종사하는 여성에 비해 출산율이 더 낮게 나타난다. 소자녀관이 이미 정착된 최근 시점에서도 지역과 계층별 차이가 남아 있는 것은, 종전 후부터 1960년대 그리고 1970년대 초중반까지 도시화가 급속히 이루어지고 교육 수준이 크게 향상되고 공업중심으로 직업구조가 재편된 상황에서 출산율이 크게 감소하였을 것이라고 판단하게 된다.

그런데 한 가지 주목할 것은, 이와 같이 사회 경제구조가 커다랗게 변화된 시점과 출산율이 떨어지게 된 시점 사이의 갭이다. 북한에서는 도시화, 교육 수준의 향상, 직업구조의 재편이 급속하게 이루어진 시점에서 출산율은 오히려 높게 유지되었고, 오히려 생산복지수준이 전반적으로 정체되기 시작한 이후부터 출산율이 크게 떨어지기 시작하였다. 이는 한국에서 출산율이 감소하게 된 맥락과도 차별화된 특성을 가진다. 권태환은 한국의 급속한 출산율 감소는 1970년대 후반을 전후하여 그 성격이 크게 변하였다고 논한다. 1960년대 초반부터 1970년대 중반 사이 출산율이 급속히 감소한 데에는 실질적인 경제성장 요인보다 인구압력이 중요한 요인이었고, 1970년대 후반 이후는 경제적 성장에 따른 생활양식과 인식의 변화가 출산력 감소를 조성하였다고 파악한다(권태환, 1997: 37-39). 그런데 북한에서는 1960년대에서 1970년 초반까지 경제성장이 급속하게 이루어졌을 때 출산율이 거의 감소하지 않았다. 이는 출산율 변천의 또 다른 중요한 맥락에 주목하게 한다.

2) 연장된 베이비붐의 맥락 1: 과잉인구 압력의 부재

북한에서 출산율이 감소한 시기가 상대적으로 늦었던 중요한 이유로서 남한과 북한의 인구압력의 정도 차이가 컸다는 점에 주목할 필요가 있다. 남한사회에서 자녀를 적게 낳고 싶은 욕구가 확대되고 구체적인 출산통제방법이 강구된 데에는 소득수준의 향상이나 근대적 가족의식보다는 인구과잉과 경제적 궁핍이 더 현실적인 이유가 되었을 수 있다.[9] 맬서스(Malthus, 1798: 24-27)는 생식통제는 자원과 인구의 불균형에 따른 과잉인구를 예방적으로 통제하는 방법의 하나라고 주장하였다. 그는 생식통제와 같은 예방적 인구통제는 후진 사회보다 선진사회에서 더 일반적이라고 논하였지만 후진사회에서 예방적 조치가 어려웠던 것은, 전통적인 의식의 영향뿐만 아니라 생식을 통제할 수 있는 방법에 접근하기 어려웠던 이유도 크다.

인구과잉은 어느 사회에서나 일어나는 현상일 수 있다. 그러나 인구증가 정도와 생산 및 자원 수준 사이의 불균형 정도나 불균형을 인지하는 방식, 그리고 인구와 자원 사이의 불균형에 대응하는 방식은 서구 선진사회와 제3세계 사회에 차이가 컸을 수 있다. 식민권력이나 제국의 시장에 편입되었던 제3세계 사회에서 공통적으로 경험한 인구과잉은 식민통치 속에서 생산체제가 왜곡되고 인구가 기형적으로 성장한 결과에서 파생하였다. 산업과 인구의 불균형 속에서 산업에 흡수되지 못한 과잉인구현상이 만성화되었다.

---

9 최근 국내 여성주의 입장에서는 여성들의 출산통제 욕구가 출산력 변천에 중요한 요인임을 강조하기도 한다. 예를 들어 배은경은 가족계획이 실시되기 이전에도 한국 여성들의 자발적인 출산통제 욕구가 컸다고 주장한다(배은경, 2004: 14-17). 여성들이 출산통제 욕구를 가지고 있음에도 불구하고 사회의 인식과 피임방법의 제약 때문에 원치 않은 출산을 하거나 모성의 몸을 해하면서 낙태를 하였다고 논한다. 그가 주장하듯이 여성들의 출산통제 욕구는 국가 가족계획정책이 단기간에 성공할 수 있었던 중요한 초기 조건이 되었을 수 있다. 그러나 가족계획이 실시되기 이전에도 존재하였던 여성들의 출산통제 욕구는 여성들의 몸과 재생산에 대한 권리인식이나 근대적 가족이데올로기에 비롯하였다고 판단하기는 어렵다. 1950년대에서 1960년대 남한여성의 출산통제 욕구가 잠재했던 것은 인구과잉과 경제적 빈궁 상황에서 생계와 가족역할을 이중적으로 담당해야 했던 삶의 조건과 밀접히 연관된다고 여겨진다.

그런데 남북한이 경험한 인구과잉 정도는 차이가 컸다. 이는 식민지 시기 인구가 크게 성장하고, 만주와 일본으로 많은 인구가 이주하고, 2차 세계대전 종료 이후 귀환 인구가 남한으로 집중한 맥락에서 비롯하였다. 일제의 통치를 받던 35년 동안 조선의 조출생률은 크게 변하지 않았다(Kwon, 1977: 17; 박경숙, 2009: 43). 식민지 시기 조선인의 출산에 대한 관념은 크게 변하지 않았다고 여겨진다. 그런데 출산율은 크게 변하지 않았는데 사망률이 감소하면서 조선인의 인구는 크게 성장하였다. 박경숙은 1910년에서 1945년 기간 한반도와 중국과 일본에 체류한 조선인의 인구수는 약 1,300만 명 정도 증가하였다고 추정한다(박경숙, 2009: 51-53). 그런데 식민지 시기 인구증가가 생활수준의 향상에 기인하였다고 보기 어렵다. 토지조사 사업과 산미증산계획 등 일제의 경제개발로 대부분의 농민은 소작농이나 자작겸소작농이 되었고, 농지를 잃은 많은 농민들이 빈민이나 화전민으로 전락하는 등 농촌의 인구압력은 심각하였다(박재일, 1957: 2-8; 김철, 1965: 40). 그런데 인구과잉의 압력 속에서도 출산력이 장기간 변하지 않았던 것은 오래된 가족 관습의 영향이나 피임방법의 부재 요인 이외에도 식민 통치기간 확장된 유동성이 인구압력을 배출시킬 수 있었기 때문이라고 여겨진다.

그런데 유동을 통해 분산되었던 인구가 해방 이후 귀환하면서 인구압력은 증폭되기에 이르렀다. 여러 추정에 따르면 해방 후 귀환한 인구가 250만여 명에 이른다고 논의되고 있다(Kwon, 1977: 177). 그런데 해외 이주인구는 대부분 남한으로 귀환하였다. 이는 식민지시기 인구가 집중되었던 이남지역에서 많은 인구가 해외로 이주한 영향도 있지만, 북한에서 급진적인 토지개혁과 계급개혁이 이루어지면서 많은 사람들이 월남하였던 이유도 크게 작용한다. 또한 전쟁을 거치면서 많은 사상자와 피난민이 발생하였다. 결국 식민지시기를 통해 누적되었던 인구과잉의 압력과 해방 이후 정치적 혼돈과정에서 발생한 피난민들이 남한사회로 집중하였다. 그리고 과잉인구의 압력은 출산을 통제하는 욕구를 내재화시켰다. 남한에서 1960년대 중반 이후 출산율이 급속하게 감소한 것은 강력하고 효율적인 인구통제정책 때문만은 아니었다. 가족계획이

성공할 수 있었던 것은 인구과잉 압력에 따른 출산통제의 욕구가 잠재되었기 때문일 수 있다. 반면 북한에서는 오히려 인구유출과 인적손실이 컸다고 여겨진다. 북한의 『조선중앙년감』 자료에 따르면 북한의 인구는 1949년 962만 명에서 1953년 850만 명 정도로 감소하였다(조선중앙통신사, 각년도). 평상시 연평균 성장률을 2%로 가정해보면 이 기간 약 200만 명이 사망하거나 남한으로 이주한 것으로 추정된다. 이처럼 종전 이후 인구과잉 압력을 크게 가지고 있던 남한과 비교하여 북한의 초기 인구조건은 오히려 인구감소가 우려되었던 것이 출산율 감소가 지체된 중요한 요인의 하나일 수 있다.

3) 연장된 베이비붐의 맥락 2: 사회주의 인구법칙?

북한에서 과잉인구의 압력이 적었던 또 하나의 중요한 조건으로 생산과 사회제도 제반에 있어서의 혁신이 지적되기도 한다. 북한은 전쟁 직후부터 급속한 경제발전과 사회개혁을 추진하였다. 그리고 북한 당국의 공식적인 입장에 따르면 전쟁기간 많은 인구가 손실되었고 전후 급속한 경제발전을 추구하면서 인구를 늘이는 것이 초미의 과제가 되었고 당의 적극적인 조치에 따라 출산율과 자연성장률이 1970년대 초까지 크게 증가하였다고 지적한다(리기성・정명필・오일선・홍명순, 1996: 52-53). 적극적인 조치는 사망률을 낮추는 보건의료적 개입과 출산을 장려하는 경제・육아 정책, 그리고 주민들의 적극적인 교육 등을 포함하였다.

그런데 인구압력의 부재는 출산율 감소를 지연시킨 요인일 수 있지만, 1960년대와 1970년대 초반에 급진적으로 이루어진 공업화와 교육 수준의 향상과 여성의 노동 참여는 많은 사회에서 출산율 감소를 조성한 중요한 요인들이다. 다시 말하여 공업화를 수반한 도시화가 급속히 이루어졌고, 여성의 경제활동 참여가 강조된 분위기에서 출산력이 높게 유지된 것은 인구압력의 부재 요인이나 노동의 수요 때문에 자연스럽게 이루어졌다고 이해하기 어렵다. 물론 여성의 경제활동 참여와 출산율 사이가 반드시 부의 관계는 아니다. 선진사회에서는 오히려 정의관계가 나타나는 사회도 있으며, 여성의 경제활동과 출산 사이의 관계는 일과 가족 양립에 대한 제도적 개입 방식에 따라 차이가 있을 수 있다. 그러나 그 다양성도 출산율이 낮은 사회에서 나타나며 출산율이 높은 사회에서 여성의 경제활동 참여는 출산율을 낮추는 효과가 일반적으로 강하게 나타난다(Morgan, 2003: 595-597).

도시화, 여성의 경제활동 참여, 교육 수준의 증가가 소가족 정착에 중요한 기여를 한 것은 동유럽 사회주의체제에서도 예외가 아니다. 사회주의체제로 통합되기 이전에 동유럽사회는 프로테스탄티즘 영향 속에서 세속화와 공업화 및 개인화가 상대적으로 진전된 지역도 있었지만 농업중심 경제구조와 정통 가톨릭의 영향에서 보수적인 결혼・가족관과 공동체 문화가 강한 지역도 혼재하였다(Sobotka, 2003: 453). 한편 2차 세계대전 직후 사회주의체제로 편입하면서 급격하고 광범위한 사회개혁이 이루어졌다. 공업화가 급속하게 이루어져, 1960년대 중반에 여러 사회주의 사회의 공업화 비율이 50% 내외에 이르렀다고 한다(Berent, 1970: 247). 문맹퇴치 운동이 일어나고 의무교육기간이 지속적으로 연장되었다. 급속한 공업화에 여성도 적극적으로 참여하면서 여성들의 경제활동도 괄목하게 증가하였다. 이렇게 생산과 복지 수준이 확대된 조건에서 사망률도 감소하고 출산도 장려되어 인구가 성장할 것이라고 기대되었지만 1950년대 초기 단기간 베이비붐 기간이 있은 이후 출산율은 계속 감소하여 1960년대 두 명 수준으로 떨어지게 되었다(그림 4-11). 출산율이 떨어진 데에는 도시화, 교육 수준의 증가, 여성의 경제활동 참여 증대와 같은 여러 요인들의 영향과 상호작용이 존재하지만 특히 여성들의 경제활동 참여의 영향이 크다고 지적되고 있다. 사회주의체제에서는 여성들의 경제활동에 참여하는 경향이 일반적으로 높았다(Berent, 1970: 270; Saxonberg and Sirovatka, 2006: 192). 그런데 여성의 경제활동 참여가 출산율 감소에 미친 영향은 복합적인 의미를 가진다. 여성도 쉽게 일자리를 구할 수 있었다는 것은 그만큼 여성의 경제적 독립성을 증진하는 효과를 가질 수 있다. 그러나 많은 여성들이 경제활동에 참여하였던 것은 기본적으로 노동 임금이 적어 일인 생계부양으로 경제생활을

그림 4-11 동유럽의 출산율 추이

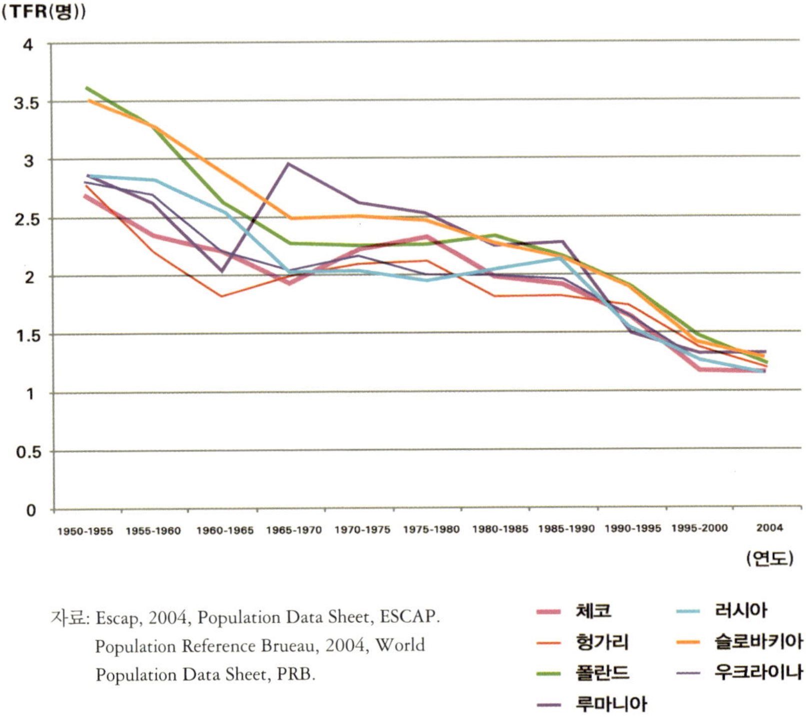

자료: Escap, 2004, Population Data Sheet, ESCAP. Population Reference Brueau, 2004, World Population Data Sheet, PRB.

유지하기 어려웠던 이유도 크다고 지적된다. 그리고 경제활동과 재생산을 양립하기 어려운 조건에서 여성들은 가족의 소득수준을 보완하기 위해 경제활동을 선택하였고 그에 따라 출산율이 떨어졌다고 논의된다(Berent, 1970: 286).

효율적인 피임방법에 접근할 수 있는 기회는 소가족을 실천하는 데 중요한 조건이 된다. 한편 1950년대 이전까지 동유럽 사회에서는 피임방법이 대중화되지 않았다고 알려져 있다. 피임은 체외사정과 주기법과 같은 전통적인 방법이 주를 이루었다(Berent, 1970: 279). 이들 방법은 피임 실패율이 높다고 알려져 있다. 이렇게 피임방법이 제한되었던 동유럽사회에서 1950년대 이후 출산율이 크게 감소하였던 것은 낙태에 대한 관용적인 조치의 영향이 크다(Sobotka, 2003: 469; Frejka, 1983: 495). 1950년대에 동유럽 사회주의 여러 사회에서 중절에 대하여 관용적으로 법제가 개정되었다. 피임방법이 제한된 상황에서, 임신중절은 의도하지 않았거나 원하지 않는 태아를 중단하는 방법으로 널리 활용되었다(Frejka, 1983: 508). 1950년대 동유럽 여러 사회에서 낙태에 대해 관용적인 법이 만들어졌던 것은 여성들의 경제활동 참여와 함께 확대된 가족계획에 대한 욕구를 합법화하는 성격도 강했을 수 있다. 또한 여성해방을 강조한 사회주의 이데올로기의 영향에서 여성의 자율적인 출산행위를 보장하고 비합법적으로 은밀하게 시행된 중절로 발생할 수 있는 모성의 건강상해를 우려한 이유도 있다고 지적된다(Berent, 1970: 280). 그러나 출산율이 지속적으로 감소하는 것을 우려하면서 1960년대 후반 이후 중절을 엄격히 규제하는 방향으로 법이 개정되었다(Frejka, 1983: 509). 더불어 여성들의 일과 가족 역할의 양립을 도모할 수 있는 모성수당, 가족수당, 육아휴직제도 등의 사회정책들이 강조되었다고 지적된다(Berent, 1970: 286-292).

이후 동유럽 사회는 1970년대에서 1980년대 후반까지 결혼이 보편화되고 출산율은 두 명 수준에서 안정화되었다(Sobotka, 2003: 453-454). 서구사회에서 결혼규범이 크게 약화되고 출산율이 크게 떨어졌던 것과는 대조적으로 동유럽 사회주의 사회에서는 가족과 출산이 안정되게 유지되는 것처럼 인식되었다. 그러나 가족과 출산의 안정성은 여성의 일과 가족역할의 이중부담에서 유지되었다고 지적되기도 한다. 여성해방을 강조하고 일과 가족역할의 양립을 지원하는 사회정책이 실시되었지만, 가족경제 및 육아의 기본 욕구가 충족되지는 못하였다(Berent, 1970: 290). 구사회주의 정부가 오랫동안 가족의 안정성을 강조하였던 것도 국가 복지의 재정적 부담을 줄이기 위한 이해도 컸으며 국가의 사회정책은 수요에 미치지 못하는 수준으로서, 여성들의 일과 가족 역할의 이중부담은 컸다고 지적된다(Saxonberg and Sirovatka, 2006: 192-194).

이렇게 동유럽 사회의 경험에서 보더라도 사회주의 건설 초기에 이루어진 도시화, 공업화, 교육 수준의 향상, 여성의 경제활동증가는 복잡한 상호관계를 통해 소자녀관과 가족계획을 실천하는 데 기여하였다. 한편으로 보다 풍요로운 삶에 대한 욕구와 자기결정권의 확대가 밑으로부터 가족계획을 조성하였다고 볼 수도 있지만 여성의 생산과 양육의 이중 부담의 영향도 존재하였다고 여겨진다. 더욱이 도시화, 공업화, 여성의 경제활동 참여, 교육 수준의 향상은 별로 큰 시간 갭을 두지 않고 소가족과 출산통제 욕구를 강화한 것으로 여겨진다. 성장과 고용 안정에서 인구는 안정적으로 성장할 것이라는 초기 조야한 사회주의 인구법칙의 가정과는 달리 구사회주의 사회에서 베이비붐은 단기간에 그쳤다. 동유럽 사회는 1970년대에서 1980년대까지 상대적으로 보편화된 여성의 경제활동과 제한되지만 가족의 안정성을 위한 제도적 개입, 그리고 여성의 일과 가족 역할의 이중적 부담에서 소가족이 안정화되고 두 명 수준의 출산력 수준이 유지되었다고 여겨진다.

그렇다면 북한에서 1950년대에서 1970년대 초반까지 급속하게 공업화가 이루어지고 여성들의 경제활동 참여가 증가하였음에도 불구하고 출산력이 장기간 높게 유지되었다는 것은 쉽게 이해가 되지 않는다. 북한에서만 사회주의 인구법칙이 작용하여 공업화와 여성의 경제활동 참여 증가, 그리고 교육 수준의 증가가 출산율을 낮추기보다 장려하였다고 보기는 어려운 것 같다. 그렇다면 여성의 생산참여가 강조된 상황에서 출산율이 높게 유지되었던 것은 소자녀관과 가족계획의 욕구를 억제한 요인들이 작용하였기 때문일 수 있다. 노동과 가족역할을 이중적으로 담당해야 하는 상황에서 북한여성의 출산통제의 욕구는 강했을 수 있다. 그럼에도 출산율이 높게 유지된 것은 여성이 출산을 조절할 수 있는 기회가 크게 제약되었기 때문이다.

4. 소자녀관의 정착과 가족계획의 실천

1) 북한여성의 소자녀관

인터뷰에 참여한 북한이주자 여성은 1950년대 후반에서 1960년대에 출생하였고, 1980년대에서 1990년대 초반 무렵에 결혼하여 한 명에서 두 명의 자녀를 출산하였다. 그리고 막내 자녀를 낳고 난 뒤 대부분 시술을 통해 단산하였다. 이들은 자신이 결혼하고 출산한 무렵에는 두 명의 자녀가 이상적으로 기대되었다고 전하고 있다. 1986년에 결혼한 화이 씨(1965년생)는 1970년까지만 해도 출산을 장려하는 분위기여서 여성이 유산을 원하더라도 시술하기가 어려웠다고 한다. 그렇지만 1980년대에는 대부분의 가정에서 두 명, 많으면 세 명을 낳았다고 한다. 1964년생인 추이 씨는 1986년에 결혼하여 아이 셋을 낳았는데 주변에서 아이를 많이 낳았다고 욕을 먹었다 한다. 이렇게 1980년대에 소자녀 출산이 일반적이었던 것은 국가가 저출산을 장려하기도 하였지만 주민들 스스로 아이를 적게 가지기를 원했기 때문이라고 설명한다(화이 씨)

(결혼은) 23세인가 했어요. 84년경에 한 것 같아요 …. 아이는 집집이 두 명 정도. 많은 집은 세 명인데 세 명은 보통 없고 다 두 명씩 낳았어요. (정이 씨)

보통 아이는 몇 명 정도 낳는가요, 시골에서는
뭐, 시골에서, 시골도요 제가 아이를 많이 낳았다고 욕을 먹었어요. 그러니까 정부에서 욕을 하는게 아니라 옆에 사람들이. 애를 그렇게 많이 낳는가 하고. 보통들은 한두 명, 한 명은 좀 드물고, 고저 두 명

그러니까 80년대에는 보통 두 명 정도 낳는가요?
그렇죠. (추이 씨)

한 70년 그때까지는 애를 무조건 낳았어요. 병원에 가도 70년까지는 애를 안 떼어줬어요. 80년에는 아이를 제한했어요. 2-3명만 낳으라고. 그때 당시 사람들 머리가 깨니까 정부에서 낳으라 해도 한 둘밖에 안 낳은 거죠. (화이 씨)

1990년대에도 자녀수는 두 명이 이상적이었다고 생각하였던 것 같다. 인터뷰 여성 중 자녀를 한 명 낳고 단산한 이유는 매우 일찍 배우자를 사별하거나(장이 씨), 오랜 시간 임신이 되지 않다가 단산하였거나(병이 씨), 이혼하였거나(춘이 씨), 건강이 좋지 못해서거나(복이 씨와 옥이 씨), 결혼을 늦게 하여

표 4-6 인터뷰 참여 여성의 결혼과 출산력

정이 씨: 1962년생 - 고등중학교 - 평양축전, 건설노동 - 트럭운전 - 1984년 결혼, 첫아이(딸) 출산 - 1988년 둘째(아들) 출산 - 고리시술 - 1990년 이혼

춘이 씨: 1963년생 - 대학교 5년 - 교원 3년 - 1988년 결혼 - 1990년 첫아이(아들) 출산 - 1996년 이혼

화이 씨: 1965년생 - 1986년 결혼 - 1988년 첫아이(딸) 출산 - 1998년 배우자 사별

연이 씨: 1968년생 - 고등중학교 - 돌격대 - 1991년 결혼 -1992년 첫아이 출산 - 1995년 사망 - 1996년 둘째 출산, 1996년 사망 - 1997년 셋째 출산 사망 - 2000년 이혼

복이 씨: 1961년생 - 전문대 -교사 -1986년 결혼 -1986년 첫아이(딸) 출산

인이 씨: 1963년생 - 1992년 결혼 - 1993년 첫아이(딸) - 1995년 둘째(딸) - 피임(고리)시술

옥이 씨: 1968년생 - 전문대 3년 - 우편사무 - 1991년 결혼 - 1992년 첫 출산(아들)

금이 씨: 1968년생 - 고등중학교 - 탄광 - 1990년 결혼 - 1991년 출산(아들) - 1992년 출산(아들) - 고리시술 - 1998년 이혼

추이 씨: 1964년생 - 고등중학교 - 철도 - 1986년 결혼 - 1986년, 1988, 1990년 자녀 셋(아들, 딸, 딸) 출산 - 자궁봉합시술

병이 씨: 1957년생 - 대학교 4년 - 사무직 - 1985년 결혼 - 1984년 첫아이(딸) 출산 - 1991년 유산 (자궁외 임신) - 시술 - 1996년 배우자 사별

장이 씨: 1957년생 - 대학 - 1981년 결혼 - 1981년 첫아이(딸) 출산 - 1984년 둘째(아들) 출산 - 1985년 배우자 사별

이화 씨: 1958년생 - 고등중학교 - 교환수 - 1984년 결혼 - 1991년 첫 출산(아들) - 1995년 배우자 사별

첫아이를 늦게 가졌듯이(이화 씨), 성관계가 지속되기 어려웠던 배경이 존재한다. 1990년대 이후에는 특히 생활이 곤궁하여 자녀를 낳는 것을 기피하는 태도도 없지 않았던 것 같지만 남아 선호사상 때문에 적어도 두 명의 출산을 선호하였던 것 같다. 첫째가 딸이면 아들을 기대하고 출산하고, 아들이 둘이면 든든하다고 생각하는 경향이 있다.

보통 80년대에 두 명 정도 낳고 그 이후에는 보통 몇 명?

그 이후에는, 그래도 두 명을 선호하거든요. 그냥 어쩔 수 없이 가난 때문에 한 명을 낳지. 원래 원하는 마음들은 다 두 명. 그 이상도 아니고.

아들, 딸 상관없이요?

아니요. 아들을 원하죠. (복이 씨)

결혼하여 바로 낳으셨군요. 왜 한 명만 낳으셨나요?

95년에 아이가 세 살 되면 낳으려 했는데 94년부터 힘들었잖아요. 그래 안 낳았어요.(옥이 씨)

92년에 애 둘 낳으셨는데, 그럼 다른 사람들은 대개 몇 명이나 낳았는지?

당시에는 한 명 두 명이 기본적인데요. 한 명 낳은 사람도 있었습니다. 저도 첫째가 딸이 돼서 하나 더 낳았지 아들이었으면 안 낳았을 것입니다.

아들, 딸 구분하는가요?

거기서도 남자를 많이 선호하니까 저도 아마 딸 둘 낳은 게 첫 아이가 딸이야 해서 하나 더 보는데 또 딸이 돼서 실패하게 됐습니다. (인이 씨)

이처럼 1980년대에 20대였던 북한여성은 자녀를 적게 낳기를 원하고 단산을 하였다. 결혼은 20대 중반 이전에 하는 것이 일반적이고 바로 아이를 임신하고 출산한 뒤, 원하지 않는 임신을 막기 위해 시술을 하여 단산을 하는 게 일반적이었다고 여겨진다.

이렇게 1980년대 소자녀관이 정착되고 출산을 통제하는 행위가 일반화된 배경은 복합적이었다. 앞서 살펴보았듯이, 소자녀관이 정착되기까지 도시화가 급속히 전개되고 교육 수준이 크게 증가하고 공업 중심으로 직업구조가 재편된 초기 조건도 존재하였다. 이 요인들이 출산율 감소에 미치는 영향은 여러 사회에서 공통적으로 나타나는 점에서 북한의 출산율 감소도 근대적 생활양식과 의식의 영향이 존재한다. 그렇지만 이 요인들이 출산행위에 미친 영향을 생활수준 향상이나 근대가족이념이나 개인의 자율적인 선택과 같은 개념으로 설명하기 어려운 부분이 남아 있다. 물론 탈북이주민 여성의 증언에서도 아이를 적게 낳고 잘 키우려는 의지를 읽을 수 있다.

아이는 왜 한 명만 낳았는가요?

엄마는 아이 여섯을 낳았는데, 나는 결혼하면 아이 하나만 낳아서 좋은 대학 잘 보내고 잘 키우겠다는 생각을 했어요. 엄마는 나라에서 혜택을 많이 주는 참전가족이라 아이들 교복, 학용품 다 줬는데 그렇지 못한 가족을 보면 너무 한심했어요. 저렇게 못살면서 왜 아이를 낳냐고 생각해서 나는 아이 하나만 낳기로 결심했어요.(병이 씨)

그런데 북한여성들의 구술에서 출산을 적게 한 이유로서 더 자주 언급되고 있는 조건이 경제적 궁핍상황이다. 1970년대 중후반 이후 공식적인 생산 수준도 정체되기 시작하였고 배급 상황은 1980년대부터 나빠지기 시작하여 1990년대 이후에는 심각한 식량난 상황에 이르렀다. 아이를 키우는 어려움은 생활의 빈궁과 직접적으로 연결되어 있다고 전해진다(정이 씨). 경제난 상황에서 모성의 건강도 보호되지 못하였다. '고생하면서 사는 게 너무 힘들었던 것이' 아이를 적게 낳은 주된 원인이 된다고 전한다(복이 씨).

우리도 둘 낳으니까 끝이라고 생각했어요. 힘드니까 그랬겠죠 뭐. 정부 통제는 없었는데, 아이가 많은 사람은 드물어요. 부모들이 힘드니까. (정이 씨)

여성들이 아이를 키우는 데 부담이 컸던 것은, 경제적 궁핍에서 일과 가족 역할을 이중적으로 수행하는 부담이 더욱 커졌던 것도 중요한 이유가 된다. 1980년대 이후 공식경제가 침체되면서 여성들이 비공식 경제 활동을 꾸려나가는 역할은 더욱 커졌다. 여성들은 공식적으로는 부양자로서 집안 살림을 하는 경우에도 텃밭관리와 돼지사육 등의 부가적인 생산활동을 하는 것이 일반적이었다. 또한 1990년대 중후반 이후 공식적 생산체제가 크게 와해된 상황에서 여성들은 공식조직에 매여 있던 남성을 대신하여 주도적인 생계부양자 역할을 하였다. 일과 양육에 대한 여성의 이중부담은 소자녀관을 정착시킨 중요한 요인일 수 있다.

2) 국가의 인구통제정책과 여성의 피임실천

이렇게 경제적으로 빈궁하고 생계활동과 가족역할을 이중적으로 담당해야 하는 상황에서 여성들이 출산을 통제하려는 욕구가 강할 수 있었다. 그런데 소자녀관을 강하게 가지고 있다고 하더라도 피임방법이 제한되면 소자녀관을 실천하기가 어렵다. 1960년대와 1970년대 초반에도 소자녀관은 강하였을 수 있다. 그러나 당시 북한여성은 사회주의 건설의 이름으로 노동력에 동원되면서 동시에 재생산 역할이 강조되었기 때문에 출산조절을 실행하지 못하거나 실패하였을 수 있다. 여성의 생산과 재생산활동을 강조하는 분위기에서 여성들의 출산통제는 비합법적인 낙태나 실패율이 컸던 전통적인 방법에 의존할 수밖에 없었다. 한편 1970년대 중후반 이후부터 북한 당국은 출산을 제한하는 정책을 고려하기 시작하였다. 북한 당국이 출산통제에 관심을 갖게 된 것은 생산의 점차적인 침체와 그로 인한 복지 부담이 중요한 배경이 된다고 여겨진다. 북한 인구학개론에도 김일성의 연설을 빌려 1970년대 말 인구증가율을 낮추도록 하였다고 밝히고 있다. 당시 인구성장률이 유지되어도 큰 문제는 없지만 평균수명이 늘어나고 모성의 사회진출을 위해 출산조절이 필요하다고 논하고 있다(리기성 외, 1996: 162-163). 그런데 1980년대에 북한 당국이 아이를 적게 낳는 것을 권장한 것은 여성의 경제활동 참여를 고무하기 위해서라기보다, 인구과잉을 통제하는 고려가 컸다고 증언된다. 인이 씨는 처녀시절 오래 노동하다 결혼을 늦게 하였는데 아이를 둘을 낳으라는 정책이 있었다고 기억한다. 그런데 출산을 통제한 이유가 여성의 노동참여를 고무하기 위해서라기보다는 인구통제의 이유가 컸다고 증언한다. 그가 알고 있는 대부분의 기혼여성은 특별한 직업이 아니면 집에서 부양을 맡는 것이 일반적이었다고 한다. 직장생활을 유지하는 기혼여성이 많지 않았던 것은 여성들 스스로 힘든 노동을 피하고자 하는 이해도 컸다고 전한다. 미혼시절에 힘든 노역에 종사하였던 여성들은 그 노동에서 벗어나는 조건으로 결혼을 선택하는 경우도 많았다고 한다.

북한에 인구통제정책이 없었다고 하던데요?

있었어요. 그래서 두 명 이상 낳을 때는 그 다음에는 다들, 여자들 다 못 낳게 했었어요. 그리고 2003년도 그때 가보니까요, 그때는 유산을 안 시키더라고요. 낳으라 하더라고요, 그때는.

왜 두 명만 낳으라고, 그러면?

인구가 많다고요. 그때는 두 명씩 낳았어요.

인구가 많다고, 여성들이 노동 열심히 하라고 그랬던 거 아닌가요?

인구가 많기도 하고요, 여성들이 일도 열심히 해라, 근데, 그것도 있었죠. 근데 일반 지금, 우리가 살아보니까 엄청 노동, 노력하잖아요. 일단 여자는 결혼하면 그냥 집에서 가정주부, 전업주부로서만 사는 게 좋은 일이었어요. 그러니까 일도 잘 해라 그런 것도 있었지만 인구도 많다는 그런 것도 있었죠.

그 당시에도 여성들이 산업전선에 뛰어든 건 아니네요.

산업전선에, 그렇죠. 많이 뛰어들지 않았죠. 제 친구들도 보면, 저처럼 계속 직장생활한 사람은 없어요. 일반적으로 솔직히 제 친구들이라는 게 저는 거의 학급을 보면 국군포로 자식들이었던 것 같아요. (인이 씨)

이렇게 과잉인구가 우려되고 국가에 의한 본격적인 출산통제정책이 시행되면서 북한주민 여성들은 비로소 효과적인 피임방법을 보다 쉽게 활용할 수 있게 되었다. 1980년대 초반에 주요 피임방법으로서 자궁내장치(IUD)가 보급되었고, 1983년에는 여성들의 낙태 수술을 공식적으로 허용하였다고 전해진다(김두섭 외, 2011: 60-62). 또한 인터뷰 참여자 증언에서는 1980년대 이후 북한 당국도 아이를 적게 낳는 것을 권장하였다고 전한다.

북한에서 작성한 인구학개론서에 따르면 북한에서는 강력한 출산통제정책은 없었다고 강조하고 있다(리기성 외, 1996: 162-163). 그러나 인구의 질과 양을 적절하게 관리하는 주체는 국가임을 강조하고 있으며 전후 인명손실을 위해 당과 정부가 인구증식에 관심을 돌리고 여러 대책을 마련해 인구의 양적 재생산이 성과적으로 실현되었다고 선전하고 있다(리기성 외, 1996: 38-48). 1950년대에서 1970년대 초까지 출산율이 높았던 것은 전통적인 다자녀관의 영향도 있겠지만 전쟁기간 유실된 인구를 복원하기 위하여 정책적으로 출산을 장려한 부분도 크다. 출산이 장려된 시기 여성들이 원치 않는 임신을 중단시키고 싶어도 의료기관에서 쉽게 시술하지 못하게 했다는 증언도 인구조절을 위하여 국가가 여성의 몸에 개입하였던 정황을 가늠하게 한다.

마찬가지로 1980년대 인터뷰 참여 여성들의 피임방법이 대부분 시술이었다는 것은 국가가 소자녀관을 홍보하였을 뿐만 아니라 피임방법을 적극적으로 보급하고 피임실천을 장려함으로써 출산통제에 적극적으로 개입했음을 가리킨다. 탈북이주자 여성들이 기억하는 1980년대는 주민들이 보다 수월하게 피임방법을 활용할 수 있는 제도적 기반들이 조성되었다. 그런데 출산통제 방법은 인터뷰 여성들 대부분이 경험하였듯이 반영구적인 피임기구를 여성의 몸에 부착시키는 것이었다. 국가의 방침에 따라 의료기관이 출산 시술을 적극 지원하면서 여성들은 반영구적인 피임을 할 수 있었다.

북한여성은 피임은 전적으로 여성의 일이고 남성이 피임하는 일은 상상하기 힘들다고 한다(춘이 씨). 피임은 남녀의 상호 합의와 협조에서 이루어지는 것이 아니다. 2007년 북한이주민 조사(<새터민 조사>) 결과에서도 여성 응답자의 47.6%가 피임경험이 있다고 응답하였는데 피임방법으로 대부분 가락지(80.1%)와 같은 반영구적인 피임법을 사용하였다고 응답하였다. 심층 인터뷰 여성들도 대부분 고리수술을 통해 단산한 경험을 가지고 있었다. 정이 씨는 두 아이를 낳고 난 뒤 중국에서 들어온 고리를 몸에 끼웠다고 한다. 옥이 씨도 아들 한 명을 낳고 임신중독이 걸려 고생하다가 고리를 몸에 넣었다고 한다. 인이 씨는 둘째 낳고 피임시술을 하려는데 여러 차례 거절당하였지만 사정하여 피임할 수 있었다고 한다. 몸에 부착하는 피임 기구가 맞지 않아 고통이 심하고 또 피임도 되지 않아 아예 영구적으로 자궁을 봉합하는 시술을 하여

그림 4-12 새터민 여성의 북한에서의 피임, 유산 경험

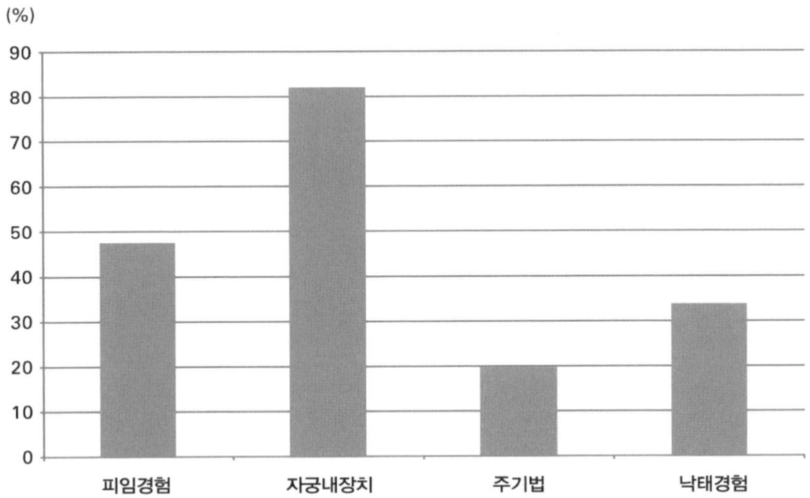

자료: 2007 새터민 조사.

단산하기도 한다. 금이 씨는 둘째 낳고 고리수술을 하였는데 허리 통증이 심해 얼마 전에 병원에 가서 떼어냈다고 한다. 추이 씨는 세 자녀를 낳고 막내가 세 살 될 때 아예 자궁을 봉합하는 수술을 했다. 그때 수술하라고 선전도 자주했다고 한다. 병이 씨는 결혼 초 첫아이를 낳고 7년 만에 자궁외 임신을 하여 유산한 뒤 난소주머니를 봉합하였다. 피임방법이 제한된 상황에서 낙태경험도 빈번하게 나타난다. 이렇게 볼 때 북한여성의 낮은 출산율은 원하는 수의 자녀를 낳은 뒤 영구적인 피임이나 원하지 않는 자녀의 유산으로 이루어졌다고 이해할 수 있다(그림 4-12).

피임은 자주 하나요?

피임을 하긴 해요. 루프라는 걸 병원에서 넣어주는데 그게 안 맞는 여자들이 많아요. 그래 임신하면 어떡하겠어요. 방법이 없죠.

남자도 피임하나요?

상상도 못해요. 여기 오니까 그런 것이 있더라고요. 우리는 여자만 하는 줄 알았어

요. 남자는 피임 안 해요. (춘이 씨)

낙태는 없습니까?

있어요. 내가 원치 않은 아이를, 그 바라지 않은 임신은 낙태해요. 근데 그것도 잘 안 해주니까 의사한테 뇌물 고여서 해요. 집안이 어려워도 하고 몸이 아파도 해주고 이래도 저래도 그런 식으로 돼 있데. 혹시 부부가 살다가 남편이 교화갔거나 그러면 해주잖아요. 이혼이니까. 이혼의 경우는 해줘요. 그러고 원치 않잖아요. 남편 감옥 간 그 아이를 뭐 하러 낳아요. 그런 건 해주고, 그러고 처녀가 임신하면 김정일 방침에 의해 가지고 무조건 해줘요. 김정일 방침에 의해서 처녀가 앞날에 지장 가기 때문에 그건 비밀리에 다 해줘요. 그리고 이런 어떤, 몸이 허약하거나 그러면 해주긴 해줘요. 그리고 불법으로, 여기 말하면 원치 않은 아이를 가졌을 때 그것도 뇌물 먹이고 해요, 하긴 해요. 하자고 하면 하긴 하는데 가만히 보니까 자기 건강 때문에 안 하는 분도 있어요. (인이 씨)

피임은 남성이 관여하는 것이 아니고 여성이 반영구적인 피임시술과 유산으로 출산을 조절한다는 것은 출산이 여성에 의해서 자율적으로 조절되는 상황과는 거리가 있다. 일과 가족 역할의 이중부담이 크고 출산을 통제하고 싶은 욕구가 강하지만 자유롭게 출산을 조절할 수 있는 여지는 제한된다. 또한 인구과잉이 걱정될 때는 출산통제를 적극적으로 유도하고, 인구감소가 우려될 때는 피임할 수 있는 방법을 제약하면서 국가가 여성의 몸을 통제하는 부분도 보인다. 생계를 위해 경제활동을 해야 하고 동시에 반영구적인 시술을 하거나 원치 않은 아이를 낙태로 중단하는 경험이 많다는 것은 여성의 몸이 심각하게 상처받을 수 있는 위험도 내포한다.[10] 1990년대 후반 이후 경제난이 심각해지면

---

10 한국에서도 인공유산중절은 출산율을 낮추는 데 중요한 영향을 미쳤다. 은기수와 권태환은 인공유산을 택하는 여성들의 연령대가 시기별로 변하였는데, 1970년대에는 30대가 주를 이루었지만 1980년대 이후는 20대가 주를 이룬다고 밝히고 있다(은기수 · 권태환, 2002: 9–15). 1970년대 인공유산은 자녀수를 조절하는 동기가 상대적으로 컸다. 이후에는 인공유산을 택하는 이유가 보다 다양해졌지만 가족계획, 혼전임신, 경제적 어려움 등의 이유가 크다

서 많은 인구가 손실되자 북한 당국은 출산을 다시 장려하는 정책으로 전환하였다고 한다. 그래서 이전처럼 자궁내 장치 시술도 쉽게 할 수 없게 되었다고 전해진다. 그리고 1993년에는 낙태 금지령이 내려졌다고 한다(김두섭 외, 2011: 60-62). 이런 상황에서 피임기구를 시장에서 개인적으로 구입하여 의사에게 사정하여 시술을 부탁하고 있다고 한다.

> 근데 제가 시집가고 난 후, 최근, 90년대 말, 그때 자식을 더 낳으라고. 셋부터 뭘 준다 했던가 그랬었어요. 그리고 90년대 말부터는 너무 적게 낳으니까 많이 낳아라. (금이 씨)

> 그 전에는 애를 낳지 말라고 국가적으로나 병원에서 신경을 많이 썼는데, 지금은 하도 안 낳으니까 많이 낳으라는 선전을 해요. 그런 식으로 국가에서 얘기는 하는데 사람들은 안 들어요. 살기가 힘드니깐 많이 낳을 수가 없지요. (영이 씨)

> 제가 있을 당시에는 아이를 많이 안 낳자고 모두 본인들이 그랬는데, 나라에서는 아이를 많이 낳으라고 요구했어요. 지금 배급도 잘 주지 않는 상황에서 어찌 키우라고 아이를 많이 낳는가 그래서 저도 피임할 당시에는 나라에서 안 해줘요. 안 해줘서 피임기구가 중국에서 많이 와요. 그걸 우리가 다 사요. 사서 가지고 병원에 가서 하는데 이것도 잘 안 해줘요. (인이 씨)

5. 맺음말

북한 출산율 변천과정은 몇 단계로 구분되는 특성을 나타내고 있다. 1953년 이후 1970년까지 베이비붐이 지속되었다. 그리고 1970년에서 1980년대까지

고 인식되고 있다.

출산율이 빠르게 감소하고 이후 경제난 이후까지 안정되었다가 경제난 이후 다소 감소하는 경향을 나타낸다. 북한에서 출산율이 떨어진 시기는 남한보다 늦었다. 사회주의 혁신이 이루어지고, 공업화가 급속히 이루어지고, 생산력이 향상되었던 시기 출산율은 오히려 높게 유지되었다.

북한에서 출산율이 높게 유지된 데에는 인구과잉의 압력이 적었던 이유도 존재한다. 식민지 시기 조선인의 인구는 크게 증가하였다. 생활수준이 열악한 상황에서 지속된 인구성장은 과잉인구의 압력을 높였다. 과잉인구의 압력은 식민지 시기에 부분적으로 일본과 만주로의 인구유출로 배출될 수 있었지만 해방 이후 해외 인구가 귀환하면서 다시 상당한 수준에 이르게 되었다. 그런데 인구 압력은 남북한에 차이가 컸다. 해외 이주 인구는 대부분 남한에 정착하였고 북한은 오히려 사회주의 개혁시기와 전쟁기간 많은 인적손실을 경험하였다.

북한에서는 전쟁이 끝난 뒤 생산력 증진운동이 전개되었다. 남북이 대치하는 상황에서 경제발전은 무엇보다 국가건설의 중요한 과제로서 강조되었다. 생산력 증가가 사회주의 혁명이라고 강조되었으며 기존의 자원, 노동, 재산, 기술을 최대한 활용하여 생산을 증진시키는 운동이 모든 생산 현장에서 적극적으로 추진되었다. 또한 미래노동력을 확보하기 위하여 출산을 장려하는 분위기가 지속되었다.

이와 같은 인구압력의 부재와 생산력 증강이 출산율 감소를 지연시켰을 수 있지만, 사회주의 건설과정에서 이루어진 일련의 제도적 혁신은 많은 사회에서 출산율을 떨어지게 했던 근대화의 요인들이었다. 북한공산당은 노동자와 농민, 여성들의 권리 회복을 강조하였다. 주민들의 기초적인 생활을 보장하는 복지제도가 구비되었고 중고등학교의 의무교육제가 실시되었으며 남녀평등 원리가 강조되었다. 도시 인구가 크게 증가하였고 급속한 공업화를 위해 남녀 모두 노동에 총동원되었다. 이러한 사회 제반의 혁신 속에서도 출생률이 높게 유지된 베이비붐 현상이 1970년까지 지속되었다는 것은 인구가 부족하였고 노동력 수요가 컸다는 상황을 고려하더라도 쉽게 설명이 되지 않는다.

강조할 수 있는 것은 젠더 관계가 혁신에서 제외되었다는 점이다. 공업화 시기 노동과 가족역할을 동시에 수행해야 했던 여성들은 이미 소자녀관을 지향하고 있었을 가능성이 크다. 그렇지만 생산력증강 운동과 인구재생산을 강조하는 분위기에서 여성의 출산조절 욕구는 통제된 부분이 크다. 피임을 할 수 있는 방법이 제공되지 않은 상태에서 많은 여성들이 원치 않은 출산을 한 것도 공업화 시기 베이비붐이 지속된 이유라고 생각한다.

북한에서 출산통제가 일반화되기 시작한 것은 국가의 공식적인 생산과 복지체제가 흔들린 상황에서였다. 전후 연장된 베이비붐은 주민의 복지를 책임진 국가에게 커다란 부담으로 인식되었을 수 있다. 국가 복지에 대한 부담인식이 가중화된 상황에서 국가는 인구과잉을 통제하는 정책을 세우고 의료시술을 통한 피임 방법을 보급하였다. 또한 공식적 생산과 복지체제의 쇠퇴는 주민들의 비공식적 경제활동과 가족의 부양 역할을 더욱 강화하였다. 그것은 가족 부양 역할을 담당하고 있었던 여성들의 생계 책임의 가중을 의미하였다. 이렇게 경제생활이 빈궁해지고 생계활동을 책임지게 되면서 여성들의 소자녀관은 더욱 강화되었고 반영구적인 피임이나 임신중절을 통해 단산을 하였다.

북한여성의 출산율 감소는 여성 지위의 향상이나 보다 나은 삶을 위한 자발적인 가족계획의 산물로 정리하기 어렵다. 이와는 달리 북한여성의 낮은 출산율은 경제적 궁핍과 일과 가족 돌봄의 부담, 그리고 국가의 인구통제정책이 결합되어 이루어졌다. 북한에서 인구과잉에 대한 인식은 남한보다 늦게 제기되었던 것으로 보인다. 그러나 국가수준에서 인구과잉 인식이 제기되기 이전에도 여성들의 출산통제 욕구는 강하였을 가능성이 크다. 공업화시기 경제활동과 가족역할의 이중적인 부담에도 불구하고 출산율이 떨어지지 않았던 것은 적절한 피임방법이 보급되지 않았고 출산통제의 욕구가 국가의 인구재생산 관심에 의해 억압되었던 영향이 크다고 여겨진다. 북한여성들이 소자녀 출산을 실천할 수 있었던 것은 공식적 생산수준이 정체되고, 국가의 복지 부담이 커지면서 국가도 인구통제의 필요성을 강조하고, 의료 시술을 통해 피임법을 보급하면서다.

제5장

국가, 가부장제, 여성의 관계에 대한 시론[1]

1. 북한사회의 여성

관찰이 제한되기 때문이기도 하지만 북한주민에 대한 여러 인상들은 잘 어울려지지 않는 특성들을 동시에 나타내고 있다. 북한주민은 국가와 통치자를 열렬하게 환호하고, 관계 지향적이고 수더분하고 사람들 사이 인정을 중요시한다. 또한 심각한 기아 위험을 헤쳐나갈 수 있을 만큼 자구적인 생활력이 강하고 자기 이해를 추구하는 모습도 보인다. 서로 연결될 것 같기도 하고 그렇지 않을 것 같은 이미지들이 동시에 보인다. 그래서 북한주민의 태도에 대해 연기와 진실 논란도 많다. 그러나 서로 어울리지 않을 것 같은 다중적인 모습이 비단 북한주민만의 특성은 아닐 것이다.

외부자가 갖게 되는 북한여성의 이미지도 상충되게 그려진다. 한편으로 북한이 남녀불평등한 사회라는 주장에 의아할 수 있는 정황들이 존재한다. 건국을 준비하였던 북조선인민위원회는 1946년에서 1948년 사이 사회주의 개혁을 수행하면서 여성의 해방 원칙을 강조하였다. 봉건제적 대가족제도를 부부

1 5장은 박경숙. 2012.「북한의 국가, 가부장제, 여성의 관계에 대한 시론」.『사회와 이론』21에 논문으로 발표되었음.

평등한 핵가족제도로 변화시키고, 여성은 남성과 동등한 노동권과 정치적 참여권을 가질 수 있는 제도개혁이 이루어졌다. 전후 산업화에 북한여성들은 적극적으로 동원되었고, 여성의 교육 수준이 크게 향상되었다. 여성의 경제활동 참여를 돕기 위해 탁아나 육아시설도 일찍부터 발전되었다고 전해진다(이온죽, 1993: 220-223).

북한에서는 가족은 정치, 생산, 부양 역할 때문에 건국 초기부터 가족의 안정성이 강조되었다. 그러나 가족이 얼마나 국가권력에 포섭되었는지 아니면 얼마나 상대적 자율성을 갖는지는 논란이 된다. 한편으로 가족은 국가에 의해 정치, 이데올로기적으로 포섭된 정도가 강하다고 주장되는가 하면(Ryang, 2000: 340-341; 강진웅, 2010: 141) 전체주의적 지배와 감시가 가족 안에도 침투하였지만 가족의 유대는 지속되었다고 주장되기도 한다(이온죽, 1993: 199). 특히 식량난 이후 북한주민들은 가족을 중심으로 살아가고 있다고도 논의된다(박현선, 2003: 127). 1990년대 후반 공식적인 식량배급제도가 붕괴되었던 시기 대규모의 아사자가 일어날 수 있었던 상황을 피할 수 있었던 것은 어떻게 하든지 가족을 구해야 한다는 가족의식과 생존전략 때문이었다. 그런데 강한 가족의식이나 가족의 자구적인 생존 전략 이면에는 여성이 자리하고 있었다(박현선, 2003: 91). 북한여성은 남녀 역할이 다르다고 인식하고 가장의 권위에 순종하면서도 다른 한편으로 가족과 자녀의 안위를 위해 적극적으로 식량을 구하고 장사를 하였다.

여성해방을 강조하는 사회주의 이념이나 북한 당국의 공식적인 입장과는 달리 북한사회가 남녀불평등하다는 지적은 이미 이전부터 있어 왔다. 법과 제도에서 양성평등을 강조하는 것과는 달리 일상에서는 남성 우대의 문화가 강하다고 지적된다(박영자, 2006: 254-255). 급속한 산업화를 추진하였던 시기 생산활동도 남녀 위계적으로 조직되었다(박영자, 2006: 256). 딸보다는 아들을 출산하였을 때 주변으로부터 환영을 받고, 교육이나 사회생활에서 여성이 남성을 돌보는 것이 자연스럽게 인식되었다(김석향, 2006: 281-285). 평등한 부부관계를 강조한 가족법과는 달리 실제 가족관계에서 남성중심적 유교 사상과 생활양식이 많이 남아 있다고 지적되었다(이온죽, 1993: 186-197: 임순희, 2006: 187-192). 또한 국가 이데올로기로서 남편, 부모, 자녀를 헌신적으로 돌보는 전통적인 여성상이 혁명적 여성상으로 강조되었다(임순희, 2006: 171; 이미경, 2006: 209-222). 전통적인 가부장제 이데올로기는 가족 내 젠더와 세대질서를 규정하였을 뿐만 아니라 국가, 당, 그리고 수령에 대한 충성을 정당화하는 이데올로기로 기능하였다고 지적되었다(윤미량, 2006: 82-88; 박현선, 2003: 43-44; 이미경, 2006: 203). 가족과 사회관계에서 가부장제적인 성격이 강한 것은 전통적 영향뿐만 아니라 국가권력이 강화되면서 초기의 혁신 이념이 굴절되었기 때문이라고 설명되기도 한다(박영자, 2006: 238).

이처럼 많은 연구들에서 북한사회의 가부장제를 강조하고 있는데 가부장제는 대체로 유교 봉건제의 잔재이며, 근대적 인성이나 사회주의 이념과는 배치된다고 파악한다. 국가에서 선전하는 사회주의적 이념이나 제도와는 달리, 실제 생활에서는 전통적인 남녀 위계가 일상화되었다고 논한다. 그러나 양식이나 정도는 차이가 있지만 젠더 불평등한 관계는 현재 많은 자본제 사회와 구사회주의 사회에서도 나타나고 있다. 이렇게 많은 근대사회에 현존하는 젠더 불평등한 관계가 비근대적인 현상일 수는 없을 것이다. 북한의 가부장제의 기원과 효과를 이해하기 위해서는 선전이념과 실제의 대비나 근대와 비근대의 대비로서 현상을 기술하는 수준을 넘어 가부장제의 토대와 재현의 역사적 특성을 구체화하는 것이 필요하다.

북한사회에서 작용하고 있는 젠더 문제는 북한사회의 지배 논리에 의해 구조화되었다. 이 점을 고려할 때 국가의 통치권력의 영향에 주목하게 된다. 국가, 당, 수령에 의한 전일적인 지배가 이루어지는 정치, 경제 구조는 젠더 관계가 구성된 중요한 토대가 될 수 있다. 기존의 연구들에서도 북한사회의 젠더 관계가 불평등하고 가부장 이데올로기가 지배적인 것은 국가의 통치 목적에 의해 기획된 것이라고 강조하고 있다. 가부장제 이데올로기와 여성의 모성 정체성은 단순히 전통의 잔재가 아니라 국가권력을 위한 정치적 언술로 창조되었다고 강조되었다(Ryang, 2000: 325-326; 이온죽, 1993: 245-273; 강진웅,

2010: 161-169). 그러나 국가가 가부장제적 질서를 재생산하는 영향력이 항상적으로 강하지는 않았을 수 있다. 특히 1980년대 이후 비공식 관계가 확장되면서 국가, 가부장제, 젠더 관계의 특징은 일방적인 포섭과 지배관계로 파악하기 어려울 정도로 복합적인 특성이 노정되고 있다고 여겨진다.

이 연구는 북한사회의 젠더 관계는 가부장제, 국가권력, (비)근대 혹은 (비)사회주의적 속성을 일면적으로 단순화하여 설명하기 어렵다는 문제의식에서 출발하였다. 특히 식량난 이후 강하게 부각된 가족의 역할은 가부장제, 국가, 젠더 관계에서 어떤 의미를 가지는가에 대한 문제의식을 가진다.

연구는 크게 두 주제로 이루어졌다. 첫째, 국가와 가부장제가 결합된 역사적 맥락으로서 그리고 그 지배와 긴장의 중요한 토대로서 북한의 근대 국가 건설의 굴절과정에 대해 살펴보고 있다. 우선 가부장제를 근대의 사회조직원리로 파악하는 관점을 이론적으로 조명한다. 그리고 북한사회가 국가 중심의 권력구조와 공동체적 사회관계로 조직된 결과를 굴절된 근대화과정으로 접근하였다. 또한 북한에서의 가부장제는 국가에 의한 정치, 경제 지위의 전유와 주민의 공동체적 인성을 강화한 일련의 공동체 이데올로기에 기초하고 있는 데 주목한다.

둘째, 어떻게 가부장제적 젠더 관계가 편제되었고 그 긴장은 무엇인가를 구체적으로 살펴보고 있다. 생산영역과 가족 역할이 젠더 불평등하게 구조화되고, 통치 담론을 통해 모성 정체성이 강조된 방식을 조명하고 있다. 강조하는 것은 생산영역과 가족 관계가 남녀 불평등하게 조직되었지만, 북한의 젠더 불평등한 관계는 남성에 대한 여성의 일방적인 예속관계로 단순화하기 어렵다는 점이다. 비록 남성보다 주변적인 노동지위를 갖지만 여성은 후방산업력으로서 그리고 비공식 경제활동에 중심된 역할을 하였으며 동시에 가족을 실질적으로 돌보는 역할을 하였다. 일과 가족역할을 동시에 수행하는 북한여성은 성별분업에 따라 노동에서 분리되고 주부로 사는 자본주의 사회의 여성보다는 일과 재생산의 이중노동을 감내한 전통적인 여성상과 더 겹쳐질 수 있다. 그러나 여성의 이중역할은 사적인 가부장 남성보다 국가권력과 공동체 이데올로기에 의해 강조되었다. 또한 북한여성의 강한 가족지향과 모성은 국가의 포섭 기획과는 달리 여성이 세력화되는 잠재력도 내포하고 있었다.

결론적으로 북한여성의 삶과 정체성은 국가권력과 가부장제의 이중적 지배와 긴장의 양면성을 배태하고 있다고 여겨진다. 북한에서 가부장제의 토대는 물질, 이데올로기적 자원을 전유한 국가권력에 기초한다. 이런 의미에서 북한에서 구조화된 가부장제의 특성은 국가 가부장제로 파악할 수 있다. 북한여성의 삶은 국가 가부장제의 권력을 강화하거나 재생산하는 방식으로 불평등하게 구성되었다. 국가권력이 단단해지면서 가부장제의 편제 원리도 강화되었다. 그리고 국가 가부장제는 여성의 존재방식과 정체성을 모성이데올로기로 규정함으로써 재생산된 측면이 크다. 그러나 희생과 헌신으로 생산과 재생산의 역할을 받아들여야 했던 여성의 존재 조건은 역설적으로 비공식부문의 성장과 가족의 상대적 자율성을 추인하였다. 요컨대 국가의 통치력과 가부장적 젠더관계의 실질적 토대를 약화시킨 북한사회의 밑으로부터의 변화를 조성하였다는 데 주목하고 있다.

2. 근대국가 건설과정의 굴절과 국가 가부장제

1) 가부장제와 근대

가부장제란 남성에 의해 여성이 지배되는 관계, 제도, 이데올로기의 총체라고 정의할 수 있다. 전통적 가부장제의 성격은 역사적 문화적 다양성을 갖지만 젠더와 세대의 위계를 통해 장년 가부장이 가산과 재생산을 통치하는 제도라고 인식된다.

가부장제는 근대 이전 사회에 일반적으로 존재하였다고 여겨지지만, 근대사회에서 가부장제가 지속되는지, 또한 존재한다면 그 원리나 양식은 무엇인가에 대해서는 시각들이 엇갈린다. 가부장제는 연장자 남성에 의한 여성의 지배와 예속을 일면적으로 강조하는 개념으로 인식될 수 있는데 현실의 젠더 관계는 일방적인 지배와 예속 관계로 파악하기 어려운 복합성을 가진다. 현대 사회에서도 노동이나 가족 내 재산권이나 친권 등에서 성불평등한 관계가 나타나지만 젠더 관계가 일방적인 지배와 예속 관계로 단정하기는 어렵다.

근대사회에서 성불평등한 관계가 유지되는 이유는 크게 세 가지 관점에서 설명된다. 우선 성불평등한 관계는 전근대적인 가부장제의 유제이거나, 근대에 맞지 않은 불합리한 반동으로 파악하는 관점이 있다. 여성을 차별하는 사회적 통념이 지속되는 것은 전통적인 가부장제의 유제가 강하기 때문이고 남녀 차별적인 통념이나 관계가 극복되기 위해서는 근대적 제도 개혁과 계몽이 중요하다고 인식된다. 또한 이런 관점과 맥을 같이하여 전통적 가족제도는 여성을 억압하지만 근대 핵가족은 성평등한 이상적인 가족형태라고 인식된다. 이 시각은 전통과 근대는 구분되고 원래의 근대성에는 가부장제의 속성이 존재하지 않는다고 전제한다. 또한 가부장제를 부계제와 부거제 등의 전통적인 가족제도와 동일시하는 경향이 있다. 그 연장선에서 핵가족을 보편적 가족형태로 인식하고 모성애나 가족애를 여성의 본원적인 정체성으로 당연시하는 측면이 있다.[2]

두 번째 입장은 첫 번째의 입장을 비판하면서 가부장제가 근대의 중요한 사회구성 논리라고 파악한다. 자레스키는 근대사회에서 젠더 불평등한 관계가

---

2 한국사회에서 핵가족인식은 상당한 이데올로기 갈등을 거쳐 확장되었다. 가부장적 확대가족관계의 영향이 강하게 유지된 한국사회에서는 1980년대 초반까지도 학계나 여론에서 핵가족에 대한 부정적인 인식이 강하였다. 1960년대와 1970년대에 걸쳐 핵가족을 찬미하거나 비판하는 인식이 전통과 근대의 구도, 젠더 관계의 구도에서 각축하였던 상황에 대해서는 김혜경(2009)의 글을 참조할 수 있다. 핵가족 이데올로기가 한국사회에서 헤게모니를 가지게 된 것은 1980년대 후반의 민주화와 1990년대 이후 신자유주의가 확대된 정치, 경제 맥락에서라고 여겨진다. 그러나 이 시기의 가족도 핵가족 중심이라 단정하기 어려울 만큼 복합적인 속성을 띠고 있다(이재경, 2003; 장경섭, 2009; 조한혜정, 1995). 장경섭(2009: 75-85)은 한국의 핵가족은 개인화되고 부부 중심의 정서적인 관계가 아니라 도구적인 이해와 확대가족의 영향이 강하여 내적으로 긴장이 크다고 진단한다. 박혜경(2011)은 2000년대 경제난 이후 강화된 핵가족 담론은 여성의 지위를 향상시키는 의미와 동시에 성별분업과 가족의 책임을 강조하는 다중성을 내포한다고 주장한다.

지속되는 것은 단순히 전통의 유제 때문이거나 제도나 인식이 근대의 이념에 지체되었기 때문이 아니라 가부장제가 근대의 중요한 사회구성 논리로 편제되었기 때문이라고 강조한다(Zaretsky, 1973: 26-29). 특히 생산과 재생산으로 젠더 역할이 분화되고, 가족이 여성의 공간으로 구성된 것은 근대에서 시작되었다고 주장한다(Zaretsky, 1973: 79-81). 중세 영국 농가의 여성과 자본제 성장기 부르주아 가족의 여성을 비교해보면 전자가 훨씬 더 남성과 평등한 경제적 지위를 누렸다고 주장한다. 그리고 19세기 초 대량생산이 이루어지고 생산과 재생산이 더욱 분화되면서 합리화된 사회로부터의 안식처로서 가족 이미지가 강화되었다고 한다. 가족은 부르주아, 쁘띠부르주아, 노동자 모두에게 정서적이고 자연적인 개인의 공간으로 이상화되었고 여성의 가족 역할도 이상화되었다. 사회는 경쟁적이고 규율화된 생산관계로부터 최후의 보루이자 안식처로서 가족을 사수하려고 하였고, 여성이 가족으로부터 해방되는 것을 적극적으로 막고 여성을 도덕의 수호자로 이상화하였다. 그리고 여성이 주로 종사하는 직업은 시장에서 가치가 폄하되었고 도덕화된 가족 역할은 부불노동이 되었다(Zaretsky, 1973: 44-54).

우에노(上野, 1990: 44)는 일본 여성의 모성애는 여성이 주부로 탄생한 사회변동과 밀접히 연결된다고 주장한다. 근대 이전 일본 여성의 삶은 생산에서 명확히 분리되지 않았고, 가족 내 여성의 역할도 가사와 재생산으로 전문화되지도 않았다고 한다. 주부는 원래 상층부 여성을 지칭하였으며 주부의 역할은 가사노동이 아니라 가계를 관리하는 일이었다고 한다. 남성이 노동자가 되고 노동자의 사적 공간으로 가족이 재편되면서 많은 여성이 주부로 살아가게 되었다고 논한다. 그리고 근대에서 생산과 재생산이 성별로 분화된 것은 자본제와 가부장제의 권력이 타협한 결과라고 주장한다. 생산이 가족에서 분화되고, 생산과 비생산활동이 분리되었던 비슷한 시기, 성, 재생산, 가족의 구조가 남녀 불평등하게 변화되었다고 강조한다. 가족은 정서적으로 친밀한 사적 공간이 되고 가사일을 돌보는 주부가 탄생하였다고 주장한다(上野, 1990: 13-15).

이들 논의에 따르면 근대사회에서 젠더 불평등한 관계가 재생산되는 것은 기본적으로 여성이 남성의 경제력에 의존하기 때문이라고 인식된다. 가부장제하에서 여성은 임노동에서 배제되고 주변화되었고 동시에 여성의 주부 정체성이 강화되었다고 논한다(上野, 1990: 56-59). 자본제하 젠더 불평등의 핵심은 가족이 자본제 생산에서 분리되고 여성의 가사노동이 사적인 영역으로 은폐된 데 있다고 주장한다(Zaretsky, 1973: 82). 또한 경제력뿐만 아니라 정서적 친밀성도 성불평등하게 구조화되어 있다고 주장한다(Zaretsky, 1973: 28-35, 64, 113). 남성은 가족을 통해 친밀성과 돌봄을 구할 수 있지만 여성은 친밀성과 돌봄의 요구를 충족하기 어려웠다고 한다. 근대사회의 성별 분리는 근대가치가 감성보다 이성을 중시하고, 돌봄보다 독립과 생산을 중요시한 맥락과도 연결된다. 남성은 합리적이고 이성적인 주체가 되고 여성은 감성적 존재로서 합리적인 이성의 주체에서 배제되었다. 이런 성별 정체성은 오래전부터 존재한 것이 아니라 근대에서 새롭게 재편된 생산, 재생산 과정에서 구성되었다고 강조한다.

이처럼 근대사회의 젠더 불평등 메커니즘과 해방의 조건에 대한 사고는 마르크시즘과 페미니즘의 논쟁과 상호 영향 속에서 발전되어 왔다. 초기 마르크시즘에 대한 페미니즘의 비판은 전자가 사적 소유의 모순과 가부장제의 억압을 동일시하였다는 데 모아졌다. 마르크스와 엥겔스는 자본제 사회에서 젠더 관계가 불평등한 것은 사적 재산을 가진 남성에 의해 여성이 지배되고, 부모에게 아동이 의존하는 가족 특성 때문이라고 인식한다(Zaretsky, 1973: 90). 자본제는 사적 소유의 모순 때문에 가족의 사랑, 평등, 공동 참여의 이상을 실현하지 못한다고 비판한다(Zaretsky, 1973: 54-55). 따라서 성불평등과 가족 문제의 원인은 계급모순의 원인과 마찬가지로 사적 소유이며 사적 소유를 철폐하고 남녀 모두 노동자가 되고, 양육이 사회화되면 여성 해방과 진실로 사랑과 평화가 충만한 안식처로서의 가족관계가 이루어진다고 보았다.

이런 초기 마르크스주의의 조야한 관점은 가족을 사랑, 결혼과 혈연에 따른 자연적인 결합관계로 당연시하였고 재생산을 둘러싼 성불평등한 관계를 주목하지 못하였다고 비판된다. 또한 이런 단견은 불평등을 해결하려는 사회적 실천도 왜곡하였다고 비판된다. 사회주의체제를 추구한 사회에서 경제활동이 여성의 해방조건으로 강조되었지만 전통적인 성역할 규범이 강하게 유지되어 여성들은 오히려 생산과 재생산의 이중적 부담을 가졌고 공적영역과 사적영역의 모순이 심화되었다고 비판된다(Zaretsky, 1973: 96). 이렇게 마르크스주의나 페미니즘은 성별분업, 핵가족, 전업 주부로서 구조화된 근대의 젠더 관계를 질문하고, 자본제와 가부장제의 밀접한 연관에서 젠더 불평등을 접근하였다. 또한 근대에서 젠더 불평등한 관계와 인식은 이전과는 전혀 새로운 방식과 내용으로 구성되었음을 강조한다. 관점은 다르지만 자본제에서 성불평등의 핵심은 성별분업에 따라 여성은 부불노동으로 가족역할을 맡고 여성은 진정으로 개인화되지 못하였다는 것이다. 남녀불평등은 사적 소유나 계급문제로 환원될 수 없는 고유한 지배구조를 가지며, 여성의 경제적 의존과 가족, 모성이데올로기, 친밀성, 사랑을 억압의 중요한 차원으로 고려해야 한다고 강조한다(Zaretsky, 1973: 13).

덧붙여 강조하고 싶은 것은 성별분업이 자본제에만 국한되는 것이 아니고 또한 가부장제가 사적인 남성가부장의 지배에 국한되지도 않은 것이다. 자본제하에서 여성의 경제활동 참여방식은 변화되어 왔다. 교육 수준이 증가하고 저숙련 노동에 대한 수요를 지속적으로 확보하는 것이 어려울 때 여성은 중요한 산업예비군으로 주목되었다. 상품을 지속적으로 생산하기 위해서도 소비가 보장되어야 하고 이를 위해서는 가계의 소비능력을 확대하는 것이 필요하다. 가계의 소비 요구의 확대는 일인생계부양의 가족구조를 변화시키는 힘으로 작용한다. 이렇게 자본제 생산방식과 시장의 변화는 젠더 관계를 변화시키는 부분도 존재한다.

나아가 자본제와 가부장제의 타협에서 이해를 추구한 주체는 자본과 남성만은 아니었다. 비록 여성이 남성과 동등한 위치에 있지는 않았다 하더라도 여성 또한 근대를 통해 자신을 주체로 인식하였다(Zaretsky, 1973: 36). 가족이 자율성을 갖고 여성이 주부로 탄생하게 된 것은 오랫동안 세대와 젠더 위계를 통해 가부장의 지배를 받았던 여성의 존재방식과 정체성과는 크게 달랐다. 여성은 가족을 통해 적극적으로 자기 정체성을 가질 수 있었고 사회도 가족과 모성을 인간 본연의 가치로서 강조하였다. 재생산의 책임이 여성에게 맡겨졌지만, 재생산의 권리나 영향력에 있어서 여성의 목소리는 강화된 부분도 존재한다. 성역할 분업에 기초하여 근대가족이 형성된 것은 가부장제적 타협안에서 가족 지위를 획득한 여성의 전략도 중요하게 작용하였다. 비록 남성 중심의 시선에서 여성의 정체성 전략은 구속되었지만 그 틀 안에서 가족의 지위를 획득하였다. 페미니즘이 태동할 수 있었던 것도 주체 인식에서 여성도 배제되지 않았기 때문이다. 전통사회와 근대사회에서 여성의 지위는 동일하지 않았다. 근대가족은 여성에게도 자율적인 공간을 제공하였다. 생산에서 분리되고 남성의 경제력에 의존하고, 남성의 시각에서 자신의 가치를 발달시켜야 했지만, 그리고 가족정체성이 강제된 부분이 있지만 가족은 여성의 공간이 되었다.

성별분업은 자본제적 근대사회에서 강화된 젠더 불평등한 관계일 수 있다. 그러나 여성의 주체 인식은 그 편제와 긴장관계에 있었다는 점에서 자본제하 가부장적 구조의 영향은 지속적으로 변하였다. 젠더 관계는 지속적으로 정치화되었다. 젠더 정치의 수위와 양상 그리고 전략은 젠더 불평등의 물질, 이데올로기적 차원이 형성된 역사적 특성과 관련하여 다양하게 구성되었다.

이렇게 젠더 불평등의 물질, 이데올로기적 구조가 다양하다는 점에서 젠더 불평등에 대한 세 번째 관점으로서 구사회주의체제에서의 여성의 지위에 대한 담론에 주목할 수 있다. 구사회주의 국가는 사회주의체제로 이행하기 전에 이미 근대국가를 형성하였고 더 나은 근대를 지향한 사회도 존재하였지만, 봉건의 통치체제를 극복하고 자율적인 주권 공동체를 지향한 사회도 존재하였다. 사회주의 국가건설은 이상적인 주체관을 추구하였다. 파시즘적 제국주의로 굴절된 근대를 극복하고, 대중들이 독립된 주권의 주체가 된 국가공동체를 추구하였다. 사회주의체제는 또한 여성 해방 이념을 강조하였다. 그리고 여성이 해방되기 위해서는 남녀 동등하게 생산에 참여하고 육아의 사회화가 중요하다고 여겨졌다. 그러나 이들 구사회주의체제의 경험은 사적 소유의 부정이나 노동의 참여가 여성의 해방을 의미하지 않음을 증명한다. 선행연구들에 따르면 사회주의체제의 가족의 성격은 서구 사회와 크게 다르지 않았다고 평가된다. 구 사회주의 동유럽 국가에서는 사적 소유와 계급문제를 동일시하고 여성의 노동 참여를 성해방의 조건이라고 강조하였지만, 재생산은 여성의 역할로 전제하는 정책이 일관되게 이루어졌다(Saxonberg and Sirovatka, 2006: 192-194: 윤미량, 2006: 58-63). 여성의 생산참여를 고무하기 위해 육아정책이 실시되긴 하였지만, 여성들은 일차적인 가족 역할에서 자유롭지 못하였다. 오히려 일과 재생산의 이중부담을 해방의 이름으로 감내해야 했다. 구사회주의체제에서 여성들은 스스로도 생산과 재생산 역할을 이중적으로 수행하는 것을 해방보다는 부담으로 인식하고 있기 때문에 오히려 성역할 분리를 선호하는 태도가 다른 서구사회 여성보다 강하게 나타난다는 연구결과도 존재한다. 또한 자본주의체제에서 여성들은 가족에 오랫동안 갇혀 있었지만, 여성의 자율성에 대한 질문들을 끊임없이 제기하였던 반면, 전체주의적 국가권력이 지배하던 구사회주의체제에서 여성의 삶을 문제로 제기하거나 공론화하는 데는 제약이 많았다(Saxonberg and Sirovatka, 2006: 193-197).

가부장제라는 개념은 근대에서 구성된 젠더 관계의 복합적인 성격을 설명하기 어려울 수 있다. 많은 사람들이 주체로서 권리를 인식하고 주장할 수 있는 근대의 시공간에서 젠더 관계를 일면적인 지배와 억압의 관계로 파악하기 어려울 수 있다. 그렇지만 개인과 자율성이 강조된 자본제 사회에서 그리고 모두가 주체임을 강조한 사회주의 사회에서 젠더 불평등이 존재하고 또한 젠더라는 이름으로 억압이 재생산되는 현상을 고려할 때, 가부장제는 용도폐기하기 어려운, 과거 그리고 현재의 사회구성을 규정짓는 뿌리 깊은 억압을 질문하는 개념일 수 있다. 중요한 것은 가부장제의 물질적인 토대와 재현의 구체적이며 역사적인 특성을 밝히는 것이다.

남북한은 강력한 가부장제의 토양을 가지고 있었다. 한국에서 가족은 전통적으로 유교주의 통치이념과 결합되어 가장 기본적인 사회제도가 되었다. 또한 친족과 혈연 질서를 규정한 종법제도의 영향 속에서 가족 성원 간의 관계가 엄격하게 서열화되었다. 여성의 지위는 그가 속한 가족의 출신 신분에 따라 혼인 지위에 따라 그리고 아들의 존재와 출세 여부에 따라 유의한 차이가 있었지만, 여성들은 남성 중심의 사회질서에 순종하고 인내하는 것이 부덕으로 강조되었다(이효재, 1990: 16-23). 한국에서는 1957년 가족법이 제정되었는데, 서양법, 일본법, 전통의 영향이 모두 반영되어 가족의 원리가 법제상으로도 상충되었고 실제 생활에서 다양한 가족원리가 갈등하였다(양현아, 2011: 102). 한국에서 근대적 성별분업과 주부의 탄생은 전통시대와 근대가 시작되었던 시기에 강화된 가부장적 가족관계에 대한 여성들의 지난한 저항으로 획득된 성격도 강하다.

한편 북한에서는 국가건설 초기 훨씬 더 급진적인 개혁이 있었다. 여성의 정치, 경제적 해방과 남녀 평등한 교육기회와 부부 평등한 가족관계를 위한 제도들이 정비되었다. 남존여비 사상을 비판하고 여성도 혁명의 주체임을 강조하였다. 그러나 국가권력이 견고해지면서 가부장적 논리는 국가통치의 이해와 긴밀히 연결되어 복원되고 재구조화되어 생산과 재생산, 국가와 주민의 관계, 사회 일반의 관계, 가족관계를 편제한 중요한 원리가 되었다.

강조하고 싶은 것은 북한의 여성 억압은 교조적 마르크시즘에 입각한 사회주의적 조직의 실패나 전통의 유제로 단순화하기 어렵다는 점이다. 소냐 량(Ryang, 2000: 325-326)이 강조하듯이 건국부터 지금까지 북한에서는 여성문제와 관련된 논쟁들이 거의 일어나지 않았으며 가족과 여성 억압에 대한 질문은 근본적으로 봉합되었다. 또한 북한의 가부장제는 전통의 사적인 가부장제의 유제를 근절하지 못한 결과라기보다 국가통치를 위해 주도면밀하게 기획되고 강력한 물질적, 이데올로기적인 토대를 가지고 있었다. 국가가 경제, 정치적 권력을 독점하고 성별분업구조를 조직하고 성차별 규범과 교육을 재생산하고 국가 가부장을 우상화하였다. 요컨대 북한사회에서 젠더 억압과 젠더 이슈의 침묵은 사적 가부장제의 지배가 아니라 공적인 가부장으로 현현하여 공적 영역과 사적영역에서 젠더 불평등을 구조화한 국가 가부장제의 지배에 비롯한다.

2) 굴절된 근대와 국가 가부장제의 건설

무엇이 근대의 원형적 특성인가를 파악하기 어려울 정도로 현재의 삶은 복잡하게 분화되어 왔지만 생산 및 삶의 양식의 변화를 중심으로 단순화해보면 근대의 원형적 특성을 그려볼 수 있다. 산업화가 이루어지면서 도시화가 진행되고 사람들이 공업부문의 노동자로 구성되고 노동은 상품화되고 사회화된다. 생산이 사회화되면서 가족은 재생산의 공간으로 편제된다. 사회관계는 기능과 계약에 따른 관계가 강화되고, 공동체적인 관계는 약화된다. 이전에는 일부 귀족계층과 상층의 세계에 전유되었던 사적공간과 개인인식이 대중화된다. 자율적인 개인은 정치적 영역에도 등장하여 근대 국가의 주인이 된다. 인간 생명 중심 사상, 발전에 대한 무한한 신뢰, 그리고 생산수단과 과학기술의 획기적인 발전이 지속된다.

그러나 이렇게 구성된 근대의 범주들이 근대적인가 애매하고 혼돈스럽다. 과연 서구역사에서 근대가 과거와 커다란 단절적인 변화였는지, 근대적 구성이라 할 때 이전과는 어떤 맥락에서 다른지 질문이 제기된다. 어떤 것은 근대성이 심화된 시기의 현상이고 어떤 것은 전통에서 이어지는 특징이 아닌가 하고 질문되기도 한다. 또한 근대에서 이루어진 혁신만큼이나 근대를 통해 심화된 모순이 없는지 질문되기도 한다. 근대를 비판적으로 성찰하는 입장에서는 소외된 노동과 계급불평등이 근대의 핵심이라고 파악한다. 지속적으로 생산하는 상품을 판매하기 위해 새로운 시장이 확장되어야 하고 그 때문에 전쟁이나 침략, 인종주의와 같은 인간 대참사가 이루어졌다고 본다. 가족, 사랑, 친밀성의 이름으로 여성이 억압되었다고 본다. 생산, 기능, 발전을 중심으로 주체가 호명되면서 재생산이 부정되고 소통하지 못하는 외로운 존재가 되었다고 본다.

근대의 성격이 복잡하게 진행된 것은 근대의 내적인 발전이나 성찰과정의 영향도 있지만, 보다 많은 사회가 세계 정치경제에 결합되어 근대화를 추구하였기 때문이다. 한편으로 근대화가 보편적인 사회변동과정으로 이루어진 것은 서구문명이 자신을 확장시키려는 원심력과 비서구사회가 서구를 닮고자 한 동경과 동화의 힘이 결합되었기 때문이다. 그러나 보편화의 힘에도 불구하고 굴절과 변형은 계속 이루어졌다. 서양문명이 전파된 과정은 적응적 선택과정이 아니라, 제국의 통치를 위하여 토착적인 것을 의도적으로 부정하거나 문명과 구분하는 정치적 과정을 포함하였다. 또한 일방적 동화가 어려운 것은 토착의 강한 힘이 존재하였기 때문이다. 서양의 문명을 모방하는 것은 토양이 변하는 것 같은 대변화이었다. 지질이 변하기 위해서는 강력한 권력이 필요하였다. 그래서 비서구 사회의 근대화는 훨씬 폭력적으로 진행되었을 수 있다(한석정, 1999: 106-107).

제3세계의 근대화는 토착의 요소와 외부의 힘이 결합하여 형상화되었다. 동화와 차별, 분리, 저항, 그리고 떼어내기 힘든 토착의 힘이 어우러져 지형이 변화되었다. 그렇게 형성된 근대는 근대를 상상했던 것보다 훨씬 복잡하게 구성되었다. 그리고 복잡하게 구성된 형상을 제대로 파악하지 못한 것은 특별한 인식방식 때문이었다. 근대의 인식은 번역된 서양의 개념을 통해 인식하였던 역사를 가지고 있다(박명규, 2009: 41). 근대는 외부로 주입되고, 근대와 전통은 구분된다고 생각하였기 때문에, 전통이 근대를 구성하는 데 중요하게 작용하였다는 것을 인식하지 못하였다. 그러나 전통의 힘은 지속되고, 전통이라고 생각하는 것들도 근대의 사회구성의 목적에서 새롭게 고안되었다(강진웅, 2012: 27-30). 그렇게 전통만 새롭게 창조된 것이 아니라 근대도 새롭게 창조되었다.

한반도가 근대로 이행한 과정은 외세에 접하고 내적으로는 오래된 통치 질서와 세계관이 동요하고 오랜 습속과 새로운 경험들이 만나고 결합되는 과정이었다. 개념사를 통해 근대로의 이행을 분석한 박명규(2009: 53)는 민(民)이 정치적 주체로 탄생한 것이 근대의 단절적인 변화라고 강조한다. 그런데 근대적 정치 주체에 대한 인식이 서양으로부터 수용되고 토착화되는 과정에서 토착의 권력구조와 목적에 따라 변형되었다고 파악한다. 국가의 경계를 명확히 하고 국가권력을 강고하게 만들기 위해 국민의 개념은 원류지에서보다 주체의 의미가 축소되어 번역되었다고 강조한다(박명규, 2009: 74).

근대화는 지역성을 가졌다. 동아시아 지역에서 먼저 근대화를 이룩한 일본은 부강국가를 위해서 서양의 문명, 기술, 제도를 도입하고, 국가 유학생들로 하여금 서양의 문명과 지식을 학습하도록 하였다. 그러나 메이지 개혁 이후 제국주의 통치를 강화하려 했던 일본은 가부장제를 천황을 중심으로 한 제국 통치 질서로 복원하였고 개인화된 근대적 생활양식을 통제하였다(森岡, 2005: 41).

한편 일본이 중국과 조선에 대한 지배를 확장하였던 20세기 초기, 만주, 조선, 그리고 중국으로 이주하였던 많은 일본인은 본토 일본인보다 훨씬 자유롭게 근대적 생활양식을 연출하였다고 보인다. 일본 제국은 문명의 이름으로 통치를 정당화하였고, 이주일본인들은 식민통치의 보호를 받으면서 본국에서 경험하지 못하였던 근대적 생활양식을 표현할 수 있는 자유를 경험하였다(김경일・윤휘탁・이동진・임성모, 2004).[3]

식민지 시기 한인이 문명에 접할 수 있는 기회는 매우 제한되었다. 근대적 교육기회의 문호도 좁았고, 근대적 직업구조도 제한되었다. 그러나 물질적 토양이 취약하였지만 문명과 우열을 강조한 식민 통치 조건에서 근대의 이미지가 과시적으로 생산되었고 모방되었다(김수진, 2005: 382-385). 차별은 차별하는 자에 대한 저항감과 동시에 차별받는 자가 자신을 부정하고 차별하는 자를 닮고자 하는 복합적인 심리를 조성한다. 물질적인 토대가 취약한 상황에서 근대의 이미지는 체계적이지 않고, 통일적이지 않고, 어떤 경우는 통치의 목적에서 선택되고 검열되면서 모방되고 활발하게 재연되었다.

또한 식민지 시기 한인들의 이주가 크게 이루어졌다. 이주는 삶의 기반을 크게 변화시켰다. 전통과 관습의 무게가 상대적으로 약해졌고, 가족이산을 경험하였다. 객지에서도 친족이나 비공식적 관계가 중요하게 작용하였지만, 고향을 떠난 환경에서 전통 역시 새롭게 구성되었다. 해외에서 경험하였던 이질성

---

3 일본인의 동북아시아 이주는 일본제국의 세력 확장과 함께 이루어졌다. 일본인의 만주 이주는 1932년 만주국 설립 이후 크게 증가하였다. 김경일 외는 일본인이 만주에서 거주한 지역은 주요 공업이 밀집되었고, 교통, 국방전략의 요충지이고, 교육, 문화, 금융, 편의 주거시설이 전시된 공간이었다고 밝히고 있다(김경일 외, 2004: 104, 116-117, 183, 292-298).

은 귀환 뒤에도 상당한 영향을 미쳤고, 공동체에 대해 다르게 생각할 수 있는 조건이 되었다.

사람들의 의식에는 전통과 개화의 힘들이 다양하게 결합되기 시작하였다. 문명에 대한 강한 동경은 전통적인 신분제로부터 해방되고 싶은 원망과 강하게 결합되었다. 신분적 차별 때문에 관직에 진출하지 못하였던 중인 계층 일부는 식민통치에 적극적으로 편입하면서 입신출세를 추구하였다(김필동, 1999: 283-291). 또한 새롭게 확장된 제국의 영토는 혈통의 신분적 차별에서 벗어나 삶의 기회를 찾을 수 있는 새로운 공간을 제공하기도 하였다. 사회변화를 추구하였던 운동이 다양하게 일어났던 것은 일제에 대한 저항 때문만이 아니라, 전통적인 신분과 혈통에 따른 차별에 대한 저항의식의 영향도 컸다고 전해진다. 가부장제 구속에 저항한 여성 인식은 식민권력의 기획과 연결되기도 하였고(최경희, 2001[2006]: 395-406), 개신교와 애국 구국운동에 결합되기도 하였다(박용옥, 2001: 247-295). 문명에의 로망은 일본에의 동화의식과 결합되기도 하였지만 일본의 통치에 대한 저항과 연결되어 민족주의와 사회주의 의식으로 발달되기도 하였다. 신분제 붕괴 이후에도 강하게 남아 있던 양반의식은 문명을 좇는 기회주의와 결합하여 가족이기주의로 발달되기도 하였다. 단선화할 수 없는 복잡하고 경계가 불투명한 의식구조는 분단 체제를 통해 남북의 국민 의식으로 다시 재구조화되었다.

이처럼 근대로 이행하는 과정에서 삶의 물질적인 조건도 크게 변하였지만 인식에 있어서도 커다란 변형이 있었다. 그리고 그 변화는 단선적으로 이루어진 것이 아니라 개화와 문명에 대한 동화, 전통적 습속의 저항과 해방 인식이 복잡하게 결합되고 변형되어 생성되었다.

해방은 이렇게 다양한 지역에서 흩어져 경험하였던 생활방식과 의식들이 다시 한반도의 공간에 집결하여 재구조화되는 계기가 되었다. 근대로의 이행은 복잡하게 이루어졌다. 자본제적 생산발전에 따라 자율적인 시민사회가 형성되고 사적 공간이 재편되고, 자율적인 정치적 공동체가 형성된 정연한 과정이 아니었다. 가족, 민족, 국민, 인민, 계급 등 상이한 공동체와 정체성이 서로 만나 각축하고 결합되었다. 그러나 혼재되었던 공동체와 주체 인식들이 수렴되는 지향점이 있었다. 그 방향은 독립된 주권국가를 건설하는 것이었다. 이전 시기와 명확하게 단절되는 근대의 경계로서 독립된 주권 공동체를 건설하는 것이 시대적 과제로 여겨졌다. 식민지배시기와 해방정국에서 일어났던 많은 운동은 국가건설운동이었다. 무정부주의 운동도 존재하였지만, 당시의 사회운동의 대다수는 민족과 국가공동체를 세우는 목표로 수렴되었다. 여성운동도 주로 상류층 여성을 중심으로 개화사상, 애국, 국가건설운동으로 전개되었다. 여성의 개화를 강조한 장지연과 같은 남성 계몽가들도 이상적인 여성상을 구국의 여성으로 그렸다(박용옥, 2001: 298).

이렇게 많은 운동이 국가건설운동의 성격을 띠었던 것은 주권을 회복하고 독립된 정치, 문화적 공동체를 형성해야 하는 것이 시대적 과제로서 공유되었기 때문일 수 있다. 또한 국가건설운동이 여성, 노동자, 지식인, 농민 등에 걸쳐 넓게 대중적 지지를 가졌던 것은 근대국가의 주체가 일반 대중이라고 인식되었기 때문이다. 박명규(2009: 85)는 개화기, 식민지배, 해방, 그리고 건국 시기를 통해 일반 민중을 정치적 주체로서 호명하는 개념들이 확산되었는데, 그중에서도 대표적인 개념이 민족, 국민, 인민이었다고 강조한다. 특히 국민과 인민은 이제껏 피통치자로 여겨졌던 민이 통치의 주체로서 인식된 단절적 의미를 함축한 개념이었다고 강조한다. 국가건설운동이 열렬하게 일어났던 것은, 많은 사람들이 정치적 주체로서 자신을 인지한 대중의 탄생과 맥을 같이한다.

그러나 주권 국가는 그 개념이 유래된 서구사회에 비해 훨씬 강력한 유기체적 생명체로 구성되었다(박명규, 2009: 262-266). 이것은 동아시아 근대사의 중요한 그리고 일반적인 특성과도 연결된다. 이런 굴절에는 유교적 공동체 전통의 영향도 중요하게 작용하였다. 가족주의, 연대와 위계를 강조한 예 문화, 연고를 강조하는 폐쇄주의, 그리고 도덕적 인간을 강조한 제반의 가치들은 삶의 깊은 뿌리로서 유지된 부분도 크다. 여기에 식민권력에 대한 저항운동을 통해 강화된 민족의식도 정치적 공동체의 집합 감정과 통합되었다. 국방과 강국건설 기치를 내걸고 전 구성원의 일치단결을 강조하며 인적, 물적 자원을 총동원하였던 일본제국, 청조가 망한 뒤 여러 제국에 의해 반식민화되고 오랜 전쟁 기간을 통해 국가 건설을 이룩한 중국 사회주의체제, 식민지배와 분단, 그리고 전쟁을 거쳐 적대적인 관계에서 형성된 남북한의 국가는 외부에 차별적이고 내적으로 단결된 강한 집단의식에 토대를 둔 정치 공동체였다.

해방 이후 한반도는 어떤 원리로 국가를 구성할 것인가를 둘러싼 갈등이 들끓었다. 사회주의체제에 기초하여 국가를 건설하려고 한 북한공산당은 민족차별, 봉건적 차별, 노동자 차별, 여성차별로부터 해방된 인민의 국가로서 조선인민공화국을 선포하였다. 한반도에 작용하고 있었던 모든 억압으로부터 해방된 인민주체에 기초한 독립된 정치 공동체로 국가를 선포하였다. 북조선은 주체의 열망이 들끓던 토양에서 탄생하였다(Armstrong, 2002[2006]: 33-70). 국가건설세력은 계급 모순만이 아니라 봉건제와 민족 모순에서 억압된 인민들의 주체화 운동을 통해 세력을 확대하였다. 그리고 1946년에서 1948년 사이 이루어진 급진적인 개혁은 민중을 국가 건설의 강력한 지지기반으로 포섭하는 데 크게 기여하였다. 계급구조의 변혁도 혁명적 주체 인식을 강화시킨 중요한 조건이 되었다. 친일한 사람, 지주출신, 남한에 충성한 사람은 반성분자가 되고, 노동자의 순수한 혈통은 핵심적 당 세력이 되었다. 기초적인 생활보장제도가 이루어졌고 배급제는 폐지 논란 속에서도 주민들의 지지를 확보하기 위해 유지되었다.

그러나 전쟁과 분단 체제에서 국가공동체와 주체인식은 다시 한번 굴절되었다. 전시체제와 미국과 남한과의 체제경쟁에서 국가권력은 훨씬 더 강력한 독점으로 재편되었다. 북한의 인민 정체성은 독점국가의 통치수단으로 적극적으로 활용되었다. 인민은 외세의 침략으로부터 민주기지를 수호하기 위해 총화 단결하여 생산력을 고도화하는 데 헌신하는 주체로 강조되었다. 그리고 사회혁신과 혁명의 분위기 속에서 주민들의 사기는 컸다.

강력한 국가권력이 완성된 이후 주민은 공동체 이데올로기에 더욱 예속되었다. 1970년대 초 완성된 주체사상은, 혁명적 주체를 지도하는 김일성과 당의 권력을 교리화하였다고 알려졌다(이온죽, 1993: 247-249). 주체사상에서 인민은 스스로 국가, 사회, 삶을 자율적으로 만들지 못하고 지도자 수령과 당의 교화로 지도되는 대상으로 주체의 의미가 변형되었다. 모든 주민은 노동계급화, 인텔리화, 혁명화를 통해 혁명적 주체가 되어야 하고 김일성은 혁명적 주체의 현현 그 자체로 숭배되었다. 또한 김일성과 김정일로 권력의 계승구도를 확립하기 위해 국가와 주민을 연결하는 가부장제 이데올로기가 대폭 강화되었다고 논의된다(윤미량, 2006: 82-88). 결국 인민은 지도자 어버이의 한량없는 은혜에 감사하고 보답하는 신민형 주체가 되었다고 논의된다(서재진, 1995: 119).

주지하는 사실이듯이 국가는 중요한 권력기구이다. 베버는 국가는 영토와 그 영토 안에 거주하는 사람들에게 영향을 미칠 수 있는 공동체로서 어떤 공동체보다 주민들에게 복종을 강제할 수 있는 물리력을 가졌다고 정의한다(Weber, 1921[1968]: 902-903). 근대적 국가의 중요한 기능은 법을 만들고, 시민의 안전과 권리를 보호하고, 위생, 사회복지, 교육 등의 행정을 한다. 국가의 물리력은 정당성을 가진다고 여겨지고, 국가의 권력은 경제적 이해와 연결되거나 독자적으로 확대하거나 고립될 수 있다고 정의한다. 또한 국가는 경험적 질로 정의하기 어려운 관념적인 요소도 가진다고 지적한다. 국가 의식은 언어, 민족 공동체와 연관될 수 있지만 일치하는 것은 아니다(Weber, 1921[1968]: 922). 베버의 정의에 따르면 국가는 물리적인 권력과 공통된 이해를 가질 뿐만 아니라, 구성원들에 의해 권력이 정당화되고, 집단의식과 집단경험 그리고 집단기억을 공유하는 공동체적 성격을 가진다.

베버는 또한 국가 내에 권력이 배분되는 구조는 경제, 사회, 정치적 위계와 연관된다고 정의한다(Weber, 1921[1968]: 926-939). 경제적 위계는 재화의 생산과 획득과 연관된 권력구조로서, 시장에서 교환할 수 있는 지위와 직업 지위와 연관된다. 사회적 지위는 사회로부터의 평가와 생활스타일과 관련된 위계 구조를 가리키고, 정치적 위계는 정치적으로 영향력을 행사할 수 있는 조직들의 위계로서 사람들이 자유롭게 결사하고 자신들의 이해를 반영할 수 있는 정도와 양식에 따라 그 성격이 구분된다고 개념화한다.

베버의 권력 개념에 따르면 북한의 국가 내 권력도 국가로 집중되어 있다.

시장경제와 사적 소유가 제한되고 생산수단이 국유화되고 집단화되고 생산을 국가가 계획적으로 관리하고 분배하므로 국가는 생산과 분배를 관리하는 권력을 독점한다. 또한 계급구조의 변혁을 통해 과거의 신분적 지위가 폐지되었지만 그 대신 당에 대한 충성 여부에 따라 핵심, 동요, 기본 군중으로 지위가 구분되어 대를 통해 유지되는 새로운 사회적 지위가 형성되었다. 일당독재체제에서 자유롭게 조직을 결사하여 이해를 주장하는 움직임도 통제된다.

이렇게 경제, 사회, 정치적 권력이 국가로 집중되어 있기 때문에 국가에 의한 주민의 통치가 작동할 수 있는 물질적인 토대가 강력하다. 여기에 더하여 북한의 국가통치는 강력한 상징과 이데올로기 장치에 기초하고 있다. 북한주민의 국가 의식을 동원하는 상징들은 대내외 조건들의 변화와 함께 확대되었다. 국가건설 초기부터 줄곧 혁명적 주체라는 이름을 통해 국민 의식과 감정을 강조하였다. 문화, 역사, 언어, 생활양식의 공유와 식민지배에 대한 저항의 기억을 환기하면서 강화한 민족 공동체의 의식도 중요한 기반이 되었다. 한국과 북한은 모두 민족 이념에 기초하여 국민국가를 건설하였다. 민족의식은 국가의식과 결합하여 내적으로 통합하고 외부를 구별하고 확인하였다. 전쟁과 분단은 외부로부터의 긴장과 위기를 환기하고 국민의식을 통합하는 상징을 강화하였다. 우상숭배와 후계구도의 정착을 위해 온정적인 가부장 논리가 복원되어 충을 정당화하였다. 주체사상도 인민과 국가와 지도자와의 일체의식을 교리화하였다. 이 상징들은 층층이 조직된 사회단체와 조직에서 교육을 통해 그리고 집단 연출을 통해 학습되고 내면화되었다(이온죽, 1993: 234). 또한 사람들이 자유롭게 이동할 수 없고, 새로운 정보에 접하지 못하고, 정해진 생산과 생활단위에서 정주한 것도 게마인샤프트(gemeinschaft)적인 공동체 성격이 강화될 수 있는 중요한 조건이 되었다.

바로 이렇게 북한의 국가공동체는 가부장제적 공동체로 구조화되었다. 국가와 당을 대표하는 수령은 경제, 사회, 물리적 권력의 주인일 뿐만 아니라 절대로 거역할 수 없는 진리와 무한한 자애의 현현으로 찬양되었다. 주민은 국가 가부장의 권위와 뜻에 모든 것을 내맡기고 헌신하는 혁명적 주체로 호명되었다.

북한주민들이 국가체제에 갖는 충성의 감정은 국가권력의 물질적 토대, 이동이 통제된 폐쇄된 생활공간, 주체적 능동성을 부정하고 권위에 순종하고 공동체 일체 의식을 강조하는 상징, 규범, 가치들의 상호작용에서 형성된 가부장적 공동체에 예속된 의식이고 책임 윤리였다. 이렇게 충의식은 국가와 국민 개개인을 바로 연결하는 북한주민의 중심된 감정이 되었다. 주민은 경찰기구에 의해서만 감시된 것이 아니라 신격화된 국가 가부장에 대한 자발적인 존경과 사랑의 감정을 통해 감시되었다. 충은 물질적 보상 기제도 되었다. 충을 연출하고 증명함으로써 당원이 되고 직장을 배치받고 국가로부터 인정을 받을 수 있었다. 이렇게 충은 정치적 안정성을 도모하고 사회통합을 동원하는 북한 통치체제의 중요한 토대가 되었다.

가부장제는 동일한 형태와 동일한 기제로 틀 지어지지 않는다. 그것이 자랄 수 있는 토양에서라면 어느 곳이든 다양한 형태로서 자신을 재생산하는 힘을 가지고 있다. 권력이 독점되고 통치자와 피통치자를 구분하는 권위적인 지배논리가 강한 토양에서 이형동질의 가부장제가 재현될 수 있다.

3) 공공(公共)의 확장과 비공식 관계

사람들의 관계와 상호작용이 분화되고 복잡하게 된 만큼 공동체를 명확하게 정의하기 어렵다. 공동체에 대한 초기연구들은 근대산업사회로의 이행을 자연적인 인간관계와 연대가 해체되고 계약적인 사회로 변화되는 과정으로 파악하였다. 산업화 초기에 사회변동을 공동체의 변화과정으로 접근한 퇴니스는 게마인샤프트 내의 상호 희생과 친밀한 관계는 인간 본연의 의지에 기초한다고 보았다. 인간 본연의 의지는 생존의 욕구뿐만이 아니라, 소통하고 공동체 성원으로 참여하고 연대하는 욕구를 포함한다고 이해하였다. 그리고 가장 자연적이고 본연적인 인간의 결합을 가족으로 파악하였다. 혈연과 친밀성을 나누고, 함께 생활하고, 서로 돕고 헌신하고, 가족을 돌보는 감정과 유대 속에서 인간은 존재한다고 생각하였다. 이동이 제한되고 사회가 분화되지 않은 상태에서 친밀하고 헌신하는 관계를 중심으로 자연적으로 형성된 공동체가 게마인샤프트라고 파악하였다. 이에 비해 게젤샤프트(gesellschaft)는 합리적이고 기능적이고 이성적인 이해에 기초한 인간결합이라고 파악하였다. 산업화가 이루어지고 사람이 이동하고 상호관계가 기능적으로 이루어지면서, 게마인샤프트적인 인간결합은 약화되고 게젤샤프트적인 관계가 지배할 것이라고 진단하였다(강대기, 2001: 43-46).

사회유대의 형태나 정도는 변할 수 있지만 공동체는 인간 존재에 불가결한 조건일 수 있다. 인간은 태어날 때부터 사회의 성원으로 사회화되고, 사회에서 통용되는 상징의 틀로서 인식하고 상호작용하면서, 정체성과 연대를 구성한다. 그렇지만 공동체적 결속은 인간의 자발적인 의지와 긴장관계에 있다. 특히 공동체적 삶과 인성은 주체를 강조한 근대 인식과 상당한 긴장관계에 있다. 현대 사회는 전면적인 상호관계나 집단 정체성이 약화된 특성을 가진다. 사람들은 공동체의 이해보다 개인의 이해를 중심으로 상호작용하고 관계를 형성하는 경향이 강하다. 그러나 개인이 공동체에서 벗어나려고 하더라도 연대로부터의 분리가 수반한 소외는 결속 감정에 대한 향수를 크게 한다. 소통과 연대의 감정이 인간 존재에 본질적일 수 있다는 것은, 공동체적 관계가 크게 약화된 현대 사회에서 많은 사람들이 사랑에 열광하는 이유일 수 있다(Beck and Gernsheim, 1990[2006]: 94-111). 그리고 공동체 연구자들은 현대사회에서 게마인샤프트적인 공동체가 사라진 것이 아니라, 공동체의 성격과 내용이 훨씬 복합적으로 변화되었다고 바라본다(강대기, 2001: 110-111; 서이종, 2002: 13-37). 교환의 장이 넓어지고 통신 기술이 확장되고 상징적 상호작용의 범위와 양식이 공간적 제약을 벗어나 이루어지고 있다고 파악한다.

그런데 북한주민의 사회관계와 사회의식에는 다양한 기원을 가진 공동체의 논리가 영향을 미치고 있다. 북한주민이 인식하는 공공의 세계는 자율적인 의지를 가진 주체들의 사회적 합의나 계약으로 구성된 것과는 다르다. 이온죽은 1960년대와 1970년대 북한의 소설과 공식적인 기관지를 분석하면서 북한의 공식가치로서 집단주의 가치가 강조되고 개인 중심의 가치가 부정되고 있다고 지적한다(이온죽, 1993: 258-273). 인간은 타인, 가족, 사회, 당, 국가를 위해 헌신하고 공동체와 유대하고, 근검 절약하고, 희생하는 도덕적 존재임을 강조한다. 한편 개인의 사적인 욕심이나 허례와 낭비는 자본주의 인성으로 비판되었다. 또한 인정과 순수성을 강조하였다. 좋은 사람은 자신의 이해를 좇지 않고 자신과 남을 구별하지 않는 마음을 가진다고 강조한다. 타인을 배려하고 연대하고, 속이지 않는 사람들이 자발적으로 구성한 사회, 그야말로 게마인샤프트적인 공동체의 이상일 수 있다. 북한주민들의 실제의 삶이 이와 같은 이념을 구현하고 있다고 말하기는 어렵지만 이들 가치는 사람들의 상호작용을 규정하고 공적 세계를 강조한다.

이와 같이 북한주민의 상호관계를 규정하는 공공의 가치는 다양한 기원을 둔 공동체 논리들이 복합적으로 결합되고 변형되어 구성되었다. 한편으로, 군자의 됨됨이로 강조된 인의사상, 효제충신, 사람들 사이의 위계와 차이에 대한 존경, 상부상조, 인정, 염치와 체면을 강조하는 도덕 감정 등 조선시대의 유교적 통치 윤리와도 겹쳐지는 부분이 있다. 또한 정직함과 이타적인 지향은 게마인샤프트적인 관계의 일반적 약속일 수 있다. 공동체적인 관계는 서로에 대한 신뢰와 진정성을 중요시한다. 자신의 이해 때문에 타인을 속이지 않는다는 암묵적인 약속을 중요시한다. 또한 타인의 눈과 시선에 민감하고, 타인의 생활에 관심이 많기도 하다. 이타심도 상호관계의 중요한 규범이 된다. 자신의 이해가 아니라 공동의 이해가 강조된다. 이처럼 공동체적 관계에서 강조되는 가치는 거짓되지 않고 타인을 배려하고, 공동체를 위하는 것이다. 계산적이지 않고, 안과 속이 다르지 않고, 자신의 이해에 크게 집착하지 않고, 공동체적 이해를 추구하는 인성이 강조된다. 이런 가치는 사회주의적 체제에서 더 형성되기 쉬운 특성도 있다. 개인이 모든 것을 책임져야 하고 손해 보지 않고 자기 이해를 추구할 때와 달리, 사회안전망이 보장될 때 사람들은 덜 계산적이고 타인에 대해 더 배려하는 인성을 가질 수 있다.

이렇게 본다면 북한주민의 일사불란한 단체 모습이나, 국가에 열렬하게 환호하는 모습, 사적인 관계에서 표현되는 솔직하고 인간적인 모습은 다양한 공동체 논리로 지배되고 있는 모습과 다름없다. 그리고 공동체적 가치관으로 생각하고 생활하도록 한 지배구조는 국가가부장제이기도 하다. 북한주민들은 솔직하고 정직하다고 자신들을 평가한다. 마음에 꾸밈이나 속임이 없고 바르며, 사람들을 마음으로 대한다고 한다. 정직하고 인간적인 마음을 강조한다. 그러나 정직함과 이타주의는 공공성과 유대가 사적 이해에 의해 활용되지 않으며 공과 사는 분리되고, 서로 자율성을 가지는 것을 전제한다. 그런데 자율성이 극도로 통제된 공동체적 사회구조에서, 공과 사의 인식은 분화되지 않아 오히려 공공의 가치가 사적인 이해를 충족하는 논리로 전화되는 긴장이 존재한다.

이것이 국가의 전면적인 통치에서 비공식관계가 발전하게 된 맥락이 된다. 국가 가부장제는 그 물질적 권력의 토대 위에서 다양한 공동체의 논리를 국가 이데올로기로 포섭하여 주민들을 공동체적 삶과 의식에 예속하였다. 그러나 역설적으로 국가, 당, 관료가 생산과 복지의 중요한 권력이 되면서, 조직에 순응하고 안면관계에 힘써야 하고, 자기 능력보다 관계에 의존하는 행동방식이 강화되었다. 권력자와 좋은 관계를 맺는 것은 대부분 물질적인 거래를 수반하였다. 또한 북한주민은 민족, 가족, 동포, 혈연, 친족과 같은 공동체 이름으로 친밀성을 연출하는 데 익숙하다. 서재진(1995: 363)은 북한주민은 공적 영역에서는 공식적 원리에 순응하는 것처럼 보이지만 일상생활에서는 자기 이해를 중시하고 체제를 비판하는 이중성을 가진다고 지적하였다. 그는 주민들의 집단감정이나 공공의식의 표현을 통치권력에 대한 감시와 불리를 의식한 '연출'로서 해석한다.

그런데 공공의 가치를 연출하는 것이 과연 거짓인지 의문이 된다. 공동체의 규범으로 에워싸인 일상생활에서 주민들의 공공의식은 훨씬 더 진정성을 가지고 있을 수 있다. 공동체의식을 가지면서도 비공식적인 관계를 중시하고 사적인 이해를 추구하는 것은 의식적인 연출이기보다는 공동체 인간으로 훈육된 양심의 압력에서 사적 이해를 감추려는 무의식의 작용일 수 있다. 전성우는 독일 통일 이후 구동독인이 갖는 인간적 자긍심과 통합 이후 겪는 박탈감에 대해 논하였다. 독일이 통일되고 몇 년 뒤 실시된 구동서독인 비교설문에 따르면 서독인의 품성은 위험감수 용의가 크고, 사업에 능숙하지만 오만하다는 평가가 대중을 이룬 반면, 동독인은 사회적 성향이 강하고 정직하다는 평이 대중을 이루었다고 한다(전성우, 1995: 20). 구동독인은 인간적으로 강한 자의식을 갖고 있지만 지금까지의 인생 자체를 부정당하는 상황에서 박탈감을 크게 가지고 있다고 평한다. 동독주민들이 진실되고 타인을 돌보는 인성을 공유하였던 것은 사회주의적 생산과 복지 제도의 영향을 부정할 수 없다. 사람들은 기본적인 생활조건이 보편적으로 보장될 때 스스로 삶의 기회를 확보하기 위해 경쟁해야 할 때보다 서로를 배려하는 마음을 더 발달시킬 수 있다. 그러나 국가권력과 공동체적 사회질서가 강조되면서 능동적 주체는 신민화되고, 공동체적 유대는 국가권력의 통치논리로 전화되고, 사람들은 비공식적 관계를 통해 사적 이해를 해결하는 '공동체적 연줄인간'이 되었다고 주장한다(전성우, 1995: 29-32). 그의 논의처럼, 사회주의체제에서 비공식적인 연줄과 부패가 일반적인 것은 공공의 영역이 지나치게 확대된 결과일 수 있다. 공동체적 규범이 일방적으로 강조되면서 공과 사의 경계가 분명하지 않게 되고 오히려 공공의 가치가 사적 이해를 실현하는 논리로 전환되어 비공식 관계가 확대된 것이다.

이처럼 개인의 자율성을 극도로 통제한 공동체 논리는 공공제도에서 비공식 관계의 영향을 크게 하여 공공성을 오히려 약화시킬 수 있었다. 북한주민의 국가에 대한 충, 관계에 있어서 정직과 이타심을 강조하는 태도 그리고 비공식적 관계에 의존하는 심성은 공동체의 논리로 개인의 자율성이 심각하게 통제된 생활세계에서 구성되었다고 여겨진다. 결국 공공의 논리를 약화시킨 비공식관계는 국가권력 밖에서가 아니라 국가권력이 지배하는 방식 안에서 잉태되었다고 여겨진다. 집단적 규제가 강하고 사적 이해가 조직적으로 통제될 수 있을 때는 공공성과 사적 이해의 갈등이 체제 문제로서 전면에 부각되지는 않았을 수 있다. 그러나 경제난 이후 국가 복지가 사실상 중단되면서 주민들의 자구적인 생활전략은 커졌다. 또한 개인의 자율적인 거래와 생산활동에 대한 통제가 지속되면서 불법과 비공식적인 관계가 확대되고 속고 속이는 현상도 증가하였다.

정리하면 북한주민들의 공공의식과 태도는 다양한 공동체 논리들로 포섭된 일상생활에서 익혀졌다. 공동체 논리는 전통적인 공동체적 가치와 연결된 부분도 존재하며 근대국가를 건설하는 과정에서 굴절되어 강화된 부분도 존재한다. 또한 사회주의 조직 논리와 국가권력을 재생산하는 논리와 연결되어 강화된 부분도 존재한다. 이렇게 강화된 공동체 논리는 국가통치에 대한 신뢰와 생산 증진 운동을 동원하는 데 기능하였지만, 동시에 공적 관계를 사적 이해로 활용하는 비공식관계를 강화하였다. 공공의식과 비공식관계의 확장은 국가가부장제에 내재한 통치원리였지만 동시에 통치능력의 긴장이 되었다.

3. 젠더 구조의 가부장제적 재편과 긴장

1) 생산조직과 가족관계에서의 젠더 차원

이렇게 국가 중심의 권력 조직, 공공의식과 비공식 관계의 확장으로 틀 지어진 북한의 국가 가부장제적 사회구성은 젠더 불평등한 관계가 조직되고 긴장하게 된 중요한 토대가 된다. 사회주의는 근대가 추구한 이상, 가장 발전된 인간을 현실에 구현하려는 지향을 가졌다. 모든 억압으로부터 해방된 주체들의 자발적인 공동체를 지향하였다. 여성 해방도 사회주의의 중요한 이념이었다.

사회주의 체제 건설 이전의 북한여성의 삶은 생산에서 배제되고 가사노동에 종사한 근대적 주부의 삶이 아니었다. 조선 시기 여성은 정절을 강제당하고, 상속이나 재산권에서 차별을 받고 남존 여비 사상에 순응하면서 살았다. 또한 식민지 지배시기 젠더 불평등한 제도와 인식은 강하게 유지되었다고 논의된다(이효재, 1990: 24-26; Ryang, 2000: 327-330). 한편 인민위원회는 여성의 지위를 개선하기 위해, 대가족제도를 부부 중심의 핵가족으로 개혁하였고, 여성의 노동참여를 강조하고 육아정책을 지원하였고 여성들의 정치 세력화를 지원하였다(윤미량, 2006: 66-81). 북한에서는 여성이 남성에 예속되는 성별분리는 존재하지 않고 남녀 동등하게 노동하고 평등한 가족관계를 형성한다고 선전하였다. 그러나 근대적 국가와 국민의 관계가 국가권력 중심으로 굴절되었던 것처럼 젠더 관계도 불평등하게 굴절되었다.

북한여성의 노동력은 전후 경제를 복구하고 고도성장을 위해서 적극적으로 동원되었다(박영자, 2006: 129−130). 그러나 여성들의 경제활동 참여는 해방된 주체의 활동으로 선전되었지만 고도성장에 필요한 인력을 동원하는 목적도 크게 작용하였다. 산업화에 적극적으로 동원되었던 1950년대에서 1970년대 초 북한여성은 출산장려 분위기에서 자율적으로 출산을 통제할 수 있는 기회도 제약되었다. 결국 생산과 재생산의 이중적 역할을 감내해야 했다. 또한 경제발전이 중공업 중심으로 편제되면서 남성은 중공업에 여성들은 경공업과 지방 산업에 조직되었다. 생산에서의 성별편제는 모성을 보호하는 취지라고 선전하였지만 남성 중심적 생산 문화의 영향도 컸다고 지적된다(박영자, 2006: 139). 남성은 사회주의 건설의 주요 생산력으로서, 방위를 수호하는 병력으로서 조직되었고 이런 역할 때문에 사회와 가정에서 대우를 받는 것이 당연하다고 인식되었지만, 여성의 기본 역할로 간주되었던 양육과 가사노동에 대한 사회적 인정은 크지 않았다(박영자, 2006: 142). 이처럼 공식적 생산조직이 남성을 중심으로 구성된 현상은 다른 사회주의체제에서도 일반적으로 나타났다(Saxonberg and Sirovatka, 2006).[4]

2008년 북한 센서스에서 기혼남녀의 활동을 보면, 남자는 60세 퇴직하기까지 약 60%가 노동자로, 20% 정도가 농장에서, 그리고 약 17%가 당 기관에서 일하고 있다. 한편 여성은 55세에 공식적으로 퇴직하기 전까지 약 45%가

4 삭손버그와 시로바트카는 구사회주의 사회에 속한 여성들이 종사한 노동은 남성의 노동과 비교할 때 주변화된 특성을 가지고 있다고 강조한다. 여성은 경력노동에 종사하는 비중은 적고 실업율도 높았다고 강조한다. 또한 여성들로 조직된 단체들이 있었지만, 당에 의해 통제되고 여성들의 독자적인 이해를 반영하지 못하였다(Saxonberg and Sirovatka, 2006: 192−193).

표 5-1 북한 기혼남녀의 주된 활동(단위, %)

연령	출생연도	남				여			
		노동	사무직	농민	기타	노동	사무직	농민	기타
20대	1988-1979	61.3	7.1	22.2	9.4	50.2	8.5	29.0	12.3
30대	1978-1969	62.4	13.5	21.6	2.6	45.2	7.2	31.6	16.0
40대	1968-1959	58.4	18.7	21.4	1.5	45.3	8.4	30.5	15.7
50대	1958-1949	56.0	20.7	20.8	2.5	30.1	8.9	18.1	42.9
60대	1948-1939	9.5	7.7	3.0	79.8	2.4	0.4	0.8	96.3
70대	1938-1929	1.4	1.9	0.3	96.4	0.5	0.1	0.2	99.3
80+	1928	0.7	0.7	0.2	98.4	0.1	0.0	0.2	99.7

자료: 북한 센서스 2008.
기타는 주로 교육이나 퇴직, 가사활동 등에 의한 비경제활동을 가리킴.

기업소에서 일하고 30%가 농장에서 일하는 것으로 보인다. 남성 노동은 중공업 부문에 많고 여성의 노동은 경공업이나 상업, 보건, 문화, 교육 분야에서의 사무가 많다.

그런데 여성노동은 경력에 있어서도 안정성이 떨어진다. 미혼 여성들은 학교를 졸업하면 남성과 마찬가지로 힘든 노동을 하는 경우가 적지 않다. 그렇지만 결혼을 하면 남편의 직장조건에 맞추어 부양역할을 맡거나 새로운 보조활동에 배치되는 것이 1980년대 이후 여성들의 삶에서 일반적이었던 것으로 여겨진다.

여성들은 결혼을 하면 직장생활을 안 하는가요?

특이한 직업이 아니면 다 부양으로

특정한 직업이 아니면? 전문직이 아니면?

예, 남편이 군인이거나 이런데 시집갈 거 같으면 학교 교사를 하던 사람들도 시집가면 산골에 앉아서 돼지만 키워야 하고 그래야 돼요. 군인가족은 돼지 키우는 게 일이니까. (추이 씨)

북한여성의 노동지위가 취약한 것은 노동을 지속하되 경력노동을 유지하고 있는 여성이 많지 않는 점에서도 분명하게 드러난다. 인터뷰에 참여했던 정이 씨는 미혼시설 건설노동과 트럭운전수를 하다가 아이를 낳은 뒤 주민등록 사업을 하다가 이후 장사를 하였다. 춘이 씨는 미혼시설 교원생활을 하다가 결혼 뒤 사적 안내원을 하였고 이후 장사를 하였다. 연이 씨는 미혼 때 돌격대 건설 현상에서 7년을 일하다가 결혼하였고 그 후에는 농사를 짓고 장사를 하였다. 복이 씨는 유치원 교사를 하다가 결혼하였고 이후에는 집안일을 하면서 장사를 하였다. 옥이 씨는 간호대를 나와 우편 일을 하였는데 결혼하고 아이를 낳고 3년 뒤 여맹위원장을 10년 하였다. 추이 씨는 결혼 전에 철도에서 일하다가 결혼하고 남편과 함께 농사를 지었다. 이렇게 북한여성들은 결혼을 하면 보조적인 업무를 보면서 집안 살림을 맡았던 것 같다. 가족부양자가 된 여성들은 전문적인 일을 지속하는 여성들을 부러워하기도 했지만, 식량난을 겪으면서는 전문직 여성들도 직장을 그만두고 장사에 참여하였다고 기술한다.

이렇게 남성은 군과 공적 생산력의 중심으로서 조직되고 여성은 산업예비군적 성격이 강한 주변적 지위에 놓여 있었다. 당과 기업단위에서 정하는 직업은 우선적으로 남성에게 제공되고, 여성들은 보조적이고 단절적인 노동을 하였다. 그러나 공식적 생산조직에서 여성은 주변화되어 있지만, 비공식적 생산과 소득 활동은 여성을 중심으로 이루어졌다. 특히 식량난 이후 여성들은 식량 및 생필품 구입에 큰 역할을 하였던 것으로 전해진다(윤미량, 2006: 92-96; 박현선, 2003: 317-320).

혼인은 가족 내 젠더 관계의 규칙을 반영하고 있다. 북한의 가족법에 따르면 남자 18세, 여자 17세 이상이면 자유롭게 결혼할 수 있다고 규정되어 있다. 그러나 보통 남자가 군대를 갔다 와 직장을 배치받고 난 뒤 결혼이 이루어진다. 그래서 남성은 보통 20대 후반에 결혼하고 여성은 24-25세 정도에 결혼을 하는 게 일반화되어 있다. 또한 북한여성은 결혼 적령기에 대한 의식을 강하게 가지고 있다. 탈북이주민 증언에 따르면 여성이 25세가 넘으면 노처녀이고 30세가 넘으면 결혼하기 힘들다고 인식한다(임순희, 2006: 181).

자유결혼이 법제화되었지만 결혼이 성사되는데 개인의 선택보다는 가족의 영향이 크게 작용하는 것으로 나타난다. 여성은 연애에 소극적이고 정숙함이 미덕으로 여겨진다고 한다(이온죽, 1993: 172-175). 연애를 통해 결혼하는 경우도 드물지 않지만 최근까지도 중매로 결혼하는 경우가 크다고 전해진다(박현선, 2003: 294-297). 중매에서 고려되는 배우자의 조건으로서는 성분, 당원, 권력 등이라고 한다. 경제난 이후에는 외화나 돈을 벌 수 있는 직업을 가진 남자가 인기가 있다고 한다. 물론 이런 이상적 배우자와 결혼이 성사되기 위해서는 여성의 출신성분도 맞아야 한다. 가족출신이 좋지 않은 경우는 부모의 반대로 결혼이 성사되지 못하는 경우도 드물지 않다.

결혼조건으로 무엇을 따지나요?

첫째는 북한은 정치적으로 많이 따지니 당원에 입당을 해야 하고 둘째는 성분을 많이 따져요. 성분이 좋아야 앞으로 자식을 낳아도 자식이 잘 되니까 출세를 하기 위해서는 성분이 좋아야 하죠. 세 번째는 가정환경이 좋아야 하고. (화이 씨)

중매는 어떻게?

중매는 가까운 친척이라든가요, 같은 동네 분들이, 친지, 또는 부탁받은 분들 통해 가지고 서로 상대방 집을 파악한 상태에서 그 집 출신성분이라든가, 경제적 상황이라든가 이거 다 서로 나누고 서로 다 나눈 상태에서 만나는 거죠. 만나가지고 좋으면 좋다, 나쁘면 나쁘다 하고, 서로가 충분히 대화를 통해서 만나 가지고 좋으면 약혼부터 하고 그러고 결혼합니다. (인이 씨)

북한사회에서도 결혼은 여성의 삶에 매우 중요하다고 인식된다. 여성들이 그리는 이상적인 삶은 아내가 되고, 아이를 낳고 어머니가 되는 것이라고 한다(임순희, 2006: 178). 그래서 여성은 남성보다 결혼에 적극적인 태도를 갖고 있다고 전해진다. 또한 청년기 남성 대다수가 군대에 복무하고 사망률도 높기 때문에 혼인적령기 남자가 부족하다고 인식된다(김석향, 2006: 291). 그래서 괜찮은 남성과 결혼하기 위해서는 여성이 준비해야 하는 것이 더 많고 자칫하면 혼기를 놓칠까봐 딸을 가진 부모들은 걱정한다고 한다. 이에 비해 남자는 쉽게 결혼할 수 있고 가정을 대표할 수 있다고 전해진다.

절름발이라도 혼자 사는 남자는 없어요.

남자들이 빨리 죽는지 모르겠는데 과부는 많은데 홀아비는 없어요. 결국엔 남자가 적고 여자가 더 많다는 거죠. 남자는 장가갈 때 그냥 홀몸으로 가도 돼요. 여자가 다 해야 해요. 그래가지고 저도 힘들었어요 …. 어떤 말이 도냐면 여자는 능력이 있어야 살지. 능력이 있으면 남자 미끈하게 생긴 것 그냥 데려오면 사는데 여자 능력이 없으면 혼자 살아야지. 여기하고 바뀌대는 거예요. 북한은 여자가 능력이 있어야 남자를 얻어요. 그러니까 북한여자들이 엄청 세지는 거예요. 그래서 생활력이 강해요. (춘이 씨)

북한에서는 결혼 생활은 안정되어 있다고 전해진다. 선행조사에 따르면 이혼에 대해 부정적인 태도를 갖고 있는 것으로 나타난다(박현선, 2003: 122). 또한 이혼하는 데 제도적 장벽도 큰 것으로 알려져 있다. 1956년 이후 합의 이혼이 폐지되고 재판에 의한 이혼만 인정되었다. 확실한 이혼사유가 있어야 이혼을 할 수 있는데 배우자가 반당분자, 반혁명분파, 종파분자, 정치적인 반항자이거나 배우자의 부정과 폭행, 건강상의 이유가 있을 때 이혼이 고려될 수 있다고 한다(통일교육원, 2000: 457-458). 이혼을 제도적으로 통제하는 것은 여성의 지위를 보장하는 의미도 있지만 가족의 안정성을 유지하려는 이해가 크다. 탈북이주자 증언에 따르면 아무리 가족갈등이 심하더라도 기업 상사나 책임자의 허가 없이는 이혼하기가 어렵다고 한다. 이혼이 엄격히 통제되기 때문에 부부관계가 더 심한 갈등으로 이르기도 한다.

이혼은 힘든데 … 배우자가 감옥을 갔다든가, 이래서 밖에 있는 사람이 안 살겠다 할 때는 그건 좀 빨리 이혼이 되고요. 어지간해서는 갈라지지 말고 끝까지 살라고 하죠(화이 씨).

부부관계는 가부장적이고 성역할 분리적인 태도가 강하다고 지적된다. 박현선은 북한주민은 성역할 고정의식이 높고, 가족의 주인은 가장이고, 남편에게 순종하고 남녀역할에 차이가 있다는 데 높은 지지를 보였다고 밝히고 있다(박현선, 2003: 119-122). 1990년대 북한소설에서도 남편을 존경하고 신뢰하고 돌보는 아내의 덕을 강조하고 있다고 논하고 있다(임순희, 2006: 187-191). 1970년대 후계체제의 대두와 함께 가부장제 문화가 확산되면서 헌신적이고 희생적인 전통적 여성상이 강조되었다고도 논의된다(윤미량, 2006: 82-84). 본 연구에서 실시한 <새터민 조사>에서도 탈북이주자는 북한이 남한보다 보수적인 젠더관이 강하다고 인식하고 있었다(표 5-2). 북한남성은 남한남성과 비교하여 더 권위적이며 덜 친절하다고 생각하고 있다. 북한남성이 일과 가족에 대한 책임인식을 갖고 있다는 데 여성보다 남성이 더 강하게 응답하였다. 한편 북한여성은 남한여성에 비해 생활력이 더 강하고 가족에 더 헌신한다고 인식한다. 그리고 남한여성에 비해 더 순종적이고 보수적이라고 인식하고 있다. 하나의 설문으로 남북한의 젠더 특성을 비교하는 것은 무리일 수 있지만, 이 설문 응답을 통해서도 북한사회의 젠더 관계가 남한에 비해 더 보수적이고 불평등하다는 것을 추측할 수 있다.

또한 북한의 남성과 여성 모두 가족에 대한 책임의식과 헌신 정도가 강하다고 여겨진다. 특히 식량난 이후 국가의 생산, 복지체계가 약화되고 가족의 자구적인 역할이 커지면서 주민들의 가족 가치관이 더 강화되었다고 여겨진다(박현선, 2006: 243). 또한 인터뷰 참여자는 북한에서는 부부 사이의 친밀성이 적극적으로 표현되지 않는다고 전한다(추이 씨, 정이 씨). 여성들도 아내를 도와 가사 일을 돕는 남한남성들이 남자답지 못하다고 생각한다. 이처럼 보수적 성별분리 태도가 강하지만, 식량난 이후 여성들의 경제활동과 가사, 그리고 부양의 역할이 증가된 상황에서 남녀 차별적인 가족관계에 대한 여성들의 비판의식도 커지고 있는 모습도 볼 수 있다. 북한여성은 남편은 무책임하고 무능하

표 5-2 북한과 남한주민의 젠더관

북한남성은 남한남성과 비교할 때		그렇다	비슷하다	그렇지 않다	전체
더 권위적이다	남	72.22	18.25	9.52	100.00 (N=126)
	여	75.11	19.00	5.88	100.00 (N=221)
	전체	74.06	18.73	7.20	100.00 (N=347)
더 친절하다	남	23.81	26.19	50.00	100.00 (N=126)
	여	20.00	20.91	59.09	100.00 (N=220)
	전체	21.39	22.83	55.78	100.00 (N=346)
일에 대해 책임감이 더 있다	남	59.52	30.95	9.52	100.00 (N=126)
	여	44.6	34.23	21.17	100.00 (N=222)
	전체	50.00	33.05	16.95	100.00 (N=348)
가족에 대해 책임감이 더 있다	남	67.75	29.03	3.22	100.00 (N=124)
	여	54.34	34.70	10.96	100.00 (N=219)
	전체	59.18	32.65	8.16	100.00 (N=343)
북한여성은 남한여성과 비교할 때		**그렇다**	**비슷하다**	**그렇지 않다**	**전체**
생활력이 더 강하다	남	92.12	7.09	0.79	100.00 (N=127)
	여	94.09	5.00	0.91	100.00 (N=220)
	전체	93.37	5.76	0.86	100.00 (N=347)
가족에 더 헌신한다	남	86.61	7.09	6.30	100.00 (N=127)
	여	90.83	8.72	0.46	100.00 (N=218)
	전체	89.28	8.12	2.61	100.00 (N=345)
더 순종적이다	남	77.95	15.75	6.30	100.00 (N=127)
	여	85.91	11.36	2.73	100.00 (N=220)
	전체	83.00	12.97	4.03	100.00 (N=347)
더 보수적이다(전통적이다)	남	67.46	23.81	8.73	100.00 (N=126)
	여	69.54	24.55	5.91	100.00 (N=220)
	전체	68.79	24.28	6.94	100.00 (N=346)

자료: 2007 새터민 조사.

면서도 권위적인 가부장으로 군림하고 대접을 받는 것을 당연히 생각한다고 넋두리처럼 서술한다. 남자는 집 지키고 여자가 장사하고 산에 가서 나무한다고 말한다. 여성들이 불평등한 대우를 받고 남자가 우대되는 것은 봉건제적 유습이 지속되기 때문이라고 말한다.

> **여성의 지위가 어떤가요?**
>
> 엄청, 여자들이 너무, 그니까 남존여비가 너무 심해요.
>
> **이유가 어디 있다고 보세요?**
>
> 그러니까 폐쇄된 사회라, 봉건적, 옛적부터 우리 조상들이 그렇게 사셨잖아요. 남자는 하늘이고 여자는, 집에서, 그래요. 한국에 와서 깜짝 놀랐어요. 여자들의 지위가 높은 데 대해서 (복이 씨)

이렇게 북한의 생산관계와 가족관계는 남녀 불평등하게 구조화되어 있고 젠더 관계는 보수적이고 불평등하다고 여겨진다. 경제적으로 남녀는 동일한 위치는 아니었다. 공식적인 직업은 남성에게 일차적으로 배정된다. 여성들이 안정된 생산 지위를 가질 수 있는 기회는 제한된다. 또한 전통적인 가족관계의 유습들이 많이 유지되고 있다. 결혼은 애정으로 이루어지기보다는 배우자의 당원, 성분, 권력 등을 고려하여 가족이 결정하는 경우가 많다. 가족은 여성의 삶에 가장 중요하다고 인식되고 있다. 가족 내 관계도 가장중심, 성역할 분리, 부자관계 중시처럼 전통적인 특성이 많이 유지되고 있다. 여성다움은 가족과 국가를 위해 헌신하고 희생하는 모습으로 그려진다. 1970년대 이후 사회 전체에 가부장문화가 크게 확장되었다고 논의된다. 그럼에도 여성들이 수동적인 존재로 그려지지 않는다. 여성들은 공식적 생산에서는 주변화되었지만 비공식 경제를 맡고 있고, 성역할 분리적인 의식과는 달리 경제활동과 가사, 부양의 역할을 다중적으로 맡고 있다.

2) 모성이데올로기와 여성의 세력화

북한주민의 국가의식에 견줄 수 있는 강한 공동체 의식은 가족의식이라고 여겨진다. 국가공동체 의식은 촘촘하게 조직된 국가 기구들과 의식적인 교육에 의해서 재생산된다면 가족애는 훨씬 자연적이고 본원적이라고 믿을 정도로 훨씬 더 강하게 자신 안에 침투하여 있을 수 있다.

그런데 북한에서 가족이 얼마나 주민들의 삶에 중요한 의미를 갖는가는 국가와 가족의 관계와 연관되어 중요한 논쟁의 주제가 된다. 1980년대 이전 북한의 국가와 가족의 관계에 대한 논의들은 가족이 국가에 의해 예속된 정도가 강하다는 입장을 갖는다(Ryang, 2000; 강진웅, 2010). 소냐 량은 건국 초기부터 1980년 초반까지 북한의 가족은 국가에 통합적으로 조직되었다고 주장한다. 통치체제는 가족을 기본 생산 단위이자 국가 이념을 실현하는 세포로서 조직하려고 하였다. 주민등록제도와 성분통치를 통해 개인을 감시하고 전통적 친족 체계를 약화시킴으로써 국가와 핵가족의 유기적 연결은 강화되었고, 국가 지도자는 전능한 지도자, 어버이, 무한한 사랑의 대상으로 우상화되었다고 강조한다. 국가통치자가 어버이이고 인민은 자식이고 자식은 마땅히 어버이의 한량없는 은혜에 감사하고 충(효)를 다하는 교리로 사회 전체가 조직되면서 전 인민은 국가 가부장에 예속된 '여성'이 되었다고 강조한다(Ryang, 2000: 340-341). 그런데 여기서 여성의 은유는 연약함과 의존의 의미를 많이 함축하고 있지만 국가의 통치 담론에서 구성된 여성성이 꼭 의존과 유약함으로 의미되지 않은 점에 주목할 필요가 있다. 그도 지적하듯이 여성은 어머니였고 어머니는 생산과 재생산, 그리고 나라를 구하는 혁명적인 주체로 이미지화되었다. 강진웅(2010: 141)도 1980년대 이전까지 북한의 가족은 국가에 포섭된 '세포화된 가족'이라고 주장하였다. 국가는 가족을 혁명의 세포단위로서 간주하였고, 국가통치를 정당화하는 사상 교육의 대상으로 여성의 모성을 강조하였다. 또한 국가 생산 복지를 보완하기 위해 가족을 강조하였다.

그러나 아무리 가족을 정치적으로 무장하려고 하였더라도 가족성원들 간의 정서적인 관계를 인위적으로 약화시키지는 못하였다(이온죽, 1993: 199). 오히려 공민의 의무와 책임이 강조될수록 정서적 안식처로서의 가족의 의미는 컸다. 더욱이 공공부문이 약화되고 비공식 관계가 확대되고, 가족의 자구적인 경제역할이 커지면서, 국가가 가족을 포섭하는 정도는 약화되었다고 여겨진다. 경제난을 거치면서 가족의 생산활동과 재산이 중요해지고 가족 중심 성향은 강화되었다고 논의된다. 박현선은 1990년대 이후 북한사회는 국가와 당의 권력으로 일방적으로 통치되기보다는 주민들의 적극적인 가족전략에 의해 유지되고 있는 점을 강조하였다. 북한주민은 가족을 가장 중요하게 생각한다고 지적한다(박현선, 2003: 24, 130). 가족은 국가권력의 지배나 통치를 수동적으로 따르는 것이 아니라 능동적으로 자구적인 생존 전략을 찾으면서 경제난을 극복하였다.

그렇다면 가족이 어떻게 국가에서 상대적 독립성을 가질 수 있었던 것일까. 한편으로 유교주의 가족가치의 영향을 간과할 수 없다. 또한 비공식관계의 확장은 가족이 점차적으로 상대적 자율성을 가진 원인과 결과가 되었을 수 있다. 이와 더불어 가족이 상대적 자율성을 유지한 데에는 여성의 존재방식과 정체성이 중요한 요인이었음을 강조하고 싶다. 공식적 조직에서 불리를 당하면서도 희생과 헌신으로 생산과 재생산의 역할을 맡았던 여성의 존재 방식과 정체성에서 가족은 점차적으로 국가로부터 자율성을 가지게 되었다. 북한의 통치체제는 경제건설과 사회통합을 위해 여성의 노동과 가족역할의 이중적 부담을 모성이데올로기로 정당화하고 여성의 억압에 대한 근본적인 질문을 쓸어 없애 버렸지만, 여성은 그 생산과 재생산의 이중적 역할에서 점차적으로 세력화의 자원을 만들어갔다. 모성은 이렇게 지배 이데올로기와 여성의 세력화의 이중성을 내포하고 있었다.

북한여성은 가족을 중시하지만 그중에서도 자녀를 부양하는 것을 가장 중요시한다. 그런데 북한여성의 모성애가 자발적 의지인가 아니면 이데올로기인가 단정하기는 어렵다. 충의 감정에 주체의 의지와 이데올로기가 복잡하게 결합되어 있듯이 북한여성의 모성에도 주체의 의지와 이데올로기의 영향이 복합적으로 결합되어 있다. 그런데 모성은 충의 감정보다 더 강렬하고 자신과 일체되는 감정이다.

이데올로기 관점에서 보면 모성은 여성이 주부로서 살아가게 된 존재 방식에서 강제되었다고 인식될 수 있다. 북한의 통치세력은 여성의 경제활동은 여성의 해방이고 가족은 여성 본래의 역할로 선전하고 정당화하였다. 북한여성들의 귀감이 되는 여성은 김일성의 어머니인 강반석과 김정일의 어머니인 김정숙이라고 한다. 이들 여성은 가부장제에 운명적으로 순종하는 어머니가 아니라 나라를 구하고 혁명에 참여한 남편과 형제를 지원하는 강한 어머니로서 그려진다. 나라를 구하는 여성도, 생산에 임하는 여성도, 혁명적 후세대를 교육하는 여성도 혁명적 모성으로 인식되고 주체화된다. 일과 가족 역할을 헌신적으로 수행하는 여성상이 끊임없이 해방과 국가건설의 소명으로 정당화되고 미화되었다.

이렇게 어머니는 숭고한 희생, 돌봄, 현모양처, 대가정의 수호자 등의 상징들로 찬미된다. 그런데 북한 모성을 강조하는 목소리가 남성이 아니라 국가라는 점에 주목된다. 이에 비추어볼 때 북한사회가 성불평등하게 조직된 것은 사적 가부장제의 영향이거나 국가와 사적 가부장제가 타협한 결과라기보다는 국가가 물질적 자원을 전유하고 주민을 그 통치하에 포섭한 국가 가부장제에 기초한다고 파악하는 것이 더 타당할 수 있다. 국가는 봉건적인 가족제도가 여성들을 억압하는 것을 비판하고 사회주의 혁명에 여성도 주체임을 강조하였다. 여성들도 사회주의 혁명의 주체로서 정치, 경제활동에 적극적으로 참여해야 하며 북한의 사회주의 생산관계에서 남녀 차별은 철폐된다고 강조하였다. 소냐 량은 이와 같은 선전에도 불구하고 북한에서는 건국 이후 현재까지 젠더 이슈가 공론화된 적이 거의 없다고 강조한다(Ryang, 2000: 324). 여성 이슈에 대한 진지한 고민을 반영하지 않은 위로부터의 개혁은 선전이나 선심성 배려 수준에 제한될 수밖에 없었다. 오히려 국가는 모든 자원을 소유한 국가 가부장으로서 그 권력을 재생산하기 위해 젠더 불평등한 제도와 담론을 총체적으로 재생산하였다. 이런 맥락에서 모성 이미지는 국가권력의 목적에 따라 새롭게 변형되면서도 창조되었다. 국가건설 초기 어머니는 나라를 구하는 혁명적 주체로서 혁명세력을 교양하는 주체로서 이미지화되었다(이온죽, 1993: 218-220). 고도 경제성장이 강조되었던 1960년대와 1970년대에는 여성은 남성과 같이 노동에 참여하는 생산적인 주체이면서 동시에 미래 사회주의 혁명 세력을 재생산하고 교육하는 역할로 선전되었다. 1970년대에는 김일성 후계구도를 정당화하고 김일성 가계를 우상화하면서 전통적인 어머니 상이 강조되었다(윤미량, 2006: 103-107; 이미경, 2006: 209-215). 또한 경제난 이후에는 사회통합과 가족의 자구적인 부양책임을 강조하기 위해 모성의 역할이 강조되었다(이미경, 2006: 222). 현모양처 이미지는 부정되기보다 혁명의 이름으로 찬미되었다. 사회주의 건설을 위해 바깥일을 하는 남편을 돌보고, 미래의 사회주의 혁명 주체를 돌보고, 노부모를 부양하는 것이 혁명을 완수하는 것이라고 강조되었다.

북한여성의 모성은 이렇게 남녀불평등한 사회제도와, 여성의 헌신과 희생을 강조하는 이데올로기에 의해 강제된 부분이 클 수 있다. 또한 모성이데올로기를 강조한 권력은 개별 남성이나 사적인 가부장제보다는 국가에 더 무게가 실린다. 생산과 재생산이 성불평등하게 조직되고, 모성이 혁명적 인성으로 강조되고, 가족관계에서 전통적인 젠더 관계가 지속된 데에는 사적 가부장의 권력보다 국가의 영향이 더 크게 보인다. 그리고 국가는 공동체의 이름으로 여성의 헌신을 강조하였다. 모성은 공동체의 이름으로 여성의 인성과 책임 윤리가 되고 국가에 대한 충을 실현하는 바람직한 여성상이 되었다.

그러나 모성은 여성이 적극적으로 자신을 의미화하는 세력화의 자원이기도 하였다. 북한의 여성은 엄밀히 말해서 주부로서만 살아가지 않는다. 남성과 같은 직업 지위를 갖지 않다고 하더라도 많은 사람이 공식적 생산활동에 참여하고 비공식적 경제활동에도 적극적으로 참여하고 있다. 그리고 가사와 재생산 활동은 여성의 역할이 되고 있다.

북한사회의 남녀 불평등은 여성이 남성에 경제적으로 예속되는 구조보다 여성에게 과중한 부담과 책임을 강제한 특징이 강하다. 제도, 관계, 인식에서 차별을 받고 있지만, 실질적으로 가계의 생계를 책임지고 아이를 돌보고 가족을 책임지는 여성들은 강인한 정신을 가졌고 또한 가족, 재생산, 친밀성에 있어 실질적인 영향을 가졌다. 성 불평등한 관계에서 생산과 재생산의 역할을 이중적으로 맡고 있지만, 바로 그 책임 때문에 남성에게 예속된 정도는 약하다고 여겨진다. 또한 모성의 이름으로 가족의 생존과 재생산이 지탱되는 상황에서 국가에 대한 가족의 상대적 자율성도 확장해나갔다. 이렇게 헌신과 희생으로 상징되는 북한여성의 정체성은 국가 통치권력과 가부장제의 이중적 지배에서 구성되었지만 역설적으로 그 헤게모니를 약화시킨 힘이었다.

4. 맺음말

이 연구에서는 북한사회의 여성의 삶과 정체성에 배태된 국가권력과 가부장제의 지배와 긴장을 분석하였다. 북한은 민족차별, 봉건적 차별, 노동자 차별로부터 해방된, 인민이 주권의 기본이 되는 국가공동체를 지향하였다. 그러나 국가공동체의 권력은 국가가 전유하였다. 인민은 국가 주권의 주체이고 평등하다는 이념과는 대조되어 국가권력을 비판하고 견제할 수 있는 자율적인 정치적 주체로 형성되지 못하였다. 북한주민의 인성은 다양한 공동체 규범의 영향 속에서 충, 정직, 이타주의 등 집단에 대한 헌신의 규범으로 훈육되었고, 감시되고 개인의 자율성은 통제되었다.

북한사회가 성불평등하게 조직된 것은, 이렇게 굴절된 근대화과정에서 국가권력이 가부장제의 물질적, 상징적 토대가 되었기 때문이다. 국가와 가부장제의 친화는 서로 자율적인 권력이 타협한 결과라기보다는 국가통치의 이해에서 가부장적 국가공동체가 조직되었기 때문이다. 오래된 유교적 가부장제 이데올로기나 관행이 생산과 재생산 관계에 영향을 미치기도 하였지만 전통적인 가부장제 이데올로기는 국가권력에 의해 의도적으로 복원된 성격이 강하다. 개인의 주체인식과 자율성을 통제하고 공동체에 대한 헌신과 희생을 강조한

사회편제에서 국가사회주의와 가부장제가 긴밀하게 결합되었다.

국가는 성별 위계화된 방식으로 생산과 가족 구조를 재편하는 데 적극적인 역할을 하였다. 전통적 가부장제 이데올로기는 일당독재의 권력을 정당화하는 원리로서 복원되었다. 가부장제 이데올로기는 국가와 국민의 관계에서 충과 일체의식을 강조하는 원리로 활용되었다. 수령과 주민의 일체관계를 강조하면서 주민을 정치적으로 통합하고 노동을 동원하였다. 또한 젠더 불평등한 관계를 조직하는 데 모성이데올로기를 적극적으로 재생산하였다. 모성을 신화한 주체는 국가였다. 북한의 성불평등한 구조는 남성에 대한 여성의 예속보다는 여성에게 과중한 부담을 강제한 특성을 가진다. 그리고 여성의 이중 부담은 혁명의 이름으로 찬미되었다.

생산과 가족 관계에서 여성이 차별을 받으며, 모성이데올로기가 강조되고, 충효 논리가 국가통치 이데올로기로 활용되는 점에서 북한은 가부장적 특성이 강하다고 볼 수 있다. 그러나 실질적인 가족 부양과 재생산 역할을 담당하고 있는 여성의 삶은 성별분업에 기초한 젠더 관계와 차이가 있다. 북한여성은 전업주부로 살아가는 것이 아니라 일하는 주부로 살고 있다. 또한 이중적 부담을 혁명적 과업으로 받아들이는 여성의 삶은 남녀차별적인 삶에 순종하는 전통적인 여성과도 차이가 있다. 제도, 관계, 인식에서 차별을 받고 있지만, 실질적으로 생계를 책임지고 아이를 돌보고 가족을 책임지는 여성의 삶은 남성에 예속되어 산다고 보기 힘들다. 여성들은 남성을 무능력하고 권위만 내세우며 여성들이 차별을 받고 있다고 인식하고 있다. 성불평등에 대한 인식은 불평등에 대한 저항의식을 잠재하고 있다. 또한 북한여성은 국가 통치력을 약화시키는 비공식 관계와 가족의 상대적 자율성을 확장한 주체였다. 이렇게 북한여성의 가족을 위한 헌신과 희생은 국가 가부장제의 지배에서 구성되었지만 역설적으로 그 헤게모니를 약화시킨 밑으로부터의 변화를 일으킨 힘이었다고 여겨진다.

제6장

경제위기 전후 사망률 동태의 특성과 변화[1]

1. 생산복지제도의 성쇠와 사망률 변화

북한의 사망률 변천은 북한의 생산, 복지제도의 성쇠 그리고 주민들의 생활수준의 변화를 가늠해볼 수 있는 중요한 지표이다. 해방 직후 남북한의 사망률은 매우 높았다. 정치적 불안과 경제적 궁핍 상황에서 당연한 현상일 수 있다. 그런 중 북한에서는 사회주의적 생산과 분배를 강조하는 일련의 급진적인 제도개혁이 이루어졌다. 전쟁으로 인해 많은 인구의 손실이 있었지만 신속한 경제복원사업이 적극적으로 이루어졌고 기초적인 배급제와 무상의료제도에 힘입어 북한주민의 영양 및 건강상태는 크게 개선되었던 것으로 여겨진다(문옥륜, 1989; 연하청, 2000; 의료보험공단, 1989; 황상익, 2006). 그러나 1970년대는 여러 측면에서 북한사회의 성쇠가 갈라지는 시기이다. 1970년대 중반 이후 도시화가 정체되고 생산성도 둔화되었다. 생산력의 정체는 분배체계에도 영향을 미쳐, 배급의 질과 양이 악화되기 시작하였다. 의료제도도 크게 개선되지 않고 계층 간 의료 불평등도 점차 커졌다고 주장되기도 한다(연하청, 2000:

1 6장은 박경숙. 2012. 「경제위기 전후 북한주민의 사망률 동태의 특성과 변화」. 『한국인구학』 35/1에 논문으로 발표되었음.

61). 생산력과 생활수준의 정체 그리고 의료 보건제도의 낙후 속에서, 사망률 개선 정도는 점차적으로 둔화되었을 수 있다.

그리고 1990년대 후반 식량난이 발생하고 국가 생활보장제도가 마비되면서 주민들의 건강 수준은 악화되고 사망률이 증가하였다. 1990년대 경제난은 대규모의 기근을 예상할 정도로 심각한 수준이었다. 국가 보장체계가 전면적으로 붕괴하면서 어떻게 할 방도를 생각하지 못하고 죽음에 내몰린 상황들이 연출되었다. 식량난의 충격은 특히 영아, 생산조직과 군대에 동원된 남성, 고령층에서, 그리고 배급에 생계수단을 전적으로 의존하였던 도시 노동자에서 컸다고 추정된다. 그러나 1996년에서 1998년 사이 일어났던 식량난 상황을 고려할 때 북한주민의 사망률은 그렇게 크지 않다는 평가도 최근에 제기되고 있다(이석, 2004a: 76; 2004b: 135-136; Spoorenberg and Schwekendiek, 2012: 154).

여기서는 북한의 사망률 동태가 북한의 공식적 생산과 복지체제의 성쇠과정과 밀접히 연관되어 변화된 방식을 구체적으로 밝히고자 한다. 연구 주제는 크게 두 가지로 구성된다. 첫째, 북한이 발표한 사망률 관련 자료들의 정확성을 판단하고자 한다. 북한은 1980년대부터 주민등록자료와 1993년과 2008년 센서스에 기초하여 사망률 관련 자료를 발표하였다. 여러 시점의 조사망률과 영유아 사망률 통계치가 발표되었고 연령별 사망률 정보는 1993년과 2008년 센서스 결과에 포함되어 있다. 북한이 발표한 자료에 따르면 사망률이 매우 빠르게 개선된 것으로 나타난다. 그러나 인구동태를 정확하게 파악할 수 있는 조사체계가 미흡하고, 국가의 의도적인 선전 목적으로 사망률 통계치가 과소추정되었을 의구심이 제기된다. 여기서는 북한이 발표한 사망률 자료들의 내적 일관성을 종합해보면서 사망 자료의 정확성을 분석하였다. 둘째, 사망률 자료의 편의를 파악하고 조정하여 북한의 사망률이 실제로 건국 초기에서 2008년 시점까지 어떻게 변하였는가를 분석하였다. 또한 사망률은 한 사회의 생산, 복지제도의 발달수준과 사회성원의 생활수준을 반영하는 중요한 지표라는 점에서 사망률의 변천과정에 작용하고 있는 북한의 생산과 복지제도의 성쇠과정과 북한주민의 생활수준의 변화에 주목하였다.

2. 북한이 발표한 사망률 자료의 정확성

북한이 발표한 자료에 따르면 사망률은 1950년대 중반부터 크게 개선된 것으로 나타난다(그림 6-1). 1953년 조사망률(CDR)이 1955년보다 낮은 것은 전쟁 시기 사망동태가 정확하게 집계되지 않았기 때문이라고 판단된다. 1955년의 조사망률 수준도 남한의 수치(인구 1,000명당 33명)에 비해 크게 낮다. 그런데 1955년 이후 북한주민의 사망률이 크게 낮아졌다. 1960년에는 조사망률이 인구 1,000명당 10.5명, 1970년에는 7명, 1980년에는 4.5명으로 큰 폭으로 떨어졌다. 이후 조사망률은 1993년 시점까지 조금씩 올라갔고 1990년대 후반 경제난 이후에는 8-9명 수준으로 증가하였다고 보고되고 있다.

북한이 발표한 조사망률을 남한과 비교해보면 1960년대 중반까지 북한 사망률이 남한에 비해 크게 낮았다. 그러나 점차적으로 갭이 완화되다가, 1993년 이후부터는 남한 사망률이 북한에 비해 더 낮게 나타난다.

그림 6-1 남북한 조사망률(CDR)

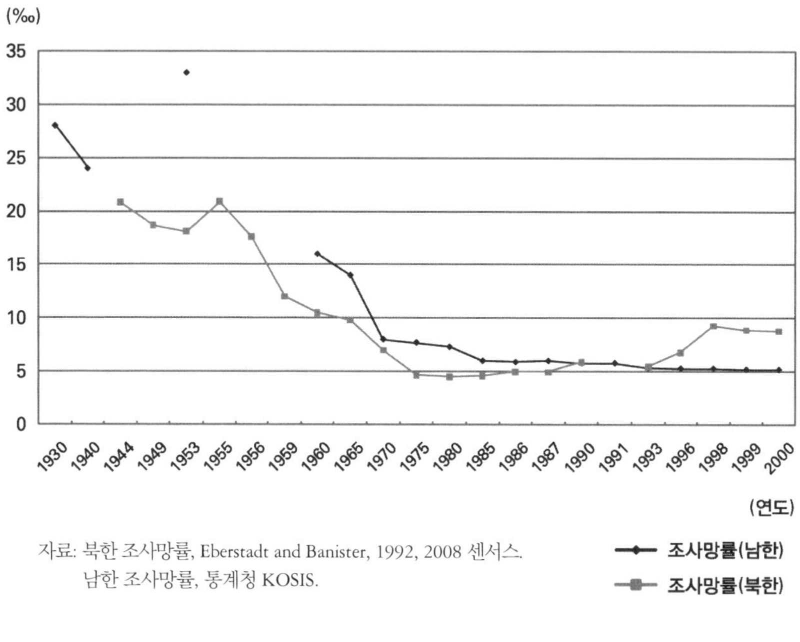

자료: 북한 조사망률, Eberstadt and Banister, 1992, 2008 센서스.
남한 조사망률, 통계청 KOSIS.

표 6-1 북한주민의 기대수명(단위, 세)

연도	0세 기대수명*	E & B 추정**
1936-1940	38.0	
1945	41.0	
1960	58.3	49.0
1965	61.0	54.0
1969	63.8	58.0
1970	65.2	59.1
1972	66.0	60.2
1976	73.0	63.6
1982	74.0	66.4
1983	74.0	66.7

주: *『조선중앙년감』(의료보험관리공단, 1989: 31에서 인용).
** Eberstadt and Banister, 1992.

남한과 북한 모두 사망률이 매우 빠르게 떨어졌지만 그 이행이 북한에서 훨씬 앞선 것으로 수치는 가리키고 있다. 만일 발표된 수치가 정확하다면 북한의 사망률 수준은 1980년대 초까지 남한보다 많이 낮다고 볼 수 있다(그림 6-1).

북한 당국이 발표한 주민의 기대수명도 1945년 이래 크게 향상된 것으로 나타난다(표 6-1). 한편 북한 내부의 자료들을 수집하여 1960년에서 1986년까지의 인구구조를 추정한 에버스테트와 베니스터는 사망자료의 과소등록과 공식적 이데올로기가 맞아 떨어져, 사망률이 과소추정되었을 가능성이 크다고 평가하였다(Eberstadt and Banister, 1992: 9-11). 그렇지만 사망 자료의 내적 일관성이 커서 정확하지는 않더라도 현실을 반영한다고 판단하였다. 북한의 1993년 센서스 보고서에 기록된 연령별 사망자 분포에 기초하여 생명표를 작성해보면 기대수명이 남성은 68.2세, 여성은 75.8세로 추정된다.

도시와 농촌의 사망률 격차도 상당히 완화되었다고 발표하고 있다. 북한자료에 따르면 1961년에서 1980년 사이 도시의 조사망률은 주민 1,000명당 5.6명에서 3.5명으로 낮아졌는데 같은 기간 농촌의 조사망률은 10.0명에서 4.3명으로 줄어들었다고 한다(의료보험관리공단, 1989: 42). 도시와 농촌 간 사망률 격차가 완화된 것은 1960년 이후부터 무상의료제가 전 지역으로 확대된 영향도 반영할 수 있다.

그리고 환경개선과 위생방역 사업의 효과로서 전염성 병원도 상당히 소거되었다고 주장한다. 1955년부터 전염병 환자수가 감소하였으며 이미 1970년 이래 사망주요원인은 급성질환에서 만성질환으로 전환되었다고 발표되고 있다(표 6-2). 1980년 감염성 및 기생충질환에 의한 사망은 1.3%에 불과하고, 뇌혈관 순환기계 질환이 가장 중요한 사망원인이 되었다고 한다(의료보험관리공단, 1989: 39). 1960년 임신과 관련된 여성의 사망률도 해방 전에 비해 크게 감소하였다고 한다. 세계보건기구 동남아시아지역사무소(SEARO)에 따르면 북한의 출생아 1,000명당 영아사망률은 1982년 11.4명으로 북한이 이 지역에서 영아사망률이 가장 낮은 국가로 보고되었다. 한편 같은 해 남한의 공식적인 영아사망률은 1,000명당 35.0명으로 발표되었다. 비슷한 시기 소련을 포함한 사회주의 국가에서도 영아사망률이 1,000명당 22명을 넘는 것으로 보고되었다(의료보험관리공단, 1989: 36-37).

이렇게 북한주민의 사망률이 크게 감소한 데에는 사회주의체제 초기부터 정비된 배급제, 무상의료체계, 교육의무제, 체육을 강조하는 단체생활, 자연생태의 계획적인 관리 등의 사회주의 제도 및 생활 요인을 강조하고 있다. 그렇지만 북한 당국이 발표한 사망률 감소 정도가 과장되었을 개연성이 크다. 북한주민의 사망률 감소수준은 남한에 비해서뿐만 아니라 구사회주의체제에 속한 주요 국가들과 비교해서도 훨씬 앞서 있다(표 6-3). 사회주의체제 안에서도 국가 보건복지제도는 차이가 있겠지만 기본적인 생활수단과 보건의료를 보편적으로 제공하는 것은 사회주의체제의 공통된 특성이다. 그런데 구사회주의 사회에서도 사망률 수준은 차이가 있을 뿐만 아니라, 사망률이 변한 양상도 차이가 있다. 예를 들어 러시아는 1960년대 후반 조사망률이 인구 1,000명당 7.7명이었는데 1970년대 초중반에 9.3명으로 크게 증가하는 패턴을 보인다. 조사망률이 증가한 것은 연령구조가 고령화된 영향도 고려해야겠지만

표 6-2 북한주민의 주요 사인별 사망률 변화추세(인구 1만 명당)

사망요인	1960	1970	1980
전염병 및 기생충성질병	29.7	13.2	0.6
신생물	2.7	4.0	5.4
내분비 질환, 영양물질대사장애	4.9	1.5	0.3
혈액조혈기 질병	0.4	0.3	0.2
뇌혈관 순환기 질병	12.7	16.1	19.0
호흡기 질병	14.9	6.9	4.6
소화기 질병	15.1	7.6	2.4
성기 및 비뇨기 질병	2.2	1.0	0.6
선천성 기형	0.4	0.8	0.4
중독, 외상	3.1	2.8	2.9
기타	18.8	16.2	8.5
계	104.9	70.4	44.9

자료: WHO(1986: 61). 의료보험관리공단(1989: 39에서 인용).

표 6-3 구사회주의 사회의 조사망률 추이(단위: 인구 1,000명당)

연도	쿠바	중국	체코	헝가리	폴란드	루마니아	러시아	북한
1949			11.9	11.4	11.6	13.7		18.7
1957-1958		11.0	9.7	10.5	8.4	8.7		12
1965-1969			11.2	11.3	8.1	10.1	7.7	9.8
1970-1975	5.8	10.3	11.5	12.4	8.7	9.1	9.3	4.7
1984-1986	6.1	6.7	11.8	13.9	10.0	10.3	9.7	5.0
1990-1996	7.2	7.2	10.9	14.1	10.0	12.0	14.9	6.8

자료: UN. Demographic YearBook, 1996: 144-151, 1986: 161-164, 1975: 154-157, 1965: 131-133, 1959: 130-131, 548-563.

기간 차이가 크지 않은 점에서 연령구조의 효과가 크지 않을 수 있다. 또한 1970년대 이후 사망률이 증가한 것은 실질적으로 사망률이 변한 요인 이외 사망률 집계의 정확성이 개선된 영향도 크다는 연구들도 존재한다. 예를 들어, 벨콥과 밀러는 구소련에서 1970년 이후 영아사망률 통계치가 증가하였는데 이는 실제로 영아사망률이 증가한 이유도 있지만, 영아사망률 집계의 정확성이 개선된 이유도 있다고 지적하고 있다(Velkoff and Miller, 1995: 256-257). 체코의 조사망률은 1949년에서 1990년대 후반에 걸쳐 거의 변화가 보이지 않는다. 폴란드의 조사망률은 1970년대 후반까지 다소 감소하였지만 이후 다시 증가하였다. 무상의료체계로 유명한 쿠바의 경우, 1970년대 초중반 조사망률이 5.8명 수준으로 북한을 제외하면 여느 사회보다 낮게 나타나고 있다. 중국은 사회주의 건설시기와 문화대혁명기를 통해 사망률이 높았지만 개혁개방이 실시된 1980년대 이후 사망률이 크게 개선되었다. 이처럼 사회주의체제 안에서도 사망률 수준이 차이가 나며 변화의 양상도 다른 것은 사회주의적 보건의료제도가 사망률 개선에 미친 영향도 맥락에 따라 제한될 수 있음을 시사한다. 또한 실질적인 사망률의 변화 이외 사망 자료의 정확성이 시기적으로 변화되었을 가능성에도 주의가 필요하다. 더욱이 북한에서 여느 사회주의 사회보다 사망률이 빠르게 감소할 만큼 북한주민의 생활수준이 개선되었는가는 여러 점에서 의구심이 제기된다.

사망률이 빠른 시간에 줄어들기 위해서는 생활환경 개선을 위해 상당한 사회간접자본을 투자하거나, 위생방역을 철저히 하고 보건교육캠페인을 적극적으로 전개하는 등의 조건들이 전제된다. 북한에서 사회주의체제 건설 초기 이런 노력이 부재하였다고 말하기는 어렵다. 비록 북한이 선전한 정도는 아니더라도 휴전 이후 1970년대 초반까지 생산, 교육, 보건, 의료 제도에 있어 괄목할 만한 개선이 이루어졌다고 여겨진다. 그렇다 하더라도 사회주의 건설 초기의 혁신들이 북한에서만 이루어진 것은 아니다. 특히 생산 수준이 정체되고 국가복지 수준이 악화되고 있던 1980년대에도 사망률이 계속해서 크게 떨어졌을지는 의심이 된다. 오히려 기존 연구들에 따르면 북한주민의 건강과 영양 수준은 이미 1980년대부터 남한과 차이가 있다고 한다. 사망률은 건강수준에 직접적인 영향을 받으며, 건강수준은 다시 전체 국민의 기초적인 영양수준과 의료보건 서비스의 접근성에 영향을 받는다. 정광민은 1970년대부터 북한의 경제침체가 주민들의 건강과 영양수준에 부정적으로 영향을 미쳤다고 주장한다

(정광민, 2005: 117). 박순영은 탈북주민의 신장을 한국의 동일 연령집단과 비교하였는데 한국인의 신장상태는 젊은 연령일수록 크게 성장하였는데 북한주민의 신장상태는 연령집단에 따라 큰 변화가 나타나지 않음을 밝히고 있다(Pak, 2004: 513-514). 인터뷰 참여자들도 북한주민의 신장발달 정도가 1980년대 청소년이었던 세대들에서 지체되는 경향이 보인다고 말한다. 심층 인터뷰에 참가하였던 40대들(1960년대 출생) 역시 거의 모두가 신장이 작았다. 또한 자신들이 학교에 다닐 때 같은 나이 친구들의 신장이 선배들에 비해 훨씬 작았다고 증언하였다. 신장이 전반적 영양 상태와 밀접히 연관되는 점을 고려한다면, 1980년대 청소년이었던 세대의 영양수준이 좋지 않았을 가능성이 크다. 따라서 건강과 수명 사이의 상관성을 고려할 때 한국인의 기대수명이 북한주민의 기대수명을 앞서는 시점은 북한자료에서 제시하는 1990년대 초반보다 빠른 시점일 수 있다. 다른 구사회주의 사회들에서도 1970년대 이후부터 사망률 개선 정도가 둔화되는 점을 고려해보면 사회주의적 식량 및 보건제도가 건강 수준과 사망률에 미친 효과는 적어도 1980년대 이후부터는 제한되었다고 여겨진다.

북한 당국이 발표한 사망률 감소 수준이 과장되었다는 또 다른 증거는 영유아 사망률의 패턴에서도 확인된다. 앞에서 지적하였듯이 1982년 세계보건기구에 발표한 북한의 영아사망률은 소련을 포함한 여타 사회주의에서의 영아사망률보다 훨씬 낮은 수준이다. 그런데 영아사망률이 과소 측정되었다는 의구심이 국민 전반의 사망률 수준과 영아사망률 사이의 경험적인 상관을 고려할 때 더욱 짙어진다. 북한에서 발표한 1993년 연령별 사망자 자료에 따르면 1-4세 사망자에 대한 0세의 사망자비가 남아는 1.2, 여아는 1.0, 그리고 전체 1.1로 집계된다. 이런 사망률 분포는 전체 국민의 사망률이 매우 높을 때 일반적으로 나타난다(표 6-4). 북한주민의 사망률 수준이 전체적으로 낮다는 주장과 통계에서 추정되는 영유아 사망자 구성비가 일관되지 않는 것이다.

이렇게 사망률 계측이 부정확하다면 그 이유는 무엇일까? 이에 대해서는 주로 북한체제의 우월성을 선전하기 위하여 보건지표가 정치적으로 조작되었다는

표 6-4 0세 기대수명(e_0)과 0세 사망자와 1-4세 사망자 비(west 생명표)

사망수준(west)	여		남	
	영아사망자/1-4세 사망자수	기대수명(e_0)	영아사망자/1-4세 사망자수	기대수명(e_0)
1	2.20	20.00	2.80	18.00
2	2.10	22.50	2.60	20.40
3	2.00	25.00	2.50	22.90
4	1.98	27.50	2.40	25.26
5	1.90	30.00	2.40	27.67
6	1.90	32.50	2.30	30.07
7	1.90	35.00	2.27	32.48
8	1.84	37.50	2.24	34.89
9	1.83	40.00	2.22	37.29
10	1.83	42.50	2.20	39.69
11	1.83	45.00	2.20	42.10
12	1.83	47.50	2.20	44.50
13	1.86	50.00	2.28	47.08
14	1.97	52.50	2.36	49.55
15	2.05	55.00	2.45	51.82
16	2.16	57.50	2.55	54.12
17	2.29	60.00	2.69	56.46
18	2.47	62.50	2.88	58.83
19	2.74	65.00	3.17	61.22
20	3.28	67.50	3.70	63.64
21	4.10	70.00	4.40	66.03
22	4.98	72.50	5.17	68.57
23	6.38	75.00	6.38	71.20

주: Coale and Demeny(1983: 42-54)의 생명표에 기초하여 재구성.

논의들이 많았다(연하청, 2000: 53-62; 의료보험관리공단, 1989: 17, 29, 35-37). 그런데 정치적 조작 의도 요인 외에도 인구동태를 파악할 수 있는 조사통계체계가 취약한 이유도 크다. 북한정부와 당은 국가경제와 사회통제를 위해 정확한 통계 작성이 중요하다고 강조하였고 중앙관리 형태의 통계 기구를 설립하였지만 실제 통계가 작성되는 절차는 불투명하고 비과학적이어서 북한 내부에서도 통계에 대한 신뢰가 크지 않다고 지적된다(정기원, 1993: 2-4). 상시적인 인구조사와 인구동태에 대한 주민들의 신고 의무를 강조하고 있지만, 인구파악은 기본적으로 정주인구인 주민등록인구에 기초하고 있다. 말단행정단위와 다양한 생산단위에서 조사되고 신고된 자료가 중앙에서 종합적으로 집계되기까지, 자료의 정확성을 체크하고 확인할 수 있는 통계적인 방법들이 충분히 갖추어지지 못하였던 것으로 여겨진다. 또한 에버스테트와 베니스터가 1980년대 북한 당관료에게 자료의 정확성에 대해 질문하였을 때, 당관료가 1970년대 중반 이후 인구등록체계가 변하였고 유동인구가 완전하게 집계되지 않았을 수 있다고 진술한 바 있다(Eberstadt and Banister, 1992: 90). 특히 사망동태는 인구조사체계가 잘 정비된 사회에서도 집계의 정확성을 달성하는 데 어려움이 크다(박경애, 2001: 68-69). 출산 직후 사망아나 자궁내태아 사망이 정확하게 등록되고 집계될 수 있는 통계기반이 북한정부에서는 취약했을 수 있다. 이렇게 불완전한 등록통계 체계에서 사망동태가 정확하게 파악되지 못하였고 그에 따라 사망률이 과소 추정되었고, 과소 추정된 사망률이 당의 이해에도 부합되어 낮은 사망률이 선전되었을 수 있다.

2008년 센서스는 상당히 정확성을 기하여 이루어졌다고 하지만, 여기에서도 사망 자료의 편의가 의심되는 부분이 보인다. 식량난 이후 주민등록조사 체계도 불안해지고 인구유동도 많이 발생하였던 상황에서 사망동태가 정확히 파악되기 어려웠을 수 있다. 우선 0-4세 사망분포인데, 0세 사망자와 1-4세 사망자의 비가 남녀 모두 2.6으로 표준화되었다(그림 6-2). 그런데 5세 미만 사망률은 1993년과 비슷한 수준을 나타내었다. 전반적으로 1993년 사망률에 비해 2008년 사망률이 높은 점을 고려하면 5세 미만 사망률이 두 센서스기간 동

그림 6-2 1993년, 2008년 영유아 사망분포

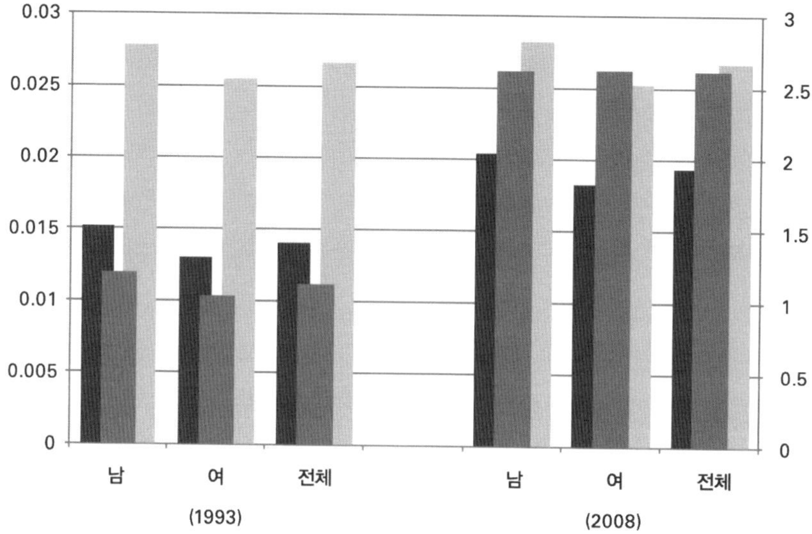

자료: 북한 센서스 1993, 2008.
주: 영아사망률= 0세 사망자/출생인구,
5세 미만 사망률=0-4세 사망자/0-4세 인구
d0/d1-4=0세 사망자/1-4세 사망자

일한 수준이라는 것은 쉽게 이해가 되지 않는다. 2008년에도 영유아 사망이 정확하게 측정되기 어려웠고 그래서 사후적으로 표준화되었다고 추측된다.

2008년 사망률 분포에서 의심되는 또 다른 부분은 15-65세의 사망률이 지나치게 높게 측정된 것이 아닌가 하는 점이다. 북한이 발표한 사망률에 기초해 보더라도 1996-1998년 사이 사망률이 최고로 상승하였다가 이후 감소하는 패턴을 보인다(표 6-5). 이 패턴이 맞다면 2008년 센서스 시점에서 집계된 사망률은 1998년에서 2008년 기간 동안의 사망률보다 낮은 수준이라고 판단할 수 있다. 그런데 1993년 인구에 2008년 사망률 수준을 적용하여 추정된 2008년 인구가 2008년 센서스 인구보다 적었다. 이것은 2008년 사망률 수준이 과다 집계되었을 수 있음을 가리킨다. 1993년 센서스에서 북한이 공식발표한 사망률이 과소 집계되었을 가능성이 논해졌는데, 2008년에는 역으로 15-65세에서 사망률이 과다 집계되었을 의심이 제기되는 것이다.

표 6-5 식량난 시기(1993-2008) 사망률(단위, ‰)

추정치				발표수치*			
연도	CDR *	영아 사망률 (q_0) *	5세 이하 사망률 (q_5) *	연도	CDR	영아 사망률 (q_0)	5세 이하 사망률 (q_5)
1993	5.44	19.56	26.42	1993	5.50	14.10	27.00
1996				1996	6.80	18.60	40.00
1998	11.65	41.02	57.07	1998	9.30	23.50	50.00
1999				1999	8.90	22.50	48.00
2000				2000	8.80	21.80	
2003	8.32	36.81	49.81	2001		20.60	32.20
2008	9.11	36.81	49.81	2008	9.28	20.26	27.93

주: * 북한의 공식발표수치는 통일연구원 DB에서 구함.

$$q_0 = \frac{0세사망자}{출생아} \times 1000,\ q_5 = \frac{0-4세사망자}{출생아} \times 1000$$

이렇게 새롭게 제기되는 사망률 계측의 오류는 경제난 시기 인구유동의 증가와 탈북이주자 발생에 따라 행정 자료가 부정확해져 발생했을 수 있다. 2008년 센서스는 조사 시점에 조사지에 거주하는 주민을 집계하는 것이 원칙이라고 밝히고 있다. 따라서 주민등록상에 등록된 주민에 대한 조사가 이루어졌을 것이고, 이때 행방불명자가 있는 집에서는 부재자를 사망으로 신고하였을 가능성이 있다. 미해명으로 신원이 확인되지 않으면 지속적인 감시를 받을 수 있고 남은 가족들이 불리를 받을 수 있어서 남은 가족들이 사망으로 보고하는 경우가 있다고 전해진다. 1993년까지만 해도 인구조사가 철저하게 이루어졌는데 경제난을 겪으면서 많은 인구가 식량을 구하기 위해서나 장사를 하기 위해 통행증 없이 이동하였고 또 국경을 넘는 탈북이주자도 발생하게 되었다. 자유로운 이동을 통제하지만 이전처럼 주민동향을 완전하게 파악하기 어려운 상황에서 주민등록체계가 불완전해졌을 수 있다. 이런 배경에서 거주상황이 분명하게 밝혀지지 않은 인구들을 파악하라는 상부의 추궁을 피하기 위해 조사담당자가 미해명자를 사망으로 처리할 수 있고, 남은 가족들이 신원미확인으로 받을 수 있는 불리를 염려하여 사망으로 신고하는 경우가 있다고 전해진다.

> 그래도 미해명이 많아요. 왜냐면 도망친 사람이 많잖아요. 미해명 명단이 또 따로 있거든요. 그걸 다 추적을 해요. 어디 갔을까 뭐 가기 전에 뭘 했는가. 그러니까 빨리 죽었다, 도망갔다는 게 확인되어서 그게 올라야지 그거 되기 전에는 자꾸 조사가 붙어요.
>
> … 우리 때도 미해명이라고 명단 자체가 있는데 내가 속으로 이렇게 많은가 할 정도 많더라고요. 근데 대체로 미해명 많아요. 근데 죽었다고 확실히 되면 그 집안 토대가 깨끗하게 되고. 중국에 갔다거나 한국에 월남했다거나 하면 토대가 걸리는 게 되고 고런 시비점인데 가족들은 그 미해명이 사망으로 됐으면 좋겠다 이런다고 하는데 미해명은 다 빼놔요. (정이 씨)

정리하면 북한의 사망률 자료는 정주등록체계에 기초한 인구집계로서 동태 파악에 한계가 있는 점, 북한 당국의 체제우월성을 강조하기 위해 보건 통계가 의도적으로 과장되었을 가능성, 그리고 식량난 이후 비공식적인 인구유동의 증가에 따라 정주등록집계의 오류가 커진 가능성 등이 복합적으로 작용하여 정확성에 문제가 있다고 판단된다. 이런 문제점에 유의하면서 사망률의 변화를 추정하였다. 우선 1960년에서 1986년 사이의 사망률 수준은 에버스테트와 베니스터가 추정한 결과를 그대로 참조하였다(Eberstadt and Banister, 1992: 104-105). 에버스테트와 베니스터는 1989년 북한에서 확보한 자료들에 기초하여 1960년에서 1986년까지의 인구구조를 추정하였다. 그는 북한이 발표한 사망률이 과소 추정되었을 개연성이 크며, 기대수명과 남녀 사망률 패턴에 불규칙성이 보인다고 판단하였다. 그는 1960년 연령구조와 1986년 연령구조를 구성한 뒤, 두 기간 인구구조 변화를 잘 반영하는 수준에서 사망률을 추정하였는데, 결과는 남한의 사망률과 비슷한 수준이다. 그런데 1993년과 2008년 센서스 결과에 제시된 연령구조와 비교해보면 에버스테트와 베니스터가 추정한

1986년 연령구조와 출생과 사망동태율도 의문이 제기될 수 있는 부분들이 있다. 그러나 장기간에 걸쳐 연령구조와 인구동태를 체계적으로 추정하였다고 여겨지므로 그의 추정치를 큰 수정 없이 원용하였다.

1993년에서 2008년 사이의 사망률은 1993년과 2008년 북한 센서스 인구를 기준인구로 활용하여 추정하였다. 이를 위해 1993년 센서스 집계에서 누락된 남성인구를 보정하고 두 센서스의 사망률을 보정하였다. 1993년 센서스 사망자 분포에서 영아사망자는 과소 집계되었다고 판단되어 영유아 사망자분포의 통계적 경향을 참조하여 영유아 사망률을 보정하였다. 1993년 0–4세 사망자 크기는 발표치와 동일하되 0세 남아 사망자를 1–4세 남아 사망크기의 3배, 0세 여아 사망자를 1–4세의 2.7배로 증가시켜 영아사망률을 조정하였다.

식량난 시기 사망률도 변화되었을 것이다. 1993년과 2008년 사이 사망률 변화를 추정하기 위해 두 센서스 연령구조를 비교하여 15년간의 생존율을 추정하여 생명표를 구성하는 방법도 있지만 이주인구의 효과 때문에 그 자체 편의를 갖는다. 결국 1993년에서 2008년 기간 사이의 사망률 변화는 1993년의 인구동태를 가정하였을 때 예상된 2008년의 연령구조와 실제 보고된 2008년 센서스 연령구조의 차이를 설명할 수 있도록 1993년에서 2008년 사이 사망동태와 이주패턴을 반복해서 맞추어보면서 추정하였다.[2] 궁리 끝에 10세에서 50세 여성의 사망률은 크게 증가하지 않았다고 가정하고 1993년 사망률 수준보다 약간 큰 비율에서 사망률을 조정하였다. 그리고 50세 이상에서는 사망률을 다소 큰 폭으로 조정하였다. 이렇게 15세 이상에서의 여성 사망률 분포에 기초하여 2008년 인구를 추정하고 1993년에서 2008년 가임기에 속하는 탈북여성에서 추정되는 출생아의 생존자를 0–14세 이주자 크기로 간주한 뒤, 그 잔차에 근접하는 수준에서 영유아 사망률을 구하였다. 그리고 남성의 사망률은 여성보다 조금 더 큰 폭으로 조정하였다.

---

2 1993년과 2008년 사이 인구동태 요인과 인구구조에 대한 추정은 다음 장에서 자세히 논해지고 있다.

3. 경제난 이전 사망률 동태의 특성과 변화

경제난 이전 북한이 발표한 사망률 수준은 어느 정도 과장되었다고 판단되며, 실제 사망률 추이는 에버스테트와 베니스터가 북한에서 구한 여러 자료들을 이용하여 추정한 분포와 더 가깝다고 여겨진다(Eberstadt and Banister, 1992: 104-105). <그림 6-3>에서는 에버스테트와 베니스터가 추정한 사망률과 이 연구에서 추정한 1993년 이후의 사망률 추이를 나타낸다. 북한주민의 사망률은 1975년까지 크게 개선되었다가 이후 1993년 첫 센서스 시점까지는 다소 정체된다.

전쟁 이후 사망률이 빠르게 개선된 것은 사회주의적 생활보장체계와 의료체계의 영향이 컸다고 여겨진다. 1953년에서 1970년대 초반까지 농업과 공업 생산이 크게 향상되었다(조선중앙통신사, 각년도; 북한연구학회 편, 2006: 4). 사회주의 국가건설 초기 주민의 기초적 생활보장제도로서 식량, 소비재, 주택, 의료서비스가 주민 모두에게 보편적으로 제공되었다(통일교육원, 2003: 268-280). 또한 1956년부터 교육의무제를 실시하여 주민들의 교육 수준이 크게 향상되었다. 사회주의 건설 초기 정비된 배급, 보편적 의료, 교육제도, 그리고 생산력의 증강은 주민들의 실질적인 생활조건을 개선하고 사기를 진작시킨 중요한 환경이 되었을 수 있다.

그렇지만 북한주민의 사망률은 1970년대 중반 이후 별로 개선되지 않았다고 판단된다. 이는 북한주민의 영양, 보건, 의료 접근도의 악화와 밀접히 연관된다. 북한주민의 기초적인 생활수준을 판단할 수 있는 지표가 배급실태인데, 배급 정도가 1980년대부터 지역에 따라 계층에 따라 차이가 크고 취약계층을 보호하는 정도가 약해졌다는 논의도 존재한다(정광민, 2005: 77-81). 또한 증언들에 따르면 1980년대 일부 지역에서는 일시적으로 배급이 중단되는 상황이 있었고, 더 일반적으로 배급의 질이 감소하였다.

의료제도의 질도 악화되었다고 여겨진다. 북한은 형식적으로 무상의료체계와 보건체계의 보편적 접근성이 보장되어 있다. 그러나 의료 인력과 의료 기관

그림 6-3 북한의 조사망률(추정치)

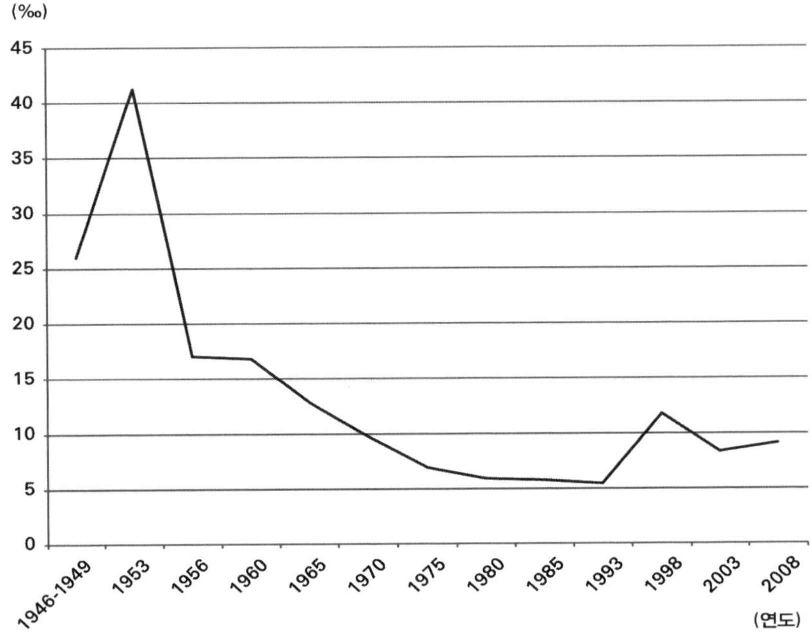

주: 1993년 이전은 에버스테트(Eberstadt and Banister, 1992)의 추정치이고, 1993년 이후는 이 연구에서 추정한 값임.

의 지표들도 1980년 이후에는 크게 개선되지 않았던 것으로 보인다. 또한 의약품과 의료시설이 부족하면서 의료기회가 지역적으로 평양에, 계층적으로 간부층에 편중되어, 북한주민들은 양질의 의료서비스를 받지 못하고 있다고 한다(연하청, 2000: 68). 시술체계의 지체, 기반시설의 손상과 퇴화, 약품의 부재, 전반적인 나라 살림의 어려움에 따른 건강재정투자의 제약 등으로 적절한 의료서비스 제공이 여의치 못하였다(문옥륜, 2001: 29). 만성적인 의료서비스 부족에서 북한주민은 의료혜택을 받기 위해 의사나 간호원에게 개별적으로 사례금을 지불하는 것이 관례가 되었다고 한다.

이처럼 북한주민의 사망률 수준은 휴전부터 1970년대 초반까지는 크게 개선되었지만, 1970년대 중후반 이후부터 생산 발달 정도가 미온적이고, 주민들의 생활 수준도 궁핍해지면서 사망률 개선 정도도 둔화되었다고 여겨진다. 또

그림 6-4 1993년과 2008년 지역별 조사망률

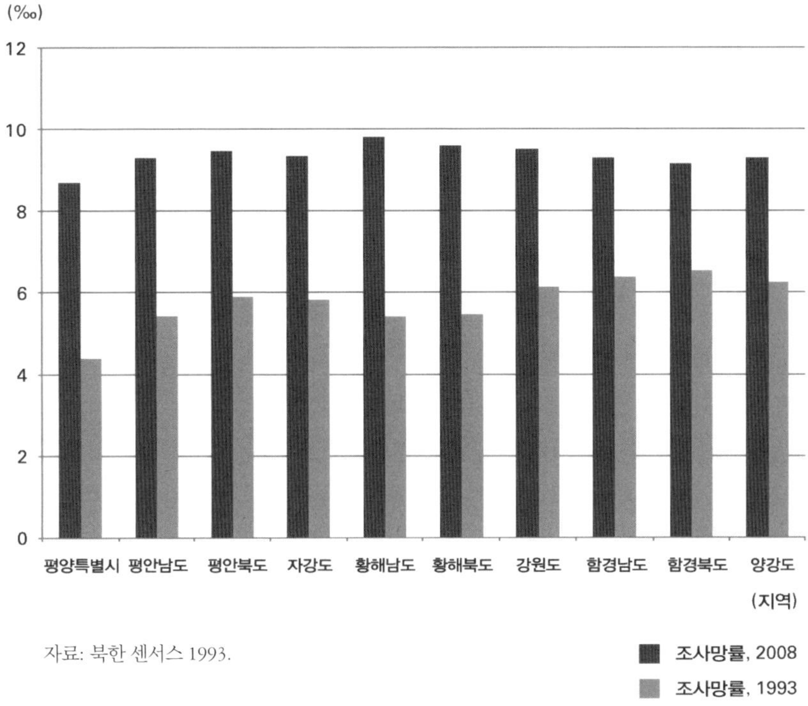

자료: 북한 센서스 1993.

한 보건 의료 접근이 어려워져 긴급한 질환과 건강 문제가 발생하였을 때 효율적인 처방이 제대로 이루어지지 못하였다고 여겨진다. 식량과 의료 공급이 전체적으로 제한되면서 권력계층을 중심으로 자원이 편향되는 경향도 있었다고 지적된다. 평양시와 다른 지역에 살고 있는 주민들의 사망률 수준이 차이가 큰 것도, 주민들의 생활수준이 계층에 따라 차이가 큼을 반영한다(그림 6-4).

북한주민의 사망률 패턴의 또 다른 중요한 특성은 남성의 높은 사망률이다. 인터뷰에 참여한 여성들은 북한에서 남성이 적다고 지적한다. 사회생활을 하면서 남자가 적게 보인다고 한다. 군대 가서 사망통지서가 오고, 건설현장에 가서 사고로 사망하는 경우가 많다고 한다. 그리고 과부는 많은데 홀아비는 없다고 한다.

왜 그렇죠?

글쎄요. 그건 잘 모르겠는데 남자들은 군대랑 다 보내요. 모든 건설에 다 나가는데 사고로 죽는 것이 많아요. 그렇게 되고 여자는 일정한데 남자는 엄청 배필이 될 수 없다고 생각하는데 짝이 되어 사는 것도 많고 여자 과부는 많은데 남자 홀아비는 한 사람도 없어요. 혜산시도 하나도 없었어요. (춘이 씨)

남자들이 별로 없다고 그러던데?

예, 없어요. 군대 가서 많이 죽어요. 영양실조로 많이 죽고 공사 중에 많이 죽고, 그리고 또 탄광에서 많이 죽고.

옛날에도 그랬습니까?

옛날에도 여자가 더 많더라고요.

학교에서도 그렇게 되나요?

인민학교나 고등중학교 때는 여자, 남자수가 비슷비슷해요. 학교 때는 그런 게 괜찮았는데. 사회 나와서, 북한에 혼자 사는 과부들이 얼마나 많은지 몰라요. 그리고 남자가 귀해 가지고, 정말로 귀해요. 그러니까 정말로 변치 않은 남자들도 장가는 무조건 다 가죠. 여자들은 못 가는 사람이 많아도 남자들은 대부분 다 가거든요. (복이 씨)

이들 증언은 센서스 결과에 기초한 통계분포와도 정확하게 일치한다. 2008년 센서스 자료와 남한인구 자료를 이용하여 연령별 성비를 남북한 비교해보면, 북한에서는 20대 후반부터 성비가 크게 떨어지는 것을 볼 수 있다(그림 6-5). 남한에서 15세의 성비가 예외적으로 높은 것은 1993년 당시 영아성감별로 인한 여아낙태가 크게 유행하여 성비불균형 현상이 심각했던 배경을 반영한다. 남한의 성비불균형은 1980년대 이후부터 점차 심화되다가 1990년대 초반 크게 왜곡되었다. 당시 남한에서는 남아선호사상이 지배적이었고 정부는 출산통제를 적극적으로 장려하였고 일반 가족들도 출산통제의 욕구가 강하였다. 여기에 태아의 성을 감별하는 기기가 민간에 넓게 확대되면서 여아낙태가 크게 증가하였고 그에 따라 출생아의 성비가 크게 왜곡되었던 것이다(Cho, Hong, and Kim, 1994: 78). 남한에서 출생아의 성비 왜곡은 1990년대 중반 이후 점차 완화되어갔다.

그런데 <그림 6-5>에서 20대 이상 연령에 주목하면, 북한주민의 성비가 크게 떨어지고 있다. 이는 증언에서와 같이 청년남성들은 오랫동안 군 생활을 하고 무리배치 등을 통해 재해위험이 큰 노동에 종사하여 사망하는 경우가 자주 발생한 때문으로 판단된다. 흡연과 음주를 많이 하는 생활습관도 남성의 사망률을 높인 요인일 수 있다.

남성의 높은 사망률은 연령별 혼인상태의 변화에서도 가늠해볼 수 있다. 남성은 20대 후반부터 유배우 비율이 미혼율을 상회하여 30대 중후반부터 50대

그림 6-5 남북한 성비(sex ratio), 2008

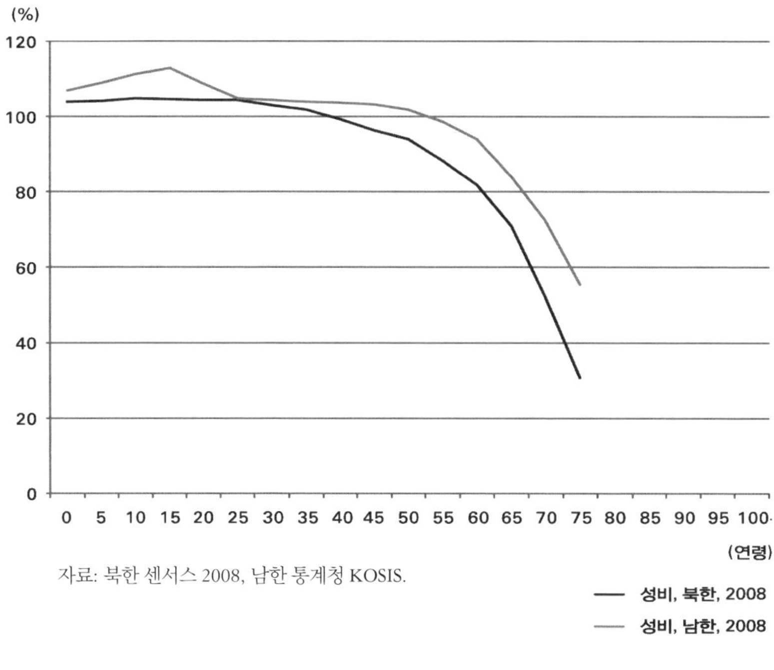

자료: 북한 센서스 2008, 남한 통계청 KOSIS.

그림 6-6 북한남성의 연령별 혼인상태

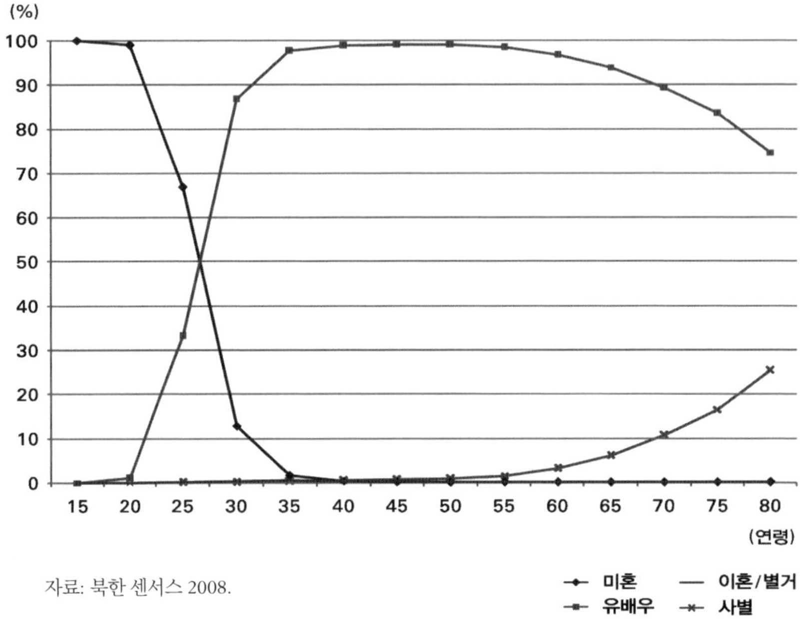

자료: 북한 센서스 2008.

까지 대부분이 유배우 생활을 하고 있다(그림 6-6). 한편 여성들은 20대 초 중반부터 유배우 비율이 미혼율을 상회하여 증가하지만 배우자 사별률도 높아 60대 중후반 이후에는 유배우율보다 사별률이 더 높은 특성을 보인다(그림 6-7).

김태헌과 권태환 등의 국내인구학자는 극동아시아 지역은 남성의 사망률이 여성에 비해 크게 높다고 지적한다(권태환 · 김태헌, 1990: 34-40). 북한남성의 높은 사망률도 극동아시아에서 일반적으로 나타나는 현상일 수 있지만 북한의 고유한 젠더 구조와 연관된 인구동태의 현상으로 고려될 수도 있다. 장기적인 군대생활과 무리배치는 청년 남성의 사망률을 높인 요인일 수 있다. 혼인적령기의 남성이 적다고 인식하는 것은 실제 청년남성의 높은 사망률 이외에도 혼인 적령기 남성들이 군대 조직생활을 하기 때문이기도 하다. 또한 1960년대 말에서 1970년대 코호트 크기가 이전 코호트에 비해 커서 혼인적령기의 남성과 여성의 크기에 차이가 컸을 수 있다. 또한 기혼남성의 사망률도 크다.

그림 6-7 북한여성의 연령별 혼인상태

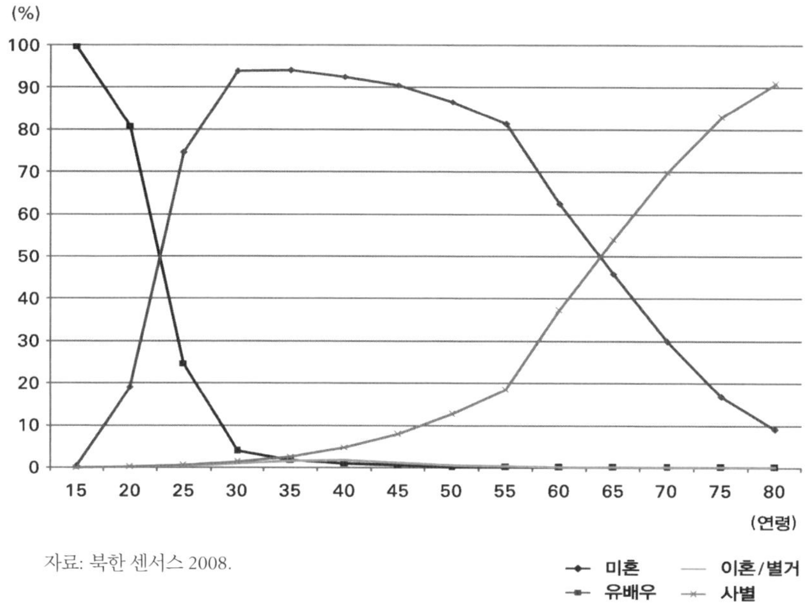

자료: 북한 센서스 2008.

이는 주로 탄광, 건설 등의 작업현장에서 사고가 잦고 음주와 흡연을 즐기는 생활양식의 영향이 클 수 있다. 또한 노년기의 성비가 크게 낮은 것은 일반적으로 관찰되는 노년기 남녀 사망률의 차이 이외에도 전쟁 시기(1950-1953)에 청중년 남성이 많이 사망하였던 영향을 반영한다.

4. 식량난 이후 사망률 변화(1993-2008년 사망률 추이)

1990년대 중후반의 식량난 시기 많은 사람들이 사망하였다는 것은 북한이 발표한 사망률 통계를 통해서도 살펴볼 수 있다. 사망건수가 과소평가되었을 개연성을 고려하더라도, 1993년까지 감소하던 조사망률은 1998년에 크게 증가하였다. 0세의 영아사망률도 1998년에 가장 높게 나타난다. 대외기관이나 탈북이주자들의 증언에 따르면 사망 위험이 가장 심각했던 시기는 1996년에

그림 6-8 전염병이 돈 시기

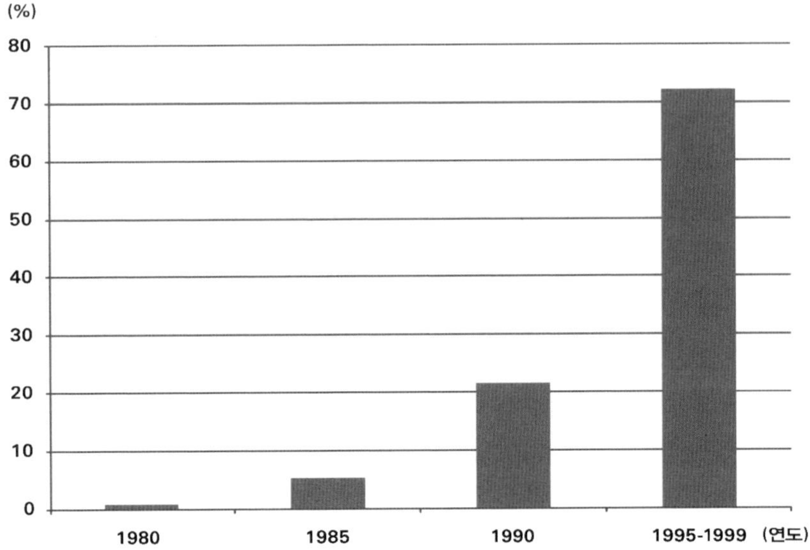

자료: 2007 새터민 조사.

서 1998년 사이였던 것으로 파악된다. UN, UNICEF, WHO, UNFPA 등 국제기구는 모성과 아동의 영양결핍이 1990년대 중후반에 매우 심각한 수준이었다고 전하고 있다. 식량배급이 거의 중단되는 위기 상황에서 속수무책으로 많은 사람들이 기아위험에 노출되었다. 또한 기근에 따른 사망위험은 여성보다 남성에서 더욱 심했다는 연구도 존재한다(Schwenkendiek, 2008: 601). 인터뷰에 참여한 탈북이주자들 대다수가 1996년에서 1998년 사이 본인들이 살던 거주지역에 기아와 급성 전염병, 설사 등으로 많은 사람들이 사망하였다고 증언한다. 전염병이 돈 시기는 대부분 1995년에서 1999년 기간이었다고 응답하였다(그림 6-8).

기아위험에 노출된 사람들의 주된 사망 원인은 기근 이외에도 급성전염병이나 설사와 같은 급성소화기 장애였다. 위급한 상황에서 적절한 의료서비스 지원이 여의치 못하였던 것도 급성사망률 상승을 초래한 원인으로 이해된다.

그렇다면 식량난 시기 구체적으로 어떻게 어느 정도 사망률이 증가한 것일까? 앞의 <표 6-5>에서 제시하였듯이 추정결과와 북한의 공식 발표치는 차이가 크다. 1993년 영아사망률이 발표치보다 큰 것은 0-4세 사망자는 동일하게 전제하되, 1-4세에 대한 0세 사망자의 비를 조정하여 추정하였기 때문이다. 0세 사망률(q_0)은 1993년에서 1998년 사이에는 영아 1,000명당 41명이고, 1998년에서 2008년 사이에는 37명으로 추정되었다. 이는 북한이 발표한 사망률 수준보다 훨씬 큰 정도로 추정되었음을 가리킨다. 0-4세 영유아 사망률(q_5)도 같은 기간 57명과 50명 수준으로 북한의 공식발표치보다 크게 추정되었다. 국민 전체의 사망률을 가리키는 조사망률은 1998년 11.7명으로 증가하였다가 2008년 9.1명으로 다소 감소한 것으로 추정하였다. 2008년 전체 사망률은 공식발표치보다 다소 작게 추정되었다. 이는 10세에서 50세에서의 사망률분포를 2008년 수준에 비슷하거나 약간 더 작게 추정하였기 때문이다. 2008년 집계에서 미해명이 사망으로 잘못 신고된 영향 등으로 사망률이 과다집계되었을 가능성을 고려하였기 때문이다. 이렇게 추정한 사망률 분포에 따르면 1993년에서 1998년 사이 0세 남아의 기대수명은 62.3세이고 여아의 기대수명은 71.1세로 추정되고, 1998년에서 2008년 사이 0세 남아의 기대수명은 64.3세이고 여아의 기대수명은 72.5세로 추정되었다(표 6-6).

이처럼 1990년대 후반 식량난이 발생하고 공식 생활보장제도가 마비되면서 주민들의 건강 수준은 악화되고 사망률이 증가하였다. 1990년대 후반의 식량난은 대규모의 기근을 예상할 정도로 심각한 수준이었다고 알려졌었다. 국가 배급에 의존하였던 북한주민들은 배급이 중단되면서 어떻게 할 방도를 생각하지 못하고 죽음에 내몰린 상황들이 연출되었다. 기근의 충격은 특히 영아와 생산조직과 군대에 동원된 남성, 고령층에서, 그리고 배급에 생계수단을 전적으로 의존하였던 도시 노동자에서 컸던 것으로 보인다.

그러나 1993년에서 1998년 사이 상당히 많은 인구가 사망하였지만 추정된 결과를 보더라도 북한주민의 기아 충격은 외부에서 가정한 만큼 그렇게 크지 않았다고 평가될 수도 있다. 이 연구의 추정에 따르면 CDR은 1998년 11.7‰에서 이후 약간씩 개선되었고 영아사망률도 1998년 41.0‰에서 이후 약간씩

표 6-6 사망률(m_x) 분포, 1993-2008, 추정치(단위, ‰)

연령	m_x, 1993		m_x, 1993-1998		m_x, 1998-2008	
	남	여	남	여	남	여
0	15.3	13.1	42.0	43.0	38.0	38.0
1-4	3.2	3.2	4.1	4.4	3.0	3.8
5-9	0.7	0.5	1.9	1.0	1.6	1.0
10-14	0.4	0.2	0.6	0.3	0.6	0.3
15-19	0.6	0.4	0.9	0.4	0.9	0.4
20-24	0.8	0.6	2.0	0.8	1.1	0.7
25-29	1.1	0.7	2.2	0.9	1.7	0.8
30-34	1.3	0.7	2.8	1.1	2.8	0.9
35-39	1.5	0.7	3.1	1.4	3.1	1.0
40-44	2.7	1.1	3.3	1.7	3.3	1.2
45-49	4.0	1.6	5.0	2.3	3.7	1.7
50-54	6.8	2.6	7.3	3.2	5.7	2.7
55-59	14.4	4.8	20.0	6.0	20.0	6.0
60-64	31.0	10.1	37.0	15.0	35.0	14.0
65-69	48.9	18.1	66.0	28.0	57.0	20.0
70-74	77.3	34.6	140.0	40.0	110.0	40.0
75-79	117.0	66.8	190.0	85.0	150.0	85.0
80+	197.1	131.9	210.0	140.0	200.0	140.0
e_0^*	68.2	75.8	62.3	71.1	64.3	72.5

자료: * e_0는 0세에서의 기대수명을 나타냄.

감소하였다. 추정된 사망률에 근거하면 1993년 이후 사망률 상승에 따른 2008년까지의 추가적인 인구손실은 49만여 명으로 추정되었다.[3] 이는 300만 명 아사자 주장에 비해 훨씬 낮은 수치이다. 또한 유엔의 지원으로 북한에서 실시된 모성과 아동 건강조사에서도 발육부진, 저체중, 영양실조 수준이 1998년 매우 심각하였지만 2004년 조사에서는 크게 개선된 것으로 나타난다(표 6-7). 심층 인터뷰 내용에서도 2000년 이후부터 주변에서 사망사례가 뜸해졌다고 전하고 있다.

3 식량난에 따른 인구손실과 요인에 대해서는 다음 장에서 분석하고 있다.

표 6-7 북한유아 건강상태, 1998-2004(단위, %)

연령	발육부진(신장/연령 〈-2z)		저체중(체중/연령 〈-2z)		영양실조(체중/신장 〈-2z)	
	1998년*	2004년**	1998년*	2004년**	1998년*	2004년**
12개월 미만	14.5		32.2	14.1	17.6	6.0
12-24개월	48.5	27.1	56.1	20.5	30.9	8.7
24-36개월	62.2	34.7	67.3	27.3	20.5	7.3
36-48개월	75.1	46.7	69.7	26.3	13.4	7.5
48-60개월	77.5	50.8	61.9	26.6	8.9	6.2
60개월 이상	74.8	46.8	64.7	22.5	7.8	5.3

주: * DPRK, 1998, ** DPRK. 2004: 30, 33, 36.

그렇다면 1990년대 후반 식량난과 배급의 중단 그리고 산업체계의 연쇄적인 마비 상황에서 어떻게 제동이 걸렸던 것일까. 식량난 시기 사망률이 증가한 정도가 300만 명 아사자가 발생하였다는 주장보다 훨씬 낮은 수준이었던 이유와 관련하여 몇 가지 설명이나 가설들에 주목할 수 있다. 우선 이석(2004a: 177)은 북한주민의 기아 충격이 생각만큼 크지 않았던 것은 기근위험이 국지적인 지역과 계층에서 집중되지 않고 전 주민의 만성적 궁핍과 건강 악화로 진행되었기 때문이라고 논한다. 여러 조사결과에서도 일반 주민의 건강과 영양 상태가 2000년대 초반에도 크게 개선되지 않았다고 지적된다(표 6-7). 유아사망률은 1998년에 비해 개선되었지만 여전히 높은 수준이고 발육저하, 저체중, 소모성 영양실조 발생률도 높고 모성의 건강상태가 좋지 않다고 논의되고 있다(DPRK, 2004: 42-44).

둘째, 식량난 시기 사망률이 그렇게 높게 올라가지 않은 것은, 식량난의 충격이 인구동태에 미친 영향이 사망뿐만 아니라 출생률의 저하와 탈북으로 이어졌기 때문이다. 식량난 상황에서 발생한 인구손실이 출생, 사망, 탈북에 거쳐 어떻게 그리고 어느 정도 발생하였는가는 다음 장에서 본격적으로 분석하고 있지만, 사망 증가 이외 출생률 감소와 탈북으로 인해 추가적으로 40만 명 가량이 손실된 것으로 추정되었다.

셋째, 사망률이 크게 증가하지 않았던 것은, 기근 충격 이후 북한주민들의 생존양식이 변화되었기 때문이다. 기근 충격 이후 작업장이나 가구에서 자체적으로 식량을 조달하는 것을 부분적으로 허용하는 경제 조치들이 이루어졌고, 외부로부터 식량과 의료품이 지원되었다. 또한 차츰 밑으로부터의 자구적인 생존전략이 확장되면서 경제난의 양상은 변하였다. 시장과 자구적인 생존전략이 중요해지면서 변화에 적응한 사람과 그렇지 못한 사람이 식량 및 건강자원에 접근할 수 있는 차이는 심화되었고 사망률의 지역별 계층별 차이가 커졌다고 여겨진다.

경제난을 거치면서 사망률 수준의 지역별 차이는 변화되었다. 식량난이 가장 심각하였던 곳은 처음에는 공업노동자가 많이 집중되었던 대도시 지역이었다고 논의된다. 예를 들어, 정광민(2005)과 이석(2004a) 등은 기근의 위험은 농촌보다 도시에서 컸다고 강조하였다. 이석은 농민은 상대적으로 식량을 자급할 수 있는 여건이 되었던 반면 도시 노동자는 전적으로 배급에 의존하여 생활하였는데 배급제가 붕괴되면서 기아위험에 내몰리게 되었다고 주장하였다(이석, 2004a: 133). 반면 정광민은 농민의 지위가 결코 도시 노동자에 비해 좋았다고 볼 수 없었지만 도시기근이 이루어진 것은 배급 지위의 불평등이 심화된 결과라고 논한다(정광민, 2005: 35-40). 도시기근의 원인에 대해서는 설명이 다르지만, 식량난 초기 기근이 도시지역에서 시작되었을 가능성은 크다. 식량의 절대적인 부족에서 배급에 의존하여 생활하였던 도시 노동자들이 심각하게 타격을 입었을 가능성이 크다. 그리고 1993년 센서스에서 지역별 사망률을 보더라도 함경도에서 사망률이 높고 농업지역인 황해도에서 사망률이 낮은 것을 확인할 수 있다(그림 6-4). 이는 식량난이 시작되거나 시작되기 직전 농촌의 식량사정이 대도시 노동자에 비해 상대적으로 좋았던 상황을 반영할 수 있다.

그런데 2008년 센서스에서 나타난 지역별 사망률에서는 황해도에서 사망률이 다른 지역보다 높게 측정되었다. 또한 도시와 농촌의 사망률을 비교해보면 농촌의 사망률이 더 높게 나타난다(그림 6-9). 이는 식량난 이후 국경 근처나 대도시에 살고 있는 도시 주민들이 시장활동을 통해 생계수단을 확보하였던

그림 6-9 도시와 농촌 사망률, 2008

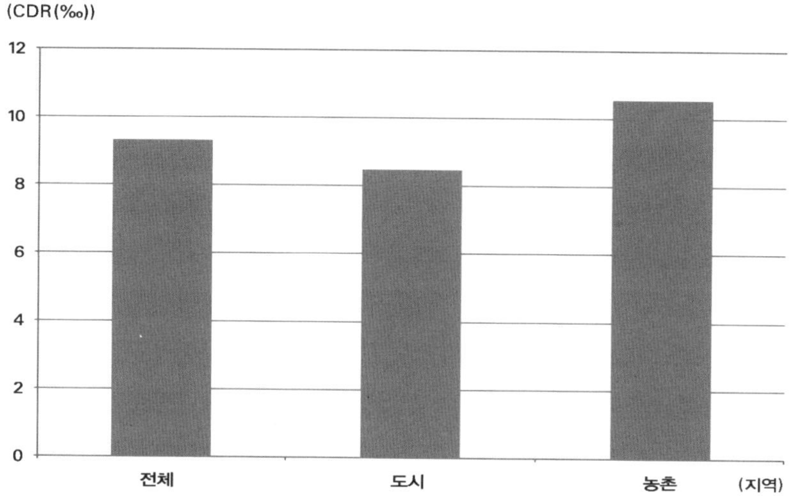

자료: 북한 센서스 2008.

것과는 달리 외부와 닫혀져 있고 시장교류가 제한되고 국가통제가 컸던 농촌 주민의 생활이 더욱 곤궁해졌기 때문일 수 있다. 또한 식량난의 지역별 편차는 도시와 농촌의 차이보다는 교역조건이나 국가통제에서 벗어날 수 있는 정도의 차이를 반영한다는 주장도 제기되고 있다(Smith, 2009: 231-232).

표 6-8 탈북이주자 가족의 유병경험률(단위: %)

응답자와의 관계	유병경험 있다	전체
본인	51.58	100.00 (N=316)
배우자	37.29	100.00 (N=118)
자녀	24.75	100.00 (N=101)
부모	61.89	100.00 (N=244)
배우자 부모	32.67	100.00 (N=101)
형제자매	37.65	100.00 (N=170)
배우자 형제자매	31.78	100.00 (N=76)

자료: 2007 새터민 조사.

그림 6-10 탈북이주자 가족의 기대수명(e_x, 남)

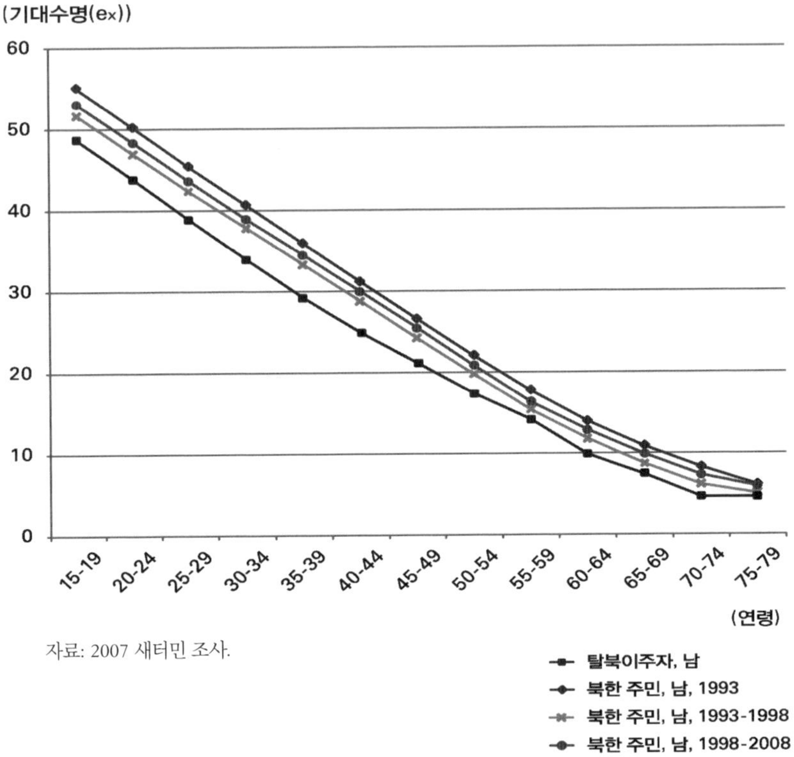

자료: 2007 새터민 조사.

식량난에 따른 사망위험이 계층별 차이가 크다는 점은 탈북이주자 가족의 높은 사망력을 통해서도 부분적으로 설명될 수 있다. 탈북이주자의 부모, 형제, 자녀 그리고 배우자 가족을 포함하여 가족 성원 중에 사망한 사람과 사망 시 연령을 교차하여 생명표를 작성한 결과 탈북이주자 가족의 15세에서의 기대수명이 식량난 시기 북한주민의 기대수명에 비해 약 10세 정도 적은 것으로 추정되었다(그림 6-10, 그림 6-11). 그리고 높은 이환율을 가지고 있다(표 6-8). 탈북이주자 가족의 높은 사망률은 위험천만한 탈북과정과 제3국에서의 역경의 영향도 크지만 북한에서 겪은 심각한 궁핍과 질환의 영향도 크다.

그림 6-11 탈북이주자 가족의 기대수명(e_x, 여)

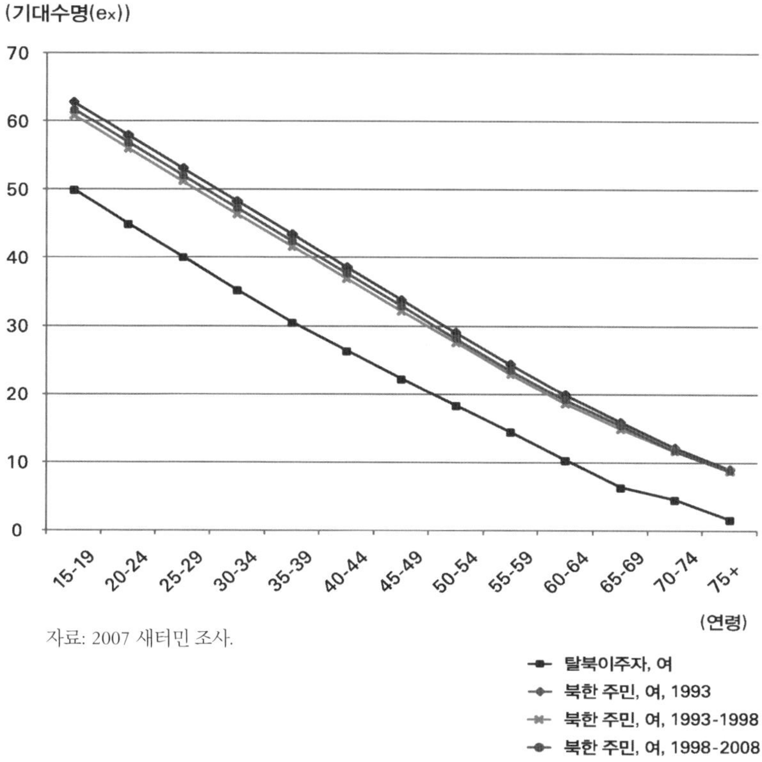

자료: 2007 새터민 조사.

5. 맺음말

북한이 발표한 자료에 따르면 휴전 이후 북한주민의 사망률은 매우 빠르게 낮아졌다. 이미 1960년대에 여느 선진국의 사망률 수준으로 낮아졌다는 선전이 『김일성선집』 등에 수록되어 있다. 이에 대해 체제 선전을 위해 자료가 의도적으로 왜곡되었다는 진단에서부터 사회주의체제의 우월성을 증명하는 현상이라는 진단에 이르기까지 논쟁적이다. 여기에서는 북한의 공식 사망률 자료의 정확성을 진단하고 오류를 조정하여 북한의 사망률이 실제로 어떻게 변하였는가를 분석하였다.

북한이 발표한 경제난 이전 사망률 관련 통계치들의 내적 일관성과 다른 사회주의 사망률 추이를 종합해서 분석한 결과 사망률이 과소 추정되었다고 판단된다. 북한이 공식 발표한 사망률이 과소추정된 것은 체제우월성을 선전하기 위한 정치적 의도도 있었겠지만 기본적으로 정주인구등록에 기초한 인구집계에서 인구동태가 정확하게 파악되기 어려웠던 이유가 컸다고 판단된다. 또한 경제난 이후에는 비공식적인 인구유동이 발생하여서 사망률 계측에 오류가 컸다고 여겨진다.

이와 같은 사망률 추정의 오류에 유의하면서 식량난 이전과 1993년과 2008년 사이 사망률의 변화를 분석하였다. 또한 사망률은 한 사회의 생산, 복지 제도의 발달수준과 사회성원의 생활수준을 가리키는 중요한 척도라는 점에서 사망률의 변천과정에 작용하고 있는 북한의 생산, 복지 제도의 성쇠과정과 북한주민의 생활수준의 변화를 읽고자 하였다.

분석 결과 북한주민의 사망률은 1970년 초반까지 크게 감소하였고 이후 정체되다가 1990년대 중후반 식량난 시기 크게 증가하였다. 사망률 추이에서 보면 북한주민의 생활은 1970년대를 기점으로 성쇠의 국면으로 갈렸다고 판단된다. 사회주의 건설 초기 혁신적인 생산증진과 사회제도의 개선이 이루어졌지만 1970년대 중반 이후 생산과 복지 수준은 점차적으로 정체되었고 사회주의권이 무너지면서 급속도로 악화되었고, 1990년대 중후반 심각한 경제난 속에서 국가 생산, 복지체계는 거의 마비되었다. 또한 북한주민의 사망률의 중요한 특성으로 청년기 이후 남성의 높은 사망률에 주목하였다. 남성의 높은 사망률은 오랜 시간 재해 위험이 큰 군대, 건설, 탄광노동에 종사하고, 흡연과 음주를 즐기는 생활양식의 영향과 관련된다고 여겨진다.

1990년대 중후반 발생한 심각한 식량난 상황에서 많은 인구가 사망하였다. 추정에 따르면 1998년 영아사망률과 조사망률 수준은 북한의 공식발표치보다 훨씬 높은 수준에 이른다. 1998년 이후 사망률은 감소했지만 2008년 시점의 사망률 수준도 1993년 수준보다 더 높게 유지된다. 그러나 많은 인구가 식량난 시기에 사망했지만 사망률 증가 수준은 수백만 명 아사자가 발생 정도의 크기에는 훨씬 못 미치는 수준이었다. 북한주민의 기아 충격이 그렇게 크지 않았던 것은 식량난이 국지적으로 취약계층에 집중되어 일어난 것이 아니라 전 주민의 만성적 궁핍과 건강악화로 진행되었기 때문이라는 논의도 있다. 그러나 더 중요하게는 1990년대 후반 식량생산과 공업에 걸쳐 연쇄적으로 생산체제가 마비되는 상황이 일어났음에도 불구하고 사망률 증가에 제동이 걸릴 수 있었던 것은 식량난에 대응하면서 주민들의 생존방식과 태도가 변화된 결과라고 여겨진다. 생식을 통제하고 월경을 하였던 것은 주민들이 식량난에 적응한 생존방식이었고 또 부족한 식량에 대응한 인구조정방식이었다. 또한 밑으로부터의 자구적인 생존전략이 확장되면서 경제난의 양상은 변하였다. 주민들의 자구적인 생존능력이 중요해지면서 변화에 적응한 사람과 그렇지 못한 사람 사이 식량 및 건강 자원에 접근할 수 있는 차이가 커져 사망률이 지역과 계층에 따라 차이가 커지는 현상도 확인되었다.

제7장

식량난 및 기근과 인구변동[1]

1. 식량난 시기 인구동태의 퍼즐

한 사회의 인구동태는 그 사회의 경제 문화적 환경에 생활양식이 적응한 과정과 결과로 이루어진다. 인구동태의 가장 기본적인 환경조건은 무엇보다 식량 조건이다. 근대의 문이 열리기 이전 인류의 인구가 오랜 시기를 통해 별로 증가하지 않았던 것은, 제한된 식량환경을 초월하는 인구는 생존하기 어려웠기 때문이다. 또한 인구가 안정상태를 유지한 것은 처음부터 제한된 자원에 맞추어 인간이 생식과 생명을 관리할 수 있었기 때문이 아니라 과잉인구가 발생하였을 때 여지없이 찾아온 재앙과 고통 때문이라고 주장하는 예지가도 존재하였다(Malthus, 1798).

자원과 인구 사이의 불균형이 초래할 수 있는 불행의 정도를 줄이기 위해 사회마다 고유한 인구조정방식이 생활양식의 일부로 발전되어 왔지만 인간이 자연을 통제하는 힘이 약했을 때 인구조정은 자연의 힘에 적응하고 인간의 욕구를 통제하는 성격이 강했을 수 있다. 그런데 산업화가 이루어지고 생산혁명이

1 7장은 박경숙. 2012.「북한의 식량난 및 기근과 인구변동」.『통일정책연구』21/1에 논문으로 발표되었음.

일어나고 보건의료 기술이 확장되면서 인구는 크게 증가하였다. 그러나 현대 사회에도 양상은 다르지만 자원과 인구 사이의 불균형과 과잉인구 문제가 지속되고 과잉인구를 조정하는 제도와 행위 양식들이 다양하게 구성되고 있는 것 같다. 아직도 일부 지역에서는 절대적 식량의 부족에서 많은 인구가 조기에 사망하거나 유기되고 있다. 다른 한편 발전과 생산성이 강조되는 사회에서는 발전과 기능에 적응하지 못하는 인구가 과잉인구로 구조화되고 있다.

인구동태에는 자원과 인간의 불균형에 대응하는 다양한 인구조정 방식들이 반영되어 있다. 맬서스(Malthus, 1798)가 이야기하듯이 인구와 자원의 불균형이 생산조건과 인간 욕구의 불균형에서 비롯되었는지, 아니면 아마르티아 센(Sen, 1981)이 주장하듯이 생산, 분배, 정치, 이데올로기를 통해 자원을 획득할 수 있는 기회가 불균등하게 구조화되었기 때문에 발생하든지, 자원의 제약, 특히 갑작스럽게 발생한 자원의 결핍은 자원과 인간의 생활양식에 심각한 불균형을 초래할 수 있고, 불균형을 조정하는 방법은 상당한 고통을 수반한다.

1990년대 중후반 북한에서 발생한 식량난은 매우 심각한 수준이었다고 알려져 있다. 자연재해, 집단적 농장체제의 비효율성, 대외 교류 조건의 어려움 등 부정적 요인들이 동시다발적으로 작용하여 식량생산이 크게 감소하였고, 식량 배급량이 절반 이하로 떨어진 지역이 많았고 특히 함경도 지역에서는 배급이 거의 이루어지지 않았다고 한다.[2] 그리고 많은 사람들이 먹지 못해서 사망하거나 난민이 되는 상황이 발생하였다. 초근목피로 몇 달간 끼니를 때우면서 나중에는 그 대용식품도 바닥이 드러나고 시장에서는 어린이와 노인이 쓰러져 죽어갔고, 작업장과 군대에서는 성인남성들이 무력하게 쓰러져 갔다고 한다(좋은벗들, 1999).

---

2 이금순. 『북한주민의 국경이동 실태: 변화와 전망』(통일연구원, 2005). 19–22; 이석. 『1994–2000년 북한기근』(통일연구원, 2004a). 17–29; 이석. 「1994–2000년 북한기근: 초과사망자 규모와 지역별 인구변화」. 『국가전략』 10권 1호(2004b). 121–124; 정광민, 『북한기근의 정치경제학: 수령경제, 자력갱생, 기근』(시대정신, 2005). 82–86.

이런 상황은 식량자원의 결핍에 적응하는 과정이 얼마나 고통스러운가를 상상할 수 있게 한다. 식량의 절대적인 결핍 상황은 인구와 식량의 심각한 불균형을 초래하였고 불균형을 조정하는 과정은 북한주민에게는 심각한 고통이었다. 인구의 불균형을 조정하는 기제들로서 맬서스가 제시하였던 불행들, 기근, 전염병, 생식의 통제, 월경이 모두 발생하였다.

그러나 식량난과 인구의 불균형을 조정하는 방식들은 과잉인구가 빠져나가는 방식으로만이 아니라 인구와 자원의 관계가 새롭게 구조화되는 사회변동의 중요한 계기도 포함할 수 있다. 실제 북한의 식량난 이후 인구 불균형이 조정되고 있는 방식은 사망 증가, 생식 통제, 이주 등의 인구조정을 통해서만이 아니라 주민들이 식량을 적극적으로 구하면서 경제의 기본구조를 변화시킨 결과를 포함하였다. 이런 측면에서 식량난 이후 전개된 인구동태와 주민들의 생존방식은 인구와 환경의 관계가 새롭게 구조화되는 커다란 사회변화의 예후를 반영하고 있다.

1990년대 중후반 발생한 식량난이 북한의 인구동태에 미친 영향은 상당히 민감한 국제 정치의 소재가 되었다. 그러나 공식적 통계, 증언, 전문 연구들에서 예측된 인구 교란의 양상은 차이가 컸다. 1990년대 식량난 시기 어떻게 인구가 교란하였는가에 대한 선행연구들에 대해서는 자료의 제약과 방법론적인 문제, 그리고 추정결과의 타당성 문제 이외에도 이론적인 측면에서 몇 가지 중요한 질문이 제기된다. 우선, 선행연구들은 대체로 식량난 시기 인구변동을 주로 총량적인 인구손실, 특히 사망률 크기에 초점을 두어 연구하였다.[3] 식량난

3 식량난에 따른 인구손실 정도를 추정한 연구로서는 W. Courtland Robinson, Myung Ken Lee, Kenneth Hill and Gillbert Burnham. "Mortality in North Korean Migrant Households: a Retrospective Study." *Lancet* 354 (1999). 291–295; Daniel Goodkind and West Lorraine. "The North Korean Famine and Its Demographic Impacts." *Population and Development Review* 27/2 (2001). 219–238; Nicholas Eberstadt. "Development, Structure and Performance of the DPRK Economy: Empirical Hints." in Yoon. C. H. and L. J. Lau ed. North Korea in *Transition: Development Potential and Social Infrastructure* (Stanford University Press, 2001). 61; Andrew Natsios, *The Politics of Famine in North Korea* (USIP Special Report, 1999); Spoorenberg. Thomas and Daniel Schwekendiek "Demographic

에 따른 사망률의 증가는 경제체제의 심각한 위기를 나타내는 것으로 간주되었다. 다시 말하여 식량난으로 발생한 사망자는 식량과 인구의 불균형의 정도와 불균형을 해소할 때의 고통의 정도, 나아가 통치체제의 위기를 가리킨다고 인식되었다.

그러나 인구손실의 정도와 식량난의 심각성을 구분할 필요가 있다. 사망은 식량과 인구의 불균형의 정도를 반영하더라도 불균형의 심각성을 직접적으로 가리키지는 않을 수 있다. 왜냐하면 자원과 인구의 불균형은 인구동태만을 통해서 조정되지 않기 때문이다. 인구조정의 고통을 줄이기 위해 식량자원을 구하는 방식을 최대화하거나 전향적으로 식량을 획득하는 방식을 변화시킬 수도 있다. 실제 북한에서 식량난이 조정된 방식은 적극적 인구조정을 통해서만이 아니라 대안의 식량획득방식이 확대되는 양상으로 전개되었다. 또한 인구조정 방식은 사망률의 증가뿐만 아니라 사망을 방지하기 위한 이주와 생식의 통제를 통해서도 이루어진다. 북한에서도 식량난 시기 인구교란은 사망률 증가뿐만 아니라 탈북이주자의 증가와 출산의 감소로 복합적으로 진행되었다.

또한 수백만 명 아사자가 발생한 것이 체제의 위기를 가리킨다는 논리도 타당하지 않을 수 있다. 오히려 식량과 인구의 불균형에서 수백만 명 아사자가 발생하였다면 그 결과는 체제 붕괴보다는 균형에 이르러야 하는 것이다. 불균형 때문에 많은 사람들이 사망하였다면 그 결과는 체제의 위기를 조정하는 효과를 가질 수도 있다. 만일 수백만 명 아사자가 발생하였다 하더라도 그것이 지속되지 않고 국지적으로 집중된 현상이었다면, 체제를 붕괴하기보다는 체제를 지속시키는 조정 효과를 가졌을 수도 있다.

이 연구에서는 식량난에 따른 식량과 인구의 불균형이 사망, 출산, 이주의 복합적인 인구조정 방식뿐만 아니라 식량획득 전략의 변화를 통해 조정된 방

Changes in North Korea: 1993-2008." *Population and Development Review* 38/1 (2012). 133-158; 좋은벗들. 『북한식량난』 (불교정토회. 1998); 이석. 2004a. 『1994-2000년 북한기근』; 이석 2004b. 「1994-2000년 북한기근: 초과사망자 규모와 지역별 인구변화」 등이 있다.

식을 종합적으로 주목하고자 하였다. 먼저 이 장에서는 식량난 이후 발생한 인구동태에 초점을 두어 식량과 인구의 불균형이 어떤 인구 메커니즘으로 조정되었는가를 분석하고자 한다. 심각한 식량난이 발생하기 직전이었던 1993년에서부터 식량난이 심각하게 발생하고 여러 생존전략이 확대되었던 2000년대를 걸쳐 인구동태에 어떤 변화가 있었는가를 분석한다. 식량난 속에서 전개된 인구동태의 변화는 두 센서스가 이루어진 1993년과 2008년 시기를 통해 살펴보고자 한다. 두 센서스 시점의 연령구조의 차이는 두 센서스 기간 사이에 전개된 사망, 출산, 이주의 동태의 변화를 반영하고 있다. 식량난이 인구동태에 미친 효과는 식량난 시기 식량과 인구의 불균형 때문에 조정되거나 손실된 인구의 크기로 가정하였고, 이는 1993년 동태율이 항상적이라고 가정하여 추정한 2008년 인구와 실제 2008년 센서스의 인구의 차이로 조작화하였다. 그리고 인구손실을 조성한 출산, 사망, 이주의 효과를 분석하였다.

2. 식량난에 따른 인구손실에 대한 선행 연구들

기근은 식량공급의 절대적인 부족이나 교환체계의 붕괴 때문에 식량과 인구의 불균형이 일어난 극단적인 상황이다. 먹을 것이 없게 되는 상황에서 예상되는 것은 기아에 따른 사망이다. 그리고 죽음을 피하기 위해서 영토를 이탈하는 움직임도 커지고, 생식을 통제하거나 아이를 유기하는 행위도 증가할 수 있다. 북한의 심각한 식량난 시기 이 세 가지 인구동태의 교란은 모두 존재하였다. 그러나 인구교란이 어느 정도였는가에 대해서는 진단이 상충되고 명확한 증거에 기초한 진단은 이루어지지 않았다고 판단된다. 앞의 장에서 살펴보았듯이 1990년대 중후반 사망률은 크게 증가하였다. 북한 당국이 발표한 공식 사망률도 1996년 이후 크게 증가하였지만 이 연구에서 추정된 사망률 수준은 북한의 공식발표치보다 더 높았다. 또한 2000년대를 거치면서 사망률이 조금씩 개선된 경향이 보이지만 2008년 사망률 수준도 1990년대 초반 수준을 훨씬 넘어서고 있다. 사망률 동태에서 보면, 식량과 인구의 불균형과 그에 따른 적극적 인구조정은 2008년 시점에도 지속되고 있다고 여겨진다.

식량난 이후 출산율도 감소하였다. 1993년 센서스에서 집계된 가임여성의 합계출산율은 2.17명이었는데 2008년 센서스에서 집계된 합계출산율은 2.0명 수준이다. 경제난 시기 탈북이주자도 발생하였다. 재외 탈북이주자의 규모에 대해서는 여러 조사에서 상이한 추정치들을 제시하고 있다. 식량난이 가장 심각했던 시기 이루어진 조사들은 탈북이주자의 규모를 10만 명에서 40만 명 수준으로 추정하였고 2000년 이후의 연구들에서는 3만 명에서 5만 명 수준으로 진단하였다(이금순, 2005: 39-41). 기존 연구들에서 탈북이주자 규모를 정확히 판단하기는 쉽지 않지만, 식량난이 가장 심각했던 1994년에서 1998년 사이에 탈북이주자의 규모도 절정에 이르렀다가 이후 재입국이나 체포 등으로 탈북이주자 크기는 줄어든 것으로 판단된다.

그런데 이처럼 총량적으로, 혹은 단편적으로 포착되는 식량난의 충격이나 인구동태의 변화가 어떤 인구조정 메커니즘으로 전개된 것인가는 분명하게 파악되지 않는다. 다시 말해 사망률, 출산율, 이주 동태의 변화가 서로 어떻게 연관되어 있는가가 규명되지 않았다. 식량난이 인구에 미친 영향을 총량적으로 파악하기 위해 인구손실의 크기를 분석한 연구들이 존재한다. 식량난이 최고조에 달하였고 식량난민과 아사자 발생에 대한 우려가 심각했던 1990년대 중후반에 초점을 둔 연구들은 아무래도 대기근을 가정하고 있다. 예를 들어 불교운동본부는 중국으로 월경한 북한주민을 조사한 결과에 기초하여 식량난에 따라 사망하거나 이탈한 주민의 수를 300만 명 이상으로 추정하였다(이금순, 2005: 321). 이 주장은 미국의 한 구호단체에서 처음 제기되었다고도 하고 1997년 망명한 황장엽의 증언에 따른다고도 전해진다(Natsios, 1999[2003]: 270-288). 인터뷰에 참여한 북한이주자도 약 300만 명 정도가 사망했다고 들었다고 한다. 전문가 중에서도 대기근을 진단하기도 하였다. 에버스테트는 북한 최고인민회의 대의원 비율이 항상적이라고 가정하고 1987년 주민등록을 이용하여 추정한 1998년 인구와 1998년 대의원 수에 기초하여 추정한 인구 차이에서 약 300만 명의 인구가 손실되었다고 추정하였다(Eberstadt, 2000: 61).

그러나 좀 더 장기간에 걸쳐 인구변동을 추정한 연구들은 식량난에 따른 인구손실이 대기근 가정과는 달리 크지 않다고 진단하고 있다. 굿카인드와 웨스트는 1959년에서 1961년 사이 중국에 기근이 발생했을 당시의 사망률 변화패턴을 북한에 적용하여 1995년에서 2000년 동안 기근으로 인해 60만 명에서 100만 명 정도가 사망하였다고 추정하였다(Goodkind and West, 2001: 229-233). 또한 공식통계와 여러 자료를 종합적으로 활용하여 분석한 이석의 연구에 주목할 수 있는데, 1994년에서 2000년 사이 발표된 북한의 공식통계에 기초해서 추가 사망자가 25만 명으로, 북한 어린이 영양조사를 통한 추계에서는 추가 사망자가 60만 명에서 112만 명 수준으로 다소 편차가 큰 추정치를 제시하고 있다(이석, 2004a: 67-76). 한국통계청은 탈북이주자의 증언 및 1993년 북한자료를 이용하여 기근으로 인한 사망자를 27만 명으로 추정하였다(통계청, 1999).

이렇게 추정치 차이가 큰 것은 사용한 자료와 추정방법의 차이에 연유한다. 불교운동본부에서는 식량난민들의 조사와 증언에 기초하였고, 에버스테트는 1990년과 1998년의 최고인민회의 의원으로 선출되었던 대표자들의 숫자를 비교하였다. 굿카인드와 웨스트는 1959-1961년 중국기근 시기의 사망률 변화패턴과 1998년 국제기구(WFP)가 실시한 북한 어린이 영양실태조사결과에 기초하여 추정하였다. 이석은 이 추정방법들이 타당하지 못한 점들을 세세히 지적하고 있는데, 에버스테트의 추정방법은 대의원체제가 변화된 점을 고려하지 않았고, 불교운동본부나 한국통계청의 추정방법은 탈북이주자 증언이 객관성이 떨어질 수 있음을 충분히 고려하지 않았으며, 굿카인드나 웨스트의 추정방법은 중국기근과 1990년대 북한의 식량위기가 발생과정과 전개방식, 대응과정과 피해계층에서 차이가 크다는 점을 간과한다고 지적하고 있다. 중국의 기근은 곡물생산과 양식배급의 문제로 주로 농촌에서 이루어졌는데, 북한의 식량위기는 배급에 의존하는 도시지역에서 더욱 컸다고 주장한다(이석, 2004b: 119-124). 이석은 1993년 센서스 인구에 기초하여 추정한 2000년 인구와 북한이 공식적으로 발표한 2000년 인구의 차이를 기근에 따른 인구의 손실크기로 추정하였는데 그 규모를 60만 명에서 70만 명 범위로 추정하였다. 또한 아시아 태평양 국가의 발육부진 어린이 비중과 조사망률 사이의 관계함수를 구하여, 그 함수값을 북한 어린이 영양실태조사결과에 적용하여 북한의 조사망률은 최저 10.52‰에서 최고 12.9‰로 추정하였고, 손실인구를 60만 명에서 112만 명 범위로 추정하였다. 이석이 수행한 두 추정방법은 다른 추정에 비하여 객관성과 신뢰성이 크다고 판단되지만 두 추정결과의 편차가 크다는 점에서 정확성을 판단하는 데 어려움이 남는다. 1993년 센서스에서 제시한 사망률과 영양실태조사결과에서 추정한 사망률의 차이가 큰 것에 대해서 명확히 설명이 되지 않고 있다.

식량난 시기 얼마만큼 사망, 출생, 이주에서 변화가 있었는가는 식량난을 직접 경험한 주민도 북한 당국도 정확히 파악하고 있지 못한 게 확실하다. 탈북이주자들도 아사 상황의 충격을 직접 경험하였지만 그 규모가 얼마인지를 객관적으로 인식하는 것은 아니다. 당 간부와 연결된 사람들로부터 전해 들은 이야기들도 객관성은 떨어진다고 보인다.

> 97, 98년도 때는 인구 되게 많이 줄었죠. 하루에 자고 일어나면 누구네 집에서 누구 죽었다 그랬어요. 지금은 2,300만 명도 못된다고 하던데요. 우리처럼 중국으로 도망쳐 오고 한국도 오고 하니까. (연이 씨)

> 시민교양부기자라고 시안전부에 자주 드나들었어요. 안전부 사람들도 300만 명이 죽었다고 들었어요. 기자들끼리도 모여 앉으면 300만 명은 된다고 했어요. 안전부 사람들도 그렇게 이야기했습니다. 99년, 2000년에 이런 이야기를 했어요. 그 당시 라디오로 미국의 소리방송, 한국사회교육방송을 들었어요. 거기서 30만 명 정도 탈북자가 있다고 하는데, 안전부는 6~8만 명 정도가 탈북했다고 했어요. 그 사람들도 미국 소리방송을 듣고 평가하는 것이지요. 이것은 거짓말이라고 했어요. (성이 씨)

95년도부터 장사를 하고 한 1년 하다가 밀수를 시작했는데 그때 우리 동네에서 인구가 한 삼분의 일 죽었어요, 무산 농산에서 … 우리 옆집에 차례차례 다 죽더라고요. 근데 배고파서 죽는 사람들도 있고 그때 뭐 배고프니까 농장에 가서 소 도둑질하고 광산에 가서 파철 도둑질하고 이래 총살당하는 사람도 몇 프로 있고 감옥에 들어가서 죽는 사람도 많았어요. 우리 신랑도 디젤유, 자동차 기름 캐가지고 도둑놈으로 몰려가지고 감옥 들어갔다 나와서 죽었어요. (정이 씨)

어제 그제 작년(2004년) 7월 14일 날 북한에서 나온 여자를 만났는데 그 여자가 그러더라고요. 다 달아나고 없다고. 북한에서 애기를 안 낳잖아요. 노인들은 먹지 못해 힘이 없어 먼저 죽잖아요. 그래서 인구가 급속히. 내가 들었을 때는 북한인구가 2,300만 명이라고 하더라고요. (옥이 씨)

이처럼 식량난이 정확히 얼마나 오래 지속되었고 인구손실 정도가 얼마나 컸는가는 정확히 파악되고 있지 않다. 학술적 추정치들도 자료의 편의성과 추정방법의 타당성 논란에서 자유롭지 못하며 탈북이주자의 증언도 대부분 주관적인 인상과 당시의 소문에 기초하고 있다.

여기에서는 1993년과 2008년 센서스를 기준 인구로 삼고 그 외 북한의 공식통계치와 증언 자료들이 제공하는 정보들을 반영하여 두 시기 사이에 전개된 인구동태의 특성을 추정하였다. 주된 논리는 1993년의 인구동태를 가정하였을 때 예상된 2008년의 연령구조와 실제 보고된 2008년 연령구조의 차이를 설명할 수 있는 1993년에서 2008년 사이 출산 및 사망동태와 이주패턴을 찾아내는 것이다.

3. 1993–2008년 사이 전개된 출산, 사망, 이동 동태율 가정

우선 1993년과 2008년 사이 인구동태가 어떻게 일어났는가를 파악하기 위해 가상의 인구를 구성하였다. 가상인구 a는 출산율과 사망률이 1993년 이래 항상적이었고 이주는 존재하지 않았다고 가정하였을 때 예상되는 2008년 인구로서 코호트요인 조성방법을 통해 구성하였다.[4] <표 7-1>은 1993년 12월 31일 집계된 센서스 인구를 10월 1일 인구로 재구성하고 출산율과 사망률은 1993년 비율이 그대로 지속되었고 이동이 없었다고 가정한 뒤 추정한 2008년 인구(a)와 2008년 센서스를 통해 집계된 인구를 연령별로 비교하여 구한 차이 값을 나타내고 있다.

출산율과 사망률이 변하지 않았고 인구이동이 없었다고 가정하였을 때 추정된 가상인구(a)와 실제 2008년 센서스 인구의 총 차이는 전체 88만 1,862명이고, 남성은 49만 333명, 여성은 39만 1,529명으로 집계되었다. 여기서는 2008년도 센서스 인구가 1993년도의 인구동태율을 가정하였을 때 기대된 2008년도 가상인구에 비해 적은 정도가 식량난에 따라 추가적으로 손실된 인구크기로 가정하였다. 1993년에서 2008년에 걸쳐 추정된 인구손실크기가 총 88만여 명이라는 것은 1990년대 중후반 단기간에 수백만 명 아사자가 발생하였다는 주장과는 상당히 차이가 난다.

또한 강조하고 싶은 것은, 가상인구와 실제인구의 차이가 연령과 성에 따라 차이가 있는 점이다. 우선 0세에서 14세 인구에서 차이가 큰 점에 주목할 수 있다. 2008년 현재 0세에서 14세 연령집단은 1993년에서 2008년 두 센서스 사이에 태어난 인구이다. 이 연령대에서 추정 인구와 센서스 인구에 차이가 큰 것은 두 기간 동안 출생률이 감소하였고 영유아 사망률이 크게 증가하였고

4 코호트 요인법(cohort component method)은 인구추계에 일반적으로 활용하는 방법으로, 기준이 되는 인구의 성별, 연령별 인구에 인구변동 요인인 출산, 사망, 이주 동태율을 적용하여 인구를 추계하는 방법이다. 인구동태율을 상이하게 적용하였을 때 추정된 인구크기 및 인구구조를 비교하면서, 인구동태의 효과를 비교하는 데도 널리 활용되는 방법이다.

표 7-1 1993년 동태를 가정했을 때 2008년 추정인구(a)와 2008년 센서스 인구의 차이 (단위, 명)

연령	가상인구 2008 a-총조사 인구 2008		
	남	여	계
0-4	88,084	78,614	166,699
5-9	110,051	101,925	211,976
10-14	52,114	53,138	105,252
15-19	15,435	9,972	25,407
20-24	9,091	3,399	12,491
25-29	5,016	3,770	8,786
30-34	10,185	1,695	11,880
35-39	27,283	14,062	41,345
40-44	26,394	14,978	41,372
45-49	16,743	11,121	27,865
50-54	1,839	3,808	5,648
55-59	7,010	3,544	10,554
60-64	18,927	14,473	33,400
65-69	26,418	17,251	43,670
70-74	36,212	22,815	59,027
75-79	33,474	28,601	62,075
80+	6,056	8,361	14,416
계	490,333	391,529	881,862

탈북한 가임여성이 북한에 남아 있었다면 출산하였을 아이들의 영향이 복합적으로 작용하였을 수 있다. 위험한 월경에서 영유아가 독립적으로 혹은 가족과 함께 이주한 경우는 제한된다고 판단된다.

북한 공식발표에 따르면 1993년 합계출산율은 2.17명이고 2008년 합계출산율은 2.0명 수준이다. 공식 발표 자료를 고려해보더라도 지난 15년간 출산율이 감소한 것은 확실하다. 그런데 0세에서 14세 연령집단에서 추정인구와 센서스 인구크기의 차이가 불규칙한 분포를 보이는데 10세에서 14세 연령집단에서 차이가 0에서 10세 연령집단에서보다 더 적게 나타난다. 2008년 시점에서 10세에서 14세 연령집단 인구는 1998년 당시 0세에서 4세 나이로 가장 사망위험이 컸던 시기에 태어난 세대이다. 북한이 공식적으로 발표한 영아사망률도 1998년에서 가장 높고 이후 점차 감소하고 있다.[5] 또한 이 시기 식량난이 심각하여 가임여성의 탈북도 다른 시기보다 더 발생하였을 수 있다. 이 두 상황을 고려하면 출산율이 동일하다면 10세에서 14세 연령집단에서 더 많은 인구가 손실되었을 것이 확실하다. 그럼에도 불구하고 10세에서 14세 연령에서 추정된 인구와 센서스 인구에 차이가 적다는 점은 1993에서 1998년 사이 출산율은 1993년 수준에 비해 크게 줄어들지 않았음을 시사한다.[6]

가상인구와 센서스 인구의 차이에서 또한 특징적인 것은 35세에서 49세 연령집단(남성에서는 30세에서 40세 연령집단)과 60세 이상 연령집단에서 차이가 크게 나타나는 점이다. 60세 이상에서 인구차이가 큰 것은 두 센서스 기간 중에 사망률이 크게 증가한 결과로 이해될 수 있다. 성별로 보면 남성에서 인구차이가 더 크게 나타나고 있어 남성의 사망률이 크게 증가하였을 가능성을 시사한다.

한편 35세에서 49세 추정인구(남성에서는 30세에서 49세 추정인구)와 센서스 인구가 차이가 큰 것은 사망률 외에도 이주자의 성별효과를 포함하고 있다. 우선 남성에서 보이는 가상인구와 실제인구의 차이는 주로 사망률의 증가 때문이라고 여겨진다. 앞 장에서 살펴보았듯이 북한남성의 높은 사망률은 비단 식량난 시기에 국한된 현상은 아니다. 센서스에서 집계된 연령별 인구에서 유소년기를 제외하면 거의 모든 연령에서 남성이 여성에 비해 인구 크기가 적다.

---

5 북한이 발표한 영아사망률은 1993년 14.0‰에서 1998년 23.4‰, 2003년은 20.6‰, 2008년은 20.3‰으로 나타난다(통일연구원, 통계DB).

6 한편 1998년 당시 5세 이상 14세 미만의 아동 인구의 사망률은 1998년에서 2008년 사이 크게 증가하지 않았다고 판단된다. 표에서 보듯이 2008년 15세에서 29세 사이 인구와 가상인구와의 차이는 상대적으로 크지 않다. 식량난 시기 아동의 사망률 변화를 객관적으로 검증하기는 어렵지만, 탈북이주자들도 '흉년에 아이들 배터진다'고 비유하면서 아동의 사망률이 크게 증가하지 않았다는 인상을 전하였다.

연령별 혼인상태에서도 여성의 배우자 사별률이 크게 두드러진다. 남성의 사망률이 높은 것은 재해 위험이 큰 군대나 건설노동에 오래 동원되고 음주와 흡연을 즐기는 생활습관의 영향이 클 수 있다. 그리고 식량난 시기 남성들은 더욱 사망위험이 컸던 것으로 추측된다. 식량난 시기 사망위험이 증가한 것을 증언할 때 영유아, 노인과 함께 남성들의 높은 사망률이 흔히 지적되었다. 군대에 간 젊은 남성들의 사망통지서가 흔하게 전달되었고, 작업장에서 시름시름 앓다가 사망한 남성들도 많았다고 전한다.

> 남자들이 먼저 죽더라고요. 야 너네 아버지 곧 죽을 것 같아 그러면 곧 죽더라고요. 노동대 가서 죽은 사람도 많고. 남자들은 노동대 가면 어쨌든 죽어요. 본인들이 배고파서 일을 못 나가잖아요. 출근 안 했다고 잡아가니까. 잡아가면 놔두지 않고 일 시키니까. 영양실조 온 담에 콜록콜록하면 진단 내러 병원에서 와 본대요. 이 사람은 오래 못 살 것 같다 하면 노동대에서 빨리 내보내는거죠. (정이 씨)

> 군대 나가서 많이 죽어요. 군대 나가서 영양실조 걸리면 추켜세울 힘이 없어요. 그 나라가 그냥 실조 걸리면 죽게 내버려 둬요. 그리고 또 집에다가 연락도 안 해요. 군대 나가서 엄청 많이 죽어요. 군대 가서 영양실조로 죽으면 죽었다 하나요, 그냥 뭐라고 하냐면 보초 서다가 뱀에게 물려 죽었다, 그러거든요. 그리고 심장마비로 죽었다 그래요. 그렇게 거짓말로, 그러니까 자기 아들이 왜 죽었는지도 몰라요. 그리고 죽었는데 죽었다는 통지도 제 때 안 와서, 전화도 없죠, 그 다음에 우체국, 그게 안 돼서 죽은 줄도 모르고 또 편지 써 보내요. 우리 동네에서 그런 일 있었어요. 새해에 축하장, 신년장 올려 보냈는데. 뭐 죽었는데 나중에 가서 그런 실례가 너무 많아요. (복이 씨)

또한 인터뷰에 참여하였던 여성들도 식량난 시기 배우자와 사별한 경우가 많았다. 이화 씨 남편은 1995년 45세에 뇌출혈로 사망하였고, 정이 씨 남편도 1996년 감옥에 갔다 온 뒤 사망하였고, 병이 씨 남편은 1996년도 49세에 간이 좋지 않아 사망하였고, 화이 씨 남편도 1998년 40세에 급체로 사망하였다. 이처럼 식량난 시기 사망 위험이 남성에서 더 컸던 이유를 명확히 논하지는 못하지만 배급이 중단된 상황에서 자구적 식량활동을 할 수 없고 공식 노동에 매여 있던 상황의 영향도 컸다고 추측된다. 또한 갑작스런 환경악화에 남성이 여성보다 적응하기 힘들다는 연구들도 존재한다(Schwenkendiek, 2008: 601).

젊은 여성인구가 크게 손실된 데에도 사망률 증가의 영향이 존재하지만 이외에도 탈북의 영향이 크다고 판단된다. 식량난 시기 발생한 많은 탈북이주자가 대부분 여성이라는 점은 기존의 연구들에서 강조되고 있다(윤인진, 2009: 112-113). 여성들이 남성에 비해 탈북하는 경우가 더 많았던 것은 식량난 시기 여성들이 식량을 찾아 이동하였던 상황을 반영한다. 남성들은 공식적인 생산조직에 얽매여 이동하기가 어려웠던 반면 공식적 생산조직에 구속된 정도가 약했던 여성들은 상대적으로 자유롭게 이동하여 장사를 하거나 물품을 교류할 수 있었다. 그런데 탈북시 여성들의 나이가 주로 20대에서 30대 초반이라고 알려져 있다. 사례는 제한되지만 <2007 새터민 조사>결과에 따르면 식량난이 가장 심각했던 1996년에서 1998년 사이에 월경한 여성의 평균연령은 24.8세인데 최근으로 올수록 탈북할 때의 연령이 더 많아지는 것으로 나타난다(그림 7-1). 또한 월경할 당시 미혼이거나 사별 혹은 이혼한 상태도 많았다. 탈북한 여성 중에서 미혼이거나 젊은 여성이 많았던 것은 중국과 아시아 지역에서 갑작스럽게 확대된 돌봄과 결혼시장에 북한여성들이 편입되었기 때문으로 여겨진다. 이렇게 식량난 시기 탈북이주자가 대부분 젊은 여성이라는 점을 고려해볼 때, 2008년 현재 나이가 35세에서 49세인 여성인구에서 보이는 가상인구와 실제 인구의 차이는 탈북으로 인한 효과가 크다고 판단된다.

종합해보면 1993년의 인구분포에서 출생률과 사망률이 변하지 않았고 이주가 발생하지 않았다고 가정하였을 때 추정한 2008년 가상인구와 2008년 센서스 집계결과의 인구를 비교할 때, 1993년에서 2008년 사이에 발생한 출생, 사망, 이동의 변화의 큰 윤곽을 그려볼 수 있다. 출산율 변화는 1998년 이후 본격적으로 진행된 것으로 판단된다. 그리고 0세에서 14세 유소년 인구가 상당

그림 7-1 탈북시기별 탈북시 연령

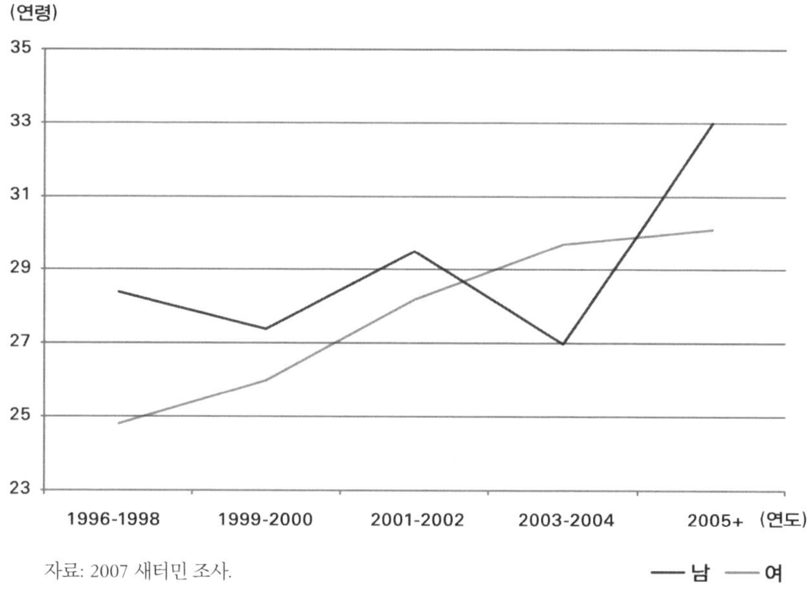

자료: 2007 새터민 조사.

수 가임인구의 탈북으로 인해 추가적으로 손실되었다고 판단된다. 사망률이 증가하였는데 특히 영유아와 남성의 사망률이 크게 증가한 것으로 판단된다. 탈북이주자는 20대와 30대 초반의 여성에서 2000년 이전에 주로 발생하였다고 판단된다.

이런 판단에 기초하여 1993년에서 2008년 사이 발생한 출산, 사망, 이주 동태를 다음과 같이 구체적으로 가정하였다. 합계출산율은 1993년에서 1998년 사이에는 1993년 수준과 비슷하게 2.15명이고, 1998년에서 2008년 사이에는 2008년 수준과 비슷한 2.0명 수준으로 가정하였다. 그리고 20대 여성을 중심으로 탈북이 주로 이루어졌다고 전제하고 2008년 35세 이상 49세 여성은 1993년에서 1998년 사이에 탈북하였고, 2008년 20세에서 34세 여성은 1998년에서 2003년 사이에 탈북하였다고 가정하였다. 이렇게 가정한 뒤, 탈북한 가임여성에서 기대되는 출산크기를 유소년의 이주크기로 가정하였다.

사망률은 식량난이 최고에 달하였던 1996년과 1998년 사이에 가장 높았고 이후에는 조금씩 개선되었다고 가정하고 1993년과 1998년 사이 사망률을 1998년과 2008년 사이 사망률보다 높게 추정하였다. 앞의 장에서 살펴보았듯이 1993년과 2008년 센서스 인구의 영유아 사망률이 과소집계된 것으로 판단된다. 기준인구의 영유아 사망률이 과소 집계된 점을 고려할 때 식량난 시기였던 1993년과 2008년 사이 영유아 사망률은 2008년 센서스 인구 사망률에 비해 크게 높을 것으로 판단된다.

그런데 2008년 센서스 집계에서는 인구유동의 증가에 따라 주민등록집계가 부정확해지고 행방이 분명하지 않은 인구에 대한 추궁을 피하기 위해 미해명 인구가 사망으로 잘못 신고된 경우들이 많았다. 1993년 기준인구에서 2008년 센서스에서 집계된 사망률을 적용하여 추정한 2008년 인구가 2008년 센서스 인구보다 적었다. 이 결과도 2008년 센서스 인구의 사망률이 과다집계되었을 가능성을 뒷받침한다. 공식 발표된 사망률이 1990년대 후반 이후 조금씩 감소하였고, 식량난 이후 사망률 집계가 부정확할 수 있는 정황들을 고려할 때, 2008년 10세 이상에서는 사망률이 과다 집계되었을 개연성이 크다고 판단된다. 그래서 1993년과 2008년 사이 10세 이상 사망률 수준은 2008년 수준과 비슷하거나 조금 적은 수준이라고 판단하였다. 사망률 분포를 다양하게 조정하면서 인구를 반복해서 추정한 결과 최종적으로 10세에서 50세 여성의 사망률은 1993년 이후 크게 증가하지 않았다고 가정하고 1993년 사망률 수준보다 약간 큰 비율로 조정하였다. 그리고 50세 이상에서는 사망률을 다소 큰 폭으로 조정하였다. 이렇게 15세 이상에서의 여성 사망률 분포에 기초하여 2008년 인구를 추정하고 1993년에서 2008년 사이 가임기에 속하였던 탈북이주 여성에서 추정되는 출생아의 생존자를 0–14세 이주자 크기로 간주한 뒤, 그 잔차에 근접하는 수준에서 영유아 사망률을 구하였다. 남성의 사망률은 여성보다 조금 더 큰 폭으로 증가시켜 추정하였다(표 7–2). 결과 0세 사망률은 1993년과 1998년 사이에는 인구 1,000명당 42–43명이고, 1998년과 2008년 사이에는 38명으로 추정되었다. 이렇게 추정한 사망률 분포에 따르면 1993년과 1998년 0세 남아의 기대수명은 62.3세이고 여아의 기대수명은 71.1세로 추정되고, 1998년과

표 7-2 사망률(m_x) 분포, 1993–2008, 추정치(단위, ‰)

연령	m_x, 1993		m_x, 1993-1998		m_x, 1998-2008	
	남	여	남	여	남	여
0	15.3	13.1	42.0	43.0	38.0	38.0
1–4	3.2	3.2	4.1	4.4	3.0	3.8
5–9	0.7	0.5	1.9	1.0	1.6	1.0
10–14	0.4	0.2	0.6	0.3	0.6	0.3
15–19	0.6	0.4	0.9	0.4	0.9	0.4
20–24	0.8	0.6	2.0	0.8	1.1	0.7
25–29	1.1	0.7	2.2	0.9	1.7	0.8
30–34	1.3	0.7	2.8	1.1	2.8	0.9
35–39	1.5	0.7	3.1	1.4	3.1	1.0
40–44	2.7	1.1	3.3	1.7	3.3	1.2
45–49	4.0	1.6	5.0	2.3	3.7	1.7
50–54	6.8	2.6	7.3	3.2	5.7	2.7
55–59	14.4	4.8	20.0	6.0	20.0	6.0
60–64	31.0	10.1	37.0	15.0	35.0	14.0
65–69	48.9	18.1	66.0	28.0	57.0	20.0
70–74	77.3	34.6	140.0	40.0	110.0	40.0
75–79	117.0	66.8	190.0	85.0	150.0	85.0
80+	197.1	131.9	210.0	140.0	200.0	140.0
기대수명(e_0, 세)	68.2	75.8	62.3	71.1	64.3	72.5

주: <표 6-6>과 동일함.

2008년 사이 0세 남아의 기대수명은 64.3세이고 여아의 기대수명은 72.5세로 추정된다.

4. 1993-2008년 식량난 시기 인구손실과 손실요인

이렇게 두 센서스 기간 사이 출산, 사망, 이동 추이를 가정하여 동태율의 변화를 단계적으로 반영하면서 인구를 다시 추정하였다. 첫 번째 추정인구(a)는 출산율과 사망률이 1993년과 동일하고 이주자가 없다고 가정하여 추정한 2008년 인구이고, 두 번째 추정인구(b)는 출산율만 변하였는데, 1993년과 1998년 사이 합계출산율이 2.15명 수준이고, 1998년과 2008년 사이에는 2.0명 수준으로 변하였다고 가정하였다. 세 번째 추정인구(c)는 출산율 변화와 더불어 1993년에서 2008년 사이 사망률이 변하였다고 가정하여 구성하였다.

표 7-3 식량난 시기 총인구손실과 손실요인(단위, 명)

구분	총손실 (a-census)			출산효과 (a-b)			사망효과 (b-c)			이주효과 (c-census)		
	남	여	계	남	여	계	남	여	계	남	여	계
0-4	88,084	78,614	166,699	65,937	55,544	121,480	17,630	20,008	37,638	4,518	3,062	7,580
5-9	110,051	101,925	211,976	80,944	68,968	149,913	24,249	27,372	51,621	4,857	5,585	10,442
10-14	52,114	53,138	105,252	7,543	7,209	14,752	35,416	36,668	72,084	9,154	9,261	18,415
15-19	15,435	9,972	25,407	0	0	0	13,916	9,299	23,215	1,519	673	2,192
20-24	9,091	3,399	12,491	0	0	0	6,445	1,676	8,122	2,646	1,723	4,369
25-29	5,016	3,770	8,786	0	0	0	4,809	843	5,653	207	2,927	3,133
30-34	10,185	1,695	11,880	0	0	0	9,763	1,583	11,346	422	113	535
35-39	27,283	14,062	41,345	0	0	0	21,059	3,415	24,474	6,224	10,647	16,871
40-44	26,394	14,978	41,372	0	0	0	19,741	3,815	23,556	6,653	11,163	17,816
45-49	16,743	11,121	27,865	0	0	0	10,514	3,385	13,899	6,229	7,736	13,966
50-54	1,839	3,808	5,648	0	0	0	1,555	2,954	4,509	285	854	1,139
55-59	7,010	3,544	10,554	0	0	0	4,673	3,444	8,118	2,336	100	2,436
60-64	18,927	14,473	33,400	0	0	0	18,475	11,253	29,728	452	3,220	3,671
65-69	26,418	17,251	43,670	0	0	0	26,338	17,144	43,483	80	107	187
70-74	36,212	22,815	59,027	0	0	0	36,124	20,906	57,030	88	1,909	1,996
75-79	33,474	28,601	62,075	0	0	0	30,248	26,119	56,367	3,226	2,482	5,708
80+	6,056	8,361	14,416	0	0	0	8,922	13,205	22,127	-2,867	-4,844	-7,710
계	490,333	391,529	881,862	154,424	131,721	286,146	289,880	203,090	492,970	46,029	56,717	102,746

<표 7-3>에서는 각 추정인구와 센서스 인구의 차이를 요약하고 있다. 이렇게 동태율 변화를 단계적으로 고려하여 추정한 인구와 2008년 센서스 인구의 차이를 통해 출산, 사망, 이주의 총효과와 각 요인의 효과를 구분해볼 수 있다. 요컨대 아무런 동태변화가 없었다고 가정한 추정인구(a)와 센서스 인구의 차이는 출산율과 사망률 변화와 이주의 총효과(a-census)를 가리킨다. 출산율 감소에 따른 인구손실은 아무런 동태변화가 없다고 가정하여 추정한 인구(a)와 출산율만 변하였다고 가정하여 추정한 인구(b)의 차이(a-b)로 측정될 수 있다. 사망률 감소에 따른 인구손실은, 출산율만 변하였다고 가정하여 추정한 인구(b)와 출산율과 사망률 모두 변하였다고 가정하여 추정한 인구(c)의 차이(b-c)로 측정될 수 있다. 마지막으로 이주에 따른 인구손실은 출산율과 사망률이 변하였다고 가정하여 추정한 인구(c)와 센서스 인구의 차이(c-census)로 파악할 수 있다.

앞에서 지적하였듯이 식량난 시기 인구손실이 가장 컸던 연령층은 식량난 시기 태어난 유소년층(0-14세)과, 식량난 시기 탈북하였던 가임기 여성(35-49세)과 군대와 직장생활을 하였던 남성(30-49세), 그리고 식량난 시기 중고령기 인구(60+)로 크게 세 연령집단으로 나누어진다. 세 집단의 인구손실의 요인을 조금 더 자세히 살펴보자. 2008년 현재 0세에서 14세 연령에서 보이는 인구손실에서 출생, 사망, 이주 요인의 상대적 구성은 0세에서 9세 집단과 10세에서 14세 집단에서 분명하게 차이가 난다(표 7-4). 0세에서 9세 연령의 인구손실은 주로 출산율이 감소한 결과로 추정되었다. 한편 10세에서 14세 연령집단은 본격적으로 출산율이 감소하지 않아 0세에서 9세에 비해 출산율 감소에 따른 인구손실의 절대크기가 적다. 그렇지만 사망효과와 이주효과는 0세에서 9세 연령집단보다 더 크게 추정되었다. 2008년 현재 10세에서 14세 연령집단은 식량난이 가장 심각했던 1998년 당시 0에서 4세로 가장 높은 영유아 사망률을 경험하였다. 또한 2008년 현재 10세에서 14세 연령집단에서 이주로 인한 인구손실이 큰 것은 식량난 시기 가임여성들이 탈북을 하여 태어나지 못했거나 북한 외부에서 태어난 아이들의 영향을 반영한다.

표 7-4 2008년 현재 0–14세 연령집단에서의 인구손실의 크기와 요인

구분	출산효과			사망효과			이주효과		
	남	여	계	남	여	계	남	여	계
0-4 (N)	65,937	55,544	121,480	17,630	20,008	37,638	4,518	3,062	7,580
5-9 (N)	80,944	68,968	149,913	24,249	27,372	51,621	4,857	5,585	10,442
10-4 (N)	7,543	7,209	14,752	35,416	36,668	72,084	9,154	9,261	18,415
0-4 (%)	74.9	70.7	72.9	20.0	25.5	22.6	5.1	3.9	4.5
5-9 (%)	73.6	67.7	70.7	22.0	26.9	24.4	4.4	5.5	4.9
10-4 (%)	14.5	13.6	14.0	68.0	69.0	68.5	17.6	17.4	17.5

표 7-5 2008년 현재 35–49세 연령집단에서 인구손실의 크기와 요인

구분	사망효과			이주효과		
	남	여	계	남	여	계
35-39 (N)	21,059	3,415	24,474	6,224	10,647	16,871
40-44 (N)	19,741	3,815	23,556	6,653	11,163	17,816
45-49 (N)	10,514	3,385	13,899	6,229	7,736	13,966
35-39 (%)	77.2	24.3	59.2	22.8	75.7	40.8
40-44 (%)	74.8	25.5	56.9	25.2	74.5	43.1
45-49 (%)	62.8	30.4	49.9	37.2	69.6	50.1

2008년 현재 35세에서 49세 연령집단에서의 인구손실은 성별로 사망과 이주의 효과가 크게 다르게 추정되었다(표 7–5). 남성의 손실은 주로 높은 사망률에 기인한다고 추정되었다. 젊은 남성이 식량난 시기 많이 사망한 것은 군대와 직장에 조직되어 심각한 기근 상황에 적응하지 못하였기 때문으로 여겨진다. 한편 식량난 당시 20대와 30대 초반 여성의 인구유실은 주로 탈북효과로 추정되었다. 여성은 남성에 비해 상대적으로 조직생활에 묶이지 않아서 이동할 수 있는 폭이 넓었고 중국이나 제3국에서 은신처를 구할 수 있는 조건도 작용하였기 때문에 월경하는 경우가 많았다. 다음으로 2008년 현재 60세 이상 연령집단에서 인구손실이 큰 것은 대부분 사망률의 증가에 비롯한다고 추정되었다. 또한 고령에서의 사망으로 인한 인구손실은 남성에서 더 크게 추정

표 7-6 1993-2008년 식량난 시기 인구손실과 손실요인(단위, 명)

구분	1993-2008년 인구손실	손실요인		
	계	출산율감소	사망률 증가	이주
전체	881,862	286,146	492,970	102,746
남	490,333	154,424	289,880	46,029
여	391,529	131,721	203,090	56,717

되었다.

정리하면 1993년의 사망률과 출생률이 유지되었고 인구유출이 없었다고 가정하였을 때 추정된 2008년 인구에 비해 2008년 센서스 인구는 88만여 명 정도 차이가 난다. 이 수치가 식량난에 따라 손실된 순인구로 가정하였다. 그리고 총인구손실 중 29만 명 정도는 출산율의 감소에 의해서, 59만 명 정도는 사망률의 증가와 순이출에 따라 손실되었다고 추정하였다. 손실된 인구 중에서 남성인구가 여성인구보다 약 10만 명 정도 더 많은데 이는 주로 남성의 높은 사망 위험 때문으로 판단된다. 이 밖에 식량난 시기 20대에서 30대 초반이었던 여성들의 탈북은 가임여성의 감소 영향으로 출산율 감소에도 간접적으로 영향을 미쳤다(표 7-6).

이렇게 추정한 총인구 손실과 출산, 사망, 이주 동태는 북한이 발표한 자료를 포함하여 선행 연구들과 유의한 차이가 있다. 먼저 식량난에 따른 인구손실을 추정한 선행연구들에서는 300만 명 아사자로부터 20만여 명의 사망자에 이르기까지 인구손실의 규모에 대해서 상당히 차이가 큰 추정치들이 제시되었다(표 7-7). 이들 연구는 식량난을 단기간으로 파악하고 인구손실을 주로 사망률 증가로만 파악하였고 사용한 자료나 방법에 있어서도 여러 제한들이 존재한다. 한편 이 연구는 1993년에서 2008년 기간에 걸쳐 센서스 자료와 출산, 사망, 이주 자료들과 북한이주자들의 증언을 종합하여 동태율 변화에 대한 맥락 타당한 가정과 객관적인 분석방법에 기초하여 인구손실의 정도와 요인을 추정하였다. 추정결과에 따르면 1993년에서 2008년까지 88만여 명의 손실이 있었고, 여기

표 7-7 북한의 식량난에 따른 인구손실(단위, 명)

구분	연구자		이석(2004a, 2004b)	Goodkind and West(2001)	좋은벗들 (1998)
추정기간	1993-1998	1998-2008	1994-2000	1995-2000	1995-1998
추정자료	1993, 2008년 센서스, 새터민 조사, 증언, 공식통계		1993년 센서스, 1998년, 2002년 북한어린이영양실태조사	중국기근시 사망률 및 98년 북한어린이 실태조사자료	식량난민의 조사자료
추 정 치	88만 1,862명				
출산	1만 4,870명	27만 1,275명			
사망	34만 2,639명	15만 331명	25-69만 명 63-112만 명	60-100만 명	300만 명
이주	10만 2,746명				

에는 출산, 사망, 이주 요인이 복합적으로 작용하였다. 시기적으로 보면 1993년에서 1998년 사이에는 사망에 따른 손실이 34만여 명으로 추정된다. 1998년 이후 2008년 사이에는 사망에 따른 손실이 15만여 명으로 추정된다. 출산 감소에 따른 영향은 1998년 이후에 본격화되었다고 추정된다. 탈북에 따른 인구손실은 주로 1998년 전후에 가장 컸다고 판단되며 총 10여 만 명의 손실이 발생했다고 추정된다.

이처럼 식량난 동안 발생한 인구손실은 300만 명 아사자 주장처럼 대량의 인구손실은 아니었다고 판단된다. 그렇지만 사망하거나 탈북하거나 출생하지 못하였거나 북한 밖에서 출생한 88만여 명의 인구도 식량난 때문에 겪은 북한 주민의 고충의 크기가 얼마나 심각했는가를 증명한다.

이 연구에서 추정한 1993년에서 2008년 사이 출산율과 사망률은 선행연구들과 유사한 부분도 있고 유의한 차이도 존재한다(표 7-8). 출산율 추정치는 북한의 공식발표치와 차이가 크지 않다. 반면 사망률에서는 차이가 나는데 북한이 집계하여 발표한 자료와 비교해보면 영유아 사망률에서 차이가 크게 나타난다. 이 연구에서 추정한 1993년 영유아 사망률이 북한 발표치보다 약간 큰 것은 0세에서 4세 연령의 사망자 크기는 발표치와 동일하게 전제하되 1세

표 7-8 식량난 시기(1993-2008) 출산율과 사망률 (단위, ‰)

추정치					발표수치				
연도	CBR	CDR	영아사망률 (q_0)	5세 이하 사망률 (q_5)	연도	CBR	CDR	영아사망률 (q_0)	5세 이하 사망률 (q_5)
1993	19.97	5.44	19.56	26.42	1993	20.00	5.50	14.10	27.00
1996					1996	20.10	6.80	18.60	40.00
1998	18.53	11.65	41.02	57.07	1998	18.20	9.30	23.50	50.00
1999					1999	17.80	8.90	22.50	48.00
2000					2000	17.50	8.80	21.80	
2003	15.76	8.32	36.81	49.81	2001			20.60	32.20
2008	14.39	9.11	36.81	49.81	2008	14.37	9.28	20.26	27.93

에서 4세 사망자에 대한 0세 사망자의 비를 조정하여 사망률을 추정하였기 때문이다. 한편 이 연구에서 추정한 1998년도의 영아사망률은 북한 발표치에 비해 약 두 배 정도 높게 추정되었다. 1998년 조사망률 수준도 공식통계에 비해 높게 추정되었다. 2003년 이후의 영유아 사망률은 1998년 수준에 비해 감소하였지만 북한이 발표한 수준보다는 높게 추정되었다. 1998년 이후 전체 사망률 수준은 개선되었지만 개선 정도는 공식통계보다 낮은 수준으로 판단된다. 또한 2008년의 사망률 수준이 1993년 수준에 비해 훨씬 높다는 점에서 2008년까지 식량난의 효과가 지속되었다고 판단하는 데 무리가 없을 것 같다.

북한이 공식발표한 1998년 사망률의 과소집계와 탈북이주자 규모를 고려할 때 1998년 총인구는 과다집계되었다고 판단된다. 북한이 공식발표한 1998년 인구는 2,255만여 명인데 사망률 증가와 탈북이주자 영향을 고려하여 추정한 1998년 인구는 공식발표치보다 약 20만여 명이 적었다. 이 연구에서는 1993년에서 2008년 사이 탈북이주자로 인한 인구손실을 10만여 명으로 추정하였다. 10만여 명의 탈북이주자의 규모는 탈북한 여성이 북한에서 출산하였다고 가정하였을 때 예상되는 출산아수를 포함한 것이다. 그러나 탈북여성의 출산력은 북한주민 여성에 비해 적을 가능성이 크다.[7] 탈북이주자 여성의 출산율이 북한 거주 여성에 비해 낮다면 탈북상황에서 출산한 자녀수도 추정치보다 적을 것이며 이주자의 규모도 앞의 추정치보다 작을 수 있다.

5. 맺음말

1990년대 중후반 북한사회는 심각한 식량난에 처했다고 알려졌다. 그리고 수백만 명 아사자 주장이 대외로 퍼졌다. 이 장에서는 1990년대 중후반 심각한 식량난이 발생한 이후 인구동태에 어떤 교란이 있었는가를 분석하고 있다. 1993년과 2008년 두 센서스 기간 동안 발생하였던 출산율, 사망률, 이동 추이를 추정하고, 식량난에 따라 추가적으로 손실된 인구의 손실과 손실요인을 분석하였다.

두 센서스 기간 사이에 일어난 인구동태는 다음과 같이 가정하였다. 출산율은 1998년 이후에 감소하였다고 판단된다. 그래서 1993년과 1998년 사이 출산율 수준은 1993년 센서스 당시와 유사한 2.15명으로 가정하였고, 1998년 이후에는 2008년 센서스 당시와 유사한 2.0명 수준으로 가정하였다. 사망률은 1993년에서 1998년 사이에 가장 높고 이후 조금 떨어졌다고 가정하였다. 이주는 대부분 20대 여성을 중심으로 이루어졌다고 가정하였다.

식량난에 따른 인구의 손실은 1993년에서 2008년에 걸쳐 88만여 명에 이르는 것으로 추정하였다. 식량난에 따른 총인구 손실 중 약 49만여 명이 사망률 증가에 따른 손실로 추정되었고, 약 29만여 명이 출산율 감소로, 그리고 약

---

7 탈북 이후 언제 체포될지 모르는 불안한 생활에서 결혼을 하였더라도 안정된 결혼관계를 유지하기 어렵다. 새터민 조사 응답자 여성들의 출산자녀수는 평균 1.8명으로 45세 이상 여성을 제외하면 평균자녀수가 두 명이 되지 않는다. 북한여성은 20-30대에 두 명 정도의 자녀를 낳고 단산하는 경향이 보이는데, 탈북이주 여성은 40대 초반에서도 자녀가 두 명 미만인 경우가 많았다.

10만 명이 이주와 그에 수반된 출산율 감소의 효과로 추정되었다. 시기별로 보면, 1993년에서 1998년 사이에는 추가사망에 따른 손실이 34만여 명으로 추정된다. 1998년 이후 2008년 사이에는 추가사망에 따른 손실이 15만여 명으로 추정된다. 출산감소에 따른 영향은 1998년 이후에 본격화된 것으로 추정된다. 탈북에 따른 인구손실은 주로 1998년 전후에 가장 컸을 것으로 추정하였다.

또한 경제난에 따른 인구의 손실은 젠더와 연령별 특성을 띠고 있었다. 식량난에 따른 인구손실은 특히 1993년에서 2008년 기간에 태어났던 인구, 두 센서스 기간 사이 본격적인 가임기에 있던 젊은 여성, 군대와 산업부문에 조직되었던 남성, 그리고 노년층에서 컸다. 두 센서스 기간 동안 새롭게 태어난 인구가 줄어든 것은 영아사망률의 증가와 출산율 감소, 그리고 가임기 여성의 이주의 효과가 결합되었다. 가임기 여성의 손실은 주로 식량을 찾은 여성들의 월경에 기인하였다. 젊은 남성과 노년 인구의 손실은 증가한 사망률에 기인하였다.

결과에 따르면 식량난이 인구에 미친 영향은 적어도 2008년 시점까지 지속되고 있었다. 북한의 경제난은 단기간에 국한되었거나 갑작스런 충격이었기보다는 장기적이고 만성적인 궁핍이었으며 많은 사람들이 생명을 잃고, 생식을 중단하고, 생존을 위해 이탈하는 과정으로 이루어졌다. 비록 식량난에 따른 인구손실은 몇몇 연구자와 탈북이주자가 증언한 것처럼 수백만 명의 아사자 수준에 이르지는 않았지만 경제난이 인구동태에 미친 영향은 1990년대와 2000년대를 걸쳐 지속되었다.

수백만 명 아사자로 이르지는 않았지만 88만여 명의 인구의 순손실은 결코 작은 수치의 인구손실이 아니며 심각한 경제난과 주민들의 고통을 반영한다. 식량난을 통해 발생한 인구교란이 북한체제의 위기를 조성하였는가는 단정하기 어렵지만 북한주민의 고통을 증명함에는 틀림없다. 많은 노동자가 식량을 제공받지 못한 채 노동을 하면서 죽었다. 남성 중심으로 조직된 사회였지만 남성은 보다 높은 사망 위험에 노출되었다. 공식적 생산체계가 마비되면서 여성들이 식량을 구하는 활동이 절실하게 되었고 이를 위해 일부는 국경을 넘었다. 더욱이 총체적인 생산과 분배 체계의 마비에서 초래된 식량자원과 인구의 불균형이 대규모의 아사자가 발생하는 상황으로 이행하지 않았던 것은 어느 누구도 예측하지 못했던 주민들의 밑으로부터의 자구적인 생존 경제가 확장되었기 때문이다.

제8장

식량난의 정치경제

1. 식량난의 원인과 결과

북한에서 식량난이 발생한 것은 이상하지 않다. 오히려 다른 사회주의체제가 붕괴하거나 개혁 개방의 길을 가고 있는 상황에서도, 그리고 대외 긴장과 경제압박이 지속되고 계획생산체제의 문제들이 노정되고 있음에도 불구하고 고립된 계획경제체제를 유지해온 것이 오히려 더 이상하다. 또한 식량난이 왜 일어났는가 만큼이나 왜 식량난이 늦게 일어났는가가 주요한 의문으로 남는다. 이에 대해서는 강한 통치권력과 그에 종속된 주민이라는 해석틀로 주로 설명이 되었다. 그리고 강력한 통치체제는 전통적인 권력구조와 다르지 않다는 설명들이 보태진다. 한마디로 북한에서는 근대가 태동하는 데 실패하였다고 설명된다. 북한은 왕조질서와 다르지 않은 신민사회라는 것이다(서재진, 1995: 119-143). 그러나 식량난이 지체되고 식량난 속에서도 통치권력이 유지된 데에는 국가의 강한 통치권력만큼이나 중요한 요인이 존재한다. 오랜 시간을 통해 주체가 되고픈 열망을 강하게 가지고 있었고, 해방 이후 급진적인 민주주의 개혁으로 중심 계급이 되었고, 민족과 자주 국가건설에 헌신하면서 한편으로 국가를 위해서 다른 한편으로 생존을 위해서 강한 정신력으로 살아왔던 북한주민이다.

사진 8-1 중국 삼합지역에서 바라본 회령시 마을. 2007. 6. 25.

사진 8-2 중국 삼합지역에서 바라본 북한 회령시. 2007. 6. 25.

1) 대외 봉쇄, 경제정책, 통치권력

북한사회가 경제난에 이르게 된 데에는 많은 힘들이 작용하였다. 우선 외부로부터 끊임없는 제재가 있었다. 대외의 경제적 제재나 봉쇄는 북한의 통치권력을 약화시키기 위해 기획된 측면이 크다. 미국을 중심으로 한 경제봉쇄는 원활한 교역관계를 막았다. 동구권이 붕괴되고 나서 대외 경제환경은 더욱 열악해졌다. 그러나 대외 긴장관계와 경제적 제재는 내적 단결을 강화하여 오히려 통치권력의 안정화와 적어도 단기적으로 주민들의 동원을 이끌어내어 경제적으로도 성과를 낸 부분도 있다. 외부의 제재는 그 목적과는 반대로 통치권력만이 아니라 주민 모두가 대외세력에 대항하여 자주적인 발전과 안보를 중시하는 세계관으로 무장하는 결과를 조성하였을 수 있다. 북한주민의 국가와 국민의식은 대외적 긴장관계에서 약화되기보다는 강화되었다고 여겨진다.

비록 대외 경제제재가 경제난을 직접 유발시켰다고 보기는 어렵지만, 그러나 독재정치를 공고하게 만들고 그에 따라 주민들의 경제생활을 궁핍하게 만든 영향이 있을 수 있다. 경제제재는 의도와는 반대로 통치권력이 주민을 장악하는 기회로 활용되었고, 정치·경제 구조가 국가권력에 의해 더욱 확고하게 지배되는데 기능한 부분이 크다. 그리고 국가에 의한 권력의 독점은 주민들의 삶을 장기적으로 피폐화시켰을 뿐만 아니라 독재권력에 저항하는 힘도 억압하였을 수 있다. 북한의 식량난은 냉전의 잔재와 국가 독재구조에서 주민들의 삶의 기회가 억압된 결과로 야기된 빈곤 현상의 한 사례로 인식될 수 있다.

또한 북한에서 경제난이 일어난 것은 경제정책의 실패요인이 크다고 논의된다. 사회주의 계획경제는 국가가 자원의 분배와 생산과정에 직접적으로 개입하여 계획하고 관리한다는 점에서 경제정책이 경제구조 및 주민들의 경제생활에 미치는 영향은 근본적일 수 있다. 경제정책 실패로 식량난을 설명하는 논의들에서 지적하고 있는 북한의 경제정책의 세 가지 중요한 틀은 중공업 중심 공업화, 민족자립경제, 군공업 병진 노선이다(이영훈, 2006: 99-107; 이무철, 2006: 149-153). 세 경제정책은 서로 긴밀히 연관되었다. 대부분의 사회주의 국가는 선진 자본주의에서 사회주의체제로 이행하지 않았고 2차 세계대전 이후에 독립한 경제발전 정도가 지체된 신생국가들이었다. 자본주의 경제체계로부터 경쟁에서 밀리고 경제적 제재 압박이 큰 상황에서 추격 발전과 자립경제의 기반을 세우는 것이 무엇보다 중요한 국방의 조건으로 여겨졌을 수 있다. 그리고 생산 파급효과가 클 수 있는 중공업 기간산업에 집중 투자하는 것이 경제성장에 효율적이라는 입장이 지배적인 관점이 되었을 수 있다. 또한 안보가 중시되는 냉전체제에서 공업과 군사력이 함께 발전하는 것이 중요하였고 군수산업을 위해서도 중공업에 투자하는 것은 합리적인 정책이었을 수 있다.

스탈린주의 경제정책으로 일컬어지는 이러한 강력한 추격발전정책은 이후 사회주의국가들 내에서도 비판되고 부분적으로는 수정되었다. 그렇지만 북한에서는 40여 년 동안 유지되었고 그 때문에 경제체제의 내부문제가 심화되어 경제난에 이르렀다고 논의된다(김연철, 2006: 82). 세 가지 경제정책 노선이 실패한 이유는 다음과 같이 지적된다. 우선 중공업 우선 발전전략은 고도 경제성장을 목표로 하였고 단기적으로는 성과도 있었지만 산업부문 간 불균형을 심화하였고 특히 경공업과 농업을 경시하여 주민들과 농민들을 희생시켰다는 것이다(김연철, 2006: 64-65; 이무철, 2006: 175). 그리고 자립경제정책은 자원, 인구, 기술에서 내부 경제 규모가 클 때 성공할 수 있지만 북한처럼 경제 규모가 작고 자원도 취약한 조건에서는 성공하기 어려웠다고 진단한다. 그리고 초기 경제 조건이 나쁨에도 불구하고 남북한 체제경쟁 때문에 군수산업에 투자가 집중되어 자원이 효율적으로 활용되지 못하였다고 한다(이영훈, 2006: 121-122). 또한 이런 문제를 가지고 있는데도 노동을 총동원하여 단기간에 고도성장을 이루었던 것 자체가 모순을 제도화하여 경제발전에 족쇄가 되었다고 논한다(이무철, 2006: 175; 김연철, 2006: 68-69).

북한의 경제정책의 문제점들에 대한 지적들이 결코 틀리지 않음에도 불구하고 정책 실패 일변도의 설명은 왜 식량난이 발생하였는가를 설명하기보다는 오히려 그렇게 문제 많은 정책을 어떻게 오래 유지할 수 있었을까 질문을 던지게 한다.

북한의 주요한 경제정책 노선이 40여 년 동안 지속되었던 과정에는 북한경제와 주민생활의 성쇠과정이 포함되어 있다. 주민들의 삶이 개선되고 사기가 높았고 그래서 생산력이 크게 향상되었던 때가 존재했다. 그런데 이것을 간과한 채 결과를 통해 경제정책 하나하나에 포함되어 있는 문제점들이 경제난을 일으켰다고 진단하는 것은 오랫동안 경제정책의 틀이 지속되었던 이유를 설명하지 못하며, 적어도 어느 시기 동안 이루어졌던 경제적 성공 요인을 설명하지 못한다. 단지 실패의 시점을 근거로 실패할 수밖에 없었다고 환원론적으로 주장한다는 인상을 갖게 된다. 만일 이 정책들이 망할 수밖에 없었다면, 왜 그리고 어떻게 장기간에 걸쳐 유지되었는가. 북한을 설명하는 인식의 틀에서 정말 궁금한 것은 왜 이렇게 일반 주민들의 역할에 주목하지 않는 것인가이다.

어떤 정책도 예기치 않은 부작용을 가질 수 있다. 정책 실패가 어느 정도 될 때 경제체제 전반의 위기를 초래하는가를 명백하게 판단하기는 쉽지 않다. 중공업 중심의 집중투자정책만을 본다면 이는 북한에서만 추진된 것이 아니다. 그것은 앞서 이야기하였듯이 사회주의 일반의 추격 전략의 하나로서 실행되었다. 그리고 상당한 경제 성장을 수반하였다. 북한은 다른 사회주의 국가보다 더 빠르게 고도성장을 이루었다고 자랑하였다. 더욱이 남한사회에서도 지역간, 부문 간 심각한 불균형 문제를 파생하였지만 빠른 시간에 자본을 축적하는 방법으로 중공업 중심 발전전략이 강조되었고, 그 성과가 크다고 인식하고 있다. 많은 문제에도 불구하고 어느 곳에서는 고도성장을 위해 피할 수 없는 선택이었고 성공적인 정책으로 평가되고 어느 곳에서는 그 문제 때문에 망할 수밖에 없다는 논리는 견강부회(牽强附會)의 설명이다.

경제난을 경제정책 실패에서 설명하는 입장은 경제구조가 통치권력의 자의적인 결정으로 기획되고 그래서 실패하였다는 함의를 많이 갖고 있다. 민족자립경제노선에 대한 설명도 대부분 이런 관점에 기초하고 있다. 북한의 민족자립경제노선은 통치권력을 강화하기 위해 기획되었다고 주로 설명된다. 민족자립노선은 성공하기 힘든 전략일 수 있다. 대외 교류와 분업은 발전에 있어서 중요한 요소이다. 더욱이 경제규모가 작고, 자원, 기술, 자본 모두가 취약한 상황에서 자립경제를 유지하는 것은 실로 어려운 일일 수 있다. 그럼에도 불구하고 민족자립경제노선이 유지되었다면 민족자립경제노선은 통치권력에 유리한 자원이었기보다는 제약이 컸던 대외환경에서 선택할 수밖에 없었던 전략으로 보는 것이 더 타당할 수 있다. 요컨대 자립경제노선은 처음부터 일관되게 강조되었다기보다는 대외 고립과 제재에 따라 교역조건이 자유롭지 못하였던 환경에서 선택할 수밖에 없었던 차선의 전략이었을 수 있다. 윤영관은 북한은 1960년대와 1970년대에도 여러 차례 개방을 시도하였지만, 미국으로부터의 지속적인 제재의 압력을 뚫을 수 없었다고 지적한다. 미국은 전쟁 이후부터 북한을 적성국과 테러지원국으로 규정하여 포괄적인 경제제재를 실시하였다(윤영관, 2010: 3). 민족자립 경제노선은 통치권력을 위해 처음부터 기획되었다기보다는 통치권력을 견제하려는 국제사회의 압력에서, 통치권력과 경제발전의 기반을 내적으로 동원하는 전략으로 선택되었을 수 있다.

북한의 경제구조와 정치권력은 밀접히 연결되어 있다. 중앙집중적 국유화, 중화학 중심공업화, 군병진, 민족자립 경제정책은 국가권력을 위해 추진된 부분도 존재한다. 그렇지만 통치권력의 기획대로 경제체제가 구조화된 것은 아니다. 북한의 경제체제는 국가에 의한 자원 전유와 계획으로 구성되었을 뿐만 아니라 주민들의 동원과 자구적인 실천에 의해 구성되었다. 북한경제가 성하고 쇠퇴하고 비공식 경제가 활성화된 과정은 주민들의 삶과 태도가 경제구조에 미친 영향을 반영한다.

2) 혁명적 주체의 이중성

북한주민의 삶이 정치, 경제적으로 자유롭지 못하다는 것을 부정할 수 없다. 그리고 명령형 경제에서 노동을 동원하기가 어렵고 근로의식의 약화가 고질적인 문제였다는 점을 부정하기 어렵다. 그러나 이런 근본적인 문제점을 가지고 있었음에도 불구하고 적어도 어느 시기 동안 생산성이 높게 유지되었고, 장기간 경제난을 겪으면서도 정치체제가 유지되었던 것은 주민들의 참여요인을 간과하기 어렵다.

북한주민이 지배체제에 헌신하고 자발적으로 참여하는 데 중요한 기반이 된 조건들이 존재한다. 암스트롱은 북부지역은 특히 혁명적 주체의 맹아가 자랄 수 있는 자유, 저항, 탈출, 실험의 공기가 무르익었었다고 강조한다(Armstrong, 2002[2006]: 34-43). 조선시기 오랫동안 통치세력에서 배제되었던 지역이기 때문에 유교 통치로부터 상대적으로 자율성을 누릴 수 있었다. 또한 개화기와 식민지배 시기 서양의 문명과 종교가 먼저 유입되었고, 공업화가 이루어졌고, 상대적으로 자영농의 비율이 높았고, 만주와 연결되어 저항의 움직임도 컸던 지역이라고 지적한다. 그는 북조선인민공화국이 탄생하였던 것은 소련의 일방적인 기획이거나 공산주의 권력집단의 위로부터의 개혁만이 아니라, 밑으로부터의 강한 지지가 중요한 역할을 하였다고 강조한다. 상대적으로 중앙의 권력으로부터 배제되고 자율성을 가졌던 전통, 기독교 영향과 새로운 문명과 의식에 접할 수 있었던 조건, 그리고 만주와 조선에 연결되어 항쟁을 하였던 경험, 소련의 점령과 사회주의 우방체제를 한반도에 설립하려는 기획들이 결합되어 북조선인민공화국이 탄생하였다고 강조한다.

북한의 사회주의 개혁은 이처럼 민중들의 주체 열망이 끓던 토양에서 탄생하였다. 그랬기 때문에 민족과 인민 해방의 언어로 지지기반을 널리 확보하는 급진적인 개혁이 이루어졌다. 북조선인민위원회는 농민, 노동자, 청년, 여성처럼 기존의 소외계층을 지지 기반으로 확보하기 위해 급진적인 개혁을 실시하였다. 여기에는 중국 마오쩌둥의 농민대중주의의 영향도 크다고 지적된다. 사회개혁의 목표로서 반봉건, 반제국, 민주주의 혁명을 강조하였고 경쟁하던 정치권력들을 제치고 성공적으로 민중들의 지지기반을 확장해갔다.

이런 맥락에서 1946년에서 1948년 사이 급진적인 민주주의 개혁이 이루어졌다. 1946년 조직된 북조선 임시인민위원회는 노동법령, 토지개혁, 남녀평등법 제정, 국유화 등 민주개혁을 단행하였다. 밑으로부터의 열망과 위로부터의 개혁이 결합되어 커다란 저항 없이 신속하게 토지개혁이 이루어졌다. 빈농들은 토지를 소유하였을 뿐만 아니라 정치적 발언권도 커졌다. 노동자는 정권의 가장 충성스런 지지층이 되었다. 특권층에 제한되었던 교육의 기회가 보편적으로 확대되었다. 1949년에는 7세에서 15세 어린이들에 대한 무상교육제도가 실시되었다. 계급구조의 개혁은 오랫동안 억압받았던 사람들을 주체로 해방시키는 커다란 혁신이었다. 계급구조의 개혁은 밑으로부터의 열망에 부응하였을 뿐만이 아니라, 사회주의 주체로서 인민을 개혁하는 운동으로 확장해갔다. 민족의 자주번영을 건설하는 소명을 가진 이기적이지 않고 자율적인 주체와 공동체로서 인민을 계몽하는 것을 목표로 하였다.

그러나 혁명적 주체는 기존의 상위 계급과 자리를 바꿨지만 국가권력에 포섭되었다. 국가권력은 저항을 허용하지 않는 감시, 경찰기구를 확대하여 주민들의 일상생활에 강력하게 개입하였다. 주민들은 체제에 대한 헌신 정도에 따라 핵심, 동요, 기본 군중으로 구분된 인장을 벗어 던지지 못하였다. 그리고 국가, 지도자, 당, 민족, 인민의 이름에 주민은 강하게 포섭되었다.

그렇지만 1970년대 전반까지만 해도 북한사회는 역동성과 다원성을 유지하였다. 생산직노동자, 사무직노동자가 증가하였고 지식인도 증가하였다. 기술, 사상, 문화 혁명이 강조되고, 농작물과 공업생산량이 크게 증가하였다. 생산단위와 일상의 공동체 활동에서 혁명적인 주체가 만들어졌다. 영웅을 따라 배우고 자발적으로 영웅이 되고자 하는 사기가 높았다. 국가건설 초기 주민은 물질적 안전, 행복, 희망의 분위기에 고조되었다.

그러나 국가가 모든 권력을 소유하는 공동체에서 혁명적 주체는 그 수사와는 다르게, 권력 자원으로부터 소외되었다. 경제, 정치, 이데올로기 전면에서 국가권력이 주민의 삶을 구속하고 있는 상황에서 잠재능력을 개발하고 사회를 변화시킬 수 있는 희망과 의지가 사라져갔다. 결국 혁명적 주체의 인성은 다층적인 의식, 행위 성향으로 형성되었다. 한편으로 이상사회를 건설하는 영웅으로서 자기를 주체화한다. 이타적인 인간에 대한 신뢰를 갖고 있다. 그러나 스스로 권력을 갖지 못하기 때문에 조직에 순응하고 안면관계에 힘써야 하고, 자기 능력보다 관계에 의존하고 관계를 중시하는 인성의 특성을 동시에 가지고 있다.

북한의 생산위기는 대외봉쇄, 자원분배의 왜곡과 계획정책의 비효율성, 혁명적 주체의 일상화 조건들이 서로를 옥죄면서 심화되어 갔다. 지속된 경제제재가 있었다. 자립경제노선을 벗어나려 해도 허락되지 않았다. 도시화는 정체되었다. 공식적 생산의 정체는 배급의 질과 양의 악화로 이어지고 점차적으로 비공식 경제부문이 강화되었다. 비공식부문의 증가는 공식부문을 보완하기보다 오히려 효율성을 더욱 악화시켰다. 혁명적 주체의 다중적인 모습도 더욱 두드러졌다. 상부의 지식을 수동적으로 따르고 자발적으로 효율성을 증진시키고자 하는 열의가 소진되었다. 집단생산에서는 소극적으로 일하면서 소규모 개인생산에 더 노력을 기울였다.

이런 중층화된 모순 속에서 1990년대 식량난이 발생하였다. 공식적 생산체제의 낙후, 생산정체의 심각성을 제대로 관리하지 못한 당 관료체제, 노동자들의 생산동기의 저하, 대외봉쇄 등의 어려움이 심화되어 오다가 동구사회주의권이 무너지게 되면서 총체적인 공식적 생산체제의 위기로 이르렀다.

여기서 주목할 것은, 만일 주민들의 자구적인 생존방식이 확대되지 않았다면 경제적 충격은 훨씬 큰 수준으로 일어났을 것이다. 그러나 자생적인 움직임이 일어나 인구와 식량의 불균형에 따른 충격의 정도를 완화할 수 있었다. 또한 강조하고 싶은 것은 비공식 경제가 확장되었지만 통치권력에 대한 저항으로 결집되는 예후는 아직 크지 않다는 점이다. 이는 주민들의 강한 근성과 동시에 체제에 대한 신뢰를 반영한다. 만일 체제에 대한 신뢰가 약하지만 물리적 권력에 대한 위협이나 경제적 이해 때문에 통치권력에 복종하였다면 경제적 기회를 보장하지 못하는 통치권력에 대해 훨씬 강도 높은 저항이 일어났을 수 있다. 또한 북한주민이 국가권력과 국가명령 경제에 수동적인 주체였다면 자구적인 생존방식을 그렇게 적극적으로 구하지 못하였을 수 있다. 북한주민들의 강한 근성은 만성적인 궁핍 속에서도 식량난의 위험을 완충하고 자구적인 삶의 방책을 찾게 한 원동력이었을 수 있다.

2. 북한주민의 만성적인 궁핍화와 식량위기로의 이행

1) 식량난의 시작

북한의 공식 통계에 따르면 1980년대 초반까지 경제성과가 높았다고 발표하고 있다. 『조선중앙년감』에 따르면 1974년 농업생산량은 700만 톤 이상을 달성하였고, 1976년에는 800만 톤 이상, 1977년에는 850만 톤 이상을 달성하고, 1985년에는 알곡 1,000만 톤으로 생산 증산 목표를 조기에 달성하였다고 발표하고 있다. 1984년 국민소득은 1977년에 비해 1.8배 늘어났고, 실질소득은 노동자와 사무원은 1.6배, 농민은 1.4배 증가하였다고 기록하고 있다. 그러나 경제성과에 대한 기록은 1987년 제3차 7개년 계획(1987–1993) 이후부터 분명하게 나타나지 않는다.

북한주민들은 경제가 가장 좋았던 시기를 1970년대로 기억한다. 이때는 배급도 정상적으로 제공되고 무상치료가 가능했고 국영시장에서 소비품을 구입할 수도 있었다고 한다.

북한의 경제가 가장 좋았던 때는 언제라고 기억하세요?

70년대가 가장 좋았다고 보는 거죠. 그때 78년도에 사회에 나와 전기 일을 했는데 그때 정말 지금 한국처럼 자재가 많이 있었던 거 같지는 않아요. 먹는 문제도 약간 긴장했어요. 그래도 상점에 가서 설탕가루도 돈 주고 사먹을 수 있었고 병원에 가서 돈 안들이고 무상치료도 마음대로 받을 수 있었고 배급도 정상적으로 주고요. (승이 씨, 평북)

북한에서 경제적으로 제일 융성했던 시기가 언젠가요?

70년대가 아닌가 싶어요. 70년대부터 80년대까지.

그 당시 식단은 어땠나요?

먹는 거요? 70년도 정도엔 배급이 다 있었잖아요.

배급이 주로?

쌀 옥수수 국수 그랬어요. 옥수수 가루도 좀 주고.

계란은?

그런 것은 없어요. 장 공장에서 된장, 간장, 소금이 나왔어요.

고기는?

먹었어요. 월급이 나왔으니까 고기를 사 먹는 거예요. 개인 집에서 돼지를 기르고 농장에서도 기르고 오리 기르고 팔고 설탕가루도 사고. (옥이 씨, 함남)

북한주민의 주요한 식량획득제도는 식량배급제도이다. 배급제는 1946년에 처음 실시된 이후 북한주민의 기초적 생활보장제도이자 노동력 동원방법으로 유지되었다. 식량배급은 법적으로 중노동자, 경노동자, 사무원, 부양 가족에 차등을 두고 있다. 예를 들어 무산의 광산지역에서는 노동 강도가 강했기 때문에 노동력이 군대로 무리 배치되었고, 배급조건도 일반 노동자보다 좋았다고 한다. 배급량이 더 많았고, 식품, 소비재, 주택, 의료 서비스가 거의 무상으로 이루어졌다.

한 달에 한 번 달걀, 한 박꾸씩 주고 그담에 명태도 한 박씩 줬어요. 막 가져가라고, 공짜로. 기름도 5킬론가 막 무상으로 줬었어요. 그때는 빨래 비누도 주고 그러니까 이렇게 우리가 생활할 수 있는 거는 다 공급을 받잖아요. 주택도 광산에만 일단 적을 올리면 거저 줬어요. 한 달에 배급할 적에 1원 80전밖에 안 되거든요. 근데 우리는 군대니까 8대 2인가 돼요. 식량이 80프로가 입쌀, 20이 잡곡이라는 소린데, 우리는 800이라 해서 한 달에 하루에 800그람 줬어요. 근데 지금도 그렇지만 그때는 전국적으로 한 사람에 700이에요. 아이들은 300이고. 학생들은 500인가 식량수치가 다 다르거든요. 근데 무산광산만은 800을 줬거든요. 그러니까 식량도 어른이 타는 양이 한 사람에 13킬론가 이 정도 돼요, 무산 광산 사람만은. 그러니 광산에 다니는 가족들은 생활로 볼 때 지금 여기서 사는 것보다 편했죠. 출근만 하면 무상이 되니까. (정이 씨, 무산)

그런데 1980년대 후반부터 농업생산이 잘 안 되고 식량배급도 중단되는 경우도 있었다고 증언한다. 농업생산이 침체된 데에는 동구권이 무너지면서 교역조건이 악화된 것도 중요한 요인이었다고 전한다. 식량생산은 오래전부터 잘 되지 않았는데 국제적 경제봉쇄 때문에 교역 조건이 어려워져서 외부로부터 식량조달이 더욱 어려워졌다고 지적한다. 기초적인 원자재가 원활하게 구입되지 못하면서 농업이나 공업생산이 거의 인력으로 대체된 것도 생산증대가 정체된 원인이라고 지적한다(석이 씨). 분배의 문제도 컸다고 지적한다. 농민과 노동자에게 식량과 재화가 균등하게 배분되지 않고 당 권력계층들에게 특혜가 주어졌다고 한다(복이 씨). 또한 사적 소유를 부정한 생산방식에서 생산동기가 낮아져 생산이 침체되었다고 설명하기도 한다. 집단농장체제에서 농민들이 열심히 일하지 않아 식량생산에 고질적인 문제가 있었다고 한다(금이 씨). 식량난을 타개하기 위한 정책도 부재하였다고 지적하고 있다. 당관료나 기업체계는 식량생산문제의 심각성에 제대로 대응하지 않았고 선군정치로 모든 자원이 군에 집중하면서 식량난이 발생하였다고 판단한다. 심각한 식량난에도 자율적인 생산, 교환 행위를 허용하지 않았기 때문에 궁핍할 수밖에 없었다고 논한다(추이 씨).

실제 농산물 수확이 줄어들었나요?

줄어들었죠. 제가 85년도에 졸업해서 일을 했거든요. 그때는 비료나 약이 있었어요. 그 이후부터 중국이 변하고 동구라파가 망하면서 그게 들어오는 일이 없었거든요. 생산력은 자꾸 떨어지고 그러다보니 비료로 풀을 베서 거름을 해도 한계가

있고 비료도 안 들어오고 농사 생산량이 줄어든 것은 그럴 수밖에 없는 거죠. (석이 씨, 황북)

근데 왜 식량 공급이 안 좋아졌나요?
농사가 우선 잘 안 됐구요. 그런데 분배를 고르게 하지 못하고 있다 보니까, 사회에서는 골고루 노동자 농민이 주인이다 그렇게 얘기하고 있지만 실제로는 간부들이 권력을 가진 사람들이 낟알을 많이 소유하고 있어요. 그러니까 그걸 팔아서 돈으로 소유하든지, 어쨌든 간부들에게 집중되고 군대에 집중되고 하니까 백성들이 먹을 식량이 없죠. (복이 씨, 함북)

식량난이 왜 발생했다고 생각하십니까?
식량난요, 제가 봤을 때는 식량이 94년 그때 큰 장마 졌어요. 김일성 사망 때 홍수 피해 많이 봤어요. 그러면서 식량이 줄어들고요. 비가 많이 와서 농사가 안 되고요. 95년 들어가서부터 식량곤란을 받았는데 실지 북한에서는 80년대 말부터 자급자족을 못했단 말예요. 중국에서도 많이 들어오고 … 소련과도 관계가 있어 그때는 잘 몰랐는데 94년 들어가서 홍수 나고 식량이 절대적 양에서 줄었단 말예요. 95년도 식량 타격을 받기 시작하니 95년도도 농사가 안 됐어요. 북한은 다 공동체이니 제 농사처럼 열심히 안 한단 말예요. 95년도 그렇게 일을 안 하고, 96년도 되니까 굶는 사람들이 더 많으니까 농사 질 사람이 누가 있겠어요. 국가에서 강제적으로 일 시키려 해도 국가가 마비되어가고 농사는 아예 심어놓기는 했어도 가꾸질 못해서 강냉이 열매가 맺지 못했단 말예요. (금이 씨, 함북)

아무래도 정치가 바뀌니까. 그전에는 아무래도 아버지였으니까 밑에 사정을, 어려우면 어렵다, 아버지니까 솔직히 보고 같은 거 할 수 있지만. 지금은 수령이라고 모시기는 하지만 북한 사람들은 특히 우상화라는 게 그 사람이 걱정을 할까봐, 심려를 할까봐 이렇게 숨겨가면서 못 먹고 못 사는거 이 밥에 이걸 먹고 산다, 이게 보고들이 잘 안 들어가니까. 위에 사람이 돌아본다 한들 다 구석구석 볼 수는 없잖아요. 기니깐 거기에 맞춰서 위에 사람들이 계획을 세우고 하니까. 그리고 젊은 혈

기에 전쟁에 많이 신경 쓰고 군사에 집중하고 하니까 밑에서는. (추이 씨, 함북)

식량난이 발생한 원인에 대한 탈북이주민들의 진단들은 전문 연구자들의 진단과도 상당히 유사하다. 계획경제의 부정과 비효율, 생산동기 문제로 식량 생산이 오래전부터 증가하지 못하였고, 동구사회주의권이 붕괴되어 사회주의 교역이 힘들게 되고, 국제적 경제봉쇄와 자연재해가 동시다발적으로 작용하여 1990년대 초중반의 심각한 식량공급 위기 상황에 처하였다고 이해된다. 북한의 공식 식량통계는 여느 자료와 마찬가지로 정확하지 않다고 인식하지만, 북한의 식량생산수준이 1990년 초부터 지속적으로 떨어지고 있다는 것을 가리키고 있다(이석, 2004a: 36). 1994년도 곡물생산이 710만 톤인데 1995년에는 그 절반도 미치지 못하였다고 나타난다.

그런데 식량생산의 부족이 북한주민의 기아로 이행한 데에는 분배구조의 문제가 더해졌다. 북한 도시 노동자는 노동의 대가로 본인과 가족의 식량과 소비재를 배급받고 또 약간의 임금을 받았다. 그런데 증언들은 배급의 질과 양이 악화되고 있는 과정을 잘 묘사한다. 1980년대 일부 지역에서는 일시적으로 배급이 중단되는 상황이 있었고, 더 일반적으로 배급의 질이 감소하였다. 1980년대는 쌀을 알곡이 아니라 벼로 주었고, 1990년대부터는 강냉이도 알곡이 아닌 통강냉이로 주고, 1990년대 중반에는 알맹이도 차지 못하고 쭉정이가 되었다. 종국에는 1990년대 많은 사람들의 주된 식량은 초근목피가 되었다.

농촌에서도 식량상황이 계속 악화되었다. 1946년 토지개혁으로 농민들은 직접 땅을 소유하고 경영할 수 있었다. 그러나 현물세 방식으로 25-50% 수준의 곡량을 국가에 납부할 의무가 부과되었다. 토지개혁이 실시된 데에는 농촌 빈농들의 지지기반을 확보하는 목적도 있었지만, 공업화를 위해 농촌의 잉여가치를 도시로 이전하는 목적도 컸다고 지적된다(Armstrong, 2002[2006]: 140). 1956년 이후 농업경작이 협동농장체제로 재정비되면서 농작물 생산에 대한 개인의 처분권은 더욱 통제되기에 이른다. 집단농장에서 일한 농민은 현물세 형식으로 양질의 곡물을 국가에 먼저 납부하고 나머지 곡물에 대해서 노역자, 노인, 아이들을 구분하여 일정하게 분배받았다. 그러나 집단생산과 국가 선취, 그리고 개인의 처분권을 통제한 농업 생산방식에서 농민들이 자발적으로 생산력을 향상시키고자 하는 동기의식은 점차 약해졌다. 생산수준은 정체되었는데 국가가 선취하는 부분은 줄어들지 않는다면 농민들의 식량상황은 나빠질 수밖에 없었다. 그래서 남아 있는 작물로써 허기를 채우지 못하기가 일쑤였다고 한다. 식량획득조건이 제한된 이외에도 농민의 사회보장조건은 도시 노동자에 비해 좋지 않았다고 한다. 농민들이 연금 등의 사회보장 혜택을 받은 것은 노동자보다 30년이나 늦은 1986년 이후가 되어서였다(정광민, 2005: 40). 또한 식량난 시기에는 국가가 식량을 섭취한 뒤 군량미를 다시 요구하는 경우도 많았다고 한다. 알곡 이외에도 돼지 등을 키워 군대에 바쳐야 하는데 기준에 미달하면 다른 가축이나 식량으로 보충해야 했기 때문에 남는 것이 없었던 것은 1990년대 초 농민들의 실정이었다고 한다.

가을에 한꺼번에 1년치 주는 걸 먹어야 하는데 이게 턱없이 부족했던 게 언제였나요?
그니깐 86년도 그때는 그나마 남았었어요. 저 같은 경우에는 이렇게 애가 세 명이었어요, 애가 다 연년생이어서. 벼로만 준 거 있잖아요. 우리는 쌀로 안주고 벼로 줘요. 그러니까 그 벼를 찧어 먹고 하니까 괜찮았는데. 애들이 좀 커가고 한 90년도 지나서부터는 강냉이도 쌀로 주는 게 아니라 통강냉이로 주니까 그거 껍데기 벗기고 강냉이쌀 나오고 가루 나오고 그렇게 다 하고 나면은. 90년 전에는 그것도 괜찮았었어요. 그런데 어쨌든 90년도 지나고 95년도 이때부터는 농사량이 줄어드는데다가 농사가 잘 안되니까 강냉이 자체가 알차지가 못하고 쭉정이가 나요, 많이. 조금씩 조금씩 힘들다가. 97년도 이후에는 그나마 주지도 못했고. 군인들한테 넣을 것도 모자라는데. 그나마 군인들한테 이 농가세대는 1년에 돼지 한 마리라는 거 줘야 돼요. 주변에 둘러봐도 다 군인이거든요. 그래갖고 돼지를 고기를 맥여야 하는데 무슨 일이 있어도 그걸 키워야 하는 거고. 제가 나올 때는 어떻게든 그 돼지는 키워라 해가지고 조금씩 강냉이 같은 거 주고 그랬었어요. 돼지를 못 키우는 사람은 어떻게 개라도 키워서 내야하고.(추이 씨, 강원도)

부류가 있거든요. 나가서 18세부터 55세까지 일을 하거든요. 여기로 말하면 노역자, 원노력이 알곡으로 아니고 겉곡으로 360키로, 어린애들은 다 틀린 거죠. 60키로, 180키로 되고 60 이상 노인네들은 180키로, 그것만 먹으라고 주면 하루에 두끼 정도는 먹겠죠. 그게 아니고 주고 계속 군량미로 뽑아 가고 구실이 없어 못 뜯어가요. 그러다보면 거의 절반 정도는 뜯긴다고 봐요. (석이 씨, 황해도)

2) 1990년대 중후반 지역별 식량난 상황

이렇게 악화되고 있던 식량생산과 분배는 1990년대 중후반에 거의 전국적으로 최악의 상황에 이르게 된다. 북한 당국은 1995년 식량생산이 350만 톤에 그친다고 발표하였다. 북한의 재정규모도 1995년 242억 원으로 1994년의 40%로 감소하였다고 전해진다(박석삼, 2006: 282). 또한 『조선중앙년감』에는 1997년 농업생산에 막대한 피해가 있었음을 밝히고 있다. 금야, 덕성, 허천, 북청, 고원, 단천시 등 황해남도, 평안남북도, 강원도, 황해북도, 함경남도 내 농촌피해가 막심하였다고 발표했다. 2007년 새터민 조사에서도 거의 모든 지역에서 식량난이 가장 심했던 시기가 1996년과 1997년으로 나타났다(표 8-1).

표 8-1 식량난이 가장 심했던 시기(단위: %)

지역	1993년 이전	1994-1995년	1996-1997년	1998-1999년	2000년 이후	전체
강원도	0.0	0.0	80.0	20.0	0.0	100.00 (N=5)
양강, 자강도	0.0	14.3	71.4	14.3	0.0	100.00 (N=7)
평안도	5.3	15.8	73.7	5.3	0.0	100.00 (N=19)
함경도	2.2	23.3	63.6	10.2	0.8	100.00 (N=275)
황해도	0.0	42.9	57.2	0.0	0.0	100.00 (N=7)
전체	2.2	22.7	64.5	9.9	0.6	100.00(N=313)

자료: 2007 새터민 조사

이미 일부 지역에서는 부분적으로 1993년 이전에도 식량난이 있었다. 북한의 대표적인 곡창지역인 황해도는 자연재해로 1995년에도 심각한 식량난을 경험하였다고 전해진다. 그리고 대부분의 지역에서 1996년에서 1997년 사이 식량난이 가장 심했다고 응답하고 있다. 그리고 1990년대에 들어서 응답자 거주지역 대부분에서 배급이 끊긴 것으로 나타난다. 또한 이미 1990년대 이전에도 배급이 흔들리기 시작했음을 볼 수 있다(표 8-2).

배급이 중지되면서 생산활동이 중단되는 일이 속속 발생하였다. 식량난은 지역산업 전체가 마비되는 상황으로 이어졌다. <표 8-3>은 응답자 거주지역에서 공장 가동이 정지된 시기의 분포를 나타낸다. 2007년 현재 공장이 계속 가동된다고 응답한 사례는 32.6%로 나타났다. 전체적으로 볼 때 1990년대 초중반부터 중후반에 걸쳐 공장 가동이 중단되었던 경우가 많았다. <표 8-4>는 응답자들이 거주했던 지역에 광산이 있었던 경우 채광활동이 중단된 시기의 분포를 나타낸다. 응답 중 46.3%가 그 지역의 광산이 현재도 가동된다고 하였다. 역시 1990년대를 거쳐 채광업이 중단된 경우가 많았던 것으로 나타난다.

이렇게 식량공급이 붕괴되고 배급이 중지되면서 지방산업이 거의 마비되어 버렸다. 생명을 위협하는 기근 때문에 노동을 할 수 없었고, 먹을 것을 구하기 위

표 8-2 배급이 끊긴 시기(단위: %)

지역	1980-1984년	1985-1989년	1990-1994년	1995-1999년	2000년	현재	전체
강원도	0.00	0.00	20.00	80.00	0.00	0.00	100.00 (N=5)
양강, 자강도	14.29	14.29	28.57	42.86	0.00	0.00	100.00 (N=7)
평안도	0.00	0.00	57.89	36.84	5.26	0.00	100.00 (N=19)
함경도	0.74	2.95	50.92	45.39	0.00	0.00	100.00 (N=271)
황해도	0.00	0.00	57.14	42.86	0.00	0.00	100.00 (N=7)
전체	0.97	2.91	50.49	45.31	0.32	0.00	100.00 (N=309)

자료: 2007 새터민 조사.

표 8-3 공장 가동이 중단된 시기(단위: %)

지역	현재 가동 중	1980년대	1990-1991년	1992-1993년	1994-1995년	1996-1997년	1998-1999년	2000년 이후	전체
강원도	50.0	0.0	0.0	0.0	50.0	0.0	0.0	0.0	100.00 (N=2)
양강, 자강도	80.0	0.0	0.0	0.0	0.0	20.0	0.0	0.0	100.00 (N=5)
평안도	29.4	5.9	0.0	17.6	29.4	11.8	5.9	0.0	100.00 (N=17)
함경도	32.0	1.3	8.0	13.8	18.7	14.1	5.8	5.3	100.00 (N=225)
황해도	16.7	0.0	50.0	33.3	0.0	0.0	0.0	0.0	100.00 (N=6)
전체	32.6	1.6	8.6	14.1	18.8	14.5	5.5	4.7	100.00 (N=225)

자료: 2007 새터민 조사.

표 8-4 광산 가동이 중단된 시기(단위: %)

지역	현재 가동 중	1993년 이전	1994-1995년	1996-1997년	1998-1999년	2000년 이후	전체
양강, 자강도	100.0	0.0	0.0	0.0	0.0	0.0	100.00 (N=4)
평안도	71.4	14.3	0.0	0.0	14.3	0.0	100.00 (N=7)
함경도	43.7	21.0	13.7	8.4	4.2	8.4	100.00 (N=119)
황해도	25.0	75.0	0.0	0.0	0.0	0.0	100.00 (N=4)
전체	46.3	21.6	11.2	7.5	5.9	7.5	100.00 (N=134)

자료: 2007 새터민 조사.

해 직접 시장에 나설 수밖에 없었고, 기용한 집단재를 불법으로 훔쳐서라도 식량을 구해야 했다. 결국 식량을 구하지 못한 노동자가 쓰러졌고 그 기업이 문을 닫고, 또 그와 연관된 기업이 다시 폐쇄되는 상황들이 이어졌다. 이처럼 식량위기와 2차 산업의 마비가 거의 연쇄적으로 발생하면서 북한주민들은 생명 유지가 어려운 상황에 처하게 되었다. 1990년대 중반 북한의 경제는 생존과 기본적 생산활동이 가능할 수 없을 정도로 어려웠다.

지역별로 산업 생산과 식량조달이 마비된 상황들을 증언을 통해서도 살펴볼 수 있다. 앞 장에서 식량난 시기 인구의 피해양상을 살펴보았듯이 사망률은 아이, 노년 등 신체적으로 취약한 집단에서만이 아니라 성인남성에서도 크게 증가하였다. 성인남성의 높은 사망률은 도시 노동자의 높은 사망률과 깊이 연관된다. 신체적으로 활동력이 강한 성인남성 노동자들이 많이 사망하였던 것은 기근 상황이 대규모 노동자가 분포된 공장지역을 중심으로 시작되었던 현상과 관련이 깊다. 배급이 중단되면서 최소한의 육체적 기능활동도 유지하기 힘들었기 때문에 성인남성 노동자들이 사망위험이 컸던 것으로 추정된다. 여러 연구들과 증언에 비추어보면, 식량난은 처음에는 함경남북도 도시지역 노동자에서 그 피해가 컸다고 한다. 탈북이주자 중에는 함경남북도 출신이 많았는데, 이들을 통해 식량난 당시 지역상황을 들을 수 있었다.

국경에 접하고 있는 함경북도 온성 지역은 주된 산업이 탄광이다. 주민은 탄광에서 일하거나, 소비재 공장에서 일하거나, 농사를 짓고 살았다. 탄광이 가동될 때는 대규모의 젊은 노동력이 배치되었고, 탄광 일이 중노동이었기 때문에 배급수준도 좋았다고 한다. 그러나 1994년 이후 배급이 중단되었고 노동자들은 밀린 배급만을 기다렸고, 자구적으로 식량을 찾으려고 해도 국가에 의해 엄하게 통제되었기 때문에 속수무책으로 많은 노동자가 목숨을 잃었다고 한다.

> 96년도 사망자가 많아서 사람을 막 잡아먹고 사람 고기 팔고 사람 잡고 이럴 때가 95, 96, 97년도 그랬어요. 94년도는 김일성이 사망하고 딱 그저 애도주간으로 표현했기 때문에 그렇게 까진 안 그랬어요. 애도주간엔 배급 조금 풀고 그랬으니까. 그런데 96년도 그때는 정말 역전에서 사람이 죽으면 그 옆에서 살아야 되요. 그리고 앞에도 죽고 시체 올라와서 자고. 시체 썩은 내가 나도 겨울이니까. (장이 씨, 함북 온성)

함경남도 지역도 1990년대 중후반 심각한 식량난 상황에 처하였다고 한다. 함경남도의 대표적인 산업도시인 함흥은 주요 철도역이 있고, 중화학 공업단지가 조성되었다. 평소에는 배급 상황이 다른 지역에 비해 나빴다고 볼 수 없지만, 식량난 시기 배급이 중단되면서 역시 많은 노동자들이 심각한 곤궁에 처하게 되었다. 또한 긴급한 상황에서도 당의 통제가 심하여 노동자 스스로 생존방법을 찾을 수 없었기 때문에 많은 노동자가 굶어 죽게 되었다고 한다. 이후 북한정부도 통제를 완화하는 정책을 내렸고 기업소와 노동자는 자체적인 교역과 밀수 등을 통해서 생활을 하고 있다고 한다.

> 함흥은 5대 공장, 비료공장, 기계공장, 화학공장 등이 있는데 한 공장 당 만 명 정도 있습니다. 공장이 지금 중단될 상태는 아닌데, 운영이 못 될 상태이면 특단의 대책을 내리는데, 재고물을 가지고 직접 거래를 하라고 합니다. 이것을 갖고 농촌으로 가서 거래합니다. 처음에는 97, 98, 99년에는 이것도 못하게 했습니다. 이때 많이 굶어 죽었습니다. 문제가 되자 굶어 죽지 않게 내부에서 보장하라는 비밀지시가 내려옵니다. 그 후에는 굶어 죽는 비율이 현저히 낮아졌습니다. 이러한 시기는 어느 지역이나 비슷할 것입니다. 왜냐하면 중앙지시에 따라서 움직이기 때문에. 2000년 이후에 북한 당국의 통제의 끈이 느슨해진 시기이기 때문에. 처음에는 배급을 안 줘도 공장에 꼭 나오라고 했고, 안 나오면 잡아갔습니다. 그게 무서워서 나가는데, 나중에 영양실조에 걸려 죽는 사람이 늘어나니, 북한체계를 믿을 수가 없는 것입니다. (국이 씨, 함남 함흥)

함경도의 작은 중소도시와 농촌지역에서도 식량상황은 열악하였다고 한다. 농사가 제대로 되지 않아 옥수수가 타 죽었고, 배도 기름이 없어 나가지 못하고, 노천탄광도 서면서, 지역산업 전체가 마비되었다고 전한다. 무수히 많은 사람들이 영양실조와 전염병으로 사망하였다고 한다. 위기 상황에서 국가가 긴급하게 통제를 완화하여 대규모의 기아를 줄일 수 있었다는 논의도 있지만, 증언들에 따르면 오히려 기근상황에서도 국가통제가 심하여 많은 사람들이 사망하였던 것 같다.

1994년도부터 고난행군이라 하더라고요. 낱알이 없으니까 그때부터 배급 안 줬어요. 그런데 97년부터, 가만 가만 중국 연변에도 가고 해서 풀리기 시작했어요. 함경남도는 중국도 못 가고 곡창지대도 아니고 가운데서 너무 힘들어 함경남도가 제일 많이 죽었어요. 말도 못해요.(옥이 씨, 함남 금야군)

평안북도 삭주는 군수품을 만드는 대규모 공장이 집결되어 있는 곳으로 평안북도에서는 신의주 다음으로 큰 도시라고 한다. 그 전에는 무리배치가 많았는데 지금은 노동자 규모가 많이 줄어들었다. 삭주에는 노동자가 3만 5,000명 이상 되는 종합기업소가 한 개, 5,000명 이상 되는 기업소가 4개가 있다고 한다. 그러나 고난의 행군시기에 규모가 10분의 1 정도로 줄어들었고 노동자가 많이 사망하였다고 전한다. 그러나 군수공장이기 때문에 계속 가동되었고 배급도 부분적으로 유지되었다고 한다(승이 씨).

배급은 계속 됐습니까?
군수공장 노동자는 배급이 한 달에 평균 10일 정도는 아마 공급될 거예요. 저는 그렇게 알고 있어요.

그러면 식량난으로 가장 피해가 많았던 직업은, 어떤 분들이 식량난을 많이 겪었을까요?
군수공장을 놓고 보면 한국으로 말하면 열심히 사는 사람들 과학자들이 많이 죽고 기술자들 기능공들, 그 사람들은 공장에 나와서 열심히 일했기 때문에 기능공이 되고 공부 열심히 해서 기술자가 됐거든요. 그 사람들이 거반 죽었단 말예요. 반이라기보다 많이 죽었죠. 비율이 높죠. (승이 씨, 평북 삭주)

이렇게 식량난 시기 도시 노동자가 기아 위험이 컸던 것은 노동자들이 식량을 직접 소유하지 못하였고 명목적인 임금과 쌀값의 이례 없는 격차에서 교환지위도 매우 열악하였기 때문이다. 북한에서 노동자의 임금은 소비재를 구매하기 어려울 정도로 낮았다. 임금은 계획된 생산량을 초과하였을 때 그 성과를 집단별로 공유하는 방식으로 지급되는데 계획된 성과를 달성하지 못하는 게 일반적이었기 때문에 오히려 국가에 빚을 지고 임금을 받지 못하게 된다고 한다.

> 나라에서 4톤을 생산하라는 지시가 떨어져요 그러면 1년을 투자한 것 있고 노력한 게 있어 생산을 하다 보면 1톤, 2톤 생산이 안 될 때가 있어요. 나머지는 국가에 대한 빚이에요. 빚을 양식으로 뽑아가지는 않아도 일을 했으면 돈을 줘야 하는데 그 돈을 안 주는 거예요. 비료도 없고 약도 없어 1년 내내 열심히 일해도 인력으로는 생산량이 부족해서 저희한테 지불돼야 하는 1년 동안 노력이 전혀 없는 거예요. 제가 85년도에서 97년 나올 때까지 그 동안에 일전 한 번 손에 쥔 적이 없어요. (석이 씨, 황해도)

이처럼 배급제의 붕괴와 낮은 교환지위에서 노동자 대부분이 심각한 식량위기에 봉착하였다. 또한 식량난이 도시를 중심으로 시작되어 빠르게 다른 지역으로 확장되었다는 것은 식량난이 주민 전반의 위기였음을 가리킨다. 실제 배급이 우선적으로 제공되었던 군대에서도 사망률이 높았다고 한다.

> 군대에서 영양실조로 많이 죽었어요. 군대나가 영양실조로 죽은 사람도 많고 그건 사실이에요 … . 97년 98년 99년도 그때 거의 영양실조가 되어 안 온 자식들이 … 장교도 영양실조고 그런데요. 고난의 행군 시기에는 국가가 거의 마비상태가 된 거고요. 국가체계가 거의 돼 있지 않았어요. 보위부나 안전부에 누가 통제하고 이럴 것도 없었어요. 그럴 형편이 어디 있어요. 굶어서 죽어가니까. (승이 씨, 평북)

북한의 곡창지역에서도 식량조건은 좋지 않았다. 황해도 주민들은 60% 이상이 농사에 종사하고 봉산 쪽에는 시멘트 공장, 평산에는 우라늄 광산, 사리원시에는 방직공장 등이 분포되어 그곳에서 일하고 있다고 한다. 1985년까지는 비료나 약을 사용할 수 있었는데 동구라파가 망하면서 비료가 들어오지 못하고, 전력이 부족하면서 생산력이 자꾸 떨어졌다고 전한다. 황해도도 1990년대 초반부터 식량 생산량이 크게 줄어들었는데 더욱이 분배된 것의 절반을 다시 군양미로 당에 바쳐야 했다고 한다. 식량난이 심각했던 1990년도 후반에는 뿌리를 캐어 양식대용으로 먹었다고 한다. 그래도 도시에서는 많은 사람들이 먹지 못해 사망하였던 것과는 달리 농촌에서는 한 끼 정도는 옥수수에 감자를 섞어 먹을 수 있었다고 한다. 강원도 농촌지역에서도 대규모의 아사자가 발생하지는 않았다고 증언한다.

97**년 이 시기에 지역별로 별로 차이가 없던가요**?

제가 봐서는 차이는 많았죠. 황해도에서는 사람들이 굶어 죽는 비율이 적었고 북쪽에선 사람이 죽는 건 둘째 치고 잡아먹는다는 소문은 많이 들었죠. 제가 이북을 떠나서 신의주까지 오면서 차이가 많이 심한 거죠. 국경도시는 밀수라도 해서 견뎌내는데 그 안팎으로 들어가 보면 많이 힘든 거죠. 황해도에서는 죽는다는 것까지는 불과 많은 사람들 중에 한둘이고 가족이 분산되는 건 없었어요. 아직도 황해도 사람이 생각이 떠가지고 나오던가. 거기서 장사하는 건 부족해요. 이북은 구역이 통제구역 됐잖아요. 정보를 들으면 빨리 빨리 전파가 되는데 그게 안 되고 아래쪽에서 정보가 늦다보니 사람들 사고가 앉아서 죽으면 죽었지 뛰쳐나오거나, 장사가 능통한 건 아직 안 되거든요. (석이 씨, 황해도)

(시골에서는) 몇 명 못 봤어요. 보기는 봤었는데. 그렇게 뭐 임자 없이 나가 죽거나 이런 거는 못 봤었지요. 집에서 굶어 죽었단다 그러니까 그렇게는 봤었지만. 뭐 시가지 같은 데 나와서 죽은 사람들 보거나 막 힘들어 먹지 못해 걷지도 못하고 이런 사람들은 못 봤었거든요. 시가지 나오니까 고런 거 많더라고요. 뭐 하고 물건을 내놓고 파고 애들이 그걸 뭐 막 해가지고. (추이 씨, 강원도)

북한주민들은 농촌보다는 도시생활을 선호하고 있다. 소비, 주택, 보건, 복지 수준이 도시가 더 낮기 때문이다. 그런 상황에서도 도시 노동자에서 사망이 많이 발생했다는 점은 기근 위험이 전 지역에 편재하였음을 가리킬 수 있다. 전반적으로 농민의 생활이 궁핍하였음에도 도시 노동자에서 기근이 먼저 발생한 것은 그나마 농민은 노동자보다 식량을 직접적으로 소유할 수 있었기 때문이다. 그렇더라도 농민들이 소유한 식량은 얼마 안 되는 뙈기밭에서 경작한 것이었다. 산꼭대기까지 벌거숭이가 될 정도로 척박한 땅이라도 개간하여 생명을 유지하려는 억척스런 생존투쟁의 결과였다.

전반적인 식량난 속에서도 나진 선봉이나 원산 등 외국 물자가 유입되는 지역에는 밀거래를 통해 식량을 조달할 수 있었다고 전한다. 나진 선봉지역은 국제교역을 통해 외자를 유치하기 위해 1991년도에 자유무역특구지대로 설립되었다. 2010년까지 47억 달러의 투자유치를 목표로 정하였으나 최근까지 목표치에 크게 미치지 못하여 실패한 특구라고 지적된다(임강택·임성훈, 2006: 505). 한편 이 지역에 살았던 주민들은 다른 지역에 비해 물자에 접촉하기가 쉬워 자원을 밀매하여 생활에 비교적 여유가 있었다고 전하고 있다.

거기 뭐라고 부릅니까?

두만강, 그러니까 나진선봉시 두만강구라 그래요. 한 개 구에요. 그래도 거기 북쪽에서는 거기 사람들은. 조금 장사에 빠른 분들이죠. 생활수준이, 글쎄요, 저도 여기 와가지구요, 죽은 사람 봤는가 묻던데 대답 못 해요. 없어요, 저는 못 봤어요. 그러니까 함흥사람이 그러더라고요, 너넨 왜 없냐고? 우리 동네는 그런 사람 못 봤어요. 말하자면 청진 사람들은, 제가 여기 나와가지고 만났는데요, 자기네는 자고 나면 옆집이 죽었다 앞집이 죽었다 하는데. 그러니까 북한 사람마다 지역별로 다른 것 같아요. 우리는 죽은 사람 별로 없어요.

두만강역에는 소련에서 나오는 벌목, 두만강역 자체가 외화벌이하는, 여기는 우리나라에서 수출하는 것 모든 물자가 와서 쌓이고 검사를 통해서 외국으로 나가고, 그거 받는 역이거든요. 거기는, 중국, 아니 소련 들어가는 마지막 역이니까 소련에서 나오는 모든 건설, 시멘트라든가, 석탄이라든가, 그 다음 그 나무, 벌목에 그런 거, 우리나라에서 그런, 소련에서 나오는 화학비료 이것을 주로 다 다루는 역이에요. 그리고 또 외국에서 들어오는 화장품이라든가 그런 거 많이 우리가 다 갖고 다루는 연합역인데, 그거 많이 다루고 거기도 또 부패가 있겠죠. (인이 씨, 나진 선봉)

3. 비공식 경제의 확장과 주민의식의 변화

1) 비공식 경제의 확장

북한의 기근은 특정 계층과 특정 지역에 집중적으로 발생하였다기보다는 약간의 시간 차이를 두고 전국적인 수준에서 전 주민의 만성적인 궁핍화로 전개되었다. 기근 발생 초반에는 사람들이 배급이 나오기만을 기다리면서 아무런 대책도 할 수 없었기 때문에 생명을 많이 잃었다. 노동자가 먼저 기아 위험에 노출되었던 것은 배급이 중지된 상황에서 당도, 기업도, 노동자도 아무런 대책도 세울 수 없었던 쇼크 상황 때문이었다. 그리고 농민들이 기근위험에 상대적으로 덜 노출되었던 것은 이전부터 부족한 식량을 보충하기 위해 스스로 경작해왔던 얼마 안 되는 뙈기밭의 덕분이었다.

이후 기아를 벗어나기 위한 주민들의 자구적인 노력들이 확대되었다. 고난의 행군시기 사람들이 살아갔던 방식은 우선 먹을 수 있는 것을 무엇이든지 찾아 만들어 먹은 것이었다. 나무뿌리와 소나무 껍질 등으로 음식을 만들어 먹고 감자전분을 만들어 시장에 팔고, 남은 찌꺼기로 까리 국수를 만들어 먹었다고 한다(성이 씨). 설익은 옥수수를 먹어 설사로 목숨을 잃을 뻔하고, 거친 음식을 먹어 간염도 많이 발생하였다고 한다(장이 씨).

배급 및 생산체제가 붕괴되면서 사람들은 자원을 획득할 수 있는 모든 방법을 스스로 찾았다. 경작할 수 있는 땅이 있다면 최대한 경작하고, 국영자원도 몰래 훔쳐 내다 팔고, 불법을 단속하는 국가권력을 매수하여 장사를 하였다.

힘이 없는 사람은 불법 행위를 하다가 벌을 받거나 힘들게 모은 자산을 몰수당하지만 수완이 있는 사람들은 국가권력과 손잡고 부를 축적하였다. 경제난 시기 잘 사는 사람은 국가권력자와 '큰 손'이었다고 한다. 증언에 따르면 1990년대 중후반부터 2000년대까지 배급 상황이 개선되지 않았는데 북한주민이 살아가고 있는 것은 개별적으로 농사를 짓고, 소비재를 생산하고, 장사를 하고, 그리고 해외에 있는 친척들의 원조를 받기 때문이라고 한다.

지금이나 그때나 환경이 똑같아요. 근데 조금 나아졌다 하니까 사람들이 농사를 해서 조금 여유로워졌다 그거뿐이에요. 그런 거예요. 환경은 여전해요. 배급 주고 안주고 하는 거는. 실질 배급에 가면 그때나 지금이나 똑같아요. 근데 조금씩 장사하고 하다보니까 여유가 생기는 거지. 농사도 짓고, 개인적으로. 그리고 정부 자체가 2003년도 2004년도에 나갔었는데 농사를 직장별로 농장 밭을 떼 줬더라고요. 그래서 너 네들은 여기서 심어서 얼마는 국가에 바치고 얼마는 너네 먹어라 하니까 사람들이 열심히 했대요. 그런데 정부에서 그걸 다 빼앗아 간 거예요. 그러다보니까. 2003년도에 또 그 방법을 실시하니까 사람들이, 할 사람들 나서라 했는데 사람들이 안 나서더라고요. (금이 씨, 함북)

주민들이 스스로 자원을 획득하는 방식들은 국영기업소와 협동농장 이외에서의 생산과 교역활동으로서 비공식 경제로 정의되고 있다(남성욱 · 문성민, 2006: 421). 북한 당국도 2002년 7월 1일 경제개혁 조치를 통해 시장경제 요소를 부분적으로 허용하였다.[8] 기업에서는 자체적으로 생산물이나 원자재를 팔아 노동자에게 식량을 나누어주었다. 노동자들은 자재를 가지고 와서 시장에 내다 팔거나 집에서 가공하여 내다 팔기도 하였다. 국경과 접한 곳에서는 중국으로부터 들어오는 상품의 교류가 활발해졌다고 한다. 주요 국경, 교통, 산업

---

8 2002년 7월 1일 경제개혁 조치는 상품가격 및 임금의 대폭 인상, 공장과 기업소의 경영 자율성 부여, 분배의 차등화 강화, 사회보장제도개편(배급제의 사실상 폐지)을 주요 내용으로 하며 시장경제 이행을 예고하는 조치로서 평가된다(이영훈, 2006; 119).

그림 8-1 주요 장사 물품

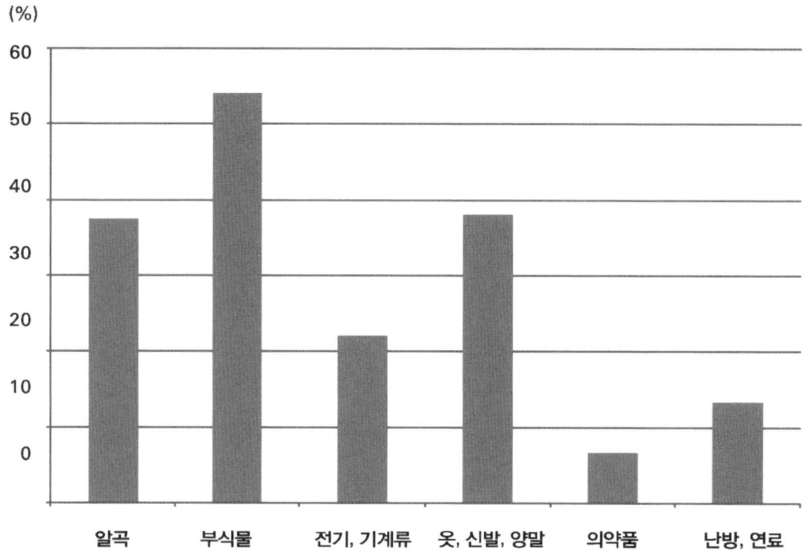

자료: 2007 새터민 조사.

도시를 중심으로 자원들의 교류가 활발해지면서 시장이 커졌고 사람들도 그곳으로 모여들어 장사를 하였다. 점차적으로 가까운 시장뿐만 아니라 거주지와 멀리 떨어진 지역의 대형시장으로 사람들이 이동하게 되었다고 한다. 식량난 이후 주민들이 살아갈 수 있었던 중요한 방법은 장사이다. 장사는 여자들이 먼저 하였다고 전한다. 남성들은 직장을 빠지기 어려웠기 때문이라고 한다.

그렇지만 점차 병원에서 가짜 진단서를 끊어 직장에 제출하고 장사를 하는 남성도 많아졌다고 한다. 돈이 없는 주민들은 음식물을 만들어 팔거나, 밀주를 만들어 시장에서 몰래 팔거나, 황해도와 강원도와 같은 농촌지역에 가서 곡물을 구입하여 소비재와 교환하는 소규모 장사를 하고, 보다 돈이 많은 주민들은 중국에 건너가 담배, 약, 재봉틀, 라디오, 공산품 등을 구입해서 팔기도 하였다. 국영 기업소 자원을 몰래 취하여 파는 것도 일반화되어 있다.

그런데 식량난 시기 크게 확대된 비공식적인 경제활동은 이미 오래전부터 주민들의 경제생활의 일부로서 발전되어 왔다. 배급의 질과 양이 나빠지면서 개인적 물물교환이나 자체적인 물품 생산과 같은 비공식적인 경제활동이 자생적으로 확대되거나 정책으로 장려되었다. 1960년대 국가 계획경제가 강화되면서 주요 도시의 농민시장이 전면 폐쇄되었다. 그러나 자원이 많이 부족해지면서 1980년대 초반 도시지역에서 농민시장이 다시 열렸다. 그리고 장마당이라는 비공식적 시장이 등장하였다(정광민, 2005: 155). 또한 농민장이나 장마당 이외에도 개인들 사이에 밀매가 자연스럽게 이루어졌다. 정해진 시장에서가 아니라 공장지역에서 공업품을 가지고 곡창지에 와서 식량으로 바꾸고 작업반에서 필요한 기계 부속들을 밀수업자를 통해 구입하였다고 한다.

그리고 1984년 조직별 곡물 및 생필품을 부업으로 생산하는 것을 장려하는 8·3 생산조치가 발표되었다. 주민들의 소비품이 부족하게 되자 공장이나 기업소에서 자체적으로 인민생활에 필요한 소비품을 생산하도록 조치한 것이다. 식량 및 소비재가 충분히 공급되지 못하는 상황에서 기업은 '후방생산활동'을 하고, 주민들은 공장 일을 하면서 뙈기밭 경작을 하였다. 농민 역시 협동농장에서 일하는 외에 개인 텃밭에서 곡물이나 부식 거리를 재배하여 농민시장에서 파는 것이 제한적으로 허용되었다. 그러나 자력으로 개간하라는 지시가 있어 양식을 보태려고 경작을 하였지만, 경작된 것을 몰수해 가는 경우도 많았다고 한다(석이 씨).

이처럼 비공식적으로 생산하고 교환하는 활동이 1990년대 식량난 이전 시기에도 존재하였다. 직접 물물 교환을 하기도 하고, 기초 소비재를 작업장에서 생산하고, 농작물을 조그만 텃밭이나 뙈기밭에서 생산하면서 부족한 자원을 확보해왔다.

그런데 증언에 따르면, 북한주민들은 집단농장에서보다 개인 경작을 일구는 데 신경을 더 많이 썼다고 한다. 집단농장의 옥수수는 관리하지 않아 바짝 말랐지만, 개인 텃밭의 옥수수는 그렇지 않았다고 한다. 또한 협동농장에서 재배한 식량을 국가에 납부하기 전에 먼저 빼돌리는 경우도 많다고 전한다.

농촌도 식량난 많이 겪죠. 농촌에서 농사져서 제 집으로 들어가나요. 다 알곡창고에다 다 잡아넣고 분배해주는데 국가가 계획을 내려준다 말예요. 이 밭에서 100톤을 내라하는데 100톤 못 내면 분배에서 짜르니까. 국가에서 준 계획만큼 알곡소출이 못 난단 말예요. 그렇게 열심히 안 한단 말예요. 농장원들이 밭에 가을 들어오기 전에 저들끼리 작전해 가지고 그 알곡 거기서 저들이 땅에다 묻고 그래요. 묻어서 눈이 돌아가는 사람은 그렇게 하고 고지식한 사람은 분배 기다리다 굶고 그래요. 북한에는 국가에 매달려서 고지식하게 그렇게 열심히 살아가서는 살아남기가 힘들어요. (승이 씨, 평북).

농사를 지으신 분들 말씀을 들어보면 열심히 일을 했는데도 다 가져가버리고?
열심히 못했죠. 실지 여기 와서 북한사람들이, 솔직한 심정으로 말하면 농사일 제일처럼 열심히 못했죠. 우선 밭에 심어놓은 작물이 열매가 충실치 못했다는 건 일을 열심히 안 했단 소리죠. 전엔 강냉이가 컸단 말예요. 강냉이가 거의 쭉정이니 거기서 소출이 얼마나 나오겠어요, 그러니까 일을 안 했다는 소리죠. 국가적으로 화학비료도 많지 못했지만 농장원들이 일을 안 해요. 공업노동자들이 가서 농사일 도와주면서도 마지못해 하는 일이니까. 개인들이 심은 밭에 가보면 강냉이들이 다 충실해요. 이만하죠. 근데 협동농장 강냉이들은 좋은 밭이지만 그저 보면 요만해요. 농장원들 열심히 일했다는 사람들은 잘못 말하는 사람들이에요. 그렇게 생각해요. 저는. 국가에서 계획량은 주는데 계획량 다 못했으니까 뺏어가기는 다 뺏어가죠. 당연히 다 뺏어가죠. (승이 씨, 평북)

솔직히 소토지 생산이 국가생산을 능가합니다. 북한에서 온 사람들 다 조사해보면 압니다. 제가 농촌지역을 많이 다녔고 취재를 한다고 하면 국가 공간교육소가 다 멈췄으니까 농촌밖에 나갈 때가 없거든요. 개인 생산이 국가 토지 생산을 능가합니다 …. 북한이 지금까지 견디는 게 중국 쪽에서도 일부 간부 쪽에서도 식량을 풀죠 그것으로 충당하고 군대나 간부계층들은 그것으로 충당합니다 나머지 일부 국가식량은 뭐 배급을 준다는 게 거의 없으니까요 그 나머지는 소토지 생산에서 다 나오는 겁니다. 그리고 일부 중국이나 이런 곳에서 장사로 들여오는 쌀 그것으로 충당

합니다. 그런데 장사로 들여오는 쌀도 거의 적습니다. (성이 씨, 혜산)

1990년대 중후반 배급이 중단되면서 비공식적인 생산과 시작활동은 전국 모든 지역으로 확장되었다. 그런데 시장활동이 활발해지면서 혜산, 무산, 청진, 선봉, 신의주 등 대도시 산업지역과 국경지역 주민들의 식량사정은 좋아졌다고 전해진다. 이와는 반대로 내륙에 위치한 중소도시와 농촌지역에서는 여전히 식량난이 심각했다고 전하고 있다. 식량난의 지역별 편차는 단순히 도시와 농촌의 차이이기보다는 시장발달 정도와 국가통제에서 벗어날 수 있는 정도에서의 지역적 차이를 나타낸다고 여겨진다.

> 근데 제일 불쌍한 건 강원도 황해도 평안남북도, 여기 사람들이 제일, 갇혀서 예, 탈북도 모른대요. 탈북한다는 말 자체도 모른대요. 강원도에 시집간 분이 자기 친정집 온성에 왔다가, 누구네 어디 갔고 누구네 어디 갔고 남조선 갔고, 중국에, 이런 얘기 듣고서 깜짝 놀라고, 가슴이 쿵당거려 잠을 못 자겠다고 처음 듣는 소리라고, 그래 가지고 그런 얘기를 자기는 강원도에 와서 하면 자기는 잡혀간다고, 그 정도로. 탈북한다는 말도 못하게, 못하고 있어요. 그쪽에, 안쪽에는. (복이 씨, 함북)

2) 주민들의 경제의식의 변화

북한 당국은 2005년 식량사정이 다소 안정화되면서 시장활동을 규제하고, 소토지 농사도 금지하고, 집단농업생산을 늘리고 계획경제를 복원하려고 하였다. 2005년 10월 1일 배급제를 전면 정상화한다고 발표하였다. 그러나 주민들을 작업장과 집단농장에 동원하기가 힘들었다고 전해진다. 또한 대외관계가 긴장하면서 안정적으로 외부지원을 받는 것도 어려웠다. 주민들의 배급 상황은 2010년 현재에도 안정화되어 있지 않고, 주민들의 비공식 경제활동은 여전히 중요한 생계 전략이 되고 있다.

점차 북한주민들은 사적 생산과 교환에 관심을 크게 가지게 되었다. 이는 부족한 식량을 스스로 마련하기 위한 이유도 있지만 시장 가격이 높기 때문이다. 쌀의 수매가격과 시장가격은 엄청난 가격 차이가 있었다. 당연히 집단농장에서 생산하는 것보다 개인 소유의 텃밭이나 뙈기밭에서 생산하는 데 더 노력을 기울이고 있다. 도시 노동자들의 부업도 같은 맥락에서 활성화되었다.

배급제가 복원되지 못하고 자구적인 생산과 교환활동에 의지하며 살아가면서 주민들의 자원에 대한 태도도 변화되고 있다. 북한주민은 배급을 노동을 한 대가가 아니라 국가의 은혜라고 생각했었다. 나라가 공짜로 교육을 시켜주고 돌봐준 은혜에 대한 당연한 보답으로 노동을 한다고 생각하였다. 그러나 배급제의 와해는 스스로 먹을 것을 찾아야만 하는 상황으로 몰았고, 자기 능력과 사적 소유가 중요하다는 인식을 강화하였다. '도둑질 못하고 능력 없으면 잘 살기 어렵다'고 말하듯이, 자기 이해를 좇아 타인을 속이는 행위도 능숙해지면서 정신이 피폐해져 가고 있다고 인식하기도 한다.

> 밤에는 몽땅 나와 강냉이를 훔쳐 들어가고 그게 들키지 않으면 1년 그런대로 먹겠죠.
>
> **배분은 안 하는 건가요?**
> 분배는 하는데 그런 식이죠. 거의 다 짤라 먹고 조금 주고. 동생의 얘기로는 제가 있을 때보다 더 심각하다고 하더라고요. 도둑질 못하고 능력 없으면 어렵고, 순수했던 사람들이 그렇게 된 건 기가 막혀요. (석이 씨, 황해도)

장사할 때 생기는 이윤에 놀라면서 이윤을 더 낼 수 있는 방법을 습득하고 장사규모를 확대해갔다. 처음에는 물국수 장사처럼 집에서 적은 비용으로 만든 것을 시장 거리에서 내다 팔다가 더 많은 이윤을 낼 수 있는 물품들을 구하여 팔게 되었다. 북한지역을 돌아다니며 장사를 하거나 중국에 들어가 식용유, 약, 술, 공업품, 담배 등을 구입하여 몰래 팔았다. 몰래 파는 항목들은 국가로부터 인정을 받은 상거래가 아니기 때문에 국가 감독에 걸리면 몽땅 압수되고 처벌되는 위험을 갖는다. 그러나 압수되고 처벌될 위험이 크므로 가격은 더 높고 더 높은 이윤을 챙길 수 있었다. 또한 이런 제품을 찾는 사람들이 생기는 만큼 주민 생활 수준에 격차가 벌어지고 있다고 전한다.

지금은 장에서 장사를 크게 하는 사람들이 많이 있겠네요?

엄청 크게 해요, 지금은. 저희들 탈북할 때만 해도 그때도 중국 상품이 엄청 들어왔거든요. 근데 그걸 팔면서 단속하는 물품들이 엄청 많았어요. 맛내기라든가, 병원 의약품, 그리고 술, 이런 것들을 단속물품으로 정해서 시장에 나와 앉아 있지만 이런 단속물품들은 못 팔게 되어 있어요. 그러나 사람들이 요구하는 건 단속하는 물품들을 요구하거든요. 그럼 그걸 가지고 통제하고 뺏고 그랬어요. 장사하다가 뺏기고. 하여간 그때 많이 그러다가 또 어떤 때는 당에서 지시를 내려요. 자본주의화되가고 있다. 장마당을 폐쇄하라, 그러면 장마당을 못 나오는 거예요. 못 나오면 또 길에서 골목골목 파는 거예요. 그러면 또 골목골목 쫓아다니면서 뺏고 그러다보니까 백성들이 원성이 높아가고, 우리는 뭘 먹고 살라냐, 이렇게 되고, 나라에 대한 원망, 불평이 커진다는 걸 또 알았어요. 그리고는 또 장을 풀어 놨어요. (목이 씨, 함북)

그런데 모두가 시장활동을 유리하게 활용할 수 있었던 것은 아니다. 남들보다 먼저 시장활동을 하였거나 재산을 꽤 축적한 주민들은 일반 주민들과는 조금은 다른 개인적 배경을 가지고 있는 부분도 보인다. 우선 친척이 있어서 중국에 쉽게 갔다 왔다 하면서 중국의 경제성장을 목격하고 친척으로부터 도움도 받고, 정보도 얻을 수 있었던 사람들이다(병이 씨). 그리고 계급성분 때문에 감시와 불리를 인식하고 남들보다 먼저 자구적인 생존전략을 발전시킨 사람들도 볼 수 있다(인이 씨, 복이 씨). 직업 특성에서 보면 물품을 직접 다루는 외화벌이, 철도, 트럭 운수업에 종사하였던 주민들이 밀매를 먼저 하게 된 경향도 나타난다(복이 씨, 인이 씨). 남편이 외화벌이관리소 지배인이었던 인이 씨는 북한에 있을 때도 심각한 생활고를 경험하지는 않았다고 했다. 그가 살고 있는 나진선봉 지역주민들은 대부분이 철도에서 물자들을 운반하고 저장하는 일을 하고 있는데 밀수와 도적질도 암암리에 일반화되어 있다고 한다. 인이 씨 남편도

1996년도부터는 직장에 일정 정도 돈을 내고 중국을 왔다 갔다 하면서 약, 담배, 술, 라디오 등 공업제품을 들여왔고 부부가 같이 시장에서 팔았다고 한다.

비공식 시장활동 중에는 국가에 의해 인정되지 않은 밀거래들이 많다. 자원이 부족한 국가생산체제에서 비공식적 시장활동은 오래전부터 발달되어 왔다. 농기계 부속품이 조달되지 않아, 원산이나 신의주 등 외국 자재가 들어오는 곳에 가서 부속품을 사거나, 기업소의 자재를 불법적으로 팔아 노동자들에게 식량을 제공하는 행위들이 암암리에 이루어졌다. 식량난 이후 비공식적 시장활동은 일반 주민들 사이에도 일반화되었다. 그러나 공식적으로 국영생산과 집단소유를 원칙으로 정하고 있기 때문에 시장활동은 국가권력의 단속과 통제의 대상이 되고 있다. 그런데 단속과 통제는 공식적인 경제체제를 지키기 위한 이유뿐만 아니라 국가나 당 관료가 자원을 확보하는 수단으로 이용되고 있다. 주민들은 얼마 안 되는 자산이나 정당한 값을 치르고 구입한 물품들을 안전원에게 몽땅 뺏기는 데 불만들이 상당히 크다고 전한다(정이 씨).

북한주민들은 시장이 확장된 이후 계층구조가 변하고 있다고 인식한다. 잘 사는 사람은 대규모로 장사를 하는 사람과 국가에서 직급이 있는 사람, 특히 안전부와 보위부 소속으로서 불법을 단속하고 통제하면서 뒤로는 서로 봐주면서 자기 이해를 챙기는 사람들이라고 전한다(영이 씨, 정이 씨). 당에서 확실한 신임을 얻는 당원, 불법을 단속하고 처벌할 수 있는 힘을 가지고 있는 사람들이 권력자로서 인식된다(승이 씨). 시장의 확장은 국가관료의 재력도 강화한 부분이 있다. 장사를 크게 하는 큰 손은 안전원을 끼고 있다. 분배와 감시권력을 장악한 국가 관료와 장사를 크게 하는 사람이 결탁하여 비공식 경제가 확장된 부분도 크다.

지금 어떤 사람이 잘 사는가요?

북한의 생활을 놓고 보면 일반적으로 권력 가진 사람들이 괜찮죠. 제일 막강한 권력이 당기관이란 말예요. 당이 첫째인데 그 다음 보안소, 보위부 그런 놈들인데 그것도 이제 보안소 보위부 놈들이 오죽 많아요, 거기서도 보안소에서도 책임적인 지위에 있는 사람들 생활이 괜찮죠 …. 장사꾼도 이익 많이 보는 사람이 돈 많이 벌 거고 돈 많이 벌면, 북한에도 돈만 있으면 권력만큼 힘은 못 써도 잡혀가서도 정치적으로만 걸리지 않으면 살아나올 수 있죠. (승이 씨, 평북)

4. 맺음말

북한의 기근은 아마르티아 센이 지적한 여러 지역의 기근 특성과 구분된다. 요컨대 농촌경제가 빠르게 시장경제에 편입되면서 교환력을 상실한 소농과 토지를 잃은 가난한 노동자에서 기근이 발생하였던 벵갈(1943)과 방글라데시(1974)의 상황과 다르며, 도시편향적인 정책에서 농민을 중심으로 기아가 발생하였던 중국 상황(1959-1961)과도 구분된다. 북한의 식량위기는 계획경제의 비효율성과 기술의 과학화에서 뒤처진 이유 못지않게 자유로운 교환과 노동권을 보장하지 않은 정치 경제구조에서 주민 대다수의 식량난으로 발생하였다.

북한에서 식량난이 일어난 것은 절대적인 식량부족이 일차적인 이유였다. 농업생산이 나빠진 것은 산업 전반이 침체된 현상과 연동되었고, 경제 전반의 침체는 국제사회의 경제봉쇄의 영향도 컸고 폐쇄적인 자립경제정책의 구조적 문제도 컸다. 생산이 제약된 상태에서 국가적 사회보장이 이루어질 수 있는 여지는 매우 제한됨을 북한의 기근은 증명한다. 또한 당에 대한 충성이데올로기를 강조하면서 주민들을 생산에 동원하려고 하였지만, 충성의 경쟁은 생산 목표치를 초과 달성하였다는 거짓 보고를 양산하였고 그로 인해 적절한 정책을 강구하지 못한 문제도 존재한다. 결국 국영생산과 계획경제의 중요한 토대가 되는 배급제도가 붕괴되었고 많은 사람들이 기아에 내몰렸다.

분배의 문제도 식량난의 중요한 원인이 되었다. 계획경제는 기본적으로 사적 소유를 부정하고 공동 생산과 분배를 강조한다. 보편주의 원리에서 보장되는 식량, 의료, 교육, 제반의 생활수단은 괄목할 만한 성장 없이 빈곤을 퇴치할 수 있었던 사회주의체제의 성과로서 평가되기도 한다(Sen, 1981: 7). 그러나 사회주의 경제의 또 다른 중요한 특징은 국가와 공산당이 정치, 경제적 자원을 독점하는 권력구조이다. 그래서 국가, 지도자, 그리고 국가기구에 종사하고 있는 계층들은 일반 주민들과는 구별되어 자원을 확보할 수 있는 특혜를 가진다. 국가권력이 비대한 상황에서 보편주의적 소득 보장은 이루어지기 힘들다는 것을 가리킨다. 북한의 식량난은 개인이 자기 능력을 개발하고 자원을 획득할 수 있는 권리가 부정된 결과에서 비롯하였다. 또한 개인의 자율성을 극도로 통제한 공동체 논리는 공공제도에서 비공식관계의 영향을 크게 하여 생산과 분배를 왜곡시켰다.

이렇게 북한의 식량난은 매우 많은 요인들에 의해 조성되었다. 국지적으로 특정계층에 집중되었다기보다는 광범위하게 주민 전체의 식량난으로 일어났다. 그런데 만성적인 궁핍화 속에서도 집단주의적 생산체계와 자립경제노선이 오래 유지되었고 그리고 기근의 충격이 대규모의 아사자가 발생한 상황으로 치닫지 않았던 것은, 인구와 자원의 불균형을 조정한 북한주민의 자구적인 생존전략에 비롯한다.

식량난 이후 자생적으로 확장된 비공식 경제는 고통에서 벗어나려는 주민들의 삶 속에서 생성되었다. 이는 한편으로 국가권력의 묵인과 감시, 처벌 속에서 스스로 만들어간 주민들의 삶의 방식이었다. 그리고 이 자구적인 생존전략 때문에 그렇지 않으면 발생하였을 수 있는 엄청난 인구압력을 완충하였다. 결과적으로 주민들의 자구적인 생존전략은 체제 위기를 완화하였지만 다른 방향에서 사회변화의 가능성을 만들고 있다. 경제부문에서는 국가가 주민을 장악하는 영향력은 크게 약화되고 있다. 시장 경제에 대한 인식, 당 관료에 대한 비판, 계층에 대한 새로운 인식은 새로운 주체가 해석되고 상상될 수 있는 중요한 토양을 만들고 있다.

표 8-5 북한체제의 주요 연혁

일자		내용
1945	08월 24일	각 도에 인민위원회 조직
1946	06월 24일	북조선 노동자, 사무원에 대한 노동법령 채택
	07월 30일	북조선 남녀평등권에 대한 법령 공포
1947	11월 15일	문맹퇴치중앙지도위원회 조직
1948	02월 08일	조선인민군 창군 선포
	08월 15일	대한민국정부수립 선포
	09월 09일	조선민주주의인민공화국 선포
1949	01월 01일	2개년 인민경제계획 시작
	03월 17일	북-소련 경제 및 문화적 협조에 관한 협정 체결
	09월 08일	최고인민회의, 전반적 초등의무교육제 실시에 대한 법령 채택
1953	01월 01일	전반적 무상치료제 실시
	05월 25일	재일본조선인총연합회(조총련) 결성
1956	08월 30일	노동당 중앙위원회 8월 전원회의, '8월 종파사건' 발생
1957	01월 01일	인민경제발전 5개년계획 시작
	04월 08일	재일동포 자녀들을 위한 첫 교육원조비 송금
1958	04월 25일	중국인민지원군 3월 15일 - 4월 25일 8만여 명 철수 발표
	10월 11일	농업협동조합을 리 단위로 통합할 데 관하여 내각결정 제125호 채택
	11월 01일	전반적 중등의무교육제(7년간) 실시
	11월 14일	천리마호 트랙터 생산 시작
	12월 19일	붉은 별-59형 불도저 생산
1959	03월 08일	강선제강소에서 작업반원들이 천리마작업반 운동발기
	12월 14일	첫 북송선 일본 니가타항 출항
	12월 16일	첫 북송선 함북 청진항 도착
1960	01월 27일	1960년도 근로자주택 8만 1,500가구 건설계획 발표
	06월 13일	국가 농목장 작업반들에 독립채산제를 도입할 데 대한 내각결정 제35호 채택
	10월 12일	함남 함흥시와 함북 청진시를 도급 직할시로 승격
1961	03월 30일	농업협동조합에서 천리마작업반을 조직 전개할 데 대한 내각결정 채택
1964	02월 25일	농촌테제발표/3대혁명역량강화론 채택
	12월 03일	노동신문, 중국의 교조주의 노선추종 압력에 대한 간접비난 사설 게재

표 8-5 계속

일자		내용
1965	01월 22일	한국의 월남 파병과 관련 비망록 발표
1966	01월 07일	월맹에 무상원조 제공 경제협정 체결
	01월 28일	월맹에 의용군 파견 용의 표명
	09월 15일	노동신문, 중국 문화혁명을 좌파 기회주의로 비판한 사설 게재
1967	04월 01일	전반적 9년제 기술의무교육 실시
1968	01월 21일	김신조 등 북한무장공비 서울 침투
	01월 23일	미국 정보함 푸에블로호 나포
	05월 09일	제2차 전국천리마 작업반 선구자 대회 개최
1969	04월 15일	미정찰기 EC-121 격추, 승무원 31명 사망
	12월 11일	대한항공 KAL 납북
1970	04월 28일	중앙통신, 1970년도에 들어와 북한 전지역에 1,000여 개의 중소규모 지방산업 공장을 건설했다고 보도
	09월 12일	붉은청년근위대 창설
	11월 19일	월맹에 무상경제군사원조 제공협정체결
1971	04월 28일	평양시내 노동자 학생들 농촌지원 60일 전투 시작
	05월 18일	재일동포 북송재개 제1차선 청진 도착
	08월 12일	대한적십자사, 남북 이산가족 찾기 위한 남북적십자회담 제안
	08월 20일	남북적십자회담 시작
1972	05월 29일	남북고위급 대표회담(서울)
	09월 01일	전반적 10년제 의무교육제 시행
	12월 27일	사회주의헌법 제정
1973	06월 10일	휴전선에서 대남확성기 방송 시작
1974	01월 18일	박정희 대통령, 남북상호불가침협정 제안
	02월 13일	김정일, 당중앙위원회 정치위원으로 피선, 김일성 후계자로 내정
	02월 19일	김정일, 온 사회의 김일성주의화(주체사상화) 선포
	09월 16일	국제원자력기구(LAEA) 가입
1975	09월 01일	전반적 11년제 의무교육 실시
1976	07월 23일	키신저 미국장관, 한반도문제와 관련해 4자회담교차승인 남북한 유엔동시가입 제시
	08월 18일	판문점 도끼만행사건 발생

표 8-5 계속

일자		내용
1977	04월 29일	조선민주주의인민공화국 토지법 채택
	09월 06일	중앙인민위원회, 3대혁명 붉은기 제정에 대한 정령발표
1978	01월 01일	인민경제발전 제2차 7개년계획(1978-1984) 시작/ 농촌경리의 종합적 기계화를 위한 기계화가정운동 개시
	01월 05일	새로운 수송혁명 200일 전투 돌입
	02월 02일	1978년도에 쌀 50만 톤 수출계획 발표
	04월 18일	조선민주주의인민공화국 사회주의 노동법 채택
1979	01월 19일	박정희 대통령, 남북대화 무조건 재개 제안
	03월 11일	시군인민회의 대의원 선거
1980	03월 06일	당원 돌격대 조직
	07월 01일	제6차 대회에 즈음한 충성의 100일 전투 개시
	09월 30일	전국적으로 100일 전투 과제를 수행
	10월 10일	조선노동당 제6차 당대회, 김정일, 김일성 후계자로 공인
1981	12월 05일	사회과학원 민족고전연구소, 리조실록 한글번역 완료
1983	02월 01일	팀스피리트 훈련 관련, 전국 준전시상태 돌입
	09월 09일	김일성 주석, 건국 35주년 경축연설에서, 고려연방 운영에 관한 새로운 제안 실시
	10월 09일	미얀마 아웅산사건 관련 대남비난 성명 발표
1984	08월 03일	8.3 인민소비품 생산 운동 발기
	09월 08일	합영법 채택
	09월 24일	3대혁명소조원대회 개막
	11월 15일	제1차 남북경제회담(판문점)
1987	04월 23일	최고인민회의 법령, 조선민주주의인민공화국 인민경제발전 제3차 7개년(1987-1993)계획에 대하여 채택
	11월 29일	대한항공 보잉 707여객기 폭발, 추락
1988	01월 12일	조선중앙방송 통해 서울올림픽 불참시사
	09월 02일	전국영웅대회, 제3차 7개년 계획 효과적 수행 위한 200일 전투 제기
1989	01월 23일	정주영 현대그룹 명예회장 방북
	03월 25일	문익환 목사 밀입북
	08월 15일	임수경, 문규현 방북후 판문점 통해 귀환

표 8-5 계속

일자		내용
1990	02월 26일	90년대 속도창조운동 전개
1991	08월 18일	청년학생축전 개막
	09월 17일	남북한 유엔동시 가입
	12월 28일	나진-선봉 자유경제무역지대 지정(정무원 결정 제74호)
1992	01월 16일	김우중 대우그룹 회장 방북
	01월 20일	한반도 비핵화 공동선언 채택
	01월 22일	북미 첫고위급회담(김용순-아놀드 켄터) 뉴욕에서 진행
	01월 30일	국제원자력기구(LAEA)와 핵안전협정 체결
	02월 07일	김정일 생일 민족 최대명절로 지정
	04월 13일	김일성에게 대원수 칭호 수여
	04월 20일	김정일, 공화국 원수 칭호 수훈
	07월 15일	화폐개혁 단행
1993	03월 12일	북한정부, 핵확산금지조약(NPT) 탈퇴 선언
	04월 09일	김정일, 국방위원장 피선
	07월 27일	휴전협정일, 전승기념일로 승격
	10월 27일	조선민주주의인민공화국 토지임대법 공포
	11월 01일	유엔총회, 북한핵문제에 관한 결의안 채택
	12월 08일	노동당 중앙위원회 제6기 21차 전원회의, 제3차 7개년 계획 실패 시인
1994	04월 28일	미국에 평화협정 체결 요구
	06월 13일	국제원자력기구(LAEA) 탈퇴
	06월 15일	지미 카터 전 미국대통령 평양 방문
	07월 09일	김일성 주석 사망(7.8) 공식 발표, 남북정상회담 무산
1998	01월 29일	전국 자력갱생 모범일꾼대회 개최
	06월 16일	현대그룹 정주영 명예회장 일행 방북, 소 500마리 북송
	08월 31일	함북 화대군 무수단리(옛 명천군 대포동)에서 광명성 1호 발사
	09월 05일	사회주의헌법 개정, 권력구조 전면 개편/ 김정일, 조선 국방위원회 위원장 재추대
	09월 17일	노동신문 근로자, 자립적 민족경제건설 노선을 끝까지 견지하자 공동논설 게재

표 8-5 계속

일자		내용
1999	04월 09일	조선민주주의인민공화국 인민경제계획법 채택
	05월 22일	미국, 북한에 식량 40만 톤 지원 결정 발표
	06월 15일	서해교전 발생
2000	06월 13일	김대중 대통령 방북, 남북정상회담
	08월 15일	제1차 이산가족 교환방문
2001	02월 08일	북한 음악인 사상 첫 미주공연
	05월 05일	사상 처음 정보산업시대에 관한 주체적 사상이론에 대한 중앙연구토론회
	11월 22일	새 경제구호 라남의 봉화 제시
	11월 25일	북-중, 국경통과지점 설정 및 그 관리제도에 관한 협정 조인 (평양)
2002	07월 01일	경제개혁, 물가, 임금 인상 조치 단행
	09월 01일	인민학교를 소학교로, 고등중학교를 중학교로 개칭
	09월 12일	신의주특별행정구 기본법 채택, 신의주특별행정구 신설
	09월 16일	중국 요녕성 단둥에 단둥사무소 개소
2003	04월 24일	개성공업지구 개발규정, 개성공업지구 기업창설운영규정 제정
	05월 02일	남한정부, 북한에 20만 톤 비료를 지원키로 확정
	05월 11일	일본 산케이 신문, 일본과 북한행 만경봉호 운항중단 예정보도

자료: 『북한연감 2004』(연합뉴스. 2004)

제9장

탈북이주자의 집단적 상흔과 거시권력구조[1]

지속된 디아스포라, 가부장제, 위계적 시민권

1. 탈북이주자의 집단적 상흔

탈북이주자의 출현은 인구이동현상이지만, 탈북한 계기와 탈북 후의 삶에는 거대 조직의 폭력과 그로 인한 상흔이 배태되어 있다. 1990년대 중후반에 발생한 북한의 심각한 경제난을 계기로 많은 규모의 북한주민이 식량을 구하기 위해 혹은 장사를 위해 국경을 넘었다. 전쟁 직후 대규모의 남북한 이동이 있었지만 분단이 고착된 이후 남과 북 사이에 대규모의 월경은 이루어지지 않았다. 1990년대 전반까지만 해도 탈북이주자의 규모는 매우 제한되었다. 탈북이주자는 대부분 남성이고 해외체류경험이 있는 당간부나 인텔리계층으로서 정치적 이유로 망명하였다고 전해진다(윤인진, 2009: 19-20). 남북이 적대적인 관계로 대치하고 있던 상황에서 남한에 망명한 탈북이주자는 귀순용사이자 동포로서 남한정부와 사회에서 환영을 받았다. 때때로 탈북이주자는 연예인들처럼 많은 관심을 받기도 하였다. 그렇지만 귀순용사에 대한 한국사회의 관심은 오래 지속되지 않았다.

---

1 9장은 박경숙. 2012.「탈북이주자 생애사에 투영된 집단적 상흔과 거시 권력구조: 지속된 한인 디아스포라, 가부장제, 위계적 시민권」.『경제와 사회』95에 논문으로 발표되었음.

1990년대 후반 대규모의 월경은 이렇게 남한사회에서 탈북이주자에 대한 인식이 사라지고 있던 시점에서 일어났다. 탈북이주자는 죽을 수 있는 절박한 기근을 피하여 임시로 국경을 넘은 경제 난민이었다. 탈북이주자의 규모는 경제난 시기에도 변화되었다고 여겨지는데, 식량난이 가장 심각했던 1990년대 후반에 가장 많은 수의 월경이 있었다고 추정된다(이금순, 2005: 39-42). 국가의 통제시스템이 거의 작동하지 않았던 긴박한 시기였으므로 북한의 중앙당도 불법적인 도강에 대해 엄중한 처벌을 유보하기도 하였다. 국가 비상상황이 차츰 수습되면서 도강한 북한주민들 상당수가 체포되거나 스스로 다시 북한에 들어간 것으로 추정된다.

경제난민으로서 탈북이주자가 경험한 고통은 북한 통치체제의 위기와 관련된다고 인식되었다. 경제난민은 국민의 안녕을 돌보지 않는 독재적 통치와 계획경제의 실패 때문에 발생하였다고 여겨졌다. 물론 경제 궁핍이 발생한 북한의 정치・경제체제의 영향을 무시할 수 없지만, 탈북이주자의 상처는 훨씬 더 깊고 복합적이었다.

이 연구는 탈북이주민이 경험한 고통은 북한 생산체제의 위기나 비인권적인 통치권력뿐만이 아니라는 문제의식에서 출발한다. 탈북이주자의 집단적 상흔은 한인의 디아스포라를 지속시키는 분단의 권력, 여성을 중심으로 새롭게 재편되고 있는 국제이주 현상에 착종된 가부장제 지배, 그리고 외국인 이주자와 해외동포 이주자들이 배제되는 위계적인 시민권의 권력구조에서 구성되었음을 밝히고 있다. 이를 위해 한국과 연변에서 탈북이주민들과 인터뷰를 하였고 그들의 생애사를 분석하였다. 탈북이주자가 북한에서 어떻게 살아왔고, 정치, 사회, 경제적으로 어떤 지위에 있었고 어떻게 탈북하게 되었는지, 탈북 뒤 제3세계에서 남한에서 어떻게 살아가고 있는가를 분석하면서, 그들의 삶 속에 배태된 상흔과 구조적 원인을 구체적으로 밝히고 있다.

사진 9-1 중국 도문 경계지역, 2007. 6. 24.

2. 탈북이주자의 집단적 상흔을 구조화한 거시권력

1) 지속된 한인의 디아스포라와 탈북이주자

한국에서 디아스포라 논의는 주로 해외 한인들의 적응과 생활을 중심으로 논의되었다. 윤인진은 식민지 시기와 발전국가 시기 해외에 이민한 한인들의 삶의 방식과 정주국에서의 적응방식과 통합 정도, 그리고 정체성의 실태를 분석하였다(윤인진, 2004: 8-15). 중국 조선족은 민족의식과 동시에 중국 국민으로서 강한 정체성을 가지고 있다고 지적한다. 그런데 급속한 도시화과정에서 민족자치공동체가 급속히 해체되고 있고 정체성도 크게 변하고 있다고 한다. 중앙아시아에 살고 있는 고려인은 일제강점기 일본의 첩자로 의심되어 강제이주를 당하고 정치적 박해를 받았다. 지배권력에 순응하면서도 자구적인 생활력이 강하다고 지적한다. 재일조선인은 식민통치의 잔재와 냉전체제의 영향에서 가장 차별을 크게 받았다. 몇 세대를 거치면서 재일조선인 상당수가 일본 국적을 취득하였지만 일부는 아직 무국적자로서 조선인의 정체성을 가지면서 살고 있다. 재미한인은 미국사회에 동화하려는 욕구가 강한 동시에 한민족 동포의식도 강하다고 한다. 1990년대 미국 내 한인과 흑인 사이 갈등이 불거졌듯이 다른 소수인종과 갈등 관계를 갖기도 하였다. 한국정부는 이렇게 해외에 널리 분포되어 있는 동포들의 지위를 개선하고 재외동포들 간의 유대를 강화하는 데 관심과 노력이 소홀하였다고 지적한다. 비록 다양한 지역에 분포된 한인이 디아스포라로서 어떤 특성을 갖는지 분명하게 규명하고 있지는 않지만, 그의 연구는 해외 한인이 정착국의 시민권 및 이주정책에 따라 그리고 정착국과 모국의 국가위상과 외교적 관계에 따라 상이하게 정착사회에 통합되고 모국의식을 갖고 있는 실태를 중요하게 파악하고 있다.

한편 박명규는 지구적으로 확장된 한인의 존재방식을 이해하는 데 디아스포라 관점을 가지는 것이 중요하다고 강조한다(박명규, 2004: 168-174). 또한 재외한인들의 집단적 상흔과 그것을 결과한 구조적 권력의 정체와 책임을 명백히 밝히는 것이 중요하다고 주장한다. 디아스포라 집단 경험에서 비극적 이산, 집단적 상흔, 모국의 신화, 종족의식이 중요하다고 정리하면서 해외 한인들이 경험하는 정체성의 다양성을 이해하고 해외 한인들의 연대를 지원하는 것을 강조한다. 김귀옥은 전쟁과 분단의 상흔을 디아스포라 관점에서 구체적으로 밝히고 있는 대표적인 국내 연구자이다. 그는 전쟁과 분단으로 월남한 가족과 남아 있는 가족, 또 북으로 간 사람과 남아 있는 가족은 어느 쪽에서도 사회의 감시와 불순의 낙인을 받으며 살고 있다고 밝히고 있다(김귀옥, 1999: 294).

자유롭게 이동할 수 있게 된 탈냉전 시대에서도 한반도는 여전히 분단과 냉전의 긴장에서 자유롭지 못한 곳이다. 1990년대 후반 북한을 탈출한 주민들은 단순히 경제적 난민이 아니라, 북한체제에서 정치, 사회적으로 배제되었고 그래서 경제적 어려움이 더했다. 북한사회는 지배계급이 존재하지 않고 노동자, 농민, 여성 모두 평등한 공민이라고 강조하지만, 분단체제에 대한 충성이 의심되는 가족성분은 정치, 사회적으로 배제되었다. 국가에 대한 충심이 의심되는 가족성분은 친일의 경험이 있거나, 월남한 가족이 있거나, 재일동포출신처럼 가족이산자가 많았다.

남북한은 서로 경쟁하고 상이한 체제를 가지고 있지만, 분단과 냉전을 국가권력에 활용한 점에서 유사성을 가진다. 국가주의 지배 속에서 국민의 권리보다 국가의 안보와 발전을 위한 국민의 헌신과 충성이 강조되었다(박명림, 2006: 73; 박명규, 2009: 111). 그리고 국가 통치와 안보의 관점에서 가족이산자는 감시와 배제의 대상이 되었다. 북한주민이 탈북하게 된 맥락에는 견제와 불신의 대상이 되었고 정치, 사회, 경제적으로 받은 차별이 중요하게 자리 잡고 있다. 성분은 충성을 동원하는 중요한 통치 원리였다. 견제와 불신의 인장을 떼어내기 위해 열심히 노동하고 체제에 충성하였지만, 경제난 속에서 국가의 통치권력도 상당한 긴장을 가졌다고 여겨진다. 경제난과 통치권력의 긴장 속에서 가족이산자는 다시 국경을 넘게 되었다.

2) 탈북이주의 여성화와 신국제이동

1990년대 중후반 이후 탈북한 이주자 중에는 여성이 많았다. 통일부 통계에 따르면 1989년 이전에 탈북하여 한국에 입국한 주민은 총 607명인데 그중 여성은 불과 7%에 그친다. 한편 1990년대 후반부터 여성입국자가 크게 늘어 2003년에는 전체 입국자의 63%, 2008년에는 78%에 이르고 있다(그림 9-1).

1990년대 중후반 이후 탈북한 여성이 크게 늘어난 것은 지구적 수준에서 특히 아시아 지역에서 이주의 여성화가 급격히 진행되고 있는 현상과 긴밀하게 연관되어 있다. 전 세계 인구의 반 이상이 밀집되어 있는 아시아 지역에서 신흥 경제가 빠르게 성장하였고 중국, 몽골, 베트남 등 사회주의체제에 편입되었던 사회들이 개방되면서 거대한 인구유동이 이루어졌다(권태환, 2004: 64-66; 김현미 · 김민정 · 김정선, 2008: 128). 농촌 경제와 기존의 공동체가 급격히 해체되었고 시장원리에 적응하는 사람과 그렇지 못한 사람 사이의 불평등도

그림 9-1 한국에 입국한 탈북이주자의 추이와 여성의 비중

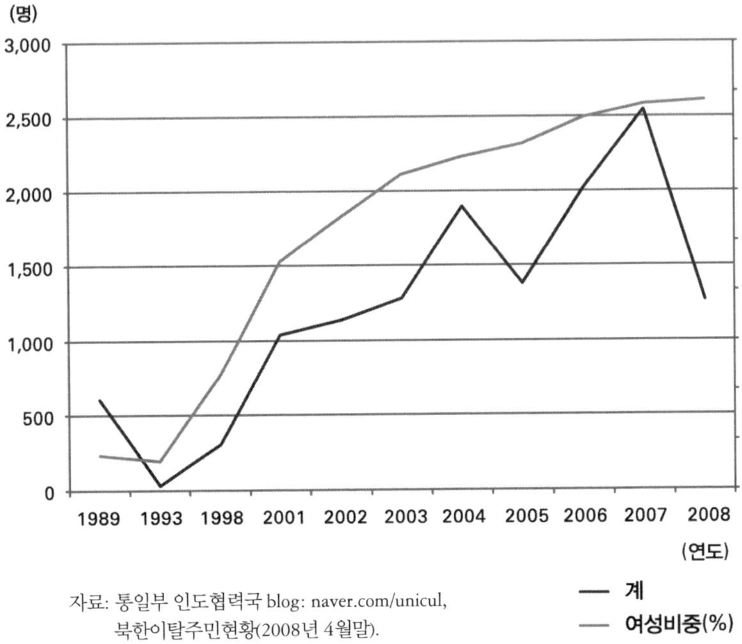

자료: 통일부 인도협력국 blog: naver.com/unicul, 북한이탈주민현황(2008년 4월말).

심화되었다. 많은 인구가 일자리를 찾아 도시로 이동하였고 국내 산업 구조로 흡수되지 못한 잉여 노동은 자본의 국제화와 노동의 국제적 분업의 흐름에 따라 국제 노동 인구로 전환되었다.

그런데 국내, 국제 이동 중에서 여성 이주가 특히 크게 증가하였다. 여성의 이주가 확대된 현상에 대해 많은 논의와 연구들이 이루어지고 있지만 여성의 이주는 돌봄체제의 변화와 중요하게 연결된다는 데 이견이 없는 것 같다. 돌봄은 성(sexuality), 아이와 노인의 돌봄, 가사 등에 걸친 여성의 가족역할로 당연시되었다. 한편 고령화와 가족변동은 가족 중심 돌봄 구조에 긴장을 크게 하였다. 노인 인구가 급속히 증가하면서 노인 돌봄의 사회적 필요가 늘고 있다. 반면 세대 및 젠더 관계의 변화와 함께 가족을 중심으로 돌봄이 이루어지는데 상당한 긴장이 일어났다. 또한 점차적으로 비혼 인구가 늘어나고 있는데 비혼 인구는 성에 따라 대조된 계층적 특성을 나타낸다. 비혼 여성들은 고학력 전문직

에 속하는 경향이 크지만 미혼 남성은 저학력에 노동지위가 낮은 경향이 있다. 계층적으로 서로 맞지 않는 비혼의 남녀가 배우자를 찾을 수 있는 방법으로 국제결혼이 선호된다. 특히 취약한 경제력으로 인해 결혼하기가 힘든 남성에서 국제결혼이 선호되고 있다. 이처럼 한편으로 고령화에 따라 돌봄의 절대적인 수요가 늘어났는데 가족 돌봄의 약화와 비혼의 증가로 여성에 의한 돌봄은 부족하게 되었다. 여기에 덧붙여 인구가 13억 7,000만 명이 되는 중국사회가 1970년대 이래 엄격한 출산통제정책을 실시한 결과 성비불균형이 심하게 된 것도, 아시아 지역 여성인구의 절대적인 부족 현상을 심화하였다. 이와 같이 인구, 가족, 계층구조의 변화와 젠더구조가 서로 연관되어 긴장하면서 단일 국가 차원에서는 가족을 통해 그리고 여성을 통해 돌봄을 확보하는 것이 어렵게 된 것이 여성의 국제이주를 조성한 중요한 요인이 된다.

국제이주는 돌봄, 인구, 가족, 계층화, 젠더구조의 변화와 복잡하게 연관되어 이루어졌는데, 그것이 사회변동에 어떤 함의를 가지는가를 분명하게 일별하기는 쉽지 않다. 여성의 국제이주는 아시아 지역의 발전주의와 가족중심의 복지체제에서 과부하된 가족의 위기나 성불평등한 사회에서 파생된 위기이며 따라서 기존의 사회구조가 크게 약화된 증거로 읽혀질 수도 있다. 그렇지만 돌봄 체계가 계급과 국경을 넘어 확대되고 재구조화되는 방식 안에서 젠더 불평등한 관계가 재생산되고 있는 성격도 간과하기 어렵다.

여성의 이주가 증가한 것은 국가 단위에서 혹은 계층적으로 여성의 돌봄이 부족하게 된 조건과 여성 돌봄의 수요가 증가한 조건이 모두 작용한다. 그리고 여성 돌봄이 부족하고 여성 돌봄의 수요가 증가하게 된 인구 및 가족요인은 가부장적 젠더구조와 밀접히 연관된다. 남녀성비 불균형은 고질적인 남아선호사상에 따른 성별인구 통제의 결과이다. 경제력이 취약한 남성이 결혼하기 힘든 것은 결혼은 남성의 재력과 여성의 돌봄의 거래로 이루어지는 가부장적 젠더 관계에 기초하고 있다. 그리고 국내에서 결혼하지 못한 남성들이 국제결혼을 통해 배우자를 선택할 수 있는 것은 남성 중심의 시각이 이주정책에도 중요하게 관철되는 것을 의미한다. 국제결혼에서 남성은 잘사는 국가의 국적을 제공하는 대가로 여성의 돌봄과 섹슈얼리티를 전유한다(이수자, 2004: 208). 여성 돌봄의 부족을 양산한 원인도, 그에 대한 대응도 남성 중심의 관점에 포섭되어 있다. 여성을 보내는 국가, 신부를 맞는 국가 모두에 가부장제적 남녀 불평등한 관계가 중요하게 작용한다.

이런 측면에서 여성 이주의 양상은 계층적으로 복잡해졌지만 가부장제적인 젠더불평등한 관계가 재생산되는 맥락에서 확장되고 있다. 여성의 국제이주는 아시아의 발전주의와 가족주의, 그리고 성불평등한 관계의 위기를 나타내기보다는, 오히려 이들 지배 논리들이 서로 연결되어 계층적으로 국가 수준에서 그리고 초국가적 수준에서 재편되는 측면이 강한 것이다. 김현미는 여성의 이주화가 확장되고 있는 것은 송출국과 수용국 모두에서 여성의 낮은 지위와 젠더 불평등을 강화하는 글로벌, 로컬한 시스템과 연관되고 있다고 강조한다(김현미, 2006: 11, 14). 신자유주의의 확장과 함께 결혼과 가사노동의 상품화를 촉진하는 중개산업이 확장되고 있다. 또한 이주자의 시민권은 다분히 남성의 관점에서 정해지고 있다. 젠더 위계를 강화하는 글로벌, 로컬한 이주체제 안에서, 여성들은 한편으로 사회이동과 낭만적인 결혼생활을 꿈꾸며 다른 한편으로 모국에 있는 가족을 위해서 국제결혼을 선택하게 된다. 초국가적으로 재편된 성별화된 시민권 구조에서 여성 돌봄은 상품이 되고 위계적이고 폭력적인 젠더 관계에 희생이 되기 쉽다.

탈북이주자 여성은 이처럼 성불평등을 강화하는 글로벌, 로컬한 이주체제에 폭력적으로 노출될 수 있는 위험이 컸다. 북한여성들이 남성보다 더 많이 월경하였던 것은 북한 내부에서의 여성의 지위와 아시아 지역에서 여성 이주를 조성한 요인이 우연적으로 결합되었기 때문이다. 남성들은 공식적인 생산조직에 얽매여 있었기 때문에 이동이 제약되었던 반면 공식적 생산조직에 구속된 정도가 약했던 여성들은 상대적으로 자유롭게 이동하여 장사를 하거나 물품을 교류할 수 있었다. 그리고 탈북한 여성 중에서 미혼이거나 젊은 여성이 많았던 것은 중국과 아시아지역에서 갑작스럽게 확대된 돌봄과 결혼시장의 흡인력 때문이다. 삼엄한 통제와 경비를 뚫고서 여성들이 월경할 수 있었던 것은 돌봄과 결혼시장의 유인이 작용하였다. 그러나 공식적인 브로커를 통해 합법적인 시민권을 약속받으면서 이루어진 국제결혼도 성상품화, 인신매매, 성폭력 문제를 노정하는 경우가 많은데, 탈북여성들의 국제결혼은 어떤 합법적 보호도 없는 상황에서 오직 좋은 사람을 만나는 행운에 의존해야 하는 위험천만한 상황에서 이루어졌다.

3) 탈북이주자의 남한 정착과 위계적 시민권

국제이주자는 정착지의 민족정책이나 이주정책에 따라 정착지에 상이하게 통합된다. 종족주의는 식민주의 이주의 잔재였지만, 지구적인 인구유동과 함께 인종에 따른 차별 현상이 지구화되는 양상도 나타난다. 캐슬은 유럽에서는 2차 세계대전 이후 경기가 좋아지면서 노동력 수요가 확장되고 계약노동자가 대량으로 유입되었다고 지적한다(Castles, 2000: 6-14). 계약노동자를 경기조건에 따라 유연하게 활용하였지만 영구거주자와 같은 시민권을 부여하지 않았다. 그러나 1970년대 이후 경기 변화와 유입된 노동이주의 정주화 문제에 봉착하면서, 계약노동자 유입정책은 종료되었다고 한다. 그러나 동구권의 붕괴 이후 유럽사회는 커다란 인구유동에 다시 직면하였고 시민권, 인종, 민주주의 이슈들에 대응해야 했다. 민족과 시민권 사이의 관계를 새롭게 인식하면서 다문화 사회모델이 제안되었지만 여전히 많은 이주자들이 정치 사회적 권리를 보장받지 못하고 인종적으로 차별받고 그에 따라 사회갈등이 심각하다고 지적한다.

2차 세계대전 이후 독립한 신흥공업국은 식민통치 시기에 식민제국과 개척지로 많은 이동을 하였다. 독립 이후에는 과잉인구의 압력을 해소하고 자본을 빠르게 축적하기 위해 관주도로 노동을 송출하는 정책을 펼치기도 하였다. 한국은 1980년대 후반 이후 노동력을 송출하는 국가에서 유입하는 국가로 변하였다. 그러나 외국인 노동자를 합법적으로 계약하여 받아들이기보다 주로 3D 산업에서 요구되는 반숙련 노동을 산업연수생으로 편법적으로 활용하는 관행이 지속되었다(설동훈, 2000: 381). 2003년 고용허가제가 도입되면서 산업연수생제와 병행하다가 2007년 고용허가제로 일원화하여 외국인 근로자도 내국인과 동등한 노동관계에 적용되었다(이혜경, 2008: 105).

한국사회에서도 이주노동자와 결혼이주여성이 증가하면서, 기존의 출입국 관리나 인력활용 차원의 관점에서 벗어나서 다문화 이주정책 관점을 도입하였다. 그러나 실제 외국인 노동자와 국제결혼이주여성의 시민권을 충분히 고려하고 있다고 보기 어렵다. 여전히 외국인 노동권과 인권 문제는 거의 간과되고 있다고 지적된다(윤인진, 2008: 85-86). 또한 국제이주 여성의 지원정책도 가족 통합의 관점이 지배적이라고 비판된다. 어떻게 하면 좋은 아내, 좋은 며느리, 좋은 어머니로 살 수 있을지 그 방법을 지원하는 데 초점을 두고 있다. 표면적으로는 공생을 말하지만 실제로는 한국 가족에의 일방적 동화를 강조한다고 여겨진다.

이렇게 외국인 노동자의 정치, 사회적 권리가 제한되고 국제결혼여성의 한국 가족에의 일방적 동화가 강조되는 것은, 한국사회에서 민족국가 의식과 문화적 동질성이 강하여 외국인에 대해 편견이 크기 때문이라는 지적도 있다(윤인진, 2008: 75). 그러나 외국인 노동자도 출신국의 경제력에 따라 사회적 대우가 다른 점에서, 신흥개발국 출신 외국인이 받는 차별이 한국의 폐쇄적인 혈통주의와 민족주의에만 기반한다고 단순화하기 어렵다. 설동훈과 스크레트니(Seol and Skrentny, 2009: 154)는 같은 혈통인 중국 조선족에 대한 한국의 이주, 노동정책 역시 차별적이라고 주장한다. 표면에서는 동포로서 일체의식을 강조하고 다른 외국인에 비해 더 좋은 이주조건을 제공하는 것처럼 보이지만 중국 조선족은 사회통합에 비용이 덜 드는 유용한 노동력으로 간주되었다고 한다. 이렇게 해외동포에 대해서도 외국인과 진배없는 차별적인 이주정책이 아시아 신흥 발전국가들에서 특히 두드러진다고 주장한다(Seol and Skrentny, 2009: 165).

탈북이주자가 남한에서 경험하는 분리와 배제는 한편으로 분단체제의 감시와 견제에서, 그리고 발전주의체제에서 위계화된 시민권에서 구조화된 부분이 크다. 한국에 입국한 탈북이주자는, 경제적인 기능을 목적으로 임시적으로 받아들인 노동자는 아니다. 대한민국 국민으로서 제반의 정치, 경제, 복지 권리를 가지고 있다. 그러나 한국 가족에의 일방적 통합을 요구받는 결혼이주처럼 남한사회에의 완전한 동화가 요구된다. 그러면서도 통합될 수 없는 타자를 경험한다. 북한출신자가 남한사회에서 경험하는 타자의식은 남북한 사이의 오래된 적대적 태도와 경계의식과 고도로 경쟁적인 발전주의 사회에서 낮은 인적 능력과 가난에 의해 받게 되는 차별로 복합적으로 구성되고 있다. 분단체제에서 잠재적인 위협자로서, 그리고 능력과 자산에 의해 서열화되는 발전주의체계에서 낙오된 취약자로서 인식되고 있다.

탈북이주자가 경험한 상흔은 어느 곳에도 통합되지 못하는 경계인으로서 겪게 된 배제와 정체성의 혼돈이다. 탈북이주자는 북한, 제3국, 그리고 남한사회에서 차별을 다중적으로 받고 그로부터 심각한 정체성의 긴장을 갖고 있다.

3. 탈북이주자의 생애사 분석

생애사는 삶과 사회의 진실을 재발견하는 중요한 방법이자 관점이 된다. 생애사는 진실이 몰주관적이고 몰역사적인 보편적인 로고스가 아니라 인간, 삶, 사회가 존재하는 관계 속에 있다는 것을 깨닫게 한다. 사람이든지 사회이든지 물건이든지 생명이든지, 그 존재를 잘 이해하는 방법의 하나가, 존재가 어떻게 형성되어 왔는가를 이해하는 것이다. 한 사람의 특정한 기질은 오랜 시간을 통해 그가 놓인 환경과 상호작용하면서 생성되었다. 한편으로 반복된 사고와 행위 습관에 따라 무의식적으로 살아가지만, 그 틀이 만들어진 복잡한 맥락들을 해부하고 재구성해가면서 주체는 자신과 삶과 사회에 대한 통찰과 깨달음을 얻는다. 살아온 궤적을 성찰적으로 해석하면서 삶, 인간, 사회의 의미에 대한 중요한 통찰을 얻을 수 있다.

한 사람의 삶에는 사회구조의 형상들이 중요하게 착종되어 있다. 태어나고 성장하고 나이가 들어가는 삶 속에서 사회의 다양한 경계들이 형성되고, 해체되고, 다시 구성된다. 그리고 거대한 구조의 힘에 의해 개인의 삶들이 영향을 받는 것처럼, 개인 개인의 생애사는 커다란 사회사를 구성한다.

더욱이 공식적인 기록이 지배세력의 관점에 많이 기울어진 해석일 수 있다면 보통사람들의 경험과 인식은 지배관점이 은폐하는 권력의 실체를 밝히는 폭넓은 관점을 제공할 수 있다. 개인의 생애사는 어떤 공식적 기록에 비교해도 손색이 없는 중요한 사료적 가치를 가지고 있다. 한국에도 소개된 모리스 스즈키의 북송 재일조선인 연구는 식민지, 전쟁, 냉전의 권력에 놓여 있던 많은 우리와 그들의 삶 하나하나에 주목하면서 은폐된 권력의 진실을 밝히는 의의를 강조하고 있다(Morris-Suzuki, 2007: 13). 월남가족 마을을 참여 관찰한 김귀옥도 월남가족의 가족사를 통해 불경과 감시의 인장을 새기고 사는 월남인의 눈으로 분단체제의 권력을 비판적으로 바라본다(김귀옥, 1999). 이 연구들은 개인의 삶이 얼마나 자유의지에 의해 선택되었는가를 질문한다. 제국주의와 전쟁, 냉전, 분단, 그리고 다시 전쟁의 폭력이 휘몰아친 아시아 근대의 역사적 상황에서 많은 한인들은 치열한 이데올로기 싸움에 내몰리고, 적이 되고 배척받았던 상처를 갖고 있다. 그리고 혼돈된 선택과 폭력의 상흔은 거시권력에 의해 묻혀지거나 망각되었다. 집단적 상흔을 구조화한 거시권력구조를 밝히는 것은 이처럼 사회의 무의식구조에서 작용하고 있는 폭력을 의식함으로써 상흔을 치유하고 극복하는 힘을 가진다. 이런 관점에서 필자는 탈북이주자의 집단적 상흔을 구조화한 거시권력들의 정체에 주목한다. 탈북이주자는 북한에서 어떻게 살아왔고, 왜 탈북을 하게 되고, 제3세계에서, 남한사회에서 어떻게 살아가고 있는지, 그리고 그들의 삶 속에 배태된 상흔의 구조적 책임은 어디에 있는가를 밝히고자 한다.

인터뷰는 2007년 한국과 연변에서 이루어졌다. 2007년 2-3월 탈북이주자 정착을 지원하는 한 NGO 조직(K)을 방문하여 인터뷰할 수 있는 탈북이주자를 소개받았다. 북한에서의 거주지, 성, 연령 등을 고려하여 17명으로부터 인터뷰에 동의를 얻었다. 인터뷰 내용은 탈북과정, 북한에서의 가족관계, 지역경제, 학교생활, 노동/직업/군대 생활, 결혼/출산력, 남한에서의 사회관계, 건강, 사회적응 등을 포함하였다. 또한 K 기관의 협조로 350명의 설문조사를 준비하면서 조사를 도와준 이들과 만나 이야기를 나누었고 2007년 4월에는 한국 사회의 문화에 대해 강의를 하면서 탈북이주자들과 대화를 나눌 수 있었다. 2007년 6월에는 10일간 연변을 방문하여 중국 조선족과 탈북을 돕고 있는 이, 그리고 중국 농촌에서 살고 있는 탈북이주자, 최근 탈북하여 남한행을 찾고 있는 이를 만나 이야기를 나누었다. 인터뷰에 참여하신 이들의 이야기는 대부분 녹음되었고 필사되었다. 그리고 구술 내용을 여러 차례 읽으면서 중심 주제들을 다듬어 나갔고, 그에 맞추어 이야기를 다시 해석하였다. 인터뷰 뒤에 이미 상당한 시간이 흘러 인터뷰 당시 들었던 인상이나 감정들은 아쉽게도 대부분 사라졌지만 인터뷰를 준비하였던 상황, 인터뷰의 주요 내용, 감상들에 대한 짧은 메모와 기억을 더듬으며 인터뷰 대상에 대해 가졌던 인상을 구성해보았다.

우선 탈북이주자들은 저마다 큰 상처를 가지고 있다는 인상을 강하게 받았다. 남한에서도 신변의 안전을 확신할 수 없고, 자신의 정보가 외부에 노출되는 데에 상당한 경계와 의심을 표하였다. 자신의 정보가 북한에 넘어가 북한에 남아 있는 가족들에게 해를 입힐 수 있다고 걱정하고 북에 있는 가족들에게 미안한 마음을 가지고 있었다. 탈북할 수밖에 없었던 상황들을 이야기하였지만, 구술 내용을 보면 북한체제에 대해 강도 높은 비판은 피하였던 것을 확인할 수 있었다. 오죽하면 가족과 국가를 버리고 탈북하였는가, 어쩔 수 없는 선택이었음을 청자로부터 인정받고 싶어 하는 기대를 느낄 수 있었다.

한국에 정착하는 동안 탈북하게 된 경위에 대해서 여러 차례 증언해서인지 한국에서 인터뷰하였던 탈북이주자들은 상대적으로 긴 시간이 흘렀는데도 식량난과 탈북상황에서 겪은 경험들을 조리 있고 생생하게 묘사하였다. 한편 탈북한 지 얼마 안 되어 연변에 숨어 있던 분과 중국 조선족 남성과 결혼하여 중국 농촌에서 살고 있는 분에게서는 두려움과 도움을 구하는 절실한 마음이 격정적으로 전달되었다. 탈북이주자들이 겪었던 식량난, 국가권력으로부터의 감시와 폭력, 제3세계에서의 도피 생활, 그리고 남한에서의 삶에 대한 이야기는 사실이라고 믿기 어려울 정도로 극적인 사건들의 연속이었다.

탈북이주자가 자유롭게 자신의 생각을 이야기하기에는 여러 장벽들이 있을 수 있다. 한국인의 시선을 의식하면서, 혹은 정부기관의 감시를 의심하면서, 솔직한 생각을 드러내지 않았을 수도 있다. 그런데 탈북이주자는 오히려 한국인의 이중성을 의심한다. 북한사람들은 거짓말을 싫어하고, 속에 있는 생각을 그대로 표현하는데, 한국 사람들은 겉과 속이 다르다고 말한다.

진실은 관점에서 자유롭지 못하다. 처음 그들의 이야기를 들었을 때 관점의 차이에 주의하지 못하였다. 그들의 관점이 우리와 같다고 자의적으로 판단하고서 인터뷰를 시작하였다. 탈북의 경험에서, 제3세계에서의 경험에서, 남한사회에서 생활하면서, 북한, 남한사회, 그리고 삶에 대한 시각은 재구성되고 있고, 그 관점은 남한사람들과 다를 수 있다는 데 충분히 주의하지 못하였다. 연구가 진행되고 상당한 시간이 지난 뒤지만 탈북이주자의 시선에서 남한사회와 남한사람들이 이상하게 보인다는 것을 새삼 알게 되면서 남한사람과 북한사람의 관점의 차이를 인지할 수 있었다. 그들의 이야기는 북한사회, 북한주민의 삶뿐만 아니라 남한사회와 남한사람을 재발견한 계기도 되었다. 그리고 남한사회의 관점을 조금이나마 상대화하려고 했기 때문에 탈북이주자의 상흔에 배태된 구조적 권력을 좀 더 명확하게 볼 수 있었다고 생각한다.

하나하나 생애사를 충분히 상세하게 재구성하지 못한 것도 한계라고 인식된다. 인터뷰는 생애사에 대한 심층적인 정보를 파악하기 위해 실시된 것이 아니었다. 또한 탈북이주자의 신변적 안전이나 상처를 다시 파헤칠 수 있다는 고려 때문에 인터뷰의 내용을 의도적으로 제한하였었다. 그렇지만 탈북하게 된 상황에 대한 이야기만으로도 생애사의 의미를 재구성해볼 수 있었다. <표 9-1>은 인터뷰 참여자들이 경험한 중요한 사건들을 연대기로 배열한 표이다. 탈북하게 된 동기는 다양할 수 있지만 가족출신과 가족생활이 대체로 공통되게 중요하게 구술된다. 부모세대로부터 이어진 출신성분의 낙인은 탈북하게 된 배경으로서 중요한 의미를 가졌다. 그리고 출신성분에 대한 이야기는 북한을 떠나기까지 깊은 고민과 자기 정당화를 거쳐 체제에 대한 인식이 변화된

표 9-1 인터뷰 참여자

1. 정이 씨, 1962년생, 전쟁고아, 입양 - 아버지 좌천 - 결혼(1984) - 이혼(1990) - 탈북(1997) - 중국 재혼- 남한(2006), 현 딸, 아들, 남편과 동거
2. 병이 씨, 1967년생, 부모 중국 출신 – 결혼(1985, 남편 일본계) - 배우자 사별(1996) - 탈북(1998) - 남한(2000), 현 딸과 동거
3. 영이 씨, 1979년생, 조실부모 – 탈북(2004) - 남한(2004) - 결혼(2006)
4. 춘이 씨, 1963년생, 아버지 남한 출신 – 결혼(1988) - 탈북(1996) - 남한(2001), 현 아들과 동거
5. 화이 씨, 1965년생 – 결혼(1986) - 배우자사별(1998) - 탈북(1999) - 남한(2003), 현 딸과 동거
6. 연이 씨, 1968년생, 부모 중국에서 결혼 - 결혼(1991) - 이혼(2000) - 탈북, 중국 결혼(2001) - 남한 결혼(2005), 현 남편과 동거
7. 장이 씨, 1957년생, 아버지 열혈당원 – 결혼(1981) - 배우자 사별(1985) - 탈북(2000) - 남한(2005), 현 딸, 아들과 동거
8. 국이 씨 (남), 1960년생, 아버지 외교관, 좌천– 탈북(1997) - 남한(1999), 현 독신
9. 복이 씨, 1961년생 - 결혼(1986, 시아버지 국군포로) - 탈북(1999) - 남한(2001), 현 남편, 딸 동거
10. 이화 씨, 1958년생 - 결혼(1984) - 배우자사별(1995) - 탈북(2000) - 남한(2004), 현 아들과 동거
11. 인이 씨, 1964년생 - 결혼(1992, 시아버지 남한 출신) - 탈북(2001) - 남한(2003), 현 남편, 딸 둘과 동거
12. 옥이 씨, 1963년생 – 결혼(1991) - 탈북(2004) - 남한(2004), 현 남편, 아들과 동거
13. 석이 씨, 1969년생, 아버지 북송교포, 추방, 행방불명 - 탈북(1997) - 남한(2002), 결혼, 현 남편과 동거
14. 승이 씨 (남), 1962년생, 어머니 성분이 나쁨 - 결혼(1988) - 탈북(2005) - 남한(2005), 현 아내, 딸 둘과 동거
15. 금이 씨, 1968년생, 아버지 중국 출신- 결혼(1990) - 이혼 - 탈북(2000) - 남한(2004), 현 독신
16. 성이 씨 (남), 1970년생, 아버지 민방위부장 – 결혼(2000) - 이혼 - 탈북 - 현, 독신
17. 추이 씨, 1964년생, 군인가족, 형제자매 모두 중국에서 출생 - 결혼(1986) - 별거 - 탈북(2000) - 중국 결혼 - 남한(2006), 결혼, 현 남편과 동거

과정에 대한 복잡한 의미를 포함하고 있었다. 또한 가족관계의 불안이 탈북이주여성의 생애구술에서 반복적으로 겹쳐지고 있었다.

4. 식민지배와 분단의 유산

1) 가족성분과 가족이산

경제난 이후에 탈북한 사람들 중에는 계층적 지위가 취약한 사람들이 많다. 윤인진은 1990년대 초까지의 탈북이주자들은 인텔리와 당간부 출신이 많았는데, 1990년대 경제난 이후 탈북한 사람들은 노동자/농장원 비율이 높고 여성이나 아동의 비중도 크다고 분석하고 있다(윤인진, 2010: 119). 그런데 낮은 계층지위는 경제적인 의미에서만이 아니라, 정치・사회적으로 주변화되고 감시받는 지위를 가리켰다. 탈북이주자는 지주계급이거나 남한과 연고가 있어서 충성이 의심되는 성분으로 분류되어 받았던 상처가 있다.

정이 씨는 식량난이 최고조에 달하였던 1997년에 탈북하여 2006년에 남한에 입국하였다. 상대적으로 긴 시간이 흘렀는데도 식량난과 탈북상황에서 겪었던 위험과 공포를 생생하게 전달하였다.

그의 이야기에서 주목하였던 것은 분단의 상흔이 그의 삶 전반에 강하게 묻어 이어지고 있다는 점이다. 그는 고아로 신고되어 아이를 낳지 못한 집에 입양되었다. 양어머니는 당원이었고 양아버지는 경상도 출신인데 의용군으로 참전하였다가 북한에 머물게 되었다. 정이 씨는 성분이 좋은 집에 입양된 것으로 보인다. 그런데 아버지가 사망하고 어머니가 재혼을 하였는데 양아버지가 전쟁 때 입영하지 않았다고 밝혀져 가족이 추방당하게 된다. 정이 씨가 고등학교를 막 졸업하였을 때이다. 그는 고등학교를 졸업하고 트럭운전을 2-3년 하면서 죽을 고비도 여러 차례 겪었다. 그가 미혼시절 힘든 노동을 한 데에는 가족의 추방이 중요한 요인이 되었다. 힘든 노역에서 벗어나기 위해 시집을 갔지만 남편 역시 좋은 성분은 아니었다. 결혼하여 탄광지역으로 이주하였는데 남편과의 관계가 좋지 않았다. 무능하고 폭력을 일삼는 남편도 중노동에 동원되어 힘들게 살아야 했다. 결국 그는 힘들게 수속을 밟아 이혼하였다.

1990년대 초반부터 식량 구하기가 힘들어 버티다 못해 직장을 사직하고

1995년부터 장사를 하였다. 어머니가 살고 있는 지역을 통해 두만강을 넘어 중국에 들어갔는데 중국이 발전된 모습을 보고 크게 놀랐다. 그리고 중국에서 작은 물품을 들여와 15배가 넘는 이익을 내기도 하여 생활에 여유가 생기기도 하였다. 그러나 눈치를 챈 이웃이 장사를 도와달라고 부탁하여 같이하게 되었는데, 이웃이 붙잡혀 정이 씨도 신고되어 고문을 받게 되었다. 고문은 국가권력에 대한 두려움과 함께 억울한 감정을 불러일으켰다. 장사를 하면서 부당한 거래들을 많이 보았다. 시장에선 처녀들을 중국에 팔고 소개비를 챙기거나, 밀수를 색출하는 당원들이 스스로 밀거래를 하거나 장사꾼과 결탁하여 재산을 쌓는 등 온갖 부패가 일어나고 있었다. 그렇게 축재하는 사람들과는 달리 자신은 50킬로미터가 넘는 길을 하루 17시간 짐을 이고 걸어서 번 것인데 다 빼앗기는 것이 억울하였다. 처벌의 위협 때문에 장사를 중지하였지만 생활고가 다시 덮쳤다. 1996년도 식량난이 지독하였을 때, 석 달을 풀만 캐서 먹었는데 풀도 없어지고 너무 배고파서 도강을 결심하게 되었다고 한다. 항상 감시되고 있었기 때문에 도망하다 잡히면 영원히 돌아오지 못하는 곳으로 추방될 수 있었다. 미리 초소경비원과 선을 닿아놓고 도강을 준비해놓았다가 음력 8월 16일 달이 휘영청 밝은 밤, 감시대가 깔려 있는 옥수수밭 사이를 돌멩이 하나하나 숨을 죽이면서 디디면서 물이 얕은 쪽으로 움직여 강을 건넜다. 그리고 얼마 뒤 딸과 아들이 중국에 찾아왔다. 그리고 중국의 한 시골집에서 머물며 일을 도와주다 그 친척이 소개해 줘 조선족 남자와 결혼하여 농사를 4년 짓다가 남편과 함께 한국으로 왔다. 남편과는 의지하며 사이좋게 산다. 정이 씨는 너무나 고생을 하여 지금 건강이 좋지 못하고 그래서 일을 제대로 하지 못한다고 한다.

북한에서는 가족성분이 개인의 삶에 미치는 영향이 매우 크다. 병이 씨 부모는 북한 사회주의체제에 대한 충성의 공훈을 인정받은 혁명전사였다. 병이 씨의 어머니는 일제강점기 때 중국으로 이주하였으며 사회주의 이념을 택해서 중국에 남아 있었다. 그러다가 한국전쟁 때 마오쩌둥이 조선족은 북한을 위해 나가서 싸우라고 해서 어머니가 간호병으로 출전하였다고 한다. 아버지도 한국전쟁에 참가하였다. 이렇게 부모님은 전쟁 중에 만나 결혼했고 북한에서는 대우받는 혁명전사 가족이 되었다. 형제들은 공장의 회계사, 군수품기사, 지도원, 연구원, 중앙당 경리, 약사 등 좋은 직업을 가졌다. 그가 도강을 한 직접적인 원인은 남편의 사별과 연관된다. 대학을 졸업하고 사무직을 하고 있었는데 같은 일을 한 남편과 사귀게 되어 결혼하였다. 남편은 '일본계'였다. 1958년에 시작된 북송사업으로 북한으로 온 재일조선인 출신이었다. 남편은 열두 살 때 아버지, 어머니, 고모 등과 함께 북한으로 왔다. 시아버지는 태평양전쟁 때 징집되어 필리핀에 가서 싸웠고 그 공으로 일본에 와서 잘 살았다고 한다. 그러나 일본이 패망하고 나서 시아버지는 아무것도 못하고 시어머니가 일해서 겨우 살아갔는데 북한에 가면 좋은 직장을 준다는 선전을 듣고 북한으로 오게 되었다고 한다. 그러나 배에서 내리자마자 속았다고 생각했다. 북한에 온 일본 사람들이 일본으로 다시 돌아가겠다고 항의하였지만 돌아갈 수 없었다. 10년 정도 교류도 못하고 있다가 이후 편지를 보낼 수 있게 되었다고 한다. 남편과 같은 '일본계' 사람들은 보위부가 늘 붙어 다녔고 일본에서 친척이 방문하였을 때도 계속 감시를 당했다. 병이 씨는 개방적인 남편의 영향을 많이 받았던 것 같다. 남편은 1996년 간암으로 사망하였고 이후 병이 씨는 친정에 와 있다가 친정어머니 쪽 중국 친척에게 식량 도움을 구하러 중국에 나왔다가 중국이 잘사는 것을 보고, 어머니와 상의해 브로커를 통해 탈북하였다.

병이 씨의 가족사에는 식민지배와 분단에 의해 흩어진 한인이 서로 연결되어 있다. 병이 씨의 어머니 쪽 가족은 식민지 시기 중국으로 이주하였다가 6.25 때 중국인민군으로 북한에 들어왔다. 그리고 병이 씨 시아버지는 식민지 시기 징집되어 전장에 나갔지만 한국으로 돌아오지 못하고 일본에 머물렀다. 일본에 거주하던 병이 씨 시아버지는 1950년대 말에 전개됐던 북송정책으로 일본에서 북한으로 건너갔다.

식민지 시기 모국을 떠나 식민제국과 개척지로 향했던 한인의 운명은 민족, 국가 간 각축이 일으킨 전쟁의 상흔과 폭력, 감시로 한결 한결 채워졌다. 식민지 시기 한반도를 떠나 만주, 시베리아, 일본에 거주하였던 한인은 해방을 맞이하면서 다시 한번 불안한 상태에 처하게 된다. 영영 귀환하지 못하고 억류되기도 하였고, 힘들게 일구어온 터전들을 지키지 못하고 반강제적으로 귀환 길에 오르기도 하였다(리성권 편, 1992: 120-129). 해방 당시의 혼돈 속에서 얼마나 많은 사람들이 귀환하였는가를 정확히 파악할 수 없지만, 일본에 체류하였던 조선인은 대부분 송환조치되었고, 만주에 체류한 조선인은 국민당과 공산당의 각축 속에서 귀환과 체류의 불안한 갈림길을 택해야 했다. 병이 씨 가족은 해방 이후 바로 돌아오지 않고 중국과 일본에 체류하다가 전쟁과 북송정책으로 귀환 길에 올랐다. 그리고 귀향 후 한 쪽은 혁명전사로, 다른 한 쪽은 경계의 대상이 되었다. 모리스 스즈키(2007: 30)가 지적하였듯이, 북송된 재일동포는 부담이 되는 재일한인을 돌려보내려는 일본정부와 정치체제의 헤게모니를 선전하고 노동력을 확보하려 한 북한 공산당이 기획한 북송정책에 의해 이념적 선호와는 관계없이 고향이 아닌 북으로 온 사람들이 많았다. 그들은 무장되지 않은 사상 때문에 대를 이어 불경의 인장을 새기고 살아야 했고, 일부는 다시 북한을 탈주하여 어느 곳에도 뿌리를 내리지 못하는 생활을 지속하고 있다.

춘이 씨는 키가 훤칠하고 이목구비가 뚜렷하고 피부가 하얗고 눈에 띄는 미인이었다. 외모로부터 받은 인상이 그렇다면 그녀와 대화를 통해 가지게 된 그의 인상은 성찰자였다. 그녀의 생애사는 사회의 모순이 한 인간의 인생을 너무나 무참히 불행하게 만들 수 있다는 데 충격을 던진다.

1963년 북동지역에서 태어나 사범학교를 졸업하고 교원생활을 하였던 그의 인생을 불운의 고리로 엮은 중요한 계기는 아버지가 전라남도 출신이라는 것이다. 특별히 의미가 있을 것 같지 않은 우연이, 그리고 스스로도 아버지의 출신지가 자신의 인생을 결정하였다고 말하지는 않았지만, 그 우연은 일련의 불행의 시발점이 되고 있었다. 남편의 직업이 운전수라고 말하여 북한에서는 일등 신랑감이 아니었냐고 물으니, 북한에서는 평양 안전부나 보위부에서 일하는 사람에게 시집가는 것이 여성들의 희망이라고 말한다. 그도 그런 분야에서 소개가 많이 들어왔는데 아버지의 출신이 걸렸다고 한다. 자신의 출신 배경으로서는 이상적인 배우자를 구하지 못한다는 것을 알고 '운명이다 하고 아무데나 갔다.' 북한에서 결혼은 가족성분에 맞추어 성사되는 신분적 성격이 강했다. 그도 성분 때문에 자신이 좋아했던 남자와 결혼하지 못하였다. 직장생활을 하면서 마음을 두게 되었던 청년을 만났지만 중앙에서 좌천된 가족 출신이었기 때문에 결혼하면 다 쫓겨난다고 집안에서 반대가 심했고 춘이 씨도 마음이 흔들려 헤어졌다고 말한다. 이렇게 나라를 배신할 상황에 처할 줄 알았더라면 그 남자와 함께 나오는 것이었는데 후회가 된다고 한다.

결혼한 뒤 얼마 안 되어 경제가 심각하게 어려운 상황에 처하게 되었다. 식량난은 1994년 김일성 사망 직후부터 심화되었다고 기억한다. 장마당 길가에 아이들이 쓰러져 있고, 할머니들은 뼈가 앙상하게 드러날 정도로 여위어 길바닥에 버려져 있는 것을 주워 먹는 것을 보았다. 그러면서 자식을 어떻게 키울 것인지 막막하여 중국에 가서 파출부라도 하여 돈을 벌어 건너오자고 생각하고 1996년 중국으로 혼자 들어갔다. 그런데 돈 벌기가 뜻대로 되지 않았다. 장백 쪽은 쉽게 발각되기 때문에 길림성 농촌으로 들어가 6개월 동안 은신과 끼니를 해결하는 조건으로 무임으로 일하였다. 6개월 뒤 연길시로 나와 조선족 여성이 운영하는 다방에서 청소를 하고 한 달 급료로 700원을 탔는데 경찰에 신고가 들어와 일을 그만두게 되었다. 결국 7개월간 700원을 벌었고 그 돈의 일부를 북한에 소식을 전하기 위해 썼는데 들려온 소식이 남편이 자신을 사망 신고하고 다른 여자와 결혼하였다는 것이다. 이제 돌아갈 희망이 없어졌고 북한에서는 정치범 수용소로 보낼 것 같고, 또 중국에서 경찰에 쫓기면서 살아야 하는 상황에서 결국 남한에 가야 한다는 생각을 하게 된다.

북한주민이 남한으로 오는 길은 북한과 중국에서 브로커를 통해 들어오거나, 한국인과 결혼을 통해 들어오거나 제3국을 경유해서 들어오는데 춘이 씨는 브로커와 연결되는 것도 매우 어려웠다. 중국에 건너와서 남한에 도착하기까지 만 5년 동안 은신과 도망생활을 반복하면서 탈출을 시도하고 또 실패를 거듭할 수밖에 없었다. 이는 탈북의 여정이 얼마나 어려웠는가를 말해준다.

춘이 씨는 북한에 돌아가지 말자고 작정하고 1997년 청도로 가서 한국인과 조선인이 함께 운영하는 단추공장에 들어가 석 달간 일하였다. 그런데 같이 일하던 조선족 여성이 신고하여 공장에서 쫓겨났다. 다시 한국 가는 길을 도와줄 사람을 찾기 위해 안동성으로 가서 전자부품을 만드는 한국기업에 들어가 24시간 일하고 12시간 쉬는 노동을 하였고, 보수는 800원을 탔다. 회사를 다니면서 주변에 있던 한인교회를 눈여겨보다가 그곳을 다니는 조선족 동포의 소개로 교회에 나가게 되었는데 그곳에서 탈북이주자의 남한행을 도와주고 있다는 것을 알게 되었다. 교회집사에게 자신도 보내달라고 요청했지만 오히려 잡아두려고 하여 다른 길을 찾으려 장춘으로 왔고 한국 출신의 선교사가 운영하는 공장에 들어가 월급 없이 일하면서 한국에 나가는 때를 찾았으나 거기서도 도움을 받지 못했다.

춘이 씨는 탈북한 뒤 남한에 들어오기까지 음식점을 운영한 조선족, 조선족과 탈북이주자를 도와주고 있는 선교사, 한국 기업인, 탈북이주자 등 여러 한인을 만났다. 탈북이주자에게 한인은 난민으로서 보호받지 못하는 제3국에서 유일하게 의지할 수 있는 동포였다. 그러나 동포도 항상 신뢰할 수 있는 것은 아니다. 동포에게 은신처를 제공한다는 명분으로 명시적인 계약관계도 없이 무임노동을 당연시하기도 한다. 동포라는 유대도 있지만 각자의 경제적 이해들이 우선인 경우도 많다. 조선족도 처음에는 탈북이주자를 동정하고 은신처를 제공하였지만 경제적으로 활용하는 경우도 흔하였다. 인도적 차원에서 탈북이주자를 도와주는 시민단체들도 탈북을 도와주는 대신 금전적인 대가를 요구하기도 한다. 사람을 파는 행위가 암암리에 이루어지는 것은 개방된 중국사회의 물질주의의 단면을 보여준다. 개혁개방 이후 시장이 확장되면서 공동체의 기반도 많이 약화되고 사람들의 돈에 대한 욕구도 엄청 커졌다.

이처럼 동포는 탈북이주자가 은신과 탈출의 도움을 구할 수 있는 의지처가 되지만, 흔히 동포의 도움은 노동력이나 금품, 혹은 성을 요구하는 경우가 많으며 이런 보상이 이루어지지 않으면, 동포에 의해 신고되고 체포되는 위험에 놓이게 된다. 춘이 씨는 탈북이주자의 남한행을 도와주는 선교사가 그에게 성관계를 요구하는 것을 피하다가 결국 쫓겨나 혼자 길을 떠나려고 결심하였다.

그리고 같이 일하던 북한 출신 남성과 동행했다. 미얀마가 북한과 외교관계가 좋지 않다는 것을 알고 있었기 때문에 미얀마를 통해 태국으로 가야겠다고 결심하였다. 곤명에 가서 미얀마를 어떻게 가야 하는지 막막해 하고 있는데 우연히 이전 선교사가 보낸 팀을 만나 함께 미얀마로 오게 되었다. 미얀마에 도착해서 남자와 헤어졌고 임신을 한 채로 난민수용소에서 두 달간 잡혀 있었다. 공간도 좁고 불결하고 허기를 채우지 못하면서 앞으로 어떻게 될지 불안하게 보냈는데 뜻밖에 수용소를 나와 방콕을 통해 남한으로 들어올 수 있었다. 5년 동안 경찰에 쫓기고 사람들로부터 배신당한 절박했던 탈출/망명 생활에서 운명적인 태도를 가지게 되었고 뜻밖의 구원 경험에서 신의 존재를 믿게 되었다고 말한다.

> 5년 동안 헤매었죠. 인복이 없다보니 경찰에 쫓기지 않으면 인간이 나를 버리고 나는 그 사람들에게 잘 했는데 내 팔자겠죠. 팔자도망은 못한다고 인정했고 하나님이 있다는 걸 인정했고 교회는 잘 안 나가지만 하나님은 믿어요.(춘이 씨)

춘이 씨의 남한생활도 순탄하지 못했다. 하나원에서 출산하였는데 우연히 아이의 아버지를 하나원에서 만났다. 실제 헤어진 사람인데 한국정부는 가족으로 간주하여 정착금을 산정하였다고 한다. 결국 남자가 정착금을 다 탕진하고 돈을 번다고 마약에 손댔다가 감옥에 들어가고 나서야 이혼을 했다. 춘이 씨는 공부를 계속하고 싶었지만 그 꿈을 접을 수밖에 없었다. 어린이집 보육교사도 알아봤지만 자격증도 없고 말투도 다르고 나이 때문에 어려웠다. 그래서 탈북여성 몇 명과 함께 연습하여 신용대출을 받아 차를 사고, 무용단을 만들어 한 달 공연했지만 허탕치고 남은 게 없었다. 하고 싶은 일들을 하지 못하고 정신적으로 힘들면서 건강도 나빠졌다고 한다. 지금은 '형편없는 일'을 하고 있다고 한다.

춘이 씨는 미얀마 수용소에서 풀려나기 직전 아버지 고향인 광주를 지나는 꿈을 꾸었다고 한다. 남한생활이 힘들기도 하지만 '밥을 먹고 문화가 통해 좋다.'고 한다. 그의 가족은 다시 흩어졌다. 북한을 떠나왔지만 북한에는 어머니와 오빠도 있고, 여동생은 북한에서 행방불명이 되었다. 막내는 중국 조선족으로 서류를 만들어 한국사람과 국제결혼하는 형태로 남한에 먼저 들어왔다. 오빠가 연구소에서 직책도 있으니 남한에 나오지 않는 게 낫다고 생각하지만 자신이나 행방불명된 동생 때문에 받을 수 있는 피해가 염려된다. 자신들 때문에 치를지 모르는 핍박에 대한 미안함을 보상하기 위해 자신도 넉넉하지 않지만 북한가족들에게 일정한 금액을 보내고 있다. 그리고 전남편 사이에서 낳은 아들을 데려왔다. 아들은 공부를 잘 하지 못하지만 성실하게 일을 배우고 있는 중이다.

가족이산은 탈북이주자가 안고 있는 아픔이다. 브로커 도움으로 별 어려움 없이 탈북한 이주자도 있지만 많은 이들은 절박한 생계난에서 목숨을 걸고 강을 건너거나 인편의 도움 없이 위험천만하게 경계를 넘어 중국에서도 숨어서 지내는 위험 연속의 시간을 겪었다. 이런 중 가족들이 흩어지고 행방불명이 되기도 하였다. 도중에 잡힌 가족성원은 경범죄로 단련을 받는 것으로 처벌이 그치기도 하지만 정치범 수용소에 송치되어 이후 연락이 두절되는 경우도 많다. 또한 남한으로 온 가족 때문에 북에 남아 있는 가족이 추방당하거나 감시를 받으면서 박해를 받는 경우도 많다. 춘이 씨는 남한에 온 자신과 동생 때문에 북한에 있는 가족들이 피해를 받지 않을까 걱정이 많다. 병이 씨 큰오빠는 탈북하다 몽골국경에서 잡혀 북송되어 수용소에 간 후 소식을 알 수 없게 되고, 그 때문에 동생들도 직업이 다 떨어졌다. 조카들도 반동, 반역자로 낙인 찍혀 학교를 제대로 다니지 못하였다고 한다. 형제들의 탈북을 도왔지만 남동생만 데려올 수 있었고, 북에 남은 가족 때문에 걱정이 많다. 남편 사별 후 탈북한 화이 씨는 현재 딸과 단둘이 남한사회에 살고 있다. 너무 살기가 힘들어 고향과 부모, 형제를 떠나올 수밖에 없었는데 한 번 배반한 사람 다시 배반할 수 있다고 의심의 눈으로 바라보는 것이 가슴 아프다고 한다. 북한에서 식량난 때 연거푸 아이 셋을 잃어버리고 이혼하고 탈북한 연이 씨는 중국에서 결혼하여 다시 딸을 낳았지만 남한에 올 때 헤어질 수밖에 없었다. 국이 씨, 성이 씨, 금이 씨는 가족과 떨어져 남한에서 혼자 생활하고 있다. 추이 씨의 여덟 형제자매는 모두 북한체제에 헌신하면서 살고 있는데 자신이 형제자매들에게 누를 입히지 않을까 걱정을 한다. 이혼한 전 남편 사이에서 낳은 아이 셋도 북에 남겨두고 왔다. 옥이 씨(1968년생)는 친정 가족 모두가 1997년 북한을 탈출하였는데 중국에서 도피생활을 하던 중 남동생이 북한군에 잡혀 수용소로 끌려들어가 행방불명이 되었다고 한다. 집안에서 가장 기대가 컸던 총명한 동생이었다고 한다. 큰아들이었던 승이 씨는 정치적 숙청을 피해 결국 부모와 형제에게 이해를 구하고 북한을 떠나왔다. 이처럼 가족이산의 역사는 식민지, 전쟁과 분단체제의 시간에서부터 1990년대 후반 이후의 식량난 시기에 걸쳐 이어지고 있었다. 식민지, 전쟁, 분단의 시기에 고향을 떠나 살았던 자취들이 중국, 남한, 북한, 일본 등에 걸쳐 남아 있고, 그 흔적을 따라 다시 탈북하였다. 그리고 흩어진 가족들은 비밀리에 연락을 하고 송금을 하면서 연결의 끈을 유지하고 있다.

2) 충성을 통한 통치의 긴장

외부에서 북한사회를 바라볼 때 참으로 이상하다고 생각되는 부분들이 많다. 한 치의 흐트러짐 없이 일사분란하게 전체가 통일되어 움직이는 매스게임을 보면서 참으로 훌륭하다고 감탄하는 한편 오죽이나 개인의 몸과 정신을 통제하면 기계처럼 움직일까 의심한다. 국제 언론을 통해 보도되는 북한주민의 빈곤과 인권 침해에 대한 이야기와 국가에 대한 사랑으로 감격해 하는 평양시민의 모습은 같은 사회를 가리키는지 의심될 정도로 대조된다. 하나의 얼굴로 쉽게 그려지지 않는 두 모습 중 어느 것이 진실인지 설왕설래 논란도 많다. 서재진은 북한체제와 북한주민의 인성의 관계에 주목하고 있다. 그는 북한사회와 주민의 인성에는 두 층위가 있다고 논한다(서재진, 1995: 457-468). 공적인 사회구조는 국가권력에 의해 통치되지만, 국가의 통제와 감시 밖에서 밑으로부터 구성된 사회가 존재한다고 논한다. 주민들은 공적세계에서 국가권력에 순종하고 순수한 모습으로 연출하지만 일상에서는 자신의 물질적 이해를 좇고 체제에 저항하면서 살아가고 있다고 논한다. 그의 논의는 북한주민의 삶과 사고방식에서 국가에 의해 전면적으로 포섭되지 않은 주체적인 면을 포착한 의의를 갖는다. 그러나 공적인 영역에서 보이는 주민들의 태도가 과연 의도적인 연출이고 사적인 영역에서는 공적인 연기나 남의 시선에 구애를 받지 않고 자유롭게 자기 이해를 좇을지 의심이 된다. 그의 논의에 따르면 북한주민들은 사적인 이해를 보호하기 위해 충을 연출하며 그 연출을 자각하는 주체로 이해된다. 그러나 사회주의 인성을 어릴 때부터 교육받고 국가주의 헤게모니가 강하게 작용하는 상황에서 과연 개인이 의식적으로 공적 생활과 사적 생활에서 다른 얼굴을 할 수 있을지 의문스럽다. 충, 이타심, 순수하고 솔직한 태도가 연출되었다면 국가권력이 두려워서이거나 사적인 이해를 보호하기 위한 '의도적'인 연출이기보다는 자신 스스로가 사적인 이해를 좇는 사람이 아니라고 합리화하기 위한 '무의식적'인 연출의 의미가 더 크지 않을까. 충성스럽고 진실되고 이타적인 존재가 되어야 한다는 사회의 압력은 내면에까지 침투하여 자신의 이해와 갈등하였을 수 있다. 개인들은 무의식에서 충돌하고 있는 자기 이해와 사회의 신호들을 읽으며 자기 이해를 은폐하는 마음들을 층층이 만들었을 수 있다.

서재진은 주민들이 사적인 이해를 좇고 정부에 저항할 수 있는 심성이 형성된 메커니즘을 체계적으로 제시하지는 않았지만, 몇 가지 가정을 제시하고 있다. 하나는 사회주의적 인간 개조에도 불구하고 자기 이해를 좇는 인간 본질이 변하지 않기 때문이라고 주장한다(서재진, 1995: 21-29). 아무리 사회주의체제가 인간을 개조하려고 하였지만 이기적인 인간의 본질을 바꿀 수는 없고 그 결과 외관과 내심이 다른 이중적인 행위양식이 발전하였다고 논한다. 그러나 자기이해를 인간의 본질이라고 주장할 수 있다면 양심 또한 그에 준하는 본질적 가치를 가질 수 있다. 사회에 따라 사람에 따라 양심의 무게가 다를 수 있지만, 양심에서 완전히 자유롭게 자기 이해를 좇을 수 있는 사람을 상상하기는 쉽지 않다. 그래서 사람들은 자기 이해를 좇더라도 스스로 좋은 사람이라고 믿고 싶고 그렇게 연출하고 자기 이해를 은폐하는 장치들을 만들고 습관적으로 반복하고 나중에는 자각하지 못하게 된다. 그래서 스스로를 진실하다고 믿는 사람에 비해 거짓을 연출한다고 자각하는 사람이나 아니면 당당하게 자기 이해를 좇는 사람이 더 진실하다고 여겨질 수도 있다. 이렇게 사람의 마음은 양심, 자기 이해, 그리고 그 갈등을 은폐하기 위한 다양한 의도들로 직조되어 무의식과 행동을 지배할 수 있다. 더욱이 북한에서는 사회주의적 인성 개조를 위한 교육, 감시, 훈련의 장치들이 주민의 내면에 깊숙이 침투하여 주민의 행위를 판단하고 감시하는 내면의 감시 기제가 되었을 수 있다. 그리고 사회주의적 인성의 감시는 양심의 무게를 강화한 측면이 있다. 사회의 압력, 양심, 그리고 자기 이해의 갈등에서 자신의 이해를 은폐하고 인지하지 못하게 하는 기술들이 무의식과 행동을 지배했을 수 있다.

서재진은 또한 사회구조적인 접근에서 북한의 지배체제에 대한 저항의식과 이중성이 계급구조의 다원화, 국제정세의 변화, 사회통합정책의 결과와 관련되고 이런 태도는 지식인 계층과 복잡군중에서 특히 강할 수 있다고 주장하였다(서재진, 1995: 370, 460). 지식인 계층은 국가권력의 논리를 보다 잘 파악할 수 있고, 다른 체제를 경험하고 정보를 접할 수 있고, 국가에 의해 주입된 환상을 의심하는 심성이 크다고 서술한다. 또한 복잡군중은 대를 이어서 각인된 사회적 낙인의 영향으로 체제에 완전히 통합될 수 없다고 서술한다. 그의 논의를 인터뷰 참여자가 북한체제에 대하여 구술한 내용과 교차해보면, 부분적으로는 조응하는 부분도 관찰되지만 그렇지 않은 면도 있다. 병이 씨와 성이 씨는 지식인 가족출신이라고 볼 수 있다. 병이 씨 친정가족의 형제자매는 모두 국가기구에서 전문적인 직업생활을 하고 있다. 사별한 남편도 북송재일교포라서 핵심 성분은 아니지만 지식인에 속한다. 병이 씨가 탈북하게 된 동기에는 북한체제를 비판하게 된 인식보다는, 중국사회가 발전된 모습을 확인하고 보다 나은 삶을 동경하게 된 것이 더 중요하게 작용하였다. 기자 생활을 오래하다가 탈북한 성이 씨는 북한주민의 심층에 두려움이 있다고 이야기하였다. 그 두려움은 체제를 비판할 때 당으로부터 처벌당할 수 있는 두려움도 있지만, 체제가 전복되었을 때 남한사회로부터 가해질 수 있는 폭력에 대한 두려움도 크다고 한다.

바깥에서 보기에는 똘똘 뭉쳐진 사회처럼 보이지만 이 체제가 무너졌을 때 닥칠 수 있는 폭력에 대한 공포가 북한체제를 지탱하고 있다고 한다. 그의 언술에서는 체제에 대한 충의식도 적극적인 저항도 표현되지 않는다.

탈북이주자는 대체로 그 사회에서 견제와 감시를 받는 성분출신이 많다. 부모세대로부터 이어진 좋지 않은 성분은 여간한 노력 없이는 지우기 어려운 낙인으로서 결혼, 가족생활, 사회생활에 중대한 영향을 미쳤다. 서재진(1995: 432-434)은 사회적 낙인은 체제에 대한 저항과 적대감정을 양산할 수 있다고 주장하였다. 그런데 성분의 낙인이 체제에 저항하는 태도를 결과한다는 주장도 양심, 자기 이해, 사회적 압력의 영향과 행위관계를 지나치게 단순화한다. 낙인은 감시의 권력 때문에 충의식을 강화하는 메커니즘도 있다. 탈북이주자들은 견제와 감시를 받기 때문에 오히려 더 국가에 충성을 다하고 사회주의 사상에 투철하려고 했다고 구술하고 있다. 의심받는 성분의 인장을 떼어낼 수 있는 유일한 방법은 정치 사상적으로 더욱 투철한 공산주의자가 되고 당에 헌신하는 충성을 입증하는 것이었다. 복이 씨는 국군포로 출신인 남편과 연애를 통해 결혼하였다. 국군포로였던 시아버지는 탄광에서 63세까지 일하였다. 배우자로서 가장 꺼리는 출신성분의 남자와 결혼을 하기까지 서로 간의 친밀성이 매우 컸던 것으로 여겨진다. 또한 나쁜 가족성분의 남편과 연애를 하고 결혼을 하였던 것은 남편의 특출한 재능 때문이었다. 남편은 성분의 굴레를 벗어나기 위해 열심히 살았다. 그리고 결혼한 뒤 부부는 국가에 충성하고 인정을 받기 위해 열성적으로 살았다. 국군포로 출신 가족의 남자들은 대를 이어 중노동에 종사하는 것이 일반적인데 남편은 군대를 10년 다녀왔고 대학을 나와 노동자가 아닌 관리직을 맡았고 당원이 되었다. 남편의 삶의 목표는 당원이 되는 것이었다.

우리 남편 같은 경우도 정말 당원이 될 수 없는, 그런 신분이었는데 그 사회에서는 당원이 아니냐 옳으냐가 너무나도 인생의 가치를 많이 규정짓기 때문에 거기에 목숨을 걸고 일을 했어요, 정말로. 당증에 목숨을 걸었어요. 그래서 정말로 열심히 일

해 가지고 당원이 돼서는 정말 천하를 얻은 것처럼 그때 생각을 했고요. (복이 씨)

출신에 관계없이 당에 충성하면 국가로부터 공을 인정받는다는 선전을 믿으면서 부부는 열렬하게 체제를 지지하면서 살았다. 부부는 당원이 되기 위해 적지 않은 물질적인 대가를 당에 납부했다고 한다. 워낙에 생활에 어려움이 많은 사회라 간부들도 물질적 욕구가 강하였다고 한다. 그렇게 원하던 당증을 취했을 때 기쁨은 말로 표현할 수 없었다고 한다.

그러나 당으로부터의 인정이 언제든지 취소될 수 있다는 불안감 속에서 늘 살았다고 한다. 당에 대한 물질공세가 계속 있어야 하고, 행동발언도 항상 조심해야 했다. 그들의 성분은 언제든지 사회, 정치적으로 배제될 수 있는 인장이었다. 그리고 경제난 이후 중앙통제력도 상당히 약화되었고 돈이 무엇보다 중요하게 인식되었다. 결국 오래전부터 장사활동을 하였던 복이 씨 가족은 체제를 버리는 결단에 이르게 된다.

근데 아무리 그 땅에서 잘 먹고 잘 살아도 마음이 편하질 못해요. 항상 앞에, 항상 어느 때인가는 통제와 어떤 독재로 인해서 어느 때인가는 잡혀갈 수도 있어요. 특히 우리처럼 신분이 나쁜 사람들은 시범으로 백성들에게 공포를 주고 위협 공갈하기 위해서 시범으로 내세워서 어떨 때는 죄를 뒤집어 씌워서 정말 억울하게 하는 경우가 많거든요. 예전에는 감옥에 가시는 분들을 다 죄 씌운 줄 알았어요. 근데 살면서 점점 세상을 보면서 보니까 힘없는 사람들에게 뒤집어 씌운다는 걸 알았어요. 그리고 저희 남편 같은 경우에는, 말 한마디라도 잘못했다가는 정말 수용소에 잡혀가야 되고. 그리고 그럴 위험성도 많이 느꼈어요. 그래서 이 사회에서는 살 수 없다. 그리고 또 우리 아버님이 계속 일제시기, 그리고 한국에서, 그 다음에 북한에서 세 개 제도에서 살아봤지만 이런 데는 없다, 일제시기 우리가 아무리 식민지였어도 이것보다는 나았다. 그래서 저희는 남들보다 생각이 빨리 텄어요. 그래서 한국을 선택했어요. 그런데 그런 생각을 그 전에는 소수가 했지만 지금은 다들 한대요. (복이 씨)

마침 1997년 국군포로 송환요청에 대한 대남 방송을 들은 시아버지가 탈북을 결정하고 가족이 모두 움직이면 남한행으로 발각되니 먼저 가라고 하였다. 복이 씨의 친정부모 역시 별도로 남한행을 결정하였다. 1999년 월경을 하여 산속으로 들어가 숨어 있다가 대련으로 가서 남한 쪽 선교사를 만나 1년 반 성경공부를 하다가 2001년 몽골을 통해 남한에 들어온다. 남한에 들어와서 브로커를 통해 시아버지 탈북을 돕지만 보위부에 잡혀 10일간 구류되었다가 풀려나 이듬해 다시 시도하여 남한에 들어왔다. 시어머니는 원래 몸이 좋지 않았는데 탈북하다 막내아들이 붙잡혀 취조받는다는 것을 알고 병세가 악화되어 2000년 67세에 세상을 떠났다. 친정부모도 2000년 정도에 남한에 들어왔다고 한다.

이처럼 토대의 낙인은 저항의식을 잠재화시키는 면도 있지만 충의 감정을 내면화하는 이중성을 가진다. 그리고 낙인된 주민은 경찰기구에 의해서만 감시된 것이 아니라 충의식을 통해 정체성과 의식이 감시된다. 탈북하려는 의도가 없었다는 것을 강조하는 것은 이렇게 내면에 침투한 충의식의 감시 때문일 수 있다. 힘들게 마련한 생계책을 갈취하는 국가에 대해 부당함과 억울한 감정을 가지고, 반복되는 감시와 갈취 때문에 결국 체제를 버리게 되었지만, 자신들이 원래 체제에 저항하는 심성이 있었다고 말하지 않는다. 구조론적으로 낙인이 사회통합을 저해하는 행위를 양산하였을 수 있지만, 행위자는 전혀 저항적인 의도가 아니었다고 말한다.

승이 씨도 국가를 믿고 살았다고 강조한다. 토대가 나빴지만 일을 열심히 하여 24세에 입당하였다. 국가가 모든 것을 보장해줄 것이라는 믿음이 무너졌지만 체제를 불신하지는 않았다. 그런데 정치적 숙청의 위험이 느껴지면서 탈북을 결정하게 되었다고 말한다.

승이 씨의 아버지(1931년생)는 민청일을 하여 성분이 좋았다. 그러나 어머니(1933년생)는 지주계급으로 추방되었는데 이모집을 방문하였다가 아버지와 사귀게 되어 결혼하였다. 출신성분 때문에 승이 씨를 포함하여 형제들 모두 군대에 가지 못하였다. 남자는 누구나 다 가는 군대를 가지 못한 것은 남성에게는 커다란 낙인이었다. 그 낙인을 없애기 위해 열심히 살았고 야간 대학을 졸업했고 당원이 되었다. 군수공장에서 3-4년 일하고, 광산에서 4년 일하고 나서 배전부에서 일하게 되었다. 그러나 경제난은 그의 삶이 다시 성분의 문제로 위험에 몰리게 하였다. 승이 씨는 1996년부터 반은 합법적으로 반은 불법적으로 러시아와 교역을 하였다. 1999년 국가건설을 관리하는 일을 하였는데 그때 직원들이 너무 굶주려 일을 하지 못해 전깃줄을 팔아 쌀과 고기를 분배하였다고 한다. 당시에는 문제가 되지 않았는데 후에 정치적 성분과 연관되어 처벌되었고 2000년 사형까지 구형받았다. 다행히 정치범에서 경제범으로 형량이 감면되고 병보석으로 수감 1년 만에 석방되어 아내와 장사하면서 살았는데 2005년 당 창건 60주년을 맞아 병보석자도 다시 구속한다는 지시가 내려 탈출을 결심했고 가족을 설득하였다. 중국에 들어가 상하이 미국 영사관을 찾아 한국에 오게 되었다. 그리고 자신의 가족을 2007년 탈출시켰다. 남한에서도 전기 일을 하고 있다. 남한사람들은 시간을 채우는 것이 아니라 열심히 일한다고 생각한다. 그는 경제난이 일어나고 중국과 밀수를 할 때도 탈북할 생각은 없었으며 탈북은 북한체제에 대한 배신으로 생각하였다고 한다. 가족이 소중함에도 고향을 버려야 했던 것은 생존의 위협이 컸기 때문이라고 말한다.

진달래를 들고 환호하는 평양시민들의 모습, 허위보고 폐단이 있을 만큼 수령과 당에 대한 충성을 인정받고 싶은 마음에서 가름할 수 있듯이 북한의 수령체제가 주민들을 통치하는 방식은 열광적인 충성을 체화시키는 것이다. 어릴 때부터 사회주의 혁명과 수령에 대한 충성을 학습하고, 노동, 교육, 군대, 조직화된 생활에서 사회주의와 수령체제에 대한 충성을 일상적으로 실천한다. 충성의 표현이 의례적인 부분도 있겠지만 진심을 담아 수령에게 충성을 다한다. 이렇게 체제를 지지하면서 자기 이해를 좇는 행위방식이 동시적으로 나타나는 것은 국가권력에 대한 두려움이나 처세술로 의식적으로 선의가 연출되고 사적인 영역에서는 자기 이해에 충실한 이중 플레이로서만 여겨지지 않는다. 그보다는 사회주의 인간으로 훈육되고 감시된 양심과 충의식의 압력에서 자기 이해와 갈등하면서 선의로서 자기 이해를 감추려는 의도들이 무의식을 지배한 영향이라고 여겨진다.

특수임무와 강심장, 두 단어로 장이 씨의 인생을 그려 볼 수 있다. 자신은 순수하게 빨갱이 성분이라고 소개한다. 1957년 개성에서 태어났고 개성 중공업대학(3년제)을 졸업하고, 탈북이주자를 수색하는 '특수'임무를 맡았던 장이 씨는 남한에도, 일본에도, 중국에도 친척이 없으며 당체제에 열성적으로 충성한 가족성분을 가지고 있다. 아버지는 투철한 당성을 인정받아 정전 후 북한에 새롭게 편입된 개성을 '새로운 해방지구를 붉은 물결로 물들이는 사명'을 가지고 부임하였다. 그러나 당 대회에서 열성적으로 환호하다가 뇌출혈을 일으켜 반신마비가 되어 6년 와병생활을 하다 50대 중반에 사망했다. 열성당원이던 아버지가 쓰러지고 어머니와 형제자매들은 아버지 고향으로 돌아와 살았다.

장이 씨는 1981년 24세에 결혼하였지만, 1985년 남편이 갱사고로 사망하여 어머니와 형제자매가 있는 고향에 돌아와 살다가 막내 여동생이 시집갈 때 같이 이사를 갔다. 장이 씨는 다른 탈북이주자들에 비해 상대적으로 이동이 자유로웠던 것 같다. 동생을 따라 거주지를 옮길 수 있었고, 나진 등으로 장사를 하였고, 도강도 여러 차례 하였고, 중국공안에 잡혀 북한에 압송되어 수용소에 갇혔을 때에도 얼마 안 되어 풀려 나와 북한 선거를 치르고 다시 중국으로 넘어와 베트남을 경유해 한국에 왔다. 또한 북한 수용소에서 혹독한 고문을 당한 뒤 북한에 남겠다는 아들을 데리고 나오기 위해 직접 국경 근처로 가서 아들을 성공적으로 데리고 나왔다.

위험천만한 월경을 감행할 수 있었던 데에는 정보와 권력을 동원할 수 있는 그의 성분의 영향이 크다. 불법적인 행위를 하는 데는 권력을 이용해야 한다고 주장한다. 당원과 군인을 매수할 수 있었던 그의 성분은 그가 일찍 배우자와 사별한 뒤에도 살아갈 수 있는 방편이 되었다.

그가 살아간 방편은 한편으로 국가에 충성하는 것이었고 다른 한편으로 생활을 위해 국가권력을 이용하는 것이었다. 순수한 빨갱이로서 국가에 충성하면서 다른 한편으로 그로부터 얻을 수 있는 권력을 생활의 방편으로 이용하였다. 그는 불법은 국가권력을 끼고 해야 하는 것을 알고 있었고, 누구를 접촉해야 하는가를 알았다. 그가 당성을 인정받아 특별하게 지시받은 임무는 당을 배반한 사람들을 수색하여 보고하는 일이었다. 특수임무는 이웃도 심지어 아들과 딸도 모르도록 주의해야 하는 비밀사항이었다. 특수임무를 하면서 많은 사람들이 탈북하고 사망하는 상황들을 보게 된다. 특수임무를 맡고 있는 상태에서 남들처럼 본격적으로 장사에 임할 수 있는 처지는 못 되었다. 그런데 열여덟 살 난 딸이 두만강을 용감하게 건넜고, 아들도 누이를 따라 건너게 되어 결국 자신도 2000년 두만강을 건너게 되었다. 중국에 가 몇 개월은 용정에 있다가 탈북이주자의 소개를 받아 안도에 있는 양로원에서 일을 하였는데 2003년 4월에 공안에 잡혀 북으로 이송되었다. 북한에 잡혀서 수용소 생활을 하는 중에 상당한 고문을 받았지만 당성을 주장하여 풀려나왔고 7월 4일 선거까지 치르고 당당하게 다시 중국으로 넘어와 이듬해 베트남을 경유하여 한국으로 들어왔다. 아들도 여러 번 도강을 하다가 붙잡혀 크게 고생을 하였는데 이후 나오지 않겠다는 것을 직접 가서 데리고 나올 정도로 뱃심이 강한 여성이었다.

그가 상대적으로 여러 번 도강을 할 수 있었던 것은 그 자신이 탈주를 돕는 거래책으로 활동했기 때문이다. 눈 닿으면 건너갈 수 있는 위치에 살면서 얼마만큼은 수색자로 기능하면서 얼마만큼은 도강하는 사람들을 도와주는 일을 하였다. 도피처를 위장한 감시자였고, 충성을 위장한 은신과 도피 알선자로 지냈다. 이런 이중생활이 국가에 대한 배신이 아니며 생활을 위해 도강을 도우면서 수고료를 챙기는 일 정도로 인식하였다. 그는 어느 시점에 경비가 바뀌고, 어디에서 도강을 하는 게 안전하고, 위기 상황에서는 어떻게 대처해야 하는가를 파악하고 있었다. 그는 중국에 있는 동안 알게 된 목사의 요청으로 성경책을 북한에 반입하는 일도 하였다. 수용소 생활에서도 그는 요령껏 빠져나갈 방법을 찾았다. 중국에서 잡히거나, 도강하다 잡히거나, 월남하다 붙잡힌 여성들은 오라줄에 묶여 고초를 당하였지만 그는 그들의 대열을 바로잡는 위치에 서 있었다. 밀고에 의해 그의 당성도 의심받아 고문을 당하였지만 끝까지 부인하였으며 풀려나게 되었다.

5. 동아시아 가부장제와 여성 이주

결혼 이주는 두 당사자 간의 문제가 아니라 국적이나 이민노동, 시민권에 관여하는 국가제도와 법률이 관철되는 통치의 영역이다. 이주자들은 이러한 제도들에 의해 규제를 받거나 협상을 벌여야 한다. 두 관련 국가의 개인들을 매개하는 것은 다국적 연결망의 형태로 활동하는 중개업자들이다. 이들은 언어가 통하지 않고, 직접 만날 수 없는 결혼당사자들을 연결시키고, 이주하여 최종적으로 성혼에 이르게 하는 전 과정에서 거대한 이윤을 만들어낸다. 이런 점에서 현재의 국제결혼을 사회적 의제로 설정하는 것은 사적인 영역에 대한 개입이라기보다는 그러한 이주 및 이동 시스템이 구축되는 글로벌, 로컬 체제를 문제시하는 것이다(김현미, 2006: 11)

경제난 이후 탈북한 주민 중에는 여성이 많았다. 통일부 통계에 따르면 1990년 이전 국내에 입국한 탈북이주자 중 여성의 비율이 매우 적었지만 식량난 이후 탈북하여 입국한 사람 중 여성 비율은 크게 증가하여 2008년에는 입국자의 78%에 이르고 있다. 이 연구에서 실시한 <새터민 조사>에 따르면 탈북시 여성들은 20대에서 30대 초반이 다수를 점하는 것으로 나타났다. 또한 탈북할 당시 미혼이거나 사별 혹은 이혼한 상태도 많았다. 탈북여성 중 미혼 여성이 많은 것은, 탈북이주자의 초혼지역의 분포에서도 확인할 수 있다(그림 9-2). 그림에서 볼 수 있듯이 남성 대부분은 북한에서 첫 결혼을 하였지만 여성은 남성과 비교해 중국 및 기타 지역에서 초혼한 비중이 높게 나타난다. 심층인터뷰 참여 여성 중에서도 북한 이외의 지역에서 결혼한 이들이 많았다. 정이 씨는 북한에서 남편과 이혼하고 탈북하여 중국에서 조선족과 결혼한 뒤 함께 남한에 왔다. 영이 씨와 석이 씨는 미혼으로 탈북하여 남한에서 결혼을 하였다. 연이 씨는 북한에서 결혼을 하였지만 부부관계가 좋지 않았고 탈북하여 중국 한족과 결혼생활을 하여 아이를 낳았고 남한에 들어와 새터민과 다시 결혼하였다. 추이 씨는 북한에서 결혼하였지만 별거한 뒤 탈북하여 중

그림 9-2 새터민 기혼자의 초혼지역

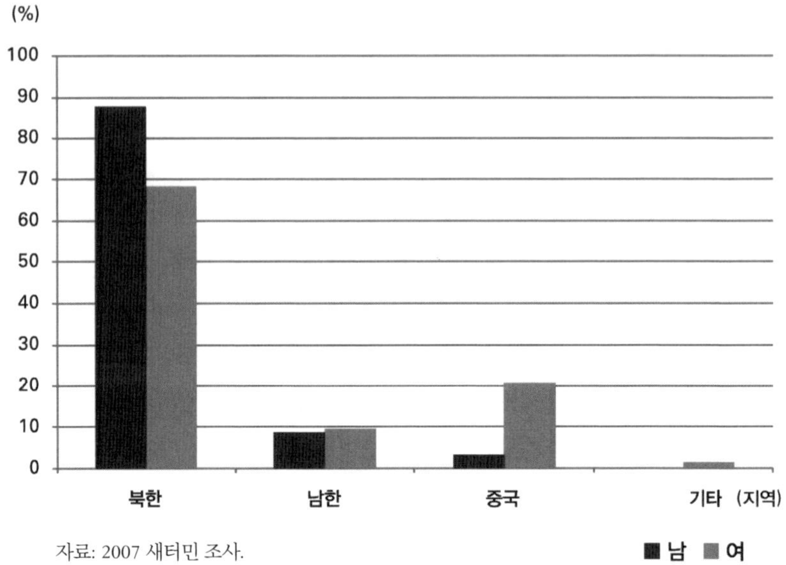

자료: 2007 새터민 조사.

국에 체류하던 중 결혼하였고, 남한에서 다시 결혼하였다. 가족 탈북을 한 옥이 씨의 경우, 두 여동생이 중국에서 결혼을 하였고 남한에서도 다시 결혼하였다. 춘이 씨의 여동생은 중국에서 조선족으로 서류를 만들어 한국인과 결혼하여 남한에 왔다.

이처럼 20~30대의 젊은 여성들이 주로 탈북을 하였고, 또 제3국가에서 결혼생활을 한 것은 북한 내부에서의 여성의 지위와 아시아지역에서 여성의 이주가 확장된 요인이 우연적으로 결합되면서 이루어졌다. 또한 북한여성을 북한 외부의 결혼시장에 연결하는 브로커 네트워크도 탈북이주자의 여성화를 도왔다.

여성이 남성보다 더 많이 국경을 넘은 것은 북한사회에서 여성이 상대적으로 지위가 낮은 상황과 연결된다. 북한의 공식적 생산조직은 일차적으로 남성을 중심으로 조직되었다. 인터뷰 참여자 여성들이 참여했던 노동활동도 주변적이고 결혼을 전후하여 단절된 특징이 강하였다. 선행연구들을 통해서도 북한

사진 9-2 중국 도문 변경지역에서 결혼기념 사진을 찍고 있는 풍경, 2007. 6. 24

사회에서 젠더 관계는 남녀평등 이념과는 달리 불평등하게 조직되어 있다고 지적된다(박현선, 2003: 118-119; 이온죽, 1993: 201; 박영자, 2006: 139-155). 남성은 사회주의 건설의 주요 생산력으로서, 나라의 방위를 수호하는 병력으로서 조직되었고 이런 사회역할 때문에 사회와 가정에서 일차적으로 대우를 받는다고 한다. 국이 씨는 나라에서 공짜로 돌봐준 은혜를 갚기 위해 북한남성들은 군에 장기간 복무하고 고향 아닌 곳에서 생산활동을 하지만 남성이 배우자를 선택하여 데려올 수 있도록 당의 편의가 있다고 말한다. 결혼은 대부분 중매로 이루어지고, 남성을 중심으로 여성이 구해지는 성격이 강하다. 인터뷰 참여 여성들은 북한에서 남성중심 문화가 강한 것은 봉건적 유제도 크지만 남성이 적어 귀한 이유도 크다고 지적한다. 괜찮은 남성과 결혼하기 위해서는 여성이 준비해야 하는 것이 더 많고 자칫하면 혼기를 놓칠까봐 딸을 가진 부모들은 걱정한다고 한다. 이에 비해 아무리 하찮은 남자도 결혼하고 가정을 대표할 수 있다. 북한의 남성들은 실질적인 생계부양력이 취약하면서도 집안에서 권위를 가진다고 말한다.

그런데 북한여성들은 공식적 생산조직에서 주변적인 위치를 갖지만 경제활동에서 자유로운 것도 아니다. 특히 식량난을 겪으면서 여성들의 비공식 경제활동은 매우 중요한 생계 방편이 되었다(박현선, 2003: 228-236). 남성들은 직장에 매여 시장에 나가는 데 어려움이 컸지만 여성들은 여러 지역을 움직이면서 먹을 것을 구하고 장사를 하였다. 그리고 시장에 모였던 여성들 중에는 미혼, 사별이나 이혼상태에서 마땅히 배우자를 구하지 못한 가난한 여성들도 많았다. 공식적 노동지위가 취약하고 의지할 수 있는 가족관계가 부재하거나 취약한 상황에서 중국에 가면 결혼하여 잘살 수 있다는 소문을 듣고 탈북을 결정한 여성들도 존재한다. 이들은 국경 근처의 무산, 청진, 온성 등의 큰 시장에 나와서 암암리에 브로커와 연결되어 중국으로 넘어갔다고 한다. 앞에서도 지적하였지만 인터뷰 참여 여성들이 탈북하게 된 중요한 계기로서 가족관계가 약화된 상황들이 여러 사례에서 겹쳐진다. 정이 씨는 남편과 힘들게 이혼하였고, 병이 씨와 이화 씨는 남편과 사별하였다. 정식 이혼은 안 했지만 부부갈등으로 중국에 장사하러 간 사이 남편이 이혼이나 사망신고를 하여 가족관계가 정리된 이들도 있다(춘이 씨, 연이 씨, 금이 씨, 추이 씨). 영이 씨와 석이 씨는 가족의 성분문제 때문에 마땅한 배우자를 만나지 못하였다.

이처럼 공식적 생산조직에서 주변화되어 국가통제로부터 벗어나 이동할 수 있는 폭이 상대적으로 컸던 점, 비공식 경제활동을 통해 식량을 구하는 역할이 중요했던 점, 그리고 식량난 시기 가족관계가 긴장이 컸던 점들이 북한 여성의 월경을 조성한 내부 요인으로 이해된다. 그러나 아무리 유출시키는 요인이 존재한다고 하더라도, 불법적으로 국경을 넘고 난민으로 인정을 받지 못하며 언제든지 발각되면 북한에 송환되어 정치적 처벌을 받을 수 있는 위험이 큰 월경을 단행하기란 어려운 일이다. 많은 북한여성들이 국경을 넘을 수 있었던 것은 국경 밖에서 여성들을 필요로 하는 힘이 존재하였기 때문이다. 국이 씨는 여자는 팔리기 쉬우니까 탈출이 쉬울 수 있었다고 한다. 반면 남자는 제3국에서 발붙이기가 매우 힘들다고 한다. 그래서 남성들은 사전 준비를 철저히 한 뒤 북한을 넘어 중국에서 지체하지 않고 신변 안전을 구해야 한다고 한다. 이렇게 북한여성들이 중국이나 제3국에서 몸을 숨길 수 있었던 것은 결혼시장에서 팔릴 수 있었기 때문이다. 이것이 많은 탈북이주여성들이 제3국에서 결혼한 이유가 된다. 그런데 운이 좋게 좋은 사람을 만나 결혼하는 경우도 있지만 브로커들에 의해 여러 번 팔리고 성폭력과 인신매매의 위험에 놓이기도 한다. 석이 씨도 성폭력적인 인신매매의 위험을 겪었다.

석이 씨의 가족도 식민지, 냉전, 분단의 힘에 의해 상처받았다. 아버지(1937년생)는 1960년 가족과 함께 재일동포의 대규모 북송의 대열로 북한에 왔다. 그리고 어머니 가족은 이남 출신으로 6.25 때 월북하였다. 그리고 감격적인 미래를 꿈꾸면서 가족을 꾸렸다. 그러나 아버지는 1976년에 추방되어 행방을 알지 못하게 되었다. 어머니는 직책은 내려갔지만 워낙 좋은 성분이었기 때문에 당 신분을 유지하고 농촌으로 배치되게 된다. 그리고 오빠들은 정치범 아버지를 둔 이유로 군대도 대학도 가지 못하였다. 석이 씨도 약혼을 했지만 아버지 문제로 취소되고 이후 맘에 맞는 사람을 만나지 못해 미혼으로 살았다.

석이 씨도 식량난이 매우 심각했던 1997년 병으로 죽을 고비를 넘기고 탈주를 하였다. 당시 식량과 원자재 조달을 담당하고 있던 석이 씨는 바깥 지역에서의 심각한 식량난 소문을 들었다고 한다. 그러나 그가 살던 지역에서는 옥수수와 감자로 풀을 쑨 밥 한 끼 정도는 먹을 수 있었다고 기억한다. 그러나 1990년 초반부터 분배량이 크게 줄어들어 농민들이 농산물을 훔치는 일이 빈번했다. 경작에 쓰이는 기계 부품이 부족하여 밀거래로 조달하는 게 일반적이었고 석이 씨도 1997년 트럭 부품을 구하기 위해 원산에 갔다가 구하지 못하고 신의주로 방향을 틀었다. 신의주를 가면서 본 광경은 '소리 없는 전쟁'이었다. 사람들이 가다가 죽고, 앉아서 죽어갔다고 한다. 신의주에서 사람을 기다리다가 자신도 병에 걸려 약속 장소에 가지 못했고 길거리에서 병들어 죽어가고 있었는데 고향 사람이 돌봐주어 살아났다고 한다. 절망적인 마음으로 고모 집에 갔으나 그곳의 상황도 마찬가지였다. 희망이 없다고 생각하고 탈북을 결심하고 혜산에 가서 압록강을 넘기로 작정하였다. 브로커도 없고 중국에 대해서도 아무것도 모르면서 '떠나고자 하는 마음 하나로' 절박하게 내린 결정이었다. 혜산 국경지역에서 경비대에 붙잡혀 취재를 받다가 잠시 경비대가 방심한 틈을 타서 탈출하였다. 1997년 1월에서 6월 사이에 그가 경험한 식량난과 탈출과정이다.

석이 씨는 아무런 준비 없이 발을 디딘 중국에서 여러 번 팔려가는 위험한 고비들을 겪었다. 살려고 중국에 왔는데 팔려가는 신세가 되어버려 자살하고픈 충동도 컸다. 그를 팔아넘긴 여러 차례의 손은 조선족과 한국인, 그리고 탈북이주자였다고 자조적으로 말한다. 결혼 못한 남자 동생에게 시집보내려는 동포, 유흥집에 팔려는 동포, 이런 납치의 위험에서 구해준 동포에게 다시 속임을 당하여 이곳저곳으로 팔려갔다. 절박한 상황들을 벗어날 수 있었던 것은 정말 기적이었다고 생각한다. 다행히 진정한 도움을 준 한국 사람을 만나 일하면서 남한에 오는 길을 찾을 수 있었다.

탈북이주여성들은 은신을 위해 중국에서 결혼을 하지만 그러나 중국에서의 결혼생활도 대부분 비합법적인 상태로서 정착된 생활과는 거리가 멀었다. 그래서 정착된 삶을 위해 중국에서 형성한 가족을 떠나 다시 한국행을 선택하게 된다(추이 씨, 연이 씨). 아이 셋을 낳고 집을 나와 2000년에 중국에 가서 결혼하여 살다가 2005년 12월에 한국에 들어와 결혼한 추이 씨는 중국생활은 잡혀갈까봐 하루도 걱정하지 않은 날이 없었다고 말한다.

중국에 계시는 동안 힘드신 점은 많으셨겠네요.

그거는 뭐 오늘 하루 지나면 오늘 하루 무사히 지났구나. 옷을 빨아도 마음대로 바깥에다 널지 못하고 꼭 집 안에만. 뭐 이런 사람 살고 있다는 거 알면 안 되잖아요. 뭐 계속 문 걸어 잠그고 옷장 뒤에 숨을 자리만. 뭐 그런 자리만 찾는 거지요. 뭐 사람들 올 때 어디에 어느 자리에 앉아야 안전한 건가. 뭐 생각이 그게 다예요.

5년 동안 그러셨어요?

그렇죠. 가슴 떨면서. 그래서 여기 와서 북한 사람들 성격이 이상하다는 거 다 그래서 그래요. 고저 오늘 안 잡혀도 내일 잡히면 죽는다 이런 생각으로 사람들이 다,

뭐 힘들잖아요. 한국 사람들은 여자들이 뭐 성격이 세고 괴벽스럽고 이런 말을 많이 하는데 우리같이 그런 경로를 겪으면 성격이 다 그렇게 고쳐져요. 보통은 모두 안 그러는데. 언제 잡힐지 모르니까. (추이 씨)

연이 씨(1968년생)는 북한에서 남편과 이혼한 뒤, 중국에서 병약한 중국인과 결혼을 하였고, 다시 남한에 와서 탈북남성과 결혼을 하였다. 연이 씨는 어렵게 살다가 고등학교를 졸업하자마자 돌격대를 자원하여 7년간 평양에서 빌딩 짓는 일을 하였고, 거기에서 남편을 만나 1991년 결혼하였다. 그러나 결혼생활도 어려웠다. 식량난 시기 아들 셋을 모두 잃었다. 결혼한 이듬해 큰아들을 낳았지만 만 네 살에 급체로 죽었다. 이듬해 둘째아들을 낳았지만 태어나자마자 바로 죽고, 셋째도 유산하였다. 경제적으로 곤궁한 시기에 아이를 연거푸 잃었고 그러면서 부부관계가 악화되었다. 남편은 공장이 움직이지 않게 되자 회사에 가지 않고 폭력이 심해졌다. 불화 끝에 연이 씨는 1998년 언니가 있는 곳으로 가서 언니와 장사를 하였다. 함경남북도를 오가며 장사를 하였다. 남편과 정식으로 이혼하게 된 것은 남편이 새 여자를 맞아 아이를 가지게 되어서이다. 대의원 선거를 하려고 신분증을 교부받으려는데 자신이 이미 사망신고 되어 있음을 알게 되었다. 남편은 연이 씨가 집을 나간 뒤 사망신고를 하였다고 한다. 남편은 재혼의지를 밝혔고 2001년 남편의 요구대로 법적으로 이혼하고 바로 돈 벌러 언니와 중국으로 갔다. 중국에서의 생활은 친척들의 도움이 컸다.

연길 왕청에 도착한 뒤 얼마 안 되어 연이 씨는 중국인과 결혼하였다. 그러나 법적인 혼인관계가 아니었다. 도망 다니는 형편에서 호적을 가질 수 없었다. 남편은 초혼이었고 몸이 약했는데 결혼을 하게 되어 시댁에서 좋아했다. 이듬해 딸을 낳았다. 그러나 결국 정착된 삶을 원하여 남한에 가기로 마음을 먹었다. 그는 남한에 와서 세 번째 결혼을 하였다. 한국에 올 때 중국 남편보다는 시부모 쪽에서 반대가 심했다. 남한에서 결혼한 사람은 탈북남성이고 도로공사에서 일하고 있다.

여성의 이주는 오랜 시간에 거쳐 남성 노동력을 보조하고 부양하는 형태로 이루어졌다. 집단적으로 남성노동력을 배치하는 북한사회에서도 여성은 결혼을 통해 자신의 고향을 떠날 수 있었다. 그런데 현재 여성의 결혼이주는 그 자체 독자적으로 확대되는 이주의 유형이 되고 있다. 젠더 위계를 강화하는 글로벌, 로컬한 이주체제 안에서, 여성들은 한편으로 사회이동과 낭만적인 결혼생활을 꿈꾸거나 모국에 있는 가족을 위해서 국제결혼을 선택하게 된다. 그러나 국가, 초국가적으로 강화된 위계적이고 폭력적인 젠더 관계에 희생이 될 위험도 크다. 탈북여성의 상흔은 남녀불평등과 여성의 상품화를 구조화한 초국가적인 이주체계에 포섭되면서 중층화되었다.

6. 남한에서의 생활

생사를 건 도강과 체포, 매매, 폭력의 위험에 노출되었던 제3국에서의 생활 뒤 남한에 도착한 탈북이주자는 희망과 절망이 엇갈리는 것을 경험하게 된다. 처음부터 남한행을 염두해두고 탈북한 사람도 있지만, 중국에서 남한에 대해 정보를 듣게 되면서 남한행을 결심한 사람도 있다. 한국에 들어온 탈북이주자는 한국에서 국적을 얻고, 기본적인 주거와 소득지원을 받고, 자기가 노력하는 만큼 성취할 수 있다고 생각하면서 여러 어려움이 있지만 남한생활에 만족한다. 현재 딸과 함께 살고 있는 병이 씨는 1년 반 동안 옷 만드는 공장에 다니다가 가족을 탈북시키는 데 신경을 쓰면서 직장을 그만두었고 정부의 생활보호로 생활하고 있다. 경제생활이 어렵지만 북한 동생들한테 돈을 조금씩 보내고 있다. 남한생활에 대해 스트레스도 받지만 딸을 좋은 대학 보내서 만족한다고 말한다. “나중에 통일되어서 딸 친구들을 만났을 때 친구들보다 더 잘될 거라고 생각하니까 탈북한 것 잘했다”고 생각한다. 석이 씨도 한국생활에 만족한다. 노력을 하면 이룰 수 있어서 좋다고 한다. 지금은 사회를 알기 위해 무역회사에서 중국어 관련 일을 하고 있다. 정이 씨는 1996년도에 탈북하여 중국 조선족과 결혼하여 8년간 중국생활을 하다 남편과 딸과 함께 한국에 들어왔다. 남편은 목욕탕 일을 열심히 하고 있다. 춘이 씨는 아들과 딸과 함께 살고 있다. 막내 여동생도 중국 조선족으로 서류를 만들어 한국 사람과 국제결혼하여 남한에 들어왔다. 아들이 공부를 잘하지 못해 실망했지만 성실하게 일을 배우고 있는 중이다. 복이 씨는 시아버지, 시삼촌, 그리고 남편과 딸, 친정이 남한에서 살고 있다. 딸은 대학교를 다니고 있다. 남한의 아이들과 어떻게 경쟁할 수 있을까 걱정을 많이 했는데 잘 적응하고 있다. 남편도 대학을 다니면서 연구원 생활을 하고 있다. 나중에 북한에 대학을 만들고 싶어 한다. 옥이 씨는 친정식구들과 함께 한국에서 생활하고 있다. 아이는 중학교 1학년생으로 적응을 잘하고 있다. 친구들이 집에 오면 북한에서 왔다는 것을 밝히고 싶지 않아서 엄마와 아빠는 집에서 나가 있으라고 한다. 남편은 운전면허를 따서 열심히 차를 몰고 있다.

그러나 남한사회에 만족하고 적응하려고 노력하고 있지만 여러 면에서 이질감과 차별도 경험하고 있다. 50년 넘게 서로 다른 체제에서 교육을 받은 결과 이질감도 크다. 언어가 다르고, 사회의 원리와 구조를 잘 모르고, 모든 게 생소하고 지식도 능력도 부족해서 너무 힘들다고 한다. 경제관념이 없어 돈을 벌어서 관리하는 것이 어렵다고 한다. 인터뷰에 참여했던 두 사람과 식사를 같이 하였던 적이 있다. 남성은 탈북여성들이 매우 사치스럽게 변한다고 불만스럽게 말하였다. 그런데 함께 자리를 했던 여성은 다른 세계에 살았던 여성이 새로운 세계에 들어와서 적응하기까지의 시차 현상이라고 설명하였다. 한국인처럼 스스로 알아서 관리하고 준비해야 한다는 생각에 익숙하지 못하여 전시되는 상품들을 소비하는 데 거리낌이 없을 수 있다는 설명이었다.

북한사회에 대해 갖는 전형적인 이미지 중 하나가 폭력이다. 그런데 언제든지 잡아갈 수 있는 사회지만 사람들은 수더분하고 순수하다고 한다. 오히려 북한사람들이 솔직한데 남한사람들은 생각하는 것과 밖으로 표현하는 것이 다르다고 인식한다. 남한과 북한에서 자신을 표현하는 방식과 사람들 사이 관계를 맺는 방식이 달라 조직생활에 어려움이 많다고 한다. 남한사람들과 사귀는 것

그림 9-3 남한생활에서의 어려움

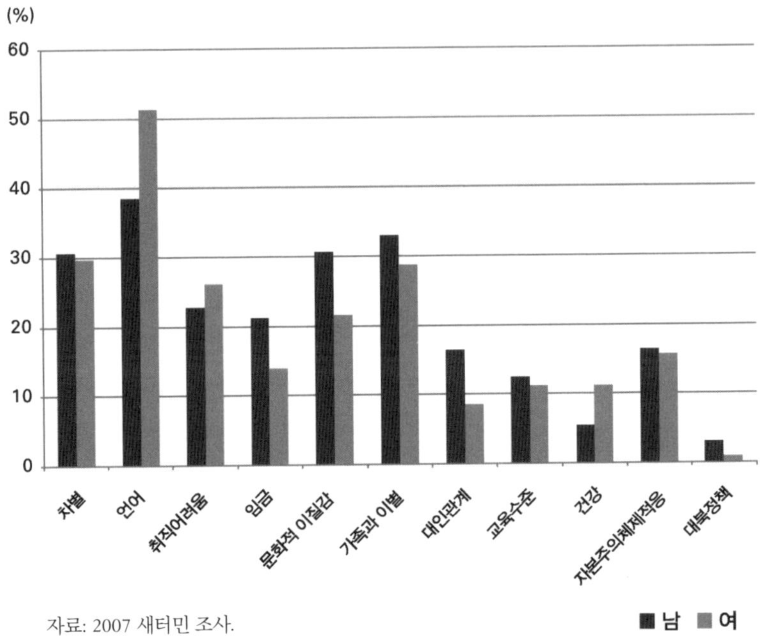

자료: 2007 새터민 조사.

이 어려울 뿐만 아니라 북한출신 사람들끼리도 관계가 돈독하지 않다. 가급적 이면 북한출신을 드러내지 않으려고 하고 그래서 하나원 동기들과도 별로 연락하지 않는다.

장이 씨는 같은 민족이고 이제 같은 대한민국 국민인데 색다르게 보는 시선이 힘들고 괴롭다고 한다. 북한출신이라고 말하면 동정하거나, 사기를 치려고 하거나, 의심하거나, 수준이 낮다고 생각하는 것 같다. 장이 씨는 남한사회에서 여러 차례 무시를 당하였다고 말한다. 노동을 할 때는 같이 일하는 동료로부터 무시를 당하고, 남성들의 시선이 두려워 직장을 바꿨고, 언어 소통이 안 되어 힘들었고, 정치적 분위기에 따라 대우가 좋았다 나빴다 하고, 생활양식이 다른 것을 가난해서 경험하지 못해서라고 생각하는데 자존심이 크게 상했다고 한다. 일하는 동료가 '어디 출신이냐'고 물을 때는 '나도 한국민적이고 당신도 한국민적이다'라고 말했다. 이제는 말하는 것, 입는 모양부터 통장 찾는 법 모두 배우는 자세로 임하고 있다.

탈북이주자는 남한의 발전수준에 감탄하고 풍요로운 삶에 희망을 갖지만, 점차 풍요 안에 작동하는 커다란 격차를 인식하게 된다. 탈북이주자가 인식하는 격차는 남한사람들이 느끼는 격차보다 훨씬 절망적인 감정을 수반할 수 있다. 시스템을 모르고, 자신들이 거의 밑바닥에 놓여 있다고 인식한다. 출발부터 큰 차이를 극복할 수 있을지 불안하다. 북한사회에서 외화벌이를 하면서 어느 정도 생활수준을 유지하였고 자본주의체제에 대해 긍정적인 생각을 하고 있었던 인이 씨 가족은 남한사회에 대하여 남다른 희망을 가지고 있었다. 그러나 한국에 와서 처음에는 감탄하고 중국친척에 자랑했지만 1, 2년 만에 그 감정이 없어지고, 그 다음부터는 수준 차이를 느꼈다. 자신들이 가난하다고 인식하게 되었고 소외감을 느꼈으며 그래서 정을 붙이려고 하지 않았다. 인이 씨의 두 딸은 어릴 때 와서 이곳 생활에 적응을 잘하고 있다고 한다. 주변에서는 북한출신임을 모르고 있다. 남편은 이곳 생활에 어려워하고 있다. 직장에서도 왕따 당하고, 한국 사람들과 어울리지 못한다. 인이 씨는 전자부품회사를 옮겨 다니고 있다.

탈북이주자 중에는 경제적으로 성공한 사람이 적다. 일을 적극적으로 찾지 않는다는 이야기도 있지만 재교육과 취업기회가 제한된 구조적 조건도 간과할 수 없다. 춘이 씨는 국문학을 전공하여 교원생활을 하다가 식량난과 결혼생활의 불화로 장사를 하였고, 중국에서는 남한행을 찾기 위해 식당, 공장, 노래방 등을 전전하면서 얼마 안 되는 노임을 받으면서 장시간 노동을 하였다. 남한에 들어와서 계속 공부하고 싶었지만 지식체계가 달라 힘들었고, 유치원 교사가 되고 싶어도 자격증이 없어 곤란하여 대출받아 벌인 작은 사업은 사기를 당해 망해버렸다. 지금은 청소부 일을 하고 있다. 하고 싶은 일을 하지 못하면서 정신적으로 힘들게 되어 건강이 나빠져서 일을 계속하기 어렵다. 북한과는 지식체제가 달라 탈북이주자가 적응하는 데 어려워하고 있다고 한다. 교육기회는 특히 청년들의 진로에 중요한 조건이 된다. 어렵게 남한에 온 탈북이주자들이 가장 신경을 쓰는 것은 자식의 교육이다. 이혼을 하였어도 혹은 사별하여 시댁에서 크고 있는 자식이라도 가능하다면 자식을 데려오려고 한다. 북에 남아 있는 자식의 안위를 자신보다 더 걱정한다. 보다 좋은 환경에서 아이들을 키우고 싶은 욕구가 자식들을 데리고 온 동기라고 한다. 그런데 식량난과 난민의 생활 중에 정규교육을 받기 어려웠고 남한사회의 교육제도에 적응하는 데 고심이 많다. 정이 씨 딸(24세)은 중국에서 인민학교를 나왔지만 교육이 인정되지 않아 학원에서 검정고시 준비를 하고 있다. 복이 씨 딸은 남한에 와서 검정고시를 쳐서 중고등학교 자격을 따고 대학교를 열심히 다니고 있다고 한다.

탈북이주자들은 식량난, 탈북, 도망, 체포, 폭력 위험에 노출되어 극도의 스트레스를 겪었기 때문에 건강문제가 심각하게 보인다. 1996년 탈북하여 8년간 중국생활을 하다 남한에 들어온 정이 씨는 몇 십 리를 짐꾸러미를 머리에 이고 걸어 다녔던 힘든 시기의 긴장이 풀리니 지금 몸이 아파서 안정된 일을 하지 못하고 있다고 한다. 춘이 씨 역시 탈북과정에서 고생을 많이 하였고 남한에 들어온 뒤에도 제대로 된 일을 갖지 못하면서 정신적으로 힘들어 건강도 안 좋아졌다.

이렇게 남한사회에 적응하는 데 어려움을 느끼면서 남한사회를 관조하는 관점도 가지게 된다. 인터뷰 참여자들은 북한 통치체제에 대해서 비판을 하면서도 북한사람들이 살아가는 방식에는 남한사람보다 더 나은 점이 있다고 인식한다. 그래서 경제생활만 더 좋아진다면 북한생활이 더 나을 수 있다고 생각하기도 한다. 능력과 재산 수준에 따라 사람들이 사는 방식에 격차가 크고 공동체적 유대가 약하고 무한경쟁에 내몰리는 남한사회가 무섭다고 인식한다. 자기 이해에 매몰되고 사람들 관계가 형식적이라고 생각하면서 북한에서는 사람들이 수더분하고 진심으로 대하였다고 향수를 가진다.

7. 맺음말

이 연구에서는 탈북이주자의 생애사를 통해서 탈북이주자의 상흔을 구조화한 거시권력들의 정체를 밝히고자 하였다. 우선 탈북이주자의 상처는 식민지와 냉전, 그리고 전쟁의 상흔에서 경제 난민으로 이어진 한인의 오래된 디아스포라의 상처를 포함하고 있는 데 주목한다. 탈북이주자는 식민지시기 만주와 일본으로 이동하였다가 다시 북한으로 돌아온 이산가족사를 가지고 있는 이들이 많았다. 강제적으로 고향과 가족을 떠나 흩어져 살다가, 고향에 돌아왔지만 전쟁과 분단, 가난 때문에 다시 이산을 경험하였다. 가족이산은 분단체제에서 가족과 고향을 잃고 정체성의 뿌리를 상실한 상처에 그친 것이 아니라 불순한 존재라는 견제와 감시에서 자유롭지 못하고 시민권을 보호받지 못하게 하였다. 탈북하기 전 이산가족은 불순의 낙인 때문에 더욱 열심히 당과 북한체제에 충성을 하였다. 그러나 경제난과 국가의 견제 망이 긴장하는 상황에서 이산가족은 다시 국경을 넘었다.

둘째, 탈북이주자의 상흔의 구조적 권력은 남녀불평등 관계가 초국가적으로 확장되고 있는 아시아의 가부장제적 지배와 연결된다. 식량난 시기 탈북한 북한이주민은 대부분 젊은 나이의 여성들이었다. 이들은 북한 장마당 시장에서 브로커를 통해 국경을 넘어 중국인, 중국 조선족, 혹은 남한 사람과 결혼하였다. 삼엄한 통제와 경비를 뚫고서 여성들이 국경을 넘을 수 있었던 것은 바로 결혼시장의 유인이 중요한 힘이 되었다. 합법적인 브로커를 통해 국가와 국가의 시민권의 보호 속에서 이루어진 국제결혼의 사례도 성상품화, 인신매매, 성폭력으로 희생된 경우도 많은데, 탈북여성들의 국제결혼은 어떤 국가적 보호도 받지 못한 상황에서 오직 좋은 사람을 만나는 행운에 의존해야 하는 위험 상황에서 이루어졌다.

마지막으로 탈북이주자의 상흔을 구조화한 권력으로서 분단체제와 발전주의체제에서 위계화된 시민권의 영향에 주목한다. 언제든지 북한에 다시 송환되어 처벌될 수 있다는 불안 속에서 숨어 지내는 생활을 하다가, 한국사회에 들어온 탈북이주자가 매해 이어지고 있다. 탈북이주자 대부분 처음부터 남한행을 결심한 것은 아니었지만, 체포와 강제이송의 불안에서 벗어나기 위해서, 그리고 남한사회에 대한 희망적인 정보를 접하게 되면서 남한사회에 귀환하는 길을 선택하게 된다. 탈북이주자는 대부분 남한사회에서 적응의 문제를 가지고 있는데, 그들에게 한국은 모국이면서도 제3국이고, 남한사람과 자신은 동포지만 구분되는 존재임을 경험하고 있다. 귀순용사가 그랬듯이 그들은 남한 국가에 대한 충성과 반공을 약속하고 남한주민으로 거듭난다. 새로운 거주지와 직장을 알선받고 정착 자원을 제공받는다. 도시의 화려한 경관이 내뿜는 부와 자유의 자태에 감탄하면서 행복의 희망을 품기도 한다. 그러나 북한에서 온 사람이고 가난한 사람들이라는 시선에서 자유롭지 못함을 인식한다. 북한출신자가 남한사회에서 경험하는 타자인식은 한편으로 남북한 사이의 오래된 적대적 태도와 경계인식의 예후와 다른 한편으로 고도로 호전적인 발전주의 사회에서 취약한 인적능력과 가난에 의해 받게 되는 차별로 복합적으로 구성되고 있다. 분단체제에 대한 잠재적인 위협자로서, 그리고 능력과 부에 의해 서열화되는 발전주의 체계에서 낙오된 취약자로서 인식되고 있다.

탈북이주자가 경험한 고난은 북한체제의 열등함이나 인권억압으로 인한 북한주민의 고통으로만 이해될 수 없다. 많은 북한주민이 생존권을 위협받았던 억압은 식민지와 분단체제 유산에서 구조화된 한민족의 디아스포라의 역사와 깊이 맞물려 있었다. 나아가 탈북이주자가 경험하는 박탈과 정체성 긴장은 신자유주의, 국가주의, 가부장제의 권력으로 구조화된 동아시아의 정치경제 구조에서 촉발되었다. 제3국에서 탈북이주자는 난민의 보호를 받지 못하면서 국가권력에 의해 체포되고 처형당할 수 있는 위험, 강제 노동과 인신매매, 성폭력 위험에 노출되었다. 한국 정착 뒤의 운명도 희망적이지만은 않았다. 같은 민족이고 국민이 되었지만 일등시민과 구분된 이등시민이 되고, 자신의 정체성이 의심되고 한국체제에 일방적으로 동화되기를 강요당하면서 소외를 경험하고 있다.

지금은 구조화된 차별과 분리에 의해 희생을 당하고 있지만, 그들의 상흔은 분단과 폐쇄적인 국가주의를 극복해야 하는 과제를 일깨워준다. 탈북이주자는 남한사회의 국민이자 시민으로 자신을 재규정하고, 북에 남아 있는 가족들의 탈북을 돕거나 경제적으로 지원하면서, 폐쇄적인 민족과 국가주의 경계를 넘어 시민권을 보호하는 새로운 역사 앞에 서 있다.

제가 하고 싶은 말은 길 건널 때 파란불 신호등이 오면 사람들이 무리를 지어가는 것 하고 바쁘다고 한두 사람 뛰어가는 것 있어요. 그거 볼 때 느낌은 인간이 무리가 되어야만 힘이 있구나. 뭉치니 차가 서는데 한둘이 뛰어가면 그냥 운전하면 모르잖아요. 한 사람 한 사람이 소중한 사람인데 고생해보니 죽을 때는 파리 목숨보다 못하구나. 사람이 사람을 아끼지 않고 권력을 쥐고 자기 돈 있다고 다 가진 줄 알고 서민들을 없으이 보면 안 된다는 생각이 들더라고요. 한국 사람은 어디 집에서 사람이 죽어도 무관심해요. 근데 우리는 저 사람이 죽기까지 얼마나 고통스러웠을까 알고 싶고 가슴이 아픈 거예요. 단 한 사람이라도 귀중하게 여기고 그 사람을 목숨을 하늘같이 생각해야 해요. 근데 무관심한 거 많아요. 나만 살면 돼, 남의 일인데 한국 사람은 그렇게 살아요. 노인 한 분이라도 귀중히 여겼으면 좋겠어요. (춘이 씨)

제10장

결론
인구를 통한 북한사회의 발견

1. 체제변화의 기로

사회주의체제가 성립되고, 위기에 직면하고, 체제에서 이탈하는 과정은 사회변동의 시각에서 어떻게 바라볼 수 있을까. 역사적으로 볼 때 사회주의체제는 근대적 주체가 탄생하기 위해서는 극복해야 하는 모순과 억압들이 중층적으로 쌓여 있던 사회들에서 혁신적인 근대의 실험으로 성립되었다. 하지만 마르크스와 레닌이 사회주의체제는 선진화된 자본주의 국가에서 먼저 이루어진다고 예언하였던 것과는 달리 사회주의체제는 상대적으로 자본주의가 성숙되지 않았던 사회에서 이루어졌다. 봉건적 통치 질서가 와해되고 있지만 여전히 그 영향이 남아 있고, 자본주의 정신이라 할 수 있는 개인화와 세속화가 상대적으로 지체된 사회에서 이루어졌던 것이다. 또한 문명의 이름으로 제국의 차별을 받았던 사회에서 이루어졌다. 사회주의체제 안에는 체코와 헝가리처럼 사회주의체제로 이행하기 전 서구 자본주의 영향을 받아 자유와 개인의식이 발달된 사회도 있었다. 중국과 같이 제국 침략에 맞서 민족 정체성을 발전시키면서 사회주의 운동을 통해 근대 독립국가로 이행한 사회가 있는가 하면, 소련의 군사력에 의해 강제적으로 사회주의체제에 편입된 국가들도 존재한다.

사회주의체제를 표방한 사회의 권력구조와 삶의 양식은 마르크스와 레닌의 사회주의 이념을 반영한 부분도 있지만, 봉건제, 제국주의, 민족 모순의 잔재와 통치권력의 이해가 결합되어 독특하게 구성되었다. 근대의 벽두에서 근대의 예찬론자들이 공동체는 개인의 자율을 억압한다고 비판하였던 것과는 달리, 사회주의 사회는 공동체의 문화가 많이 남아 있던 토양에서 세워졌고 다양한 공동체의 가치들로 직조되었다. 그리고 공산당 독재의 이념은 저항을 일체 용인하지 않는 국가권력으로, 사적 소유의 부정은 국가의 소유로 현실화되었다. 국가의 독점적 권력은 역사에 실존하였던 사회주의체제의 공통된 기본 원리가 되었다.

1980년대 후반 이후 동구 사회주의체제는 무너졌다. 생산체제의 비효율성, 지도 권력층의 자신감의 상실, 국가독재권력에 대한 밑으로부터의 저항, 자본주의체제에서의 봉쇄정책 등의 요인이 결합되어 사회주의체제는 무너졌다. 무엇보다 동유럽 사회주의체제가 도미노식으로 연쇄적으로 무너졌던 것은, 국가독재권력에 저항하였던 시민사회의 영향이 크다. 철옹성으로 보였던 통치체제에서도 밑으로부터의 저항은 살아 있었으며 결국 독재권력을 무너뜨린 중요한 힘이라고 인식되고 있다. 밑으로부터의 저항은 작은 교류와 이동에서 시작되었고, 작은 힘들이 서로 연결되어 거대한 권력을 무너뜨렸다.

그러나 적어도 현 시점에서 보면 구사회주의체제의 위기와 이후 전개된 체제변화가 국가독재체제가 끝나는 길로 수렴된 것은 아니다. 동유럽사회주의 사회의 체제이탈이 시장화와 함께 정치적 민주화의 길로 가고 있다면, 중국이나 베트남의 체제이행은, 국가권력과 공산당의 독재권력에는 큰 변화 없이 시장 개방을 통해 고도의 경제발전을 추구하는 경로를 밟고 있다. 중국에서는 사회주의 경제논리가 무색해지는 수준까지 시장원리가 확대되어 양극화 문제가 새롭게 제기되고 있다. 경제개혁개방이 사회주의체제 안에서의 개혁인지, 탈사회주의적 개혁인가에 대해 논의가 있을 법하지만, 중국의 국가권력은 중국의 고유한 사회주의 개혁노선으로 변화를 규정짓기를 원한다. 중국 공산당과 국가관료의 권력과 심화되는 경제 불평등에 대한 불만이 커지고 있지만 적어도 지금까지는 물질적 욕망이 정치적 민주화와 분배 정의 인식을 우선하는 것처럼 보인다. 그리고 발전은 국가권력을 정당화하는 기능도 하고 있다.

많은 구사회주의 사회가 정치, 경제 측면에서 커다란 위기와 체제 변동과정을 겪고 있는 것처럼 북한사회에도 커다란 변화가 일어나고 있다. 집단주의 생산력은 1980년대 이후 갈수록 침체되고 국가사회보장의 수준도 악화되었다. 만성화된 궁핍화가 1990년대 중후반 대규모의 기근 상황에 이를 정도로 경제적 위기가 심각하였다. 그리고 심각한 기근상황을 헤쳐 나가기 위한 주민들의 자구적인 생존전략에서 비공식적인 생존경제가 확대되어 나갔다. 생존하기 위해 사람들은 더 이상 착해서만은 안 되며 수완과 능력 있게 살아야 된다고 생각하게 되었다.

그러나 수령체제는 여전히 건재한 것처럼 보인다. 기본적인 인권이 탄압받고 있음에도 불구하고 국가권력에 대한 신뢰를 버리지 않고 경제난을 버텨나가고 있는 북한주민을 보면서, 이러한 믿음이 어디에서 비롯하는가 질문하게 된다. 국가의 절대적인 권력과 그에 대한 두려움도 작용할 수 있다. 주체사상에 어릴 때부터 세뇌되어 세계관이 고착되고 자의식이 성숙되지 않은 이유도 있을 수 있다. 사람들은 자신을 틀 지운 세계관을 진리라고 생각한다. 그 세계관을 틀 지운 권력구조들을 성찰하고 저항하기보다, 권력구조에 적응하면서 지배이데올로기를 재생산하며 사는 게 일반적이다.

북한사회의 권력구조는 경제, 물리력, 정치, 상징자원을 국가가 독점한 방식으로 만들어졌다. 신분적 차별, 식민지배, 가난, 계급모순에서 해방된 근대 국가공동체를 건설하려던 운동은 국가독재권력에 의해 개인의 자율이 억압되는 공동체 사회를 탄생시켰다. 북한주민은 국가공동체의 이름으로 집단에 헌신하고 사적인 욕망을 스스로 통제하는 도덕적 인간으로 꾸며졌다. 오래된 가부장 질서는 통치권력을 정당화하는 국가이데올로기로 재창조되었다. 국가와 당, 노동자, 농민은 하나라는 공동체 이데올로기는 경제, 정치, 상징적 자원을 전유하는 국가권력에 저항하는 주체인식을 억압하였다.

그러나 아무리 국가권력과 일체를 강조하는 공동체 논리에 예속되었다고 하더라도 바로 그 때문에 삶의 고통이 노정되었으며 고통에서 벗어나려는 삶의 움직임은 계속되고 있다. 이미 경제부분에서는 국가가 주민들을 장악할 수 있는 영향력이 크게 약화되었다. 수완과 사적 이해를 중시하는 태도가 크게 확대되고 있다. 국가의 반복된 묵인과 감시, 처벌 속에서 주민들의 시장활동과 비공식 관계가 확장되고 있다. 비공식관계와 사적 이해가 확대되면서 사람들 사이의 신뢰도 크게 약화되는 부분도 보인다. 국가, 민족, 당, 인민이 하나라는 공동체의 이데올로기는 점차 녹아 사라지고 있다. 한치 앞을 보기 어렵지만 북한사회는 체제변화의 중요한 기로 앞에 서 있다.

2. 북한사회 위기론

북한사회의 식량난과 그것이 북한체제에 미치는 영향에 대한 논의들이 한국사회에 확대된 데에는 북한 주체사상을 집대성하였고 당 핵심 권력자였던 황장엽 씨의 망명과 그의 북한사회에 대한 증언이 중요한 계기가 되었다. 식량난이 최고로 심각한 상황에 있었던 1997년 망명하였던 그는 북한주민 수백만 명을 아사상황에 내몬 북한체제는 가망이 없다고 비판하였다. 아사 직전에 월경하였던 난민들을 지원하였던 시민단체들도 탈북이주자의 증언에 기초하여 북한사회의 심각한 위기상황을 세상에 알렸다. 그렇지만 당시 한국사회도 외환위기와 IMF 구조조정에 따른 충격에 사로잡혀 있었기 때문에 북한의 경제난을 진단하는 논의들이 시민사회에 큰 주목을 받지는 않았던 것 같다. 또한 남북한의 긴장완화를 강조하였던 김대중 정권과 노무현 정권은 가뜩이나 햇볕정책 발목잡기에 시달리고 있었기 때문에 북한 위기론이 남한사회 전반에 확대되는 것을 부담스러워 했을 수 있다. 그랬기 때문에 보수파는 햇볕정책이 절체절명의 위기에 내몰렸던 북한체제를 구제하였다고 맹공격을 하였다. 이명박 정권이 들어서고 나서 남북한관계가 긴장관계로 급선회하였고, 한반도를 둘러싼 대외관계 역시 한치 앞을 예측하기 힘든 난맥상황이 되었다. 이런 상황에서 북한사회의 위기론이 본격 등장하였다.

북한사회를 위기로 파악하는 관점은 한반도를 둘러싼 열강들의 이해관계 속에서 구성되었다. 북한체제에 우호적이지 않은 남한, 미국, 일본 사회에서는 북한체제 위기의 객관적인 증거들을 찾는 연구들과 논의들이 활발하게 이루어졌다. 위기상황들이 다양하게 진단되고 체제의 종언과 연결되는 예후들이 추적되었다. 식량난과 탈북이주자의 출현은 체제붕괴가 확실시되는 징표라고 예측되었다. 특히 300만 명 아사자의 주장은 부정할 수 없는 체제붕괴의 정황으로 주목받았다. 경제적 위기와 더불어 북한정권의 비인간적인 폭력과 납치사건, 그리고 세습정권을 혹독하게 비판하는 논의들이 언론을 따라 퍼져갔다. 북한사회의 위기는 식량난, 인권탄압, 정권의 비정당성에 이르기까지 근원적이라고 강조되었다.

그런데 북한사회의 위기론이 북한에 우호적이지 않은 대외세력에 의해서만 구성된 것이 아니다. 북한 통치체제도 적극적으로 위기론을 권력을 정당화하는 데 활용하였다. 위기담론은 북한 통치권력에 의해 활용된 오래된 기술이었다. 위기론은 가상적인 적으로부터의 침략 위험을 상시적으로 환기시키면서 내적인 갈등과 비판의식을 통제하는 방법으로 활용되었다. 북한 당국이 무력충돌을 빈번하게 연출하는 것도 남한사회를 겨냥한 정치적 행위이기도 하지만 외부로부터의 위협을 환기하여 내적으로 주민들을 단결시키기 위해 연출한 부분도 크다. 북한 통치권력이 규정한 위기는 전쟁과 안보의 위기이고 그 책임은 불순한 대외권력, 남한정부, 그리고 이에 동조하는 북한 내부의 적에 주어졌다. 체제의 불순세력과 대외의 위협으로부터 국가, 주민, 그리고 사회주의체제를 보호해야 한다고 강조한다. 생활은 말할 수 없이 궁핍한데 이렇게 일치단결을 강조하는 분위기에서 제대로 하소연도 하지 못하는 북한주민들은 차라리 전쟁이라도 터져 버렸으면 하는 마음도 있다고 한다. 군사강국은 국가의 물리적 권력을 상징할 뿐만 아니라 북한주민들의 자존심의 원천이 되는 부분도 보인다. 군사강국을 지향하면서 주민들의 배를 골렸다고 비판도 하지만 핵보유가 안보와 국력의 기초가 된다고 인식하기도 한다. 전쟁과 폭력의 잔인함을 느끼는 감수성은 쉽게 보이지 않는다. 전쟁의 폭력이 지배하고 있는 증거이다.

이렇게 대내외 국가권력의 자기 이해를 중심으로 북한사회의 위기가 상이하게 진단되었다. 누가 위기를 진단하는가에 따라 위기로 규정되는 내용이 다르고, 대안의 질서로 규정된 내용도 다르다. 사회변화를 위기로서 파악하는 관점은 권력과 통치의 정당성을 둘러싼 갈등 속에서 구성된다. 위기로 규정되는 문제나 이를 극복하기 위해 제기하는 과제들은 정치적 세력관계에서 형성되고 재생산된다. 이렇게 위기를 진단하는 관점은 사회구조와 사회가치의 재구성을 전제한 정치적 행위이다.

한국사회에서 북한사회를 말하는 것은 진보이든지 보수이든지 남북한사회 체제에 대한 가치판단을 전제하는 중요한 정치행위이다. 북한사회에 대한 사실들은 상이한 정치적 입장에 맞추어 만들어지고 진단되고 비판되고 있다. 정치권력의 이해에 민감하게 대응하여 만들어진 사실들이 서로 맞지 않고 각축하면서 정말 실체가 무엇인지 혼돈스러움에 사로잡히게 된다. 한쪽에서는 북한체제가 존속되는 이유들이 강조되고 있고, 다른 쪽에서는 위기와 붕괴의 징후들이 강조되고 있다. 북한사회를 연구하는데 관점의 자유를 갖기는 쉽지 않다.

이 연구는 이렇게 대내외적으로 북한을 위기로 규정하는 인식들이 활발하게 만들어지고, 한국사회 나아가 동아시아 변화 방향을 둘러싼 정치세력들의 이해관계 속에서 북한사회에 대한 상충된 인식들이 구성되고 있는 상태에서 좀처럼 명확하게 파악되지 않는 북한사회 변화의 실체에 대한 궁금증에서 출발하였다. 과연 300만 명 아사자가 발생하였는가, 경제난 시기 인구변동은 어떻게 이루어졌는가, 식량난은 어떻게 전개되었는가, 북한주민의 삶의 방식은 어떻게 변화되었는가를 알고 싶었다.

연구를 진행하고 새로운 사실들을 알게 되면서, 그리고 사실들을 어떻게 해석할 수 있는가 고민하면서 연구자의 시선은 여러 번 변화되었다. 처음에는 정체가 묘연했던 식량난의 실체를 인구학자의 시선에서 객관적으로 발견하려고 하였다. 이를 위해 북한이 발표한 자료와 국제기구와 남한사회에서 추계하고 연구한 자료, 그리고 직접 조사하고 인터뷰한 자료들을 조합하고 추정방법들을 만들어가면서 북한에서 일어난 인구변동의 실체에 접근하고자 하였다. 물론 자료의 편의가 의심되고 참고할 수 있는 자료들을 확보하는 것도 어렵고, 어떤 자료가 의미 있는 것인지 선별하기도 어려워서 정확한 인구동태를 파악하기가 힘들었다. 더욱이 북한사회와 북한주민의 삶에 대한 이해 없이 힘들게 발견한 인구동태의 성격을 설명하기도 어려웠다. 그렇게 인구의 동태가 제기하는 퍼즐들을 맞추어가면서 사회학적 시선과 고민이 점차 확장되어 갔다. 국가에 의해 인구가 통제된 방식, 식량난 및 동아시아 거시권력구조가 북한인구동태에 미친 영향, 그리고 인구변동이 사회변화를 추인하는 방식들에 주목하면서 북한의 인구동태 안에 배어 있는 권력구조들과 삶의 의미를 고민하였다. 북한사회의 인구동태 안에는 지금의 우리가 형성된 역사가 배어 있고, 어디로 가고 있는지, 어디로 가야 하는지를 가리키는 미래의 좌표가 그려지고 있었다.

3. 인구현상에서 발견된 굴절된 근대

근대는 보편의 힘과 굴절과 변형의 힘이 결합되어 구성되었다. 주체에 대한 인식, 합리성, 생명과 발전과 기술에 대한 신뢰와 이를 지원하는 국가와 사회세력은 근대의 보편적 구성을 주도한 힘이었다. 그러나 서구문명이 비서구문명에 확산된 과정은 제국의 통치를 위해 토착의 세력을 부정하고 구분하고 검열한 정치적 과정이었다. 차별은 저항과 동시에 모방하려는 심리를 조성하였고 토착의 힘과 결합되어 변형과 굴절 작용을 일으켰다. 이렇게 세계 정치, 경제에 편입하면서 많은 사회가 추구한 근대는 굴절되고 변형되고 복잡하게 구성되었다.

북한사회는 봉건제, 민족모순, 계급모순에서 해방된 인민의 국가건설운동으로 탄생하였다. 그러나 반봉건과 식민지의 잔재와 냉전의 권력이 침전되어 주체를 인식하고 상상하는 토양은 비옥하지 못하였다. 근대적 혁명운동은 굴절되어 전제적인 국가권력을 완성하는 결과로 끝났다. 정치, 경제, 물리적 권력을 전유하고, 다양한 공동체 이데올로기로 정당화한 국가공동체는 개인의 주체적 자율성을 억압하였다.

북한의 인구동태에서 발견한 것은 북한의 국가권력이 북한주민의 삶을 강하게 구속한 점이다. 연구자 스스로도 인구동태에서 그렇게 뚜렷하게 국가권력의 흔적을 읽을 수 있는 것이 이상하였다. 북한의 국가권력이 주민들의 삶을 통제하는 것은 이미 잘 알려진 사실로서 발견했다고 말할 가치가 없다고 논박할 수도 있다. 그럴지도 모르지만 주민들의 삶을 구속하는 국가의 권력이 너무나 명백히 보인다. 주민들의 삶이 국가의 권력과 역할에 크게 의존되어 있는 것이 인구동태에서 명확히 드러난다. 북한주민들의 사망 위험, 건강 수준과 영양 상태는 국가의 생산체제와 사회보장제도의 성쇠에 영향을 받은 정도가 어느 사회보다 강하였다. 국가와 당이 계획적으로 생산을 관리하고 분배를 정하고, 노동력을 배치하고, 군사력을 차출하고, 주민들의 사상과 행위를 감시하고 통제하는 것처럼, 일련의 국가활동과 긴밀히 연관되어 북한의 인구동태가 구조화되었다.

인구통제는 근대의 중요한 기술이다. 발전과 생산에 적응하도록 인간의 몸과 정신을 관리하는 것은 근대 인구통치의 중심 원리가 된다. 선진화된 자본주의체제에서 개인들이 스스로 삶의 자유를 넓히기 위해 생식과 생명을 관리하면서 인구통제가 이루어졌다면 신흥공업국에서는 국가적 발전프로젝트의 일환으로 인구통제가 이루어졌다. 그리고 사회주의체제의 우월성을 강조하는 논의들 중에는 인구문제는 계급불평등이 존재하는 자본주의 사회에만 존재한다고 강조하기도 하였다. 그러나 사회주의체제에서는 국가가 자원을 계획하고 분배하는 권력을 전유하였고 국가 스스로 가장 발전된 인간, 몸, 정신을 기획하였다. 이 때문에 북한의 인구현상 안에는 공식적 생산과 복지 체제의 성쇠과정과 인구배치 및 재생산 정책의 영향이 깊이 배어 있었다.

북한에서 현대적 의미의 센서스가 이루어진 것은 1993년과 2008년 두 번에 제한된다. 정해진 기간에 국가 영토 안에 거주하는 국민과 외국인을 조사하는 센서스가 실시되지 않아도 인구가 상당히 정확하게 파악될 수 있었던 것은 철저한 주민등록조사에 기초한다. 이동이 통제되고 일상화된 조사와 주민들의 철저한 신고가 의무화된 정주 등록체계에 기초하여 상당히 정확하게 인구가 집계될 수 있었다. 그러나 주민등록에 기초한 인구집계는 정주인구를 잘 파악할 수는 있어도 출산, 사망, 일시적 이동인구를 파악하는 데는 한계가 컸다.

북한사회는 개인의 삶이 집단적으로 조직된 사회이다. 개인들의 교육, 직장, 가정, 그리고 정치, 사회적 활동은 당에 의해 조직되었다. 생산과 자원분배가 당에 의해 계획적으로 관리되어 이동은 엄격히 통제되었다. 특히 생산이 침체되기 시작한 1970년대 이후부터 1990년대 중후반 식량난이 일어나기 전까지, 북한주민의 정주생활이 강화되었다고 여겨진다. 당이 지정한 학교에서 교육을 받고, 당의 지정에 따라 군대에 배치되고 직장을 구하고, 가족이나 직장, 당 관계자들의 소개를 통해 결혼을 하고, 거주지를 배정받고, 특별한 이유가 없다면 이동 없는 정주생활을 한다. 이렇게 북한사회는 교육, 직업, 가족 형성에 이르기까지 개개인의 삶이 당의 배치를 통해 조직된 정주사회의 성격이 강하였다.

이렇게 북한주민의 삶을 지역단위에 조직하고 동시에 주민들의 정치사상을 통제하기 위해 만든 인구통제 기제의 하나가 주민등록조사이다. 주민 개개인에 대한 전면적인 신원조사 성격이 강한 주민등록조사는 휴전 이후 계급성분을 철저하게 조사하기 위해 이루어졌다. 당과 보위부는 주민동태를 일상적으로 파악하고 주민들은 세대 내에 발생한 변동사항에 대해 신속하고 정확하게 신고하도록 되어 있다. 가구원이 신고되지 않은 채 행방이 밝혀지지 않으면 끝까지 추적되고 가족이나 조사담당자도 불리를 받게 된다. 주민등록에 기초한 인구조사는 개인의 출생, 사망, 결혼과 같은 인구동태뿐만 아니라 개인과 가족의 경제활동, 정치사상, 출신배경에 이르는 전면적인 조사로서 계획적인 인구배치와 주민의 생활과 의식을 통제하기 위해 제도화되었다. 인구조사는 정주체계의 중요한 토대로 작용하였다. 정주체계를 흔들 수 있는 자유로운 인구유동을 막고, 체제를 위협할 수 있는 정치활동이나 의식을 통제하기 위해 주민들의 일상이 정확히 기록되고 검열되었다.

4. 북한인구 변동의 세 단계

북한인구의 변동은 크게 세 단계로 구분된 특성을 나타냈다. 휴전 이후 1970년대 초반까지 높은 출산율과 사망률 개선에 따라 인구성장률이 높았던 시기와, 1970년대 중반 이후부터 1990년대 초반까지 출산율의 감소와 사망률 개선의 정체에 따라 인구성장률이 둔화된 시기, 그리고 1990년대 중후반에서 2008년 현재까지 식량난 속에서 출산, 사망, 이동이 불규칙하게 진동하였던 시기로 구분된다. 그런데 세 시기는 북한의 공식적인 생산분배체계의 성쇠단계와 잘 맞아 떨어진다.

전후부터 1970년대 초반까지 인구가 연평균 3% 수준에서 크게 성장하였다. 이 시기는 북한의 생산수준과 복지체제가 크게 확장된 시기이기도 하다. 인구가 크게 성장한 것은 사망률이 크게 감소하고 출산율이 높게 유지된 결과에 따른다. 주민들의 사망률이 크게 감소한 것은 생산력과 생활수준이 향상된 영향이 크다. 건국 초기에 정비된 배급과 무상의료, 교육제도, 그리고 생산력의 증강은 주민들의 생활조건을 개선하고 사기를 진작시켰다고 여겨진다. 북한체제의 우월성을 강조하기 위해서 사망률의 개선이 과장 보고된 정황들이 발견되지만, 실제로도 이 시기 사망률이 크게 개선되었다는 것을 부정하기는 어렵다.

그런데 도시화가 급속하게 이루어지고 생산력이 고도화된 시기에 출산율이 높게 유지된 것은 자본주의 사회이든지 사회주의 사회에서든지 흔하지 않은 현상이다. 경제발전과 공업화는 농촌에서 도시로의 이동을 촉진한다. 도시 중심의 노동과 생활양식에서 결혼시기도 늦어진다. 부모세대로부터 독립된 부부 중심의 가족관계가 확대되어 가족가치관도 변하는 것이 일반적이다. 무엇보다 보다 좋은 삶에 대한 자의식이 커지면서 생식을 통제하는 동기와 행위가 발달될 수 있다. 이처럼 공업화, 경제발전과 연관된 생활양식의 변화와 삶의 질 향상에 대한 욕구는 출산율을 떨어뜨린 요인이라고 인식되고 있다.

그러나 북한에서 사회혁명이 강조되고 공업화가 급속히 이루어지고 도시인구가 증가하고 생산력이 고도로 성장하였던 시기 출산 관련 행위에서 일어난 변화는 결혼연령의 연장에 제한되었다. 다시 말하여 유배우 출산율의 하락은 생산력 확대기에도 본격적으로 이루어지지 않았다.

북한에서 유배우 출산율이 공업화 시기보다 늦게 감소한 것은 여러 요인들이 복합적으로 작용하였다. 우선, 북한에서는 과잉인구의 압력이 상대적으로 적었다. 혼란스런 해방정국과 전쟁을 겪으면서 북한은 상당한 규모의 인구의 유출과 손실을 겪었다. 반면 남한에서는 해방 이후 해외로부터 많은 귀환인구가 집중되었고 북한에서 이루어진 급격한 개혁에서 배제되었던 많은 인구가 월남하여 과잉인구의 압력이 심각하였다.

다시 말하여 휴전 후 북한사회에서는 남한사회와는 다르게 출산율을 떨어뜨리는 압력으로 작용할 수 있었던 과잉인구 문제가 부재하거나 미약하였다. 물론 한 사회와 그 성원들이 인지하는 과잉인구감은 같은 인구 크기라도 생산수준이나 분배구조에 따라 차이가 크다. 이 점에서도 생산성 고도화를 추진하면서 보편적 분배원리를 강조했던 건국 초기 상황은 과잉인구 압력을 낮췄을 수 있다.

여성의 노동력 참여가 강조되던 시기에 출산율이 높았던 것은 또한 북한사회에서 여성의 지위가 낮았던 배경과 밀접히 연관된다. 사회주의 국가를 건설하면서 강조하였던 일련의 혁명 수사에 젠더평등도 포함되었지만, 실제의 사회구성은 수사와는 차이가 컸다. 북한의 국가권력은 통치 목적에서 공식적 생산조직과 가족을 성불평등하게 조직하였다. 그리고 여성은 주변적인 노동지위와 불평등한 가족관계를 사회주의 혁명을 달성하기 위한 소명으로 받아들이도록 하였다. 국가, 사회, 가족에 걸쳐 젠더 관계가 불평등하게 구조화되어 북한 여성은 한편으로 산업예비군으로 동원되고, 인구가 부족한 시기에는 인구재생산의 역할을 동시에 수행해야 했다. 이렇게 생산활동과 재생산활동이 동시에 강조되는 상황에서 여성들의 생식통제의 욕구는 강했을 수 있다. 그럼에도 불구하고 생산력 증강과 노동력 동원을 강조하였던 공업화 시기에 여성의 출산통제욕구는 통제되었고 자유롭게 피임을 할 수 있는 방법을 갖지 못하였다.

1970년대 중반 이후 1990년대 초반까지 북한의 인구는 1.5%에서 2% 수준 사이에서 완만하게 성장하였다. 인구성장률이 완만해진 것은 무엇보다 출산율의 하락에 따른다. 남한처럼 국가수준에서 강력한 인구통제정책이 없었다고 주장하지만, 1970년대 중반 이후 생산정체가 두드러지면서 인구과잉에 대한 정책적 대응이 고려되기 시작하였다. 그리고 의료기관에서 피임시술이 장려되었다.

인구성장이 둔화되었던 인구변천 제2시기는 국가적 생산과 복지가 정체된 시기에 해당된다. 생산발전이 정체되고 배급의 질과 양이 나빠지는 경향이 확인된다. 인구구조의 정주화 현상도 강하게 보인다. 도시화율은 큰 변화가 없었다. 노동자 일반의 생산력을 나타내는 교육 수준도 1970년 이후 크게 개선되지 않았다. 생산에서의 정체는 혁명의식의 일상화를 부추겼고, 집단 생산의 효율성을 더욱 악화시켰다. 근로 동기를 강화하기 위한 조치들은 별로 효과가 없었다. 공식적 생산체제의 비효율성을 보완하기 위해 반은 자생적으로, 반은 합법적으로 비공식적인 생존 경제가 생성되었다. 그러나 이는 오히려 공식적인 생산체제의 비효율성을 더욱 심화시켰다. 공식적 생산의 정체는 국가 배급의 질이 악화되는 상황으로 이어졌다. 그리고 공식적 생산이 침체되면서, 여성들이 비공식적 생계활동을 담당해야 하는 부담도 가중화되었다. 이는 여성들로 하여금 출산을 통제하는 욕구를 더욱 강화시켰다고 보인다. 이렇게 공식적 생산이 정체되고 국가의 인구통제에 관심이 커지면서 여성들은 비로소 의료기관을 통해서 출산통제 방법에 접근할 수 있었다. 그 결과 반영구적인 피임시술로 출산을 통제하는 행위가 일반화되기에 이른다. 북한여성의 출산율 감소는 여성 지위의 향상이나 경제발전에 의해 추인되었다고 보기 어렵다. 공식적인 생산이 침체되고 주민들의 생활을 보장해야 하는 국가의 부담인식이 커지면서 국가는 출산을 통제하는 정책을 고려하게 되었고, 의료시술을 통한 피임 방법을 보급하면서 소자녀관이 정착되고 생식통제가 일반화되었다.

또한 이 시기 사망률 개선이 정체된 것은 주민들의 영양상태가 악화되었던 정황들과 밀접히 연관된다. 선행연구들과 증언에 기초하면 1980년대부터 일부지역에서는 일시적으로 배급이 중단되고 더 일반적으로 배급의 질이 감소하였다고 한다. 또한 의료와 보건제도의 질도 낙후되었다. 무상의료와 보건서비스의 보편적 접근성이 강조되지만, 자원이 총체적으로 부족한 상황에서 의료인력, 시술체계, 약품 또한 크게 부족하였다. 1970년대 이후 사망률 개선이 정체된 것은 만성화된 궁핍에 따라 영양상태가 나빠지고 보건의료 접근이 제약된 생활환경의 변화 때문이다. 북한주민의 사망률에서 주목된 또 다른 특징은 남성의 높은 사망률이다. 이것은 젊은 시기부터 군대와 재해 위험이 큰 작업장에 조직된 남성의 생애와 밀접히 연관된다.

1990년대 중후반이 되어서는 이전부터 심화되고 있었던 궁핍화, 공식적 생산복지체제의 정체와 낙후, 대외적인 교역의 어려움과 자연재해 등이 복합적으로 결합하여 절박한 경제적 위기 상황이 발생하였다. 배급이 거의 전국적으로 중단된 상황에서 식량난의 위기는 도시지역을 중심으로 도미노 식으로 확장되었다. 공식적인 배급에 의존하였던 도시 주민들은 중단된 배급이 나오기를 기다리면서 죽어 나갔고, 살기 위해 탈북을 하였다. 이런 상황에서 300만 명 아사자 주장이 터져 나왔다. 그러나 추정결과에 따르면 1993년에서 2008년 사이 인구의 손실은 1993년도 인구동태율을 가정하였을 때 예상되는 2008년 인구에 비해 90만 명 정도의 추가적 손실 수준이었다. 그리고 인구손실은 사망률 증가의 영향만이 아니라 출산율 감소와 탈북이주자 증가의 복합적인 형태로 이루어졌다. 출산율 감소는 1998년 이후에 일어났다고 추정된다. 사망 위험이 특히 컸던 계층은 영유아, 젊은 남성과 노년이었다고 추정된다. 사망률은 1993년과 1998년 사이에 가장 크게 상승하였고, 이후 조금씩 개선되었지만 2008년 북한주민 전체의 사망률 수준이 1993년에 비해 높게 나타났다. 또한 식량난 당시 20~30대의 젊은 여성들의 탈북은 간접적으로 출산율을 낮추는 효과도 가졌다.

대규모의 탈북은 식량난 시기 발생한 인구동태의 중요한 특성 중의 하나였다. 식량난 시기 이루어진 탈북은 규모가 컸을 뿐 아니라 독특한 유인(pull)과 배출(push) 조건에서 이루어졌다. 식량난 시기 탈북한 주민은 대부분 젊은 여성이었다. 그들은 식량을 구하기 위해 집에 있는 가구재나 가공품을 내다 팔기 위해 시장에 왔다가 중국에 가면 돈을 벌고 시집을 잘 갈 수 있다는 소문을 듣고 혼자, 혹은 브로커의 도움을 통해 국경을 넘었다. 여성들이 남성들에 비해 탈북하는 경우가 많았던 것은, 식량난 시기 식량을 구하는 데 여성들이 적극적인 역할을 하였던 상황을 반영한다. 남성들은 공식적인 생산조직에 얽매여 있었기 때문에 비공식적으로 식량을 구하는 활동을 하기 어려웠던 반면 공식적인 생산조직에 덜 구속되었던 여성들은 상대적으로 자유롭게 이동하여 장사를 하거나 물품을 교류할 수 있었다. 그러나 탈북한 여성들 중에는 미혼이거나 젊은 여성이 많았던 것은 북한 내부에서 여성이 처한 조건만으로는 충분하게 설명되지 않는다. 젊은 여성들이 국경을 넘을 수 있었던 것은 난민으로서 인정되지 않는 삼엄한 월경 조건에서도 젊은 여성이기 때문에 은신할 수 있는 기회가 존재하였기 때문이다. 불법적인 조건에서 은신할 수 있는 기회는 결혼시장이었다. 중국사회는 개혁개방 이후 급속하게 시장이 확대되었고 그에 따라 많은 여성들이 도시와 해외로 이주하였다. 1970년대 이래 실시한 한 자녀 출산정책의 결과 성비 불균형이 특히 심각했던 중국 농촌지역에서는 결혼할 여성과 돌봄 노동을 수행할 여성이 크게 부족하게 되었다. 또한 중국 내부에서만이 아니라, 아시아지역에서 갑작스럽게 확대되고 있는 돌봄 노동의 수요는 여성의 국제이동과 여성노동의 상품화를 확장시켰다. 탈북여성들은 이렇게 중국과 아시아지역에서 갑작스럽게 확대된 돌봄과 결혼시장이 유인한 이주의 흐름에 편입되어 국경을 넘을 수 있었다.

이처럼 식량난 시기에 적지 않은 인구가 사망하였고, 출산율이 떨어지고, 국경을 넘었다. 그러나 1993년에서 2008년 사이 발생한 인구손실의 크기는 1990년대 중후반 절박했던 식량난 상황에서 예측되었던 300만 명 아사자의 규모에 비해서는 훨씬 적게 추정되었다. 선행연구와 비교하여 본 연구의 결과가 더 신뢰할 만한 것인가는 후속 연구들에서 비판적으로 검토될 수 있다고 기대된다. 그러나 식량난 상황에서 일어났던 인구손실 규모가 상대적으로 적다는 진단은 이 연구가 유일한 것도 아니다. 수백만 명 아사자가 발생하였다는 주장은 근거가 없다고 사려된다.

5. 비공식 경제의 확장과 가족

그러나 수백만 명 아사자가 발생할 수 있을 정도로 심각했던 총체적 기근 위험이 존재하지 않았는가는 다른 이야기이다. 북한 통치권력을 정당화한 핵심적인 정치이데올로기인 주체사상을 주도적으로 만들고 당 권력 중심에 있었던 황장엽 씨가 1997년 망명하여 북한주민이 기아에 내몰린 상황을 증언하였다. 생사의 경계에서 절박하게 국경을 넘은 다수의 탈북이주자의 모습과 증언은 북한 경제체제의 총체적 위기 상황을 가리키는 무엇보다 명확한 증거였다. 1990년대 중후반 몰아닥친 기근 상황의 징조는 이미 오래전부터 나타나고 있었다. 공식적 생산체제의 낙후, 생산정체의 심각성을 제대로 개혁하기 힘든 당 중심 관료제, 집단 농장에서의 식량생산의 제약과 생산동기의식의 저하, 대외 교역조건의 어려움 등의 문제들이 심화되어 오다가 결국 동구사회주의권이 무너지게 되면서 공식적인 생산분배체계가 마비되게 된 상황에 이르게 되었다. 공식적 생산체제의 붕괴는 북한사회 전체를 위협하는 절체절명의 위기 상황이었다. 그럼에도 불구하고, 대규모의 기아 상황은 벌어지지 않았다.

어느 누구도 예측하지 못했던 변화가 전개되었기 때문이다. 북한체제를 누구보다 잘 알고 있었던 황장엽 씨도, 실제로 식량난을 경험하였던 북한주민도, 객관적이고 과학적인 방법으로 북한의 위기 상황을 진단하려고 했던 전문가들도 예측하지 못했던 변화가 사회 전체로 확대되었기 때문이었다. 밑으로부터의 자구적인 생존경제의 확장이다. 그것은 이미 1980년대부터 맹아들이 존재하였다. 국가 생산의 낙후성을 보완하고 국가 복지 부담을 완화하기 위해, 그리고 부족한 재화를 자구적으로 획득하기 위해 노력하면서 비공식 경제가 생성되었다. 기업에서는 계획된 생산 이외, 기초생필품을 자체적으로 생산하도록 권장하였고, 각 작업장에서는 부족한 원자재를 밀매를 통해 확보하는 것이 관례가 되었다. 노동자와 도시주민, 농민들도 아직 개간되지 않은 땅이나 얼마 안 되는 집 주변의 땅에서 여러 작물들을 재배하였다. 공식적 생산체제 뒤에서 국가권력의 처벌 위험을 피해서 조금씩 조금씩 꾸려나갔던 소규모 개인적인 거래와 생산활동은 공식적 생산체제가 붕괴되면서 노동자, 농민, 관료, 주민 대다수가 참여하는 주된 경제활동으로 확대되었다.

비공식 경제와 공식 경제의 관계도 변화되었다. 주민들은 집단작업장보다 개별 생산에 더 노력을 기울였다. 공식적 생산활동보다 개인생산에 들이는 노력이 커진 것은 국가 생산체계의 효율성을 더욱 악화시켰다. 부족한 자원을 자구적으로 보충하기 위해 어쩔 수 없이 묵인된 비공식 생산과 교환 경제는 점점 공식적 생산체제를 잠식해갔다.

공식적 생산체제와 배급체계가 작동하지 않게 되면서, 개인생산과 시장활동은 전 주민으로 급속도로 확대되어 나갔다. 국가도 처음에는 체제를 위협하는 자본주의, 황색바람이라고 엄격하게 단속하였지만 생존을 위한 움직임을 막을 수 없었다. 결국 국가권력도 묵인하면서, 그리고 국가권력도 개입하여 반합법적인 시장경제가 확대된 것이다. 이런 상황에서 빈곤의 양상이 변하게 되었다. 1990년대 중후반에는 사람들이 배급이 나올 것만 기다리면서 당도, 기업도, 주민도 아무런 대책을 강구할 수 없었던 쇼크 상황에 있었다. 산업노동자가 대거 집중된 함경남북도 도시지역에서 많은 인구가 사망하였다. 이후 생존을 위한 자구적인 노력들이 확대되었다. 먹을 수 있는 것은 무엇이든지 찾아 만들어 먹고, 자원을 획득할 수 있는 모든 방법을 동원하였다. 점차 시장활동이 전국 모든 지역으로 확장되어 갔다. 그리고 2002년 경제조치 이후 시장활동은 더욱 강화되어 나갔다. 국경지역에 가까운 도시들은 기업에서 자체적으로 생산물품을 팔거나 자원을 팔아 분배를 하였고, 개인 노동자들은 직장에서 생산재를 몰래 훔쳐 시장에서 팔거나 허위 신고서를 떼어 시장활동을 하였다. 장사는 식량난 이후 주민들이 살아가는 중요한 경제활동이 되었다. 대부분의 주민들은 생계를 유지하기 위해 국가감시를 피해가며 장사를 하고 있다. 권력과 결합하여 큰 이윤을 남기는 큰 손들도 생겨났다. 시장활동에서 획득하는 재화와 소득이 많아지면서 지역별 빈곤상황도 변화되었다. 혜산, 무산, 청진, 선봉, 신의주 등 대도시 산업지역과 국경지역에서는 시장이 번성하였지만 내륙에 위치한 중소도시와 농촌지역에서는 교역활동에 제약이 커서 오히려 생활이 더 빈궁해졌다. 황해도는 대표적인 곡창지역으로서 1990년대 초반에는 사망률이 다른 지역에 비해 낮았는데 2008년 센서스에서는 다른 지역에 비해 사망률이 높게 나타난다.

비공식 경제활동이 확대되면서 주민들의 생활방식과 의식은 상당히 변화되었다. 무엇보다 사적 소유에 대한 인식이 커졌다. 노동은 혁명이고 배급은 국가, 당, 수령의 은혜로서 인식하였었지만 배급에 의존하는 정도가 약화되고, 개인적인 생산활동과 시장교류활동에 주력하면서, 자연스럽게 사적 소유에 대한 인식이 커졌다. 그리고 시장과 비공식적인 관계가 복합적으로 얽혔다. 이타적이고 정직하고 서로 돕고 친밀한 관계를 중시하면서 경제적 이해를 좇고, 또 속임을 당하면서 관계가 불투명해지고 있다. 친족, 동포, 민족의 이름으로 개인적 이해를 추구하면서 관계의 신뢰 기반은 약화되고 있다. 권력자는 외화벌이라는 명목으로 권력을 이용하여 밀매활동에 참여하기도 한다. 국가권력은 감시권력을 이용하여 재화와 자본을 축적한다.

이렇게 비공식 시장경제는 공식적 집단생산체제가 약화된 원인이 되기도 하고 결과가 되기도 하였다. 비공식 경제는 공식적 집단경제를 보완하기 위하여 상당히 일찍부터 생성되었지만 점차적으로 공식경제를 침식하였다. 또한 가족과 여성은 비공식 경제가 확대되는 데 매우 중요한 역할을 하였다. 가족은 국가통치를 정당화하는 혁명의 세포이자 생산, 부양, 교육의 역할 때문에 건국 초기부터 그 기능이 강조되었다. 국가권력은 가족을 장악하려고 하였다. 전통적 친족체계를 약화시키고, 성분조사를 통해 가족을 국가권력에 완전하게 통합하려고 하였다. 국가통치자는 전능한 지도자이자 어버이로서 무한한 사랑의 대상으로 우상화되었다. 국가는 사회 전체를 보살피는 가부장이었고, 그 권력을 재생산하기 위해 젠더 불평등한 제도와 담론을 사회에 확대시켰다. 그리고 여성은 숭고한 희생, 돌봄, 현모양처, 대가정을 돌보는 모성의 이름으로 찬미되었다. 가족을 위한 여성의 헌신과 희생은 국가권력과 가부장제의 이중적 지배에서 구성되었다. 국가와 가부장제의 이중적 지배는 상호 자율적인 권력이 타협한 결과가 아니라 국가권력의 이해에서 가부장적 원리가 재창조된 결과였다. 국가 가부장제에서 여성은 국가공동체의 이름으로 헌신이 강조되었다. 그러나 가족부양과 재생산 역할을 담당하고 있던 여성의 삶은 비공식 경제와 가족의 상대적 자율성을 확대시켰다. 국가 가부장제의 지배에서 강제된 여성의 가족애와 헌신은 역설적으로 국가 헤게모니를 약화시킨 밑으로부터 형성된 변화의 힘이었다.

6. 혁명적 주체이데올로기

우연히 북한 다큐방송을 보았다. 2003년도 9월 평양대축전이 개최되는데 이날을 위해 매스게임을 준비하고 있는 소녀의 감격과 충성심이 전달되었다. 보는 사람들도 전율을 느낄 정도로 소녀들은 일사불란하게 움직였다. 한 치의 실수를 불허하면서 한 동작 한 동작을 절도 있고 아름답게 표현하였다. 동작 하나하나를 단련하기까지 많은 고통이 있었겠지만, 그 고통만큼 감격이 충만하다. 전체 게임은 강한 일체감을 일으킨다. 하나로 맞추어가면서 느끼는 전율은 집단 소속감을 강화시킨다.

인터뷰에서 소녀는 북한에는 영웅들이 많다고 말한다. 요령을 부리지 않고 자기 이해를 좇지 않고 혁명 완수를 위해 노동, 농업, 예술, 모든 분야에서 고군분투하는 사람들은 모두 영웅이라고 한다. 혁명적 주체는 집단과 전체의 이익을 위해 개인들을 동인하는 이데올로기이다. 그리고 체제를 위한 헌신에서 존재의미를 갖게 한 주체의식이다. 북한주민의 영웅의식이 모여지는 정점에는 김일성과 김정일에 대한 충성과 숭배 의식이 자리 잡는다. 지도자와 국가에 대한 충성과 혁명적 주체로서 영웅의식이 이어진다.

화면에 잡힌 평양거리와 평양주민의 생활은 '위기'의 삶과는 거리가 멀었다. 북한주민이 실제 사는 일상이 아니라 사상 통일과 북한체제의 건장함을 대내외에 선전할 요량으로 고안된 공간이라고 하지만 이곳에서 연출되고 있는 상징은 주민들의 일상에 전파되고 있다. 귀천의식이 없고, 누구나 배불리 먹고, 축복받은 사회에 감복하고, 더욱 분발하자는 메시지를 전파한다. 주체사상이 사람들의 마음에 뿌리내리는 중요한 방법의 하나가 집합적인 전시이다. 주체사상에 철저하게 무장된 200만 명의 핵심층이 모여 있는 평양은 고통을 극복하고 민주혁명을 위해 단결하라는 메시지를 생산하고 있다. 탈북이주자와 인권단체들이 말하는 빈곤과 인권 침해 상태와 평양의 풍경은 대조된다.

심각한 기근 상황에서 아무도 예측하지 못한 처절한 생존 움직임이 있었고 그러면서도 통치체제를 위협하지 않았던 것은, 체제를 받치고 있는 혁명적 주체이데올로기의 영향일 수 있다. 단순히 국가권력에 순응적인 존재였다면 더 많은 사람들이 죽었을 것이고, 주민들의 체제에 대한 강한 신념이 없었다면 총체적 경제난에서 국가권력은 무너졌을 수 있다. 식량난 이후 비공식적인 경제활동이 증가하고 있지만 정치적 저항이 표출되지 않는 것도, 통치권력의 물리적 지배에서만 아니라 혁명적 주체이데올로기를 통한 지배에서 조명해볼 수 있는 현상이다.

혁명적 주체는 국가권력으로부터 기획되었다. 그러나 주민으로부터의 강한 열망과 지지를 기반으로 한 기획이었다. 독립된 주체는 봉건제적 신분지배와 식민지 지배를 겪으면서 오랜 시기 고통스런 삶을 살았고 자의식을 억압받았던 민중들의 마음 깊이 자리 잡은 한이자 염원이었을 수 있다. 그리고 북한의 통치권력은 인민의 주체화를 강조하였다. 김일성은 북한사회를 봉건제, 식민지, 계급, 젠더 모순으로부터 해방된 이상향의 공간을 만드는 것이 북한주민의 사명이라고 강조하였다. 이런 수사가 사람들의 마음을 움직일 수 있었던 것은 국가의 강압적인 권력에 의해서만은 아니었다. 해방조국에 대한 열망이 있었고, 주체적인 삶에 대한 열망에 의해 뒷받침되었다. 여기에 더하여 철저한 계급혁명이 이루어졌다. 친일한 사람, 지주출신, 남한에 충성한 사람들은 반성분자가 되고, 노동자의 순수한 혈통은 핵심적 당 세력이 되었다. 1970년대 전반까지만 해도 북한사회는 역동성과 다원성이 보인다. 노동자와 사무직 노동자가 증가하였고, 지식인도 증가하였다. 기술, 사상, 문화 혁명이 강조되고, 농작물과 공업 생산량이 크게 증가하였다. 기초생활이 보장되면서 생산단위와 일상의 공동체 활동에서 영웅을 따라 배우고 자발적으로 영웅이 되고자 하는 사기도 높았다. 국가건설 초기 주민은 물질적 안전, 행복, 희망의 분위기에 고조되었다.

그러나 혁명적 주체는 그 기획부터 양면성을 가졌다. 아니 기획에서부터 주체의 역량은 억압되었다는 것이 더 정확할 수 있다. 국가가 모든 것을 통제하는 구조에서, 혁명적 주체는 정치적 수사와는 다르게 구성되었다. 혁명적 주체는 권력 자원이 없는 주체였다. 스스로 권력을 갖지 못하기 때문에 통치권력과 조직에 순응하고 헌신함으로써 존재의 안전을 구하는 인성으로 구성되었다. 북한주민이 통치권력에 대해 열광하는 것이 과잉 연기나 가면으로 보여지는 것도 꼭 색안경을 끼고 보기 때문만은 아니다.

북한주민은 관계를 중시한다. 무엇보다 동포의식을 강하게 가지고 있다. 그런데 정도의 차이는 있지만, 식민지 시기 디아스포라를 경험하였던 해외 한인들도 끈끈한 민족감정을 가지고 있다. 사회적 안전망이 부재하였던 근대사에서 가족, 혈연, 친족, 민족은 생존을 위한 중요한 의지처였다.

탈북이주자는 식량난 이전 북한주민들은 순하였지만 식량난을 겪으면서 승냥이만 남았다고 증언한다. 북한주민은 진실된 인간은 자기중심적이고 이해타산적인 인간이 아니라, 이타적이어야 한다고 교육을 받았다. 자기 욕망과 자기 이해를 근원적으로 벗어 던지지는 못하더라도 그 도덕적 강제에서 사람들은 순하게 살려고 했다. 북한주민의 관계지향적 태도는 또한 이동이 통제된 정주생활에서도 강화되었다. 또한 순하게 살고 남에게 잘하는 것은 처세술이기도 하였다. 모든 자원이 당에 의해 배치되는 상황에서 추천이 중요하고 당 관료를 움직이기 위해서 뒷거래가 작용하는 것도 자연스런 문화가 되었다.

이처럼 혁명적 주체이데올로기는 국가권력의 기획과 주민들의 삶의 전략에서 매우 다층적인 의식과 성향, 행위 체계로 형성되었다. 한편으로 이상사회를 건설하는 소명의식의 강조는 도덕적 인간으로 살라는 압력을 쉽게 벗어던지지 못하게 하였다. 국가, 당, 인민은 하나라는 믿음을 가지고 민족과 국가를 위해 충성하고, 자기 이해보다 이타적이고 남을 속이지 않는 참된 인성을 가지라고 오랜 시간 훈육되었다. 통치권력은 영웅의식을 통해 교묘하게 주체를 통치하였다. 국가에 대한 신뢰는 계급성분이 투철한 핵심세력만 가졌던 것은 아니다. 불순한 가족성분의 인장을 가지고 사는 계층들도 그 인장을 떼어내기 위해 열성적으로 체제에 헌신하였다.

그러나 혁명적 주체이데올로기는 개인의 자율적인 선택이 부정되고, 생존과 지위가 국가, 당, 관계의 추천에 의해서 결정되는 구조에서 적응하면서 생성된 인성의 특성을 동시에 가지고 있었다. 개인의 능력보다 당, 조직, 관계로부터의 평가에 더 의존하였다. 친밀한 관계, 이타적인 관계, 진정한 관계를 통해 사적 이해를 해결하였다. 이런 인성과 행위는 지배 논리를 수동적으로 내면화하여 구성된 것이 아니다. 또한 권력을 의식하여 표면으로는 순종하면서 안으로는 자기 이해를 챙기는 전략으로 구성된 것도 아니다. 그보다는 사회주의 인간으로 훈육되고 감시된 양심과 충의식의 압력에서 선의로서 자기 이해를 감추려는 의도들이 복잡하게 결합되어 만들어진 이데올로기의 무의식적 영향이라고 여겨진다.

혁명적 주체의 다중적인 모습은 경제수준이 침체되기 시작한 1970년대 중후반 이후부터 점차 뚜렷하게 부각되었던 것 같다. 그리고 경제난을 심화하였다. 1970년대 중후반 이후 정주사회의 특성이 강화되었다. 산업구조도 교육수준의 개선도 정체화되었다. 생산은 침체되고 주민들의 혁명의식도 일상화되고 의례화되었다. 창의적으로 효율성을 증진시키고자 하는 열의가 소진되었다. 집단생산에서는 소극적으로 노동하면서 소규모 개인 생산에 더 신경을 쓰게 되었다. 그리고 국가복지가 약화되면서, 가족중심적인 생활전략과 이해가 커졌다. 비공식 관계를 통해 자원을 획득하는 방식이 더 일반화되었다. 그리고 1990년대 중후반 식량난을 거치면서 자구적인 생존경제와 비공식적인 관계를 이용한 생활전략들이 크게 확장되었다.

혁명적 주체의 메타포는 여전히 연출되고 있다. 혁명의 일상화를 막고 주민들의 내적인 불만을 통제하기 위해서 식민지로부터 해방되어 민족국가를 건설하였을 때의 감격의 기억을 재연하고 군사경제 강국 건설의 소명을 주문처럼 외우고 있다. 집합적 군무에 동원된 청년들은 똑같이 감격에 충만된 모습을 연출한다. 북한은 시계가 멈춰진 것 같은 사회로 보인다. 그러나 자구적인 삶의 방식이 확장되면서 혁명적 주체이데올로기의 긴장도 커지고 있다.

외부에서는 가면, 광기, 이상함으로 보이는 북한주민의 태도와 행위 방식은, 국가, 민족, 계급, 혁명의 이름으로 공동체에 헌신하도록 호명되면서 자구적인 생활방편을 찾아야 하는 삶의 조건에서 형성된 무의식의 표현이다. 자율적으로 선택할 수 있는 권리가 제약당한 채, 결핍된 자원에 대한 욕구를 절제하면서, 집단과 국가를 위해 헌신하면서 관계를 중시하면서 살았다. 그러나 경제난이 갈수록 심각해지면서 국가에 충성하고 착한 사람으로서만 살아가기 힘들었다. 통치 권력도 묵인하고 때로는 처벌하면서 자구적인 삶의 수완들을 찾았다. 식량난 이후 착한 사람은 줄어들고 자기 이해를 위해 타인을 속이고 이용하는 행위가 일반화되었다.

사람들의 비공식적인 관계가 더욱 중요해졌다. 중국 조선족, 남한 사람, 북한주민들 사이의 동포, 민족 네트워크에 북한주민도 은밀하게 연결되어 있다. 한 핏줄이라는 동포의식으로 서로를 돌봐주고 의지하지만, 사적 이해들이 개입되어 위험천만한 관계로 전환되기도 한다. 자유의 소통으로 비공식관계가 기능하는 부분도 있지만 생존의 욕구와 물질적 욕구를 좇아 확장되면서 속임과 폭력과 스스로 통제할 수 없는 궁지의 늪이 되기도 한다.

7. 집단적 상흔과 거시권력구조

평양의 대규모의 매스게임에 동원된 주민들의 모습에는 결의와 진정성이 보인다. 이 진정한 태도를 이해하기 어렵기 때문에 충의 허구성을 강조하는 여러 논리들이 찾아진다. 평양에 거주하는 사람은 북한체제를 끝까지 사수할 핵심층이다. 외부의 정보로부터 차단되어 다른 체제를 비교하고 판단할 수 없다.

사회주의를 직접 건설하였던 구세대 간부들과는 달리 젊은 간부들은 김일성, 김정일, 김정은 수령체제나 당에 대해 일편단심을 갖고 있지 않을 수 있다. 선동과 대중집회, 체전 등을 통해 일체의식을 계속 연기하고 있을 뿐이다. 광신도의 사회이다. 이와 같은 논리들로 충의 허구를 지적한다.

그러나 우리가 이해하기 어려운 정도로 북한사회는 수령과 국가에 대한 충의식에 기초하여 통합되었을 수 있다. 북한사회를 떠받치고 있는 것은, 강권적인 통치만큼이나 공동체 이데올로기일 수 있다.

독재권력과 빈곤에도 불구하고 북한주민이 똘똘 뭉쳐 있는 것은 – 아니 그렇게 보는 것인지 모르지만 – 세상이 어떻게 돌아가는지를 모르고 국가권력에 의해 세뇌되었기 때문만은 아닐 수 있다. 혁명적 주체이데올로기는 북한주민의 무의식을 지배하였고 주체와 공동체를 강하게 연결시켰다. 공동체라는 도덕적 언명 때문에 국가권력이 파생시킨 고통을 비판하는 인식을 스스로 억압하였는지 모른다.

부조리한 환경을 이성적으로 비판하고, 변화시킬 수 있는 능력과 의지를 가질 수 있는 주체는 정치, 사회, 경제적으로 자유가 보장될 때 비로소 탄생할 수 있다. 생존을 위해 불법적인 장사를 하다가 속임을 당하고 더 무리를 하다가 처벌 위험에 내몰려 탈북을 하고, 중국에 가면 잘살 수 있다는 이야기를 듣고 국경을 넘고 은신을 위해 결혼과 예속적 노동에 종사하게 되는 것처럼 정신과 몸이 억압된 상태에서는 자기 이해를 실현하는 합리적인 선택 역시 매우 위험한 결과로 이르기 쉽다. 생존을 위해 고통을 피하기 위해 예속을 받아들이거나 주어진 삶에 순응하는 것이 합리적인 선택일 수 있다.

북한주민은 집단적 상흔을 가지고 있다. 주된 책임은 북한국가권력의 정치, 경제적 억압일 수 있다. 그리고 집단적 상흔의 더 깊은 심층에는 분단, 가부장제, 아시아의 패권적 발전주의, 국가주의가 입힌 상처가 묻혀져 있다.

북한주민의 집단적 상흔을 구조화한 거시권력인 분단권력, 가부장제, 시민권의 위계화는 비단 북한사회뿐만 아니라, 지금의 우리시대를 지배하고 있다. 그리고 거시권력은 그 폭력을 은폐함으로써 거시권력에 지배되고 있는 우리 모두가 집단적 상흔을 함께 만들었다는 책임인식을 마비시킨다.

역사 속에서 사회주의 이념을 실현한 국가는 존재하지 않았다. 사회주의를 표방한 근대국가의 실험은 생산, 분배, 정치, 사상을 국가가 전유하고 개인의 자율을 억압하는 공동체 사회를 탄생시켰고 그 때문에 실패하였다. 죽음은 새로운 탄생이기도 하다. 탈사회주의는 탈국가주의 과제를 많이 가지고 있다. 북한은 정치, 군사, 경제권력과 도덕으로 어느 체계보다 강력한 국가중심 공동체 사회를 실험하였다. 그리고 체제이행의 기로에 놓여 있다. 정치권력을 유지한 채 주민들의 물질적 이해와 욕구를 풀어주는 방향으로 체제 이행을 할 것인가? 동아시아 가부장제 질서를 강화 혹은 약화시키는 방향으로 이행할 것인가? 밑으로부터의 저항에 부딪혀 국가주의의 종언으로 이행할 것인가? 아니면 더 파국적인 무정부상황으로 이행할 것인가? 남한사회는 이 이행의 길을 결정하는 데 매우 중요한 역할을 할 것이다. 국가, 민족정체성은 새롭게 재구성되고 있다. 일체와 동질성에 기반한 연대는 더 이상 작용하기 어려운 시대로 나아가고 있다. 다양성 속에서 어울려 살 수 있는 기반은 무엇인가? 북한주민과 남한주민은 어떻게 공생할 수 있는가? 통일을 위해 무엇을 준비해야 하는가? 우리가 편협한 자기중심 세계관에서 벗어나 공존의 실천들을 만들어 갈 수 있도록 발원한다.

참고문헌

강대기. 2001.『현대사회에서 공동체는 가능한가: 개인의 자유와 공동체적 결속 사이에서』. 아카넷.

강진웅. 2012.「북한의 항일무장투쟁 전통과 민족 만들기: 민족주의와 권력, 담론, 주체」.『한국사회학』 46/1. 24-63.

______. 2010.「남북한의 국가와 가족-체제 변화와 가족주의의 변형」.『한국사회학』 44/5. 139-175.

고원. 2010.「미셸푸코와 몸의 역사」.『서양사론』 104호. 89-108.

권영경. 2006.「북한의 경제현황과 개혁, 개방」. 북한연구학회 편.『북한의 경제』. 경인문화사. 373-413.

권태환. 1988.「북한인구추계의 기초마련을 위한 연구」.『남북한 분단상황 극복방향 연구』. 국토통일원.

권태환 · 김태헌. 1990.『한국인의 생명표: 1970-1985년의 사망유형분석을 중심으로』. 서울대학교출판부.

권태환 · 김태헌 · 김두섭 · 전광희 · 은기수. 1997.『한국 출산력 변천의 이해』. 일신사.

권태환. 1997.「출산력 변천의 과정과 의미」. 권태환 외.『한국 출산력 변천의 이해』. 일신사. 13-56.

______. 2004.『중국 조선족사회의 변화: 1990년 이후를 중심으로』. 서울대학교출판부.

전광희. 1997.「출산력 변화의 메커니즘」. 권태환 외.『한국 출산력 변천의 이해』. 일신사. 57-98.

은기수. 1997.「지역, 교육 및 직업별 차별출산력」. 권태환 외.『한국 출산력 변천의 이해』. 일신사. 99-126.

김경일 · 윤휘탁 · 이동진 · 임성모. 2004.『동아시아의 민족이산과 도시: 20세기전반 만주의 조선인』. 역사비평사.

김귀옥. 1999.『월남민의 생활경험과 정체성: 밑으로부터의 월남민 연구』. 서울대학교출판부.

______. 2010.「분단과 전쟁의 디아스포라: 재일조선인 문제를 중심으로」.『역사비평』 통권 91호. 53-93.

김두섭. 2001. 「북한인구의 성 및 연령구조에 대한 재검토: 1994년 인구센서스 자료를 중심으로」. 『한국인구학』 24/2. 117-147.

김두섭 외. 2011. 『북한인구와 인구센서스 분석』. 통계청.

김상선 · 리성히 집필. 리방순 편집. 1993. 『주민등록사업참고서』. 사회안전부출판사.

김석향. 2006. 「일상생활에서 본 북한의 성평등 실태와 여성인권의 문제」. 북한연구학회 편. 『북한의 여성과 가족』. 경인문화사. 273-308.

김수진. 2005. 「1920-30년대 신여성담론과 상징의 구성」. 서울대학교 사회학 박사 학위논문.

김연철. 2006. 「북한사업화 과정의 정치경제」. 북한연구학회 편. 『북한의 경제』. 경인문화사. 41-94.

김일성. 1946. 3. 5. 「북조선토지개혁에 관한 법령」. 『김일성선집』. 외국문출판사(1980, 일어).

______. 1946. 4. 10. 「토지개혁 총괄과 금후 과제: 북조선공산당중앙조직위원회 제6회총대집행위원회 보고」. 『김일성선집』. 외국문출판사(1980, 일어).

______. 1946. 5. 9. 「여성동맹의 금후 과제에 관하여: 북조선민주여성동맹 제1회대표자회의에 참가한 공산당원 여성동맹간부에 대한 연설」. 『김일성선집』. 외국문출판사(1980, 일어).

______. 1946. 6. 20. 「노동법령초안에 대하여: 북조선임시인민위원회 제8회의 연설」. 『김일성선집』. 외국문출판사(1980, 일어).

______. 1946. 6. 24. 「북조선 노동자, 사무원에 대한 노동법령」. 『김일성선집』. 외국문출판사(1980, 일어).

______. 1946. 7. 30. 「북조선남녀평등권에 관한 법령」. 『김일성선집』. 외국문출판사(1980, 일어).

______. 1947. 2. 8. 「조선 정치 정세에 관하여: 북조선임시인민위원회수립 1주년기념대회 보고」. 『김일성선집』. 외국문출판사(1980, 일어).

______. 1947. 2. 19. 「1947년도 인민경제개발계획에 대하여: 북조선 도시, 군인민위원회 대회 보고」. 『김일성선집』. 외국문출판사(1980, 일어).

______. 1947. 5. 21. 「인민보건의료사업을 강화하기 위해: 북조선인민위원회 37회의 연설」. 『김일성선집』. 외국문출판사(1980, 일어).

______. 1948. 3. 9. 「북조선민주주의 민족통일전선 중앙위원회 제25회 회의 연설」. 『김일성선집』. 외국문출판사(1980, 일어).

______. 1948. 5. 3. 「김구와의 담화」. 『김일성선집』. 외국문출판사(1980, 일어).

______. 1948. 7. 9. 「조선민주주의인민공화국 헌법시행에 대하여: 북조선인민회의제5회 보고」. 『김일성선집』. 외국문출판사(1980, 일어).

______. 1948. 9. 10. 「조선민주주의인민공화국정부 정강: 조선민주주의인민공화국 최고인민회

의 제1회 발표 정강」. 『김일성선집』. 외국문출판사(1980, 일어).

______. 1952. 1. 20. 「'전반적무료치료제실시 준비를 철저히 하기 위해' 보건성책임간부에의지시」. 『김일성선집』. 외국문출판사(1980, 일어).

______. 1953. 12. 8. 「조선노동당중앙위원회 결의」. 『김일성선집』. 외국문출판사(1980, 일어).

______. 1956. 4. 23. 「조선노동당제3회대회 중앙위원회 활동보고」. 『김일성선집』. 외국문출판사(1980, 일어).

______. 1954. 8. 23. 「조선민주주의인민공화국 내각제30회 결의」. 『김일성선집』. 외국문출판사(1980, 일어).

______. 1954. 8. 23. 「조선민주주의인민공화국내각 제30회 전원회의 결의」. 『김일성선집』. 외국문출판사(1980, 일어).

______.1954. 11. 3. 「조선노동당중앙위원회 결의」. 『김일성선집』. 외국문출판사(1980, 일어).

______. 1956. 4. 23. 「조선노동당제3회대회 중앙위원회 활동보고」. 『김일성선집』. 외국문출판사(1980, 일어).

______. 1958. 5. 4. 「조선노동당중앙위원회 상무위원회 결의」. 『김일성선집』. 외국문출판사(1980, 일어).

______. 1958. 9. 25. 「당, 국가, 경제기관, 대중단체 책임간부협의회 연설」. 『김일성선집』. 외국문출판사(1980, 일어).

______. 1958. 9. 16. 「'사회주의 건설에 있어 소극성과 보수주의에 반대하며' 전국생산혁신대회 연설」. 『김일성선집』. 외국문출판사(1980, 일어).

김필동. 1999. 『차별과 연대 – 조선 사회의 신분과 조직』. 문학과지성사.

김한곤. 1994. 「여성의 지위와 출산력에 관한 질적 연구」. 『한국인구학』 17/2. 21–43.

김현미. 2006. 「국제결혼의 전지구성 젠더 정치학: 한국남성과 베트남 여성 사례를 중심으로」. 『경제와 사회』 70. 10–37.

김현미 · 김민정 · 김정선. 2008. 「안전한 결혼이주?: 몽골여성들의 한국으로의 이주과정과 경험」. 『한국여성학』 24/1. 121–153.

김혜경. 2009. 「박정희 체제하 '핵가족'담론의 변화과정과 이원구조 연구. 조선일보를 중심으로」. 『사회와 역사』 82. 169–212.

남성욱 · 문성민. 2006. 「북한의 계획경제와 시장경제 규모 추정: 1998년을 중심으로」. 북한연구학회 편. 『북한의 경제』. 경인문화사. 413–478.

노용환 · 연하청. 1997. 『북한인구센서스의 정책적 함의: 인구구조와 특성』. 한국보건사회연구원(북한 센서스 1993).

리기성 · 정명필 · 오일선 · 홍명순. 1996.『인구학개론』. 과학백과사전종합출판사. 북한.
리성권 편. 1992.『중국조선족이민실록』. 연변인민출판사. 중국.
문옥륜. 1989.『북한의 보건의료제도분석』. 국토통일원.
______. 2001.『북한의 보건의료제도 운영』. 아주남북한보건의료연구소.
민족화해협력범국민협의회 정책위원회 편. 2003.『북한주민의 일상생활과 대중문화』. 민족화해협력범국민협의회 정책위원회.
박경숙. 2009.「식민지 시기 (1910−1945) 조선의 인구동태와 구조」.『한국인구학』 32/2. 29−58.
박경애. 2001.「영아사망수준 측정자료에 대한 고찰」.『한국인구학』 24/1. 67−90.
______. 1999.「한일사망원인별 사망력 비교」.『한국인구학』 22/1. 37−63.
박명규. 2004.「한인 디아스포라론의 사회학적 함의」. 최협, 김성국, 정근식, 유명기 엮음.『한국의 소수자, 실태와 전망』. 한울. 159−176.
______. 2009.『국민 · 인민 · 시민−개념사로 본 한국의 정치주체』. 소화.
박명규 · 서호철. 2003.『식민권력과 통계: 조선총독부의 통계체계와 센서스』. 서울대학교출판부.
박명림. 2006.「해방, 분단, 한국전쟁의 총체적 인식」. 박명림 · 이완범 · 김명섭 · 백일 · 신형기.『해방전후사의 인식 6』. 한길사. 7−76.
박석삼. 2006.「북한의 금융현황과 전망」.『북한의 경제』. 경인문화사. 277−342.
박순성. 2006.「북한의 개혁, 개방과 남북 경제협력」. 북한연구학회 편.『북한의 경제』. 경인문화사. 343−372.
박영자. 2006.「북한의 여성노동 정책: 노동계급화와 수평적 · 수직적 위계를 중심으로」. 북한연구학회 편.『북한의 여성과 가족』. 경인문화사. 129−168.
박용옥. 2001.『한국 여성 근대화의 역사적 맥락』. 지식산업사.
박현선. 2003.『현대 북한사회와 가족』. 한울아카데미.
______. 2006.「북한의 가족정책」. 북한연구학회 편.『북한의 여성과 가족』. 경인문화사. 7−54.
박혜경. 2011.「경제위기시 가족주의 담론의 재구성과 성평등 담론의 한계」.『한국여성학』 27/3. 71−106.
배은경. 2004.『한국사회 출산조절의 역사적 과정과 젠더: 1970년대까지의 경험을 중심으로』. 서울대학교 박사학위 논문.
북한연구학회 편. 2006.『북한의 경제』. 경인문화사.
서울특별시사편찬위원회. 2005.『서울人口史』. 서울특별시사편찬위원회.
서이종. 2002.『인터넷 커뮤니티와 한국사회』. 한울.
서재진. 1995.『또 하나의 북한사회: 사회구조와 사회의식의 이중성 연구』. 나남.

설동훈. 2000. 『노동력의 국제이동』. 서울대학교출판부.

송유진 역. 2006. 「북한 2002 재생산건강조사 결과보고서」. 『인구와 사회』 2/1. 131-171.

신동원. 1986. 『일제의 보건의료 정책 및 한국인의 건강상태에 관한 연구』. 서울대학교보건대학원 석사학위논문.

양문수. 2006. 「북한경제체제의 성립과 발전」. 북한연구학회 편. 『북한의 경제』. 경인문화사. 9-40.

양현아. 2011. 『한국 가족법 읽기』. 창비.

여성한국사회연구회 편. 1990. 『한국가족론』. 까치.

연하청. 2000. 『북한의 인구보건정책』. 아주남북한보건의료연구소.

연합뉴스. 2004. 『북한연감 2004』. 연합뉴스.

오경환. 2009. 「모아진 몸: 프랑스 제3공화국 인구감소 논쟁으로 본 푸코의 개인, 인구, 통치성」. 『서양사론』 103호. 125-152.

윤미량. 2006. 「여성의 위상과 역할」. 북한연구학회 편. 『북한의 여성과 가족』. 경인문화사. 55-128.

윤영관. 2010. 「미국의 대북한 경제체제의 정치경제」. 서울대학교 2010년 통일학 기초학 심포지엄 발표문.

윤인진. 2004. 『코리안 디아스포라: 재외 한인의 이주, 적응, 정체성』. 고려대학교출판부.

_____. 2008. 「한국적 다문화주의의 전개와 특성: 국가와 시민사회의 관계를 중심으로」. 『한국사회학』 42. 72-103.

윤인진. 2009. 『북한이주민: 생활과 의식, 그리고 정착지원정책』. 집문당.

은기수 · 권태환. 2002. 「한국 유배우 여성의 인공임신중절의 실태 및 결정요인」. 『한국인구학』 25/1. 5-32.

의료보험관리공단. 1989. 『북한의 보건체제와 의료보장제도 연구』. 의료보험관리공단.

이금순. 2005. 『북한주민의 국경이동 실태: 변화와 전망』. 통일연구원.

이무철. 2006. 「북한경제의 영향」. 북한연구학회 편. 『북한의 경제』. 경인문화사. 143-190.

이미경. 2006. 「북한의 모성 이데올로기: 조선녀성의 내용 분석을 중심으로」. 북한연구학회 편. 『북한의 여성과 가족』. 경인문화사. 201-236.

이삼식·조남훈·백화종·유수종. 1999. 『남북한 인구변동과 통일시 사회·인구학적 정책과제』. 한국보건사회연구원.

이석. 2004a. 「1994-2000년 북한기근: 초과사망자 규모와 지역별 인구변화」. 『국가전략』 10권 1호: 117-145.

______. 2004b. 『1994-2000년 북한기근』. 통일연구원.

이성용. 2006. 「경제위기와 저출산」. 『한국인구학』 29/3. 111-138.

이수자. 2004.「이주여성 디아스포라: 국제성별분업, 문화혼성성, 타자화와 섹슈얼리티」.『한국사회학』 38. 189-219.

이영훈. 2006.「북한경제발전전략의 지속과 변화」. 북한연구학회 편.『북한의 경제』. 경인문화사. 95-142.

이온죽. 1993.『북한사회의 체제와 생활』. 법문사.

이온죽·이인정. 2010.『김일성 사회주의청년동맹과 조선민주녀성동맹-사회변동과 체제유지의 기제』. 서울대학교출판문화원.

이재경. 2003.『가족의 이름으로』. 또 하나의 문화.

이혜경. 2008.「한국 이민정책의 수렴현상: 확대와 포섭의 방향으로」.『한국사회학』 42/2. 104-137.

이효재. 1990.「한국 가부장제의 확립과 변형」. 여성한국사회연구 편.『한국가족론』. 까치. 3-34.

이홍탁. 1985.「맬서스와 그의 인구론: 역사적 재조명」.『한국인구학』 8/2. 30-45.

임강택·임성훈, 2006.「북한의 경제특구 개발 전략: 개성공업지구와 금강산 관광특구를 중심으로」. 북한연구학회 편.『북한의 경제』. 경인문화사. 479-538.

임순희. 2004.『식량난과 북한여성의 역할 및 의식변화』. 통일연구원.

______. 2006.「소설을 통해 본 북한여성의 삶: 자아인식·삶의 목표와 가정생활을 중심으로. 북한연구학회 편.『북한의 여성과 가족』. 경인문화사. 169-200.

장경섭. 2009.『가족, 생애, 정치경제: 압축적 근대성의 미시적 기초』. 창비.

전성우. 1995.「동서독 통일과정의 사회학적 함의: '사회통합'의 관점을 중심으로」.『경제와 사회』 26호. 10-53.

정광민. 2005.『북한기근의 정치경제학: 수령경제, 자력갱생, 기근』. 시대정신.

정기원. 1993.「북한의 인구현황과 전망」.『한국인구학』 16/1. 1-18.

정기원·이상헌. 1992.『북한인구의 현황과 전망』. 한국보건사회연구원.

조선중앙통신사. 각년도.『조선중앙년감』. 조선중앙통신사. 북한.

조한혜정. 1985.「한국의 사회변동과 가족주의」.『한국문화인류학』 17. 81-98.

좋은벗들. 1998.『북한식량난』. 불교정토회.

______. 1999.『두만강을 건너온 사람들』. 불교정토회.

최경희. 2001.「식민지적이지도 민족적이지도 않은: 박완서의『엄마의 말뚝 I』에서 '신여성'의 형성」. ed. by Gi-Wook Shin and Michael Robinson. *Colonial Modernity in Korea*. Harvard University Press. (도면희 옮김. 2006.『한국의 식민지 근대성』. 삼인)

최봉호. 1997.「우리나라 인구통계 작성제도의 변천에 관한 고찰」.『한국인구학』 20/1. 5-26.

최수영. 2005.『북한의 산업구조 연구』. 통일연구원.

통계청 1999.『북한인구추계결과』. 통계청.

통일교육원. 2000, 2003, 2006.『북한의 이해』. 통일교육원

한국여성정책연구원. 2002.『여성취업실태조사』원자료. 한국여성정책연구원.

한석정. 1999.『만주국 건국의 재해석: 괴뢰국의 국가효과 1932-1936』. 동아대학교출판부.

______. 2011.「만주국 시기 조선인의 사회적 지위」.『동북아역사논총』31. 11-39.

허수열. 2007.「식민지근대화론의 쟁점: 근대적 경제성장과 관련하여」.『동양학』41. 227-250.

현인애. 2008.「북한의 주민등록제도에 관한 연구」. 이화여자대학교 대학원 석사학위 논문.

황상익. 2006.「북한의 보건의료」.『북한의 사회』. 경인문화사.

통계청. (http://www.nso.gr.kr)

통일연구원 (http://www.kinu.or/info/info_04_01.jsp)

Aries. P. 1963. *L'Enfant et la vie familiale sous l'Ancien Regime*. (문지영 옮김. 2003.『아동의 탄생』. 새물결.)

Armstrong, C. 2002. *The North Korean Revolution, 1945-1950*. Cornell University Press. (김연철 · 이정우 옮김. 2006.『북조선 탄생』. 서해문집)

Beck, U. und Elizabeth Beck-Gernsheim. 1990. *Das ganz normale Chaos der Liebe*. Shrkamp Verlag, Frankfurt am Main. (강수영 · 권기돈 · 배은경 옮김. 2006.『사랑은 지독한, 그러나 너무나 정상적인 혼란』. 새물결)

Berent, Z. 1970. "Causes of Fertility Decline in Eastern Europe and the Soviet Union II." *Population Studies* 24/2. 247-292.

Becker, G. 1981. *A Treatise on the Family*. Massachusetts. Cambridge, London: Harvard University Press.

Castles, S. 2000. *Ethnicity and Globalization: From Migrant Worker to Transnational Citizen*. Sage Publication.

Cho, Nam-Hoon, Moon-Sik Hong, and Il-Hyun Kim. 1994. "Effects of Induced Abortion and Son Preference on the Imbalance of Sex Ratio in Korea." *Korea Journal of Population Studies* 17/2. 77-97.

Choe, Minja and Kyung Ae Park. 2006. "Fertility Decline in South Korea, Forty Years of Policy-Behabior Dialogue."『한국인구학』29/2. 1-26.

Coale, A. and Paul, D. 1983. *Regional Model Life Tables and Stable Population*. New York/London:

Academic Press.

Caldwell, J. C. 1976. "Toward a Restatement of Demographic Transition Theory." *Population and Development Review* 2. 321–367.

DPRK, 2009. *DPR Korea 2008 Population Census National Report*. Central Bureau of Statistics, Pyonyang, DPR Korea(북한 센서스 2008).

DPRK. 1998. *1998 Nutrition Survey of the Democratic People's Republic of Korea*. DPRK.

DPRK. 2002. *2002 Reproduction Health Survey*. DPRK.

DPRK. 2004. *Nutrition Assessment Report of Survey Results*. DPRK.

Eberstadt, N. and Banister, J. 1992. *The Population of North Korea*. Institute of East Asian Studies, Berkeley, California: University of California Berkeley.

Eberstadt, N. 2000. "Development Structure and Performance of the DPRK Economy: Empirical Indications." in Lau, L. J. and Yoon, C. H. ed. North Korea in Transition. *Development Potential and Social Infrastructure*. Stanford University Press.

Frejka, T. 1983. "Induced Abortion and Fertility: A Quarter Century of Experience in Eastern Europe." *Population and Development Review* 9/3. 494–520.

Goodkind, D. and West, L. 2001. "The North Korean Famine and Its Demographic Impacts." *Population and Development Review* 27/2. 219–238.

Kwon, Tai-Hwan. 1977. *Demography of Korea: Population Change and Its Components 1925–66*. Seoul National University Press.

Lesthaeghe, R. 2010. "The Unfolding Story of the Second Demographic Transition." *Population and Development Review* 36/2: 211–251.

Malthus, T. R. 1798. *An Essay on the Principle of Population*. London: J. Johnson.

Mason, K. O. 1987. "The Impact of Women's Social Position on Fertility." *Sociological Forum* 2/24. 718–745.

Morgan, P. 2003. "Is Low Fertility a Twenty-Ferst-Century Demographic Crisis?" *Demography* 40/2. 589–603.

Morris-Suzuki, Tessa. 2007. *Exodus to North Korea: Shadows from Japan's Cold War*. Maryland: RowMan & Littlefield Publishers.

Natsios, A. 1999. *The Politics of Famine in North Korea*. USIP Special Report(황재옥 옮김. 2003. 『북한의 기아』. 다할미디어).

Pak, Sunyoung. 2004. "The Biological Standard of Living in the Two Koreas." *Economics and*

Human Biology 2. 511–521.

Robinson, W. C., Myung Ken Lee, Kenneth Hill and Gillbert, B. 1999. "Mortality in North Korean Migrant Households: a Retrospective Study." *Lancet* 354. 291–295.

Ryang, Sonia, 2000. "Gender in Oblivion: Women in the Democratic People's Republic of Korea (North Korea)." *Journal of Asian and African Studies* 35. 323–349.

Saxonberg, S. and Tomas, S. 2006. "Failing Family Policy in Post-Communist Central Europe." *Journal of Comparative Policy Analysis* 8/2. 185–202.

Schwekendiek, D. 2008. "The North Korean Standard of Living during the Famine." *Social Science & Medicine* 66. 596–608.

Sen, A. 1981. *Poverty and Famines*. Oxford: Clarendon Press.

Seol, Dong-Hoon and John, S. 2009. "Ethnic Return Migration and Hierarchical Nationhood: Korean Chinese Foreign Workers in South Korea." *Ethnicities* 9. 147–174.

Smith, H. 2009. "North Korea: Market Opportunity, Poverty and the Provinces." *New Political Economy* 14/2. 231–256.

Sobotka, T. 2003. "Re-Emerging Diversity: Rapid Fertility Changes in Central and Eastern Europe after the Collapse of the Communist Regimes." *Population* 58/4. 451–485.

Spoorenberg, T. and Daniel, S. 2012. "Demographic Changes in North Korea: 1993–2008." *Population and Development Review* 38/1. 133–158.

UN. 1982. *Model Life Tables for Developing Countries*. United Nations.

UN. 각년도. *Demographic Yearbook*. United Nations.

UNESCAP. 2004. *Population Data Sheet*. UNESCAP.

UNICEF, 2006. "Analysis of the Situation of Children and Women in the Democratic People's Republic of Korea." UNICEF.

Van de Kaa, D. J. 2004. "The True Commonality: In Reflexive Modern Societies Fertility is a Derivative." *Population Studies* 58(1). 77–81.

Van de Kaa, D. J. 1996. "Anchored Narratives: The Story and Findings of Half a Century of Research into the Determinants of Fertility." *Population Studies* 50. 389–432.

Velkoff, V. and Nane, M. 1995. "Trends and Differentials in Infant Mortality in the Soviet Union, 1970–90: How Much is Due to Misreporting?" *Population Studies* 49. 241–258.

Weber, M. 1921. Wirtschaft und Gesellschaft. Tubingen. (translated by Guenther Roth and Claus Wittich. et al. 1968. *Economy and Society*. New York: Bedminster Press)

Wrigley, W. A. 1969. *Population and History*. New York, Toronto: Mcgraw-Hill Book Company.

Zarestsky, E. 1973. *Capitalism, The Family, & Personal Life*. New York: Harper & Row.

김철(金哲), 1965.『韓國の人口と經濟』. 岩波書店.

미즈노나오키(水野直樹). 1999. "朝鮮人の 國外移住と日本帝國." 杉原薫 外.『 移動と移民』. 岩波書店. 255–274.

모리오카기요미(森岡清美). 2005.『発展する家族社会学』.有斐閣.

문호일(文浩一). 2000.「朝鮮民主主義人民共和國の人口變動分析-死亡率と出生力」.『アジア研究』XLI–12. 2–37.

박재일(朴在一). 1957.『在日朝鮮人に關する綜合調査研究』. 朝鮮文化研究所.

우에노치즈코(上野千鶴子). 1990.『家父長制と資本制』. 岩波書店.

오치아이에미코(落合惠美子). 1994.『21世紀家族へ』. 有斐閣.

가와시마다케요시(川島武宣). 1950.『日本社會の家族的構成』. 日本評論社版.

UNICEF (http://www.unicef.org/inforcountry/Korea-statistics.html)

UN (http://esa.un.org/unpp/p2kodata.asp), (http://unstats.un.org/unsd/demographic)

UNDP (http://hdr.undp.org/statistics/)

자료

2007 새터민조사: 2006–2007년 통일평화연구원 지원에 의해 수행되었음. 연구책임자(박경숙).

북한 센서스 1993: 노용환·연하청. 1997『북한인구센서스의 정책적 함의: 인구구조와 특성』. 한국보건사회연구원.

북한 센서스 2008: DPRK. 2009. *DPR Korea 2008 Population Census National Report*. Central Bureau of Statistics, Pyougyang, DPR Korea.

찾아보기

ㅇ

ㅈ

North Korean Society and its Refracted Modernity

Population, State, and the Lives of the People

Keong-suk Park

There was severe economic hardship in the late 1990s in North Korea. State industries and the collective farm system collapsed, and the food rationing system which had been the main source of sustenance for the North Korean people was stopped. Many workers, children, and the elderly died waiting for the restart of food rationing. People crossing the border, in search of food, was out of control. In this regard, the turbulence of the North Korean population since the 1990s sounded the alarm on the detrimental impact of the food shortage on the people's lives. The Malthusian check against the imbalance between the supply of food and population which leads to a huge increase in the number of deaths, declining fertility and increased exodus, all took place.

This study started with the aim to solve the population puzzle and to discover the mechanism in which economic hardship of North Korea affected the population dynamics since the 1990s. However, it was clearly impossible to grasp the population dynamics of North Korea without an understanding of the society. As a result, the study progressed like putting together a jigsaw puzzle, of finding out the linkage between population dynamics and the societal context.

Chapter one is the introduction of the main research themes. Chapter two and three examine the data and its reliability of the North Korea population which was gathered both inside and outside of North Korea. The main data of population, formally provided by the state of North Korea, consists of vital statistics enumerated from the registration system combined with the results from two censuses conducted in 1993 and 2008. In addition, various sample surveys have been conducted by international organizations and NGOs. These statistics and data sets are not free of many inaccuracies, confusions, and intended distortions. Various errors were examined closely and methods to supplement data limitations were discussed.

Chapter three examines the overall characteristics of the population change in North Korea between 1953 and 2008. Population changes in North Korea is likely to be distinguished into three periods. The first period of high increase consists of three percent increase per year on average between the post war year of 1953 and the early 1970s. The second period of moderate increase is made up of 1.5 to 2 percent average increase between the mid 1970s and the early 1990s. Finally, the period of very low increase consists of less than 1 percent increase per year on average between the late 1990s and 2008.

It is also noted that this periodic change in population dynamics in North Korea have been closely related to the processes of growth and decline in state production and welfare systems. Population had risen when production and welfare levels had been positive. Population became stable when the latter was stagnant and population turbulence took place when state production and welfare broke down and were replaced by informal production and exchange as people's means of subsistence.

Another important characteristic of the North Korean population is its stationary aspect. Occupational change and population mobility have been activated under the party's well organized plans until the early 1970s.

However, the population structure has rarely changed afterwards. As the stagnant state of the population was closely related to the economic depression, it has been also purportedly devised under the registry system. The registry system of North Korea was not just the general records of population and vital incidences such as births, deaths, marriages, and mobility of residents. It was devised to pervasively investigate every individual's economic activities (occupations), political attitudes, and family backgrounds. Private mobility for any purpose such as jobs, visits, tour, etc. have always been checked by the registry agencies. It is due to this full investigation of registered people and control of mobility that population enumeration by North Korea government was able to maintain a high accuracy level, even when the census had not been conducted up until 1993.

Chapter four and five examine the transition of the fertility pattern and its underlying social context. The fertility rate of North Korean women began to decline largely since 1970 and the preference for small families and contraceptive practices have become common since the early 1980s. Analyzing the relative contribution of marital rate and maternal fertility on the change in total fertility rate, it has been found that the influence of marital rate has been large by the mid 1970s but afterwards became moderate. On the other hand, the decline in maternal fertility rate continued to have a major effect on the total fertility decline since 1970.

The social context of fertility transition in North Korea has distinct characteristics. First of all, decline in fertility took place much later after social innovation was introduced which included urbanization, increase in the educational level, and improvement in living standards. All these changes took place much earlier before fertility rate began to fall. Several factors were accountable: depopulation of North Korea caused by large out-migration and deaths during the period of liberation and war (1950–1953), and the increasing need of labor under the high production drive through the 1950s and 1960s, and the North Korean women's unequal social status. In particular, women's inability to control reproduction is emphasized. Double burden of economic activity and family care definitely motivated women to control their fertility but practical methods to control fertility was not met under the pro-natal policy during the period of high industrial production. It was the 1980s that women had more easy access to contraception when the state began to consider family planning during the economic depression and provided contraception through medical agencies.

Chapter six focuses on how mortality rate has changed. Two main themes are analyzed. The first is to examine the reliability of mortality related data released by the North Korean government authorities. By examining inner consistencies among mortality related statistics and comparing with mortality trends in other socialist societies, it is found that mortality rates were under estimated. Under-estimation of mortality by North Korean authorities is regarded to have resulted not only from political purpose which aims to propagate the regime's superiority but also from enumeration errors of vital statistics which were based on the residence registration data. The change in mortality rate of the North Koreans since the establishment of the DPRK is estimated after correcting errors in the mortality data.

Secondly, this chapter discusses how the mortality rate has changed in relation to prosperity and the decline of production and welfare system. Mortality of the North Koreans is estimated to have declined largely by the early 1970s, to have been sluggish thereafter, and finally to have increased during the economic hardship period between 1993 and 2008. It is also worth noting the high mortality rate of North Korean men. This is likely due to men's mobilization for long terms in the army and harsh labor with high risk of accident and also added to by their unstable life styles.

Chapter seven and eight examine the way in which economic hardship of North Korea has affected population dynamics since the 1990s. As examined in the earlier chapter, large number of people died during the food crisis in the late 1990s. However, the population loss caused by mortality increase was not as great as the loss caused by large scale starvation, as was expected. It is partly because population turbulence occurred not just due to mortality increase, but rather it progressed as a joint effect of fertility decline and exodus of North Koreans for food. It was also due to the re-structuring of the economic system by the North Koreans' voluntary activities to meet the subsistence level in the economic hardship. In this regard, chapter seven examines the population checks and chapter eight focuses on the way in which informal economy of production and exchange expanded during the period of economic hardship and how in turn it affected the formal economies.

To summarize the main results, economic hardship of North Korea was not a short term or accidental shock but rather, it was a chronic suffering under which many people lost their lives, fertility was interrupted, and the starving escaped the country for their survival. Although the amount of population loss was not so large as several million as forecasted by some researchers, the effect of economic hardship on the population dynamics has been pervasive throughout the 1990s and the 2000s. The amount of population loss due to the economic hardship was estimated at 880,000 people between 1993 and 2008. Among this population loss, about 490,000 people were lost due to mortality increase, while a decline of about 290,000 was due to fertility decline, and about 100,000 people were lost due to exodus.

It is also noted that the population loss due to the economic hardship was characterized by a distinctive gender and age composition. It consisted of those who were born between 1993 and 2008, young women in their prime ages of fertility, young men who were organized into industrial sectors and the army between the two census periods, and the older generation. The main causes of gender and age specific loss are related to the different effects of fertility, mortality, and migration respectively. The decline of newly born population during the two census periods resulted from the joint effects of increasing infant mortality, declining fertility, and migration effect of women in their prime reproductive age bracket. The loss of women in the reproductive age range was mainly due to their exodus in search for food. The loss of men in the similar age range and the elderly was largely due to high mortality rate.

Another important check for the outbreak of a huge famine is the expansion of informal economy. It was hardly surprising that food shortage and the breakdown of all industries was expected to lead to a huge famine. However, the economic shock and its detrimental effects were avoided as North Koreans sought alternative food sources, cultivated whatever land was available, and formed informal markets. The increasing informal economy has relieving the effects of the Malthusian population check which otherwise would have occurred. At the same time, this engendered a contradictory outcome, the emerging of power from below and the weakening of the state power.

Chapter nine concerns the collective social miseries and their causes embedded in the life history of North Korean defectors. There was a huge exodus of North Koreans during the economic hardship of the late 1990s and 2000s. The life histories of defectors and the way in which they had lived in North Korea, their decision to defect and became refugees in third world countries and South Korea, were full of collective miseries inflicted by macro power structures. North Korean defectors suffered not only from the authoritarian state power in North Korea but their miseries have been deeply connected to political powers of division regime of the Korea peninsular, which has resulted in continuation of a Korean diaspora, a system of patriarchy which has led to the expanding of women's care/marriage markets and women's subordination at both the global and local levels, and the "hierarchical" citizenship in South Korea which excludes foreigners and Koreans overseas from economic and social rights.

The concluding part of the book, chapter 10, summarizes and discusses the theoretical implications of the main findings.

박경숙

2006-현재 서울대학교 사회학과 교수

2001-2006년 동아대학교 사회학과 교수

1998년 미국 브라운대학 사회학 박사

1993년 서울대학교 대학원 석사

1990년 서울대학교 사회학과 학사

연구분야: 인구와 노년에 대한 연구

저서: 『고령화 사회 이미 진행된 미래』(2003, 의암출판), 『빈곤의 순환고리들』(2005, 동아대학교출판부, 공저), 『삶의 기회』(2006, 동아대학교출판부, 편저), 『식민지 시기(1910-1945년) 조선의 인구동태와 구조』(2009, 한국인구학), 『일제의 인구조사와 인구통치: 1908-1936년 재만 일본영사경찰의 인구집계자료를 중심으로』(2012, 사회와 역사) 등이 있음.

서울대학교통일학연구총서

01 북한체제의 형성과 한반도 국제정치
김세균 외 7인

02 북한 산업개발 및 남북협력방안 – 지리적 접근
박삼옥 · 허우긍 · 박기호 · 박수진

03 탈북 가족의 적응과 심리적 통합
이순형 · 조수철 · 김창대 · 진미정

04 남북한 환경정책 비교연구 1 – 자연환경, 자원 및 에너지
윤여창 외 6인

05 남북한 환경정책 비교연구 2 – 물환경, 대기, 폐기물, 도시계획
김정욱 외 4인

06 남북통합지수, 1989–2007
김병연 · 박명규 · 김병로 · 정은미

07 통일한국의 어린이 영양
이연숙 · 윤지현 · 심재은 · 장수정

08 북미 대립 – 탈냉전 속의 냉전 대립
장달중 · 이정철 · 임수호

09 네트워크 세계정치 – 은유에서 분석으로
하영선 · 김상배 엮음

10 김일성사회주의청년동맹과 조선민주녀성동맹 – 사회변동과 체제유지의 기제
이온죽 · 이인정

11 다플랫폼 다채널 시대의 통일방송
윤석민 · 배진아 · 곽정래 · 이현우 · 채정화

12 기초자료로 본 독일 통일 20년
임홍배 · 송태수 · 정병기

13 탈북인의 공 · 사적 관계와 의사소통
이순형 · 김창대 · 진미정